Werner Olscher · LEBENSLÄNGLICH

Staatsanwalt Dr. Werner Olscher

LEBENSLÄNGLICH

Verlag Kremayr & Scheriau · Wien

Bildnachweis: Brüder Basch Presse-Bilderdienst (2), Kristian Bissuti (1), Archiv Buchgemeinschaft Donauland (1), Bundespolizeidirektion Wien — Erkennungsamt (9), Bundespolizeidirektion Wien — Sicherheitsbüro (38), Ernst Ebm (2), Institut für Kriminologie der Universität Wien (7), Institut für gerichtliche Medizin der Universität Wien (10), Fritz Kern (1), S. Koller (1), Landesgendarmeriekommando für Oberösterreich — Erhebungsabteilung (8), Landesgendarmeriekommando für Steiermark — Erhebungsabteilung (2), Fred Langenhagen (2), Günter Perl (10), Votava (32), O. Wiesinger (1)

© 1972 by Verlag Kremayr & Scheriau, Wien
Schutzumschlag: Herbert Schiefer
Gesamtherstellung: Wiener Verlag, Wien
ISBN 3 218 00204 4

Inhalt

Vorwort 7
Der Cadbury-König und die Fleischmaschine
    Indizienprozeß, Lügendetektor und Wahrheitsserum 9
Ein Arzt unter falschem Mordverdacht
    Justizirrtümer 33
Der Mord beim Russendenkmal
    Im Zweifel: Freispruch 59
Der »Stephansturmkletterer«
    Für und wider die Todesstrafe 89
Der Teufel von Sankt Pölten
    Kleinbürger als Massenmörder 114
Die Bestie im Menschen
    Wie lange dauert »lebenslänglich«? 187
Mord in der Wiener Staatsoper
    Sind Morde vermeidbar? 215
Mörder, die noch Kinder sind
    Jugendkriminalität 240
Ein Polizist als Doppelmörder
    Homosexualität 264
Geboren, um Unheil zu stiften?
    Chromosomenaberration — ein Y zuviel 304
Den Freund verscharrt
    Untersuchungshaft 325
Brauchen wir Geschworene?
    Geschworenengericht 343
Anhang
    Mordparagraphen — international 369
    Obduktion anno 1855 375
    Auf den Spuren des Verbrechens 379
Personenregister 383

Vorwort

Die Sicherheitsberichte der letzten Jahre weisen ein beunruhigendes Ansteigen der Blutdelikte in Österreich (bei fast unveränderter Gesamtkriminalität und sogar nicht unbeträchtlichem Rückgang der Sittlichkeitsdelikte) aus: 3357 Morde, Mordversuche, Totschläge und schwere Körperverletzungen in einem einzigen Jahr ergaben einen Anstieg um 8,7 Prozent gegenüber dem Vorjahr.

Diese Entwicklung ist beileibe nicht auf Österreich allein beschränkt: Sie ist weltweit, in vielen Staaten, etwa in den USA oder auch in der deutschen Bundesrepublik, noch wesentlich krasser als in der auch auf kriminalistischem Gebiet noch immer eher »gemütlichen« Alpenrepublik.

Worauf ist diese Zunahme der Gewalttaten, dieses Ansteigen der Aggression zurückzuführen? »Versagt der Mensch oder die Gesellschaft?«, möchte man, dem Titel eines Werkes des österreichisch-amerikanischen Psychiaters Professor Friedrich Hacker folgend, fragen. Oder versagen sie am Ende beide, der Einzelmensch ebenso wie die — letztlich ja nur die Gesamtheit ebendieser Einzelmenschen darstellende — Allgemeinheit?

Es soll in diesem Buch an Hand einer Reihe spektakulärer Mordprozesse, die seit dem Ende des Zweiten Weltkrieges über die österreichischen Gerichtsbühnen gegangen sind, eine Antwort auf diese uns alle bewegende Frage versucht werden. Nicht die Antwort schlechthin, die es nicht gibt und wahrscheinlich gar nicht geben kann, sondern eine von sicherlich mehreren möglichen und diskutablen Antworten. Durch Aufdeckung psychologischer wie juristischer, soziologischer wie einfach menschlicher Hintergründe oft unbegreiflicher und anscheinend unverständlicher und gegensätzlicher Vorgänge und Verhaltensweisen, Handlungen wie Unterlassungen, soll auf forensischem Gebiet versucht werden, etwas Licht in das Dunkel jenes Raumes zu bringen, den Arthur Schnitzler »das weite Land« der menschlichen Seele genannt hat.

Der Cadbury-König und die Fleischmaschine

Der 23. März 1953 verdient den Namen Frühlingstag in keiner Weise. Es herrscht bittere, fast noch hochwinterliche Kälte, verbunden mit dem für Wien beinahe obligaten Westwind.

Trotzdem harren Hunderte von Menschen stundenlang in der zugigen Alser Straße in Wiens neuntem Gemeindebezirk aus: Stunde um Stunde, manche die ganze Nacht hindurch, in warme Wolldecken gehüllt, ausgerüstet mit Klappstühlen und mit heißem Kaffee in Thermosflaschen. Am Morgen sind es annähernd zweitausend Menschen, die Einlaß in den großen Schwurgerichtssaal des Wiener Straflandesgerichts finden wollen. Eine Menschenschlange, die um mehrere Häuserblocks reicht.

Um halb neun Uhr vormittags werden schließlich die schweren Eisentore des Gerichtseingangs Alser Straße 1 geöffnet. Der Sensationsprozeß des Jahres beginnt, der größte Indizienprozeß seit 1945 in Österreich, der erste spektakuläre Mordprozeß, in dem wieder — wie in der ersten Republik — Geschworene zu entscheiden haben. Der Mordprozeß gegen Adrienne Eckhardt.

Diese Adrienne Eckhardt sitzt, von Justizwachebeamten flankiert, etwas verkrampft auf der Anklagebank des Schwurgerichtssaals, als Landesgerichtspräsident Dr. Rudolf Naumann, der persönlich den Vorsitz übernommen hat, um Punkt neun Uhr den Saal betritt, gefolgt von seinen beiden Beisitzern, acht Geschworenen und drei Ersatzgeschworenen. Die Anklage vertritt — wie sechs Jahre später in dem Sensationsprozeß gegen Johann Gassner wegen Mordes an Ilona Faber am Wiener Schwarzenbergplatz — Erster Staatsanwalt Dr. Otto Hörmann. Verteidigt wird Adrienne Eckhardt, 24 Jahre alt, aber wesentlich älter und äußerlich keineswegs vorteilhaft aussehend, von dem Wiener Staranwalt Dr. Michael Stern.

Auf der Sachverständigenbank haben drei prominente Experten Platz genommen: der (inzwischen verstorbene) Psychiater Professor Dr. Erwin Stransky und die beiden Gerichtsmediziner Professor Dr. Walter Schwarzacher (heute gleichfalls nicht mehr am Leben) und Professor Dr. Leopold Breitenecker. Neben ihnen sitzt der Wiener

Rechtsanwalt Dr. Alfred Fürst als Vertreter von Katharina Arthold, der Witwe nach Johann Arthold, die sich dem Verfahren als sogenannte Privatbeteiligte (wegen der Beerdigungskosten von 2767 Schilling) angeschlossen hat.

Die Geschworen, die, wie das Verhandlungsprotokoll genau festhält, »ihre Sitze in der alphabetischen Reihenfolge ihrer Namen — Ersatzgeschworene nach den übrigen Geschworenen — eingenommen haben«, brauchen nicht mehr beeidet zu werden. Sie alle haben bereits an dem Prozeß gegen eine zu fünf Jahren schwerem Kerker verurteilte Kindesmörderin als Geschworene teilgenommen und sind damals vorschriftsmäßig beeidet worden.

Die Verlesung der Anklageschrift kann beginnen. Der Schriftführer leiert den Text in dem zum Bersten vollen Saal, der noch dazu bei allen Eingeweihten durch seine schlechte Akustik bekannt ist, herunter: »Adrienne Eckhardt habe am 22. November 1952 in Wien gegen Johann Arthold in der Absicht, ihn tückischerweise zu töten, durch Hiebe mit einer Fleischmaschine auf den Kopf und Messerschnitte durch den Hals auf eine solche Art gehandelt, daß daraus dessen Tod erfolgte; es sei die Tat in der Absicht begangen worden, fremde bewegliche Sachen, und zwar Bargeld, einen Brillantring und verschiedene Lebensmittel, mit Gewalttätigkeit an sich zu bringen, und sie habe hiedurch das Verbrechen nach den §§ 134, 135, Ziffer 1 und 2 Strafgesetz begangen.«

Das bedeutet, aus der trockenen Sprache der Paragraphen übersetzt: meuchlerischer Raubmord. Angedrohte Strafe: lebenslanger, schwerer, verschärfter Kerker. (Bis zum Jahre 1950 stand darauf sogar die Todesstrafe.)

Wer ist diese Adrienne Eckhardt? Und wer ist — oder, richtiger gesagt, wer war — dieser Johann Arthold?

Adrienne Eckhardt ist das Kind einer Familie, wie sie für Tausende und Abertausende Familien in Österreich typisch ist: eine Familie aus jenem bürgerlichen Mittelstand, dem zwei Weltkriege und zwei Inflationen das Rückgrat gebrochen haben.

Ihre Mutter Paula Eckhardt, geborene Arbeitlang, deponiert bei der Polizei: »Am 9. Mai 1928 habe ich Oskar Eckhardt, den Sohn eines dann im Jahre 1931 verstorbenen Generalauditors« (Staatsanwalt beim Militärgericht in der österreichisch-ungarischen Armee, Anmerkung des Verfassers) »geheiratet. Am 26. Juli 1929 kam als einziges Kind aus dieser Ehe meine Tochter Adrienne zur Welt. Um diese Zeit bewohnten wir eine Wohnung in Wien XVI, Römergasse 69. Im Februar 1935 zogen wir zu meiner Schwiegermutter Adrienne nach Wien VIII, Feldgasse Nr. 10.«

Aber mit dieser Schwiegermutter — später wegen Paranoia voll entmündigt — ist ein gedeihliches Zusammenleben unmöglich. Adrienne Eckhardt über ihre Großmutter: »Sie konnte mich nicht leiden, denn sie wollte einen Knaben als Enkelkind.«

Es ist damals eine schlimme Zeit für Österreich. Oskar Eckhardt wird ein Opfer der herrschenden Massenarbeitslosigkeit. Er verliert seinen Posten als Bankbeamter bei der (damals noch privaten) Creditanstalt. Adrienne Eckhardt kommt in das Internat des Klosters »Vom Armen Kinde Jesu« im Wiener Arbeiterbezirk Stadlau und besucht dort die ersten Volksschulklassen. Als im März 1938 die Deutschen in Österreich einmarschieren, schließen sie auch diese Klosterschule. Bald darauf übersiedelt die Familie Eckhardt von Wien nach dem etwa fünfzig Kilometer südlich gelegenen Wiener Neustadt.

Durch einen Freund erhalten sie dort eine Wohnung, der Mann bekommt einen Posten als Gruppenleiter bei den dortigen Flugzeugwerken. Auch Paula Eckhardt wird in diesen Rüstungsbetrieb kriegsdienstverpflichtet, Adrienne besucht die Hauptschule im Kurort Reichenau an der Rax, wo sie in einem NSDAP-Heim in der ehemaligen Villa des Grafen Szetyenni untergebracht ist. Als das Büro der Flugzeugwerke gegen Kriegsende nach Wien verlegt wird, zieht die Familie Eckhardt wieder nach Wien zur Schwiegermutter in der Feldgasse. Die Streitigkeiten beginnen von vorne.

Nach dem Krieg besucht Adrienne die Säuglingsschwesternschule in Glanzing am Stadtrand von Wien und erhält im Oktober 1949 ihr Diplom. Noch im selben Jahr tritt sie ihre erste Stelle im Leopoldstädter Kinderspital in Wien an.

Aber ihr Interesse gilt nicht nur den Neugeborenen. Es gilt auch den Ärzten. Mit einem von ihnen, dem damaligen Assistenzarzt Dr. Erwin M., geht sie ein Verhältnis ein und läßt sich von ihm finanziell unterstützen.

Er bleibt nicht der einzige. Sie wohnt einige Zeit mit einem Griechen in gemeinsamem Haushalt, wird von ihm geschwängert, die Schwangerschaft aber wegen einer Gelbsucht unterbrochen. Als er das Verhältnis mit ihr löst, versucht sie ihn zu erpressen. Sie wird angezeigt und zu drei Monaten Kerker bedingt verurteilt.

Daraufhin sucht sie einen anderen Posten und findet eine Stelle in einer Fleischhauerei. Sie verliert aber diesen Arbeitsplatz bald wieder, weil man sie mit Gelddiebstählen im Betrieb in Verbindung bringt. Erneut versucht sie sich als Kinderschwester — und wird wieder fristlos entlassen, als sie eine Kollegin bestiehlt.

Dann arbeitet sie in verschiedenen Lokalen als »Bardame« und »Gesellschaftsdame«. Und in einem dieser Lokale trifft sie Mitte November 1952 einen alten Bekannten: den damals vierundvierzigjährigen Johann Arthold.

Sie kennt ihn schon seit dem Jahre 1944. Damals, als die Eckhardts, von Wiener Neustadt und Reichenau wieder nach Wien zurückgekehrt, bei der unverträglichen Großmutter wohnten, besaß Arthold in ihrer unmittelbaren Nähe, in der Skodagasse, ein Lebensmittelgeschäft. Adrienne Eckhardt: »Meine Mutter war mit den Lebensmittelkarten dort rayoniert und hat mich häufig zu Arthold einkaufen geschickt. Arthold war damals meinen Eltern sehr gefällig und hat auch ab und zu etwas mehr, als auf den Karten vorgesehen war, hergegeben.«

Das nächste Mal sieht sie Arthold im Jahre 1950: beim Pferderennen in der Freudenau. Aber was ist aus dem kleinen Lebensmittelhändler inzwischen geworden? Ein Mann, den man in Wien allgemein nur den »Cadbury-König« nennt, nach der englischen Schokolademarke, der er nicht zuletzt sein Vermögen verdankt.

Riesenimporte von Süßwaren und anderen Produkten, durchaus nicht immer mit den staatlichen Bewirtschaftungsbestimmungen in Einklang zu bringen, ermöglichen es ihm, die Waren zu einem wesentlich billigeren Preis, als seine Konkurrenten es imstande sind, zu verkaufen. Und Schokolade gehörte speziell in Wien nach so vielen fast süßigkeitslosen Jahren damals zu den am meisten gefragten Dingen.

Die Zeiten, die für die anderen die schlechtesten sind, sind für Arthold die besten. Er besitzt einen Luxuswagen, einen livrierten Diener, einen eigenen Rennstall und zahlreiche Freundinnen.

Auch Adrienne Eckhardt steht auf seiner »Abschußliste«. Er lädt sie in der Folge wiederholt ein, zum Operetten- und Kinobesuch, in Kaffeehäuser und Nachtlokale, zum Heurigen und in Abendrestaurants. Nach dem ersten gemeinsamen Heurigenbesuch trinken sie Bruderschaft. Zu wesentlich mehr ist Adrienne Eckhardt nicht bereit: »Mit Arthold wollte ich keinerlei nähere Beziehungen eingehen, weil er wesentlich älter war und mir auch als Mann keineswegs zusagte. Es hat mich vor allem gestört, daß er wenig intelligent und ziemlich manierlos war.«

Als Arthold erkennt, daß das Mädchen zu einem intimen Verhältnis nicht bereit ist, wird der Kontakt zusehends loser. Und ein Vorfall, der sich einige Zeit später ereignet, erweckt in Adrienne Eckhardt sogar einen ersten Haß gegen den Kaufmann: »Einmal kam ich um die Mittagszeit während der Geschäftssperre in das Geschäft zu Arthold, um ihn zu fragen, ob er für einen Heurigenbesuch Zeit hat. Das Geschäft war abgesperrt, und nach längerem Klopfen hat mir Arthold aufgemacht.

In einem rückwärtigen Raum war bei Arthold ein Mädel, das etwas älter gewesen sein dürfte als ich, das ich aber nicht kannte. Das Mädel machte mir den Eindruck einer Hure. In meiner Gegenwart hat nun Arthold damit begonnen, dieses mir unbekannte Mädel auszuziehen, und hat im rückwärtigen Teil des Raumes am Boden Packpapier aufgebreitet und wollte abnormale Handlungen vollführen, bei denen ich mittun sollte. Arthold versuchte mich abzutasten. Ich habe mich geweigert und ihm ein paar Ohrfeigen gegeben, weil er mich brutal an den Händen festhalten wollte.

Ich habe von ihm verlangt, daß er mich weglassen solle, und erst als ich ihm gedroht habe, daß ich ihn bei der Polizei anzeigen werde, hat er mich ausgelassen. Ich habe jedenfalls den ganzen Vorgang als sehr häßlich und schweinisch empfunden und war deswegen auch über Arthold sehr empört. Seither hatte ich eine Abneigung gegen Arthold und habe daran gedacht, mich gelegentlich zu rächen.«

Diesen Mann trifft sie also im November 1952 wieder: im Café »Filmhof«, wo sie als »Gesellschaftsdame« arbeitet. Zu diesem Zeitpunkt geht es weder der Adrienne Eckhardt noch dem Arthold-»Hansl«, wie ihn seine Freunde nennen, allzu gut.

Sein »Königreich« ist stark zusammengeschmolzen. Jetzt gibt es wieder überall Schokolade zu kaufen, und der Handel damit ist nicht mehr so lukrativ wie in der ersten Nachkriegszeit, da sie noch Mangelware war. Von einem Rennstall und einem livrierten Diener ist keine Rede mehr. Das einzige, was dem Lebemann Arthold von seinem ebenso schnell erworbenen wie verpraßten Reichtum blieb, ist eine kleine Gemischtwarenhandlung im Hause Alser Straße 7. In Abwandlung der amerikanischen Karrierevorstellung: vom Schuhputzer zum Millionär — und wieder zum Schuhputzer.

Adrienne Eckhardt geht es noch schlechter als ihm. Arthold ist immerhin noch Kaufmann, wenn auch in bereits sehr bescheidenen Dimensionen. Sie aber hat völlig Schiffbruch erlitten. Weder besonders schön noch besonders charmant, hat sie auch als »Gesellschaftsdame«, wie sie sich nennt, keinen Erfolg. Ganz im Gegenteil: Sie ist finanziell am Ende.

In den trockenen Worten der Anklageschrift hört sich das so an:

»Adrienne Eckhardt war seit Juli 1951, mit einer dreimonatigen Unterbrechung, arbeitslos. Ihr Vater bezog seit 1952 die Arbeitslosenunterstützung. Beide waren genötigt, einen Großteil ihrer Effekten — meist Gegenstände ganz geringen Werts — im Dorotheum« (Wiener Pfandleihanstalt, Anmerkung des Verfassers) »zu versetzen, ohne eine Möglichkeit zu sehen, diese wieder auslösen zu können. Auch hatten beide eine Reihe von Schulden.«

All diesen Verpflichtungen standen, wie Adrienne Eckhardt selbst sagte, so gut wie keine Einnahmen gegenüber. Wie prekär ihre finanzielle Lage gewesen sein mußte, erhellt die Tatsache, daß sie am 15. November 1952, als sie die Rundfunkgebühr von vierzehn Schilling zu bezahlen hatte, nicht mehr in der Lage war, für den folgenden Sonntag Lebensmittel zu kaufen. Am 18. November 1952 ließ sie sich von einem Bekannten eine Wärmelampe schenken, die sie zu Geld machen wollte. Drei Tage später versuchte sie vergeblich, diese Lampe zu verkaufen; sie mußte sie schließlich im Dorotheum für ein Darlehen von zwanzig Schilling verpfänden. Diese zwanzig Schilling waren nun ihr ganzes Vermögen.

Zwanzig Schilling — der ganze Besitz einer Frau, deren Vater k. k. Generalauditor gewesen war. Adrienne Eckhardt ist entschlossen, auf irgendeine Art zu Geld zu kommen, zumal sie auch von ihrem Vater immer heftiger gedrängt wird, die Schulden, die sie bei ihm hat, zurückzuzahlen. Denn Oskar Eckhardt, selbst ohne ständige Arbeit, hat von dem Geld, das er seiner Tochter geborgt hat, bisher noch keinen Groschen erhalten.

Adrienne Eckhardt braucht also dringendst Geld. Und als Johann Arthold am nächsten Tag wieder in das Café »Filmhof« kommt, wendet sie sich in ihrer Verzweiflung an ihn. Sie möchte als Verkäuferin in seinem Geschäft arbeiten. Arthold lehnt ab. Er hat schon eine Angestellte, und mehr braucht er bei dem flauen Geschäftsgang nicht. Aber er macht der Eckhardt ein anderes Angebot: Sie soll mit ihm zum Heurigen fahren. Adrienne Eckhardt willigt ein. Später vom Untersuchungsrichter dazu befragt, gibt sie an: »Ich habe die Einladung angenommen, weil ich an den Vorfall, bei dem Arthold von mir perverse Handlungen verlangte, nicht mehr weiter dachte. Auch habe ich, als ich die Einladung annahm, daran gedacht, daß ich von ihm vielleicht irgendeine Unterstützung erwarten kann.« Sie hat Arthold offenbar noch immer als »Cadbury-König« in Erinnerung.

Als sie am Tag des vereinbarten Heurigenbesuches, dem 21. November 1952, mittags in das Geschäft des Arthold kommt, um mit ihm noch einige Details zu besprechen, wird der Mann wieder zudringlich: »Er wollte mich abgreifen und hat auch davon gesprochen, ob ich nicht doch mit ihm in intime Beziehungen treten will. Ich habe ihn jedoch abgewehrt und zurückgewiesen.« Die Heurigenvereinbarung bleibt trotzdem aufrecht.

Also fahren die beiden am Abend des 21. November zum Heurigen nach Grinzing (Adrienne Eckhardt: »Wir haben gemeinsam in der Zeit zwischen etwa 20 und 23 Uhr insgesamt fünf Viertel Wein und zwei Viertel Sturm getrunken«), plaudern mit einem älteren Herrn, der an ihrem Tisch sitzt, über belanglose Dinge und unterhalten sich leidlich gut. (Eckhardt: »Durch den Genuß des Alkohols war ich schon beschwipst. Ich kann mich aber noch erinnern, daß ich Arthold auf die Wange geküßt habe.«) Dann suchen sie noch ein kleines Kaffeehaus auf und fahren schließlich mit der Straßenbahn zurück zum Geschäft des Arthold in der Alser Straße. Es ist etwa Mitternacht.

In diesem Geschäft findet knapp eineinhalb Stunden später, genau um 1.20 Uhr nachts am 22. November 1952, der Rayonsposten des Wachzimmers Landesgericht, dem der zum Teil hinaufgeschobene Rollbalken verdächtig vorkommt und der durch die unverschlossene Eingangstür das Lokal betritt, Johann Arthold tot auf. Dem Polizeibeamten bietet sich ein Bild des Grauens: der ehemalige »Cadbury-König« liegt mit eingeschlagenem Schädel und durchtrenntem Hals in einer riesigen Blutlache.

Bei der Suche nach dem Mörder (daß es auch eine Mörderin sein könnte, zieht die Polizei anfangs wegen der Körperkräfte, über die der Täter nach der Art der Verletzungen verfügt haben mußte, gar nicht in Erwägung), haben die Beamten des Sicherheitsbüros in mehrfacher Hinsicht Glück: Zunächst finden sie in der Tasche des Toten zwei Straßenbahnfahrscheine, auf denen sowohl die befahrene Strecke als auch der Zeitpunkt der Fahrt markiert ist: Linie 38 von Grinzing, um etwa 23 Uhr.

Dann machen sie auch die Schaffnerin des Wagens ausfindig, in dem Arthold und seine Begleiterin gefahren sind. Ja, gibt sie zu Protokoll, sie kann sich an den Mann noch gut erinnern, weil sie damals fast überhaupt keine Fahrgäste hatte. Und auch an seine Begleiterin, »eine blonde Dame im Pelz«.

Die Suche nach der blonden Dame im Pelz beginnt. Nicht, daß die Polizei sie für die Mörderin hält, nein, die Dame soll nur als wichtige Zeugin ihre Aussage machen.

Der Kriminalbeamte, der am Vormittag des 22. November 1952 im Hause Neustiftgasse 54 Adrienne Eckhardt wegen einer Delogierungssache zu befragen hat, ahnt nicht, daß sie die bereits fieberhaft gesuchte blonde Dame ist. Und daß der an der Kleiderablage hängende Panofix-Mantel jener Pelz ist, den Artholds Begleiterin im »Achtunddreißiger« getragen hat.

Erst zwei Prostituierte bringen dann die Polizei auf die richtige Spur. Sie werden einvernommen, weil man sie verdächtigt, einem Kunden einen Mantel gestohlen zu haben. Sie streiten alles ab, werden zusehends schmissiger und sagen schließlich zu den vernehmenden Beamten: »Um so einen Dreck kümmert ihr euch, aber um den Mord am Arthold-Hansl nicht.«

Die Beamten horchen auf. Haben die beiden Arthold gekannt? Ja, natürlich, wer hat ihn denn nicht gekannt? Und auch von seiner Begleiterin, der ominösen Dame im Pelz, wissen sie einiges: daß sie im Café »Filmhof« verkehrt und »Adi« gerufen wird.

Alles Weitere ist Routinesache, Adrienne Eckhardt wird kurz darauf gefunden. Ein Kriminalbeamter holt sie aus ihrer Wohnung, um sie als Zeugin zum Sicherheitsbüro zu bringen.

So lautete der Auftrag des Beamten. Was er in Wirklichkeit bringt, ist keine Zeugin, sondern eine Mordverdächtige. Denn im Vorraum ihrer Wohnung hängt noch immer der Pelzmantel der Eckhardt, und das geübte Auge des Kriminalisten entdeckt darauf Spuren. Vermutlich Blutspuren. Und nicht weit davon hängt ein Rock mit ähnlichen Flecken, die jemand offensichtlich wegzuwaschen versucht hatte. Nicht mit besonderem Erfolg allerdings, denn sie sind noch immer sichtbar.

Weder diese Tatsachen (die ein paar Tage später vorgenommene gerichtsmedizinische Untersuchung ergab, daß es sich tatsächlich um Blutflecken, und zwar um Blut der gleichen Blutgruppe handelte, wie sie Arthold besaß) noch die eingehende Vernehmung im Sicherheitsbüro können zunächst die auffallende Ruhe der Adrienne Eckhardt erschüttern.

Ja, sicher, gibt sie an, sie war mit Johann Arthold in Grinzing. Sie ist auch mit ihm wieder zurück zu seinem Geschäft in der Alser Straße gefahren. Aber betreten hat sie es nicht. Vor der Eingangstür ist sie stehengeblieben, hat von Arthold ein Paket mit Lebensmitteln übernommen und ist dann gleich nach Hause gegangen.

Soweit die erste Darstellung der Adrienne Eckhardt. Sie läßt sich nach Einlangen des gerichtsmedizinischen Blutbefundes nicht mehr aufrechterhalten. Also rückt die Frau mit einer zweiten, von der ersten sehr abweichenden Variante heraus: Ja, gibt sie nun zu, sie war mit Arthold im Geschäft, hat mit ihm auch noch Bier getrunken. Und dann haben sich die Ereignisse plötzlich überstürzt.

»Kurze Zeit darauf«, so die nunmehrige Aussage, »klopfte es an der Eingangstüre. Ich öffnete, und es trat ein mir gänzlich unbekannter Mann von etwa dreißig Jahren ein, etwa hundertachtzig Zentimeter groß und schlank, der mit einem Dufflecoat bekleidet war und der Arthold mit den Worten ›Servus, alter Gauner‹ begrüßte. Ich verriegelte die Eingangstür wieder und begab mich zu den beiden Männern in den rückwärtigen Raum.

Der Unbekannte fragte Arthold, wann er sein Geld bekomme, und als dieser entgegnete, er habe keines, nahm der Fremde im nächsten Augenblick aus seiner rechten Manteltasche einen Gegenstand und führte damit einen Schlag gegen den Kopf des Arthold. Dieser sank mit den Worten ›Mein Gott‹ zur Seite und wurde von dem Unbekannten mit weiteren Hieben traktiert. Als Arthold mit dem Gesicht nach unten zu Boden fiel, forderte mich der Unbekannte auf, den bereits Schwerverletzten umzudrehen. Nachdem ich dieser Aufforderung nachgekommen war, durchsuchte der Unbekannte die Taschen des Arthold und forderte mich dabei auf, vom Geschäft ein Messer zu holen.

Nachdem ich eingeschüchtert auch das getan hatte, versuchte nun der unbekannte Mann, damit den Hals des Arthold zu durchschneiden, was ihm aber nicht gelang, weil das Messer zu stumpf war. Ich mußte daher dem Unbekannten ein anderes Messer bringen, und zwar ein Wurstmesser, mit dem er dem röchelnden Arthold die Kehle durchschnitt.

Daraufhin forderte er mich auf, beide Messer bei der Wasserleitung abzuwaschen und das blutbeschmutzte Handtuch, mit dem ich die beiden Messer und meine Hände gereinigt hatte, in mein Netz zu geben, das Geschäft zu verlassen und ja nicht zu schreien. Ich konnte noch sehen, wie der Unbekannte das Hiebwerkzeug, ein größeres Stück Eisen, etwa dreißig Zentimeter lang und vorne etwas gebogen, bei der Wasserleitung reinigte. Als ich das Geschäft verließ, blieb der Unbekannte dort zurück.«

Das Interesse, das die Wiener Bevölkerung diesem Kriminalfall schon bisher entgegengebracht hat, steigt ins Uferlose, nachdem die neueste Entwicklung durch die Zeitungen bekannt wird. Jeder fühlt sich jetzt bemüßigt, Privatdetektiv zu spielen und Jagd auf den großen Unbekannten im Dufflecoat zu machen. Dazu kommt noch, daß dieses Kleidungsstück seit dem populären Film »Der dritte Mann« bereits mit dem Fluidum des Anrüchigen und Geheimnisvollen umgeben ist.

Tagelang blockieren Hunderte, ja Tausende Anrufe alle Telefone des Sicherheitsbüros. Eine allgemeine Dufflecoat-Psychose setzt ein, obwohl sich jeder vernünftige Mensch denken kann, daß der Mörder, wenn er tatsächlich bei der Tat ein solches Kleidungsstück getragen hat, damit Tage danach kaum noch umherlaufen wird. Jedenfalls verschwinden für einige Zeit Dufflecoats schlagartig aus dem Wiener Straßenbild, weil jeder, der einen solchen Mantel b... ...t, ihn aus Furcht vor einer Anzeige im Kleiderkasten läßt.

Aber der inzwischen verstorbene Hofrat Dr. Heger, Leiter der Mordkommission, glaubt der Adrienne Eckhardt auch ihre nunmehrigen Angaben nicht. Und er nimmt sie nochmals, zu einer scheinbar ganz nebensächlichen Frage, ins Verhör: »Na schön, der Unbekannte hat gesagt, Sie sollen die Lebensmittel nehmen und verschwinden. Sie haben die Lebensmittel in Ihre Netztasche verpackt. Und dann? Haben Sie das Licht abgedreht, als Sie gingen?«

Diese scheinbar harmlose Frage ist eine Falle, und Adrienne Eckhardt tappt prompt hinein: »Ja«, bestätigt sie eifrig, »ich habe ausgelöscht und bin fortgegangen.« Sie erwähnt sogar noch ein interessantes Detail: Der Lichtschalter ist anders zu drehen als ein normaler Schalter. Genau in verkehrter Richtung.

Nun hat der erfahrene Kriminalist die Beschuldigte dort, wo er sie haben will: »Und der große Unbekannte ist im Dunkeln zurückgeblieben?« fragt er ironisch. »Denn der war ja, wie Sie uns gesagt haben, noch im Geschäft.«

Adrienne Eckhardt schweigt ein paar Minuten. Dann merkt sie, daß ihr Spiel verloren ist. Und sie gesteht. Gesteht den Raubmord an Johann Arthold. Schildert bis ins Detail, wie sich alles zugetragen hat — ihre dritte Darstellung innerhalb einiger Tage:

»Ich habe ihn derart gehaßt, daß ich ihn am liebsten umbringen wollte. Das war seit jenem Tag im Sommer 1950.«

Wir erinnern uns: Damals hatte Arthold in Eckhardts Gegenwart mit einer ihr unbekannten Frau einen widernatürlichen Verkehr vollzogen und Adrienne aufgefordert, bei dem »Spiel« mitzumachen. Von da an habe sie beschlossen, sich, wie sie es ausdrückte, für die ihr »angetane Schmach zu rächen«.

Aber der Haß war nach dem nunmehrigen Geständnis der jungen Frau nicht das einzige Mordmotiv. Das zweite war die Habgier. Oder, wenn man so will, die Not. Denn sie war damals gänzlich mittellos. Arthold besaß immerhin einiges, was sie gut brauchen konnte: Geld, Lebensmittel und an der Hand einen wertvollen Brillantring.

Mit diesem Ring hat es übrigens eine eigene Bewandtnis: Er ist nirgends aufzufinden. Adrienne Eckhardt behauptet zuerst, sie habe ihn in einen Kanal geworfen, und führt die Beamten sogar zu der von ihr angegebenen Stelle. Die Kanalbrigade rückt aus, durchsucht das ganze Kanalnetz der Umgebung. Der Ring wird nicht gefunden.

Als man sich schon damit abgefunden hat, daß der Ring wahrscheinlich von der Strömung abgetrieben worden und deswegen nicht mehr zu finden ist, wartet die Beschuldigte mit einer neuen Version auf. Sie habe den Ring bei ihrer Verhaftung noch gehabt, er sei aber der visitierenden Beamtin bei der Personsdurchsuchung nicht aufgefallen. Später habe sie ihn im Polizeigefangenenhaus in das Klosett geworfen.

Also muß die Kanalbrigade nochmals ausrücken. Die ganze Klosettanlage samt Abflüssen wird Zentimeter für Zentimeter durchsucht. Ohne Erfolg.

Aber Adrienne Eckhardt geht den Kriminalbeamten noch mit einer dritten Version auf die Nerven. Sie habe den Ring, behauptet sie nun, bevor sie ihn in die Toilette geworfen habe, in Papier eingewickelt. Also suchen die Männer der Kanalbrigade auch nach Papierklumpen. Wieder ohne Ergebnis.

Von diesem teilweisen Mißerfolg abgesehen, scheint der Tathergang jedoch nun völlig geklärt: Adrienne Eckhardt hat, wie sie sogar einige Male wiederholt, den Johann Arthold zuerst mit einer Fleischmaschine erschlagen und ihm dann noch den Hals durchschnitten. »Wenn ich ihm den Hals durchschneide, wird er ganz tot sein, habe ich mir gedacht«, gibt sie ungerührt zu Protokoll. Auch die Sachen habe sie mitgenommen, das Geld, den Ring und die Lebensmittel, aber in erster Linie nicht aus Habgier, sondern deshalb, damit man an einen Einbruch glaube.

Aber die Polizeibeamten haben nicht nur das Geständnis der Eckhardt, sie haben auch objektive Unterlagen für ihre Täterschaft. Sie haben die Blutspuren an ihrem Pelzmantel und ihrem Rock, und sie haben vor allem — in der Wohnung der Beschuldigten sichergestellt — die Tatwaffe: die ominöse Fleischmaschine. Sicher, die Maschine weist weder Blut- noch Gewebsspuren auf, aber das läßt sich, wie es die Staatsanwaltschaft in ihrer Anklageschrift später ausführt, zwanglos damit erklären, daß »Adrienne Eckhardt diese Fleischmaschine zweimal, und zwar einmal bei der Wasserleitung im Geschäft des Arthold unmittelbar nach der Tat und dann sofort, als sie nach Hause gekommen war, unter dem fließenden warmen Wasser im Badezimmer gereinigt hat«.

Und noch etwas: Die am 21. November völlig mittellose Beschuldigte verfügt am nächsten Tag plötzlich über Geld. Sie schickt sogar ihrem Vater einhundert Schilling, außerdem noch einen Futterstoff und Fleisch. Und noch weitere Lebensmittel. Aber nicht nur das. Sie hat auch genug Geld, um am 22. November ihre im Dorotheum verpfändete Armbanduhr auszulösen und sich eine Karte für den Zirkus Rebernigg zu kaufen.

Das Sicherheitsbüro schließt die Akten Adrienne Eckhardt und schickt sie — samt der Beschuldigten — an das Gericht. Dort scheint zunächst alles seinen normalen Lauf zu nehmen. Adrienne Eckhardt hält auch vor dem Untersuchungsrichter ihr Geständnis aufrecht.

Aber nicht lange. Am 4. Februar 1953, knapp zwei Wochen später, widerruft sie ihre bisherigen Angaben und erzählt die vierte Variante darüber, was in dieser Nacht geschehen ist. Eine Variante, die mit ihrer zweiten Darstellung in vielen Punkten übereinstimmt, in einem allerdings entscheidend davon abweicht: Nicht ein unbekannter Mann im Dufflecoat habe Johann Arthold umgebracht, sondern ein Mann, den sie recht gut kenne. Und sie nennt auch seinen Namen: Konstantin Bertini.

»Ich habe«, behauptet nun Adrienne Eckhardt, »Bertini im September im Nachtlokal ›Moulin Rouge‹ kennengelernt. Als ich ihm sagte, daß ich ohne Beschäftigung sei und eine Stelle als Gesellschaftsdame suche, versprach er, mir eine solche Beschäftigung zu verschaffen.«

Und Konstantin Bertini (laut Beschreibung der Eckhardt: »Zirka einhundertachtzig Zentimeter groß, schwarzes glattes Haar, schlank, gut aussehend, etwa dreißig Jahre alt«) hält, wenn man ihren Angaben glauben will, tatsächlich sein Versprechen. Er verschafft Adrienne Eckhardt eine Beschäftigung. Allerdings eine andere, als sie sich wohl erwartet hat. Denn dieser Konstantin Bertini, mit dem sie nach kurzer Zeit auch intime Beziehungen aufnimmt (»Er hat mir sehr gut gefallen«), ist ein Händler. Und er handelt — mit beachtlichem Erfolg — mit einem ganz besonderen Stoff: mit Rauschgift. Seine Spezialität: Morphium. Und die Eckhardt soll ihm bei der Vermittlung entsprechender Geschäfte behilflich sein.

Das tut sie auch. Und der erste Kunde, den sie dem ominösen Bertini bringt, ist Johann Arthold, der seinerseits das Morphium angeblich wieder an Juden weiterverkauft. Adrienne Eckhardt bekommt, so erzählt sie dem Untersuchungsrichter, für ihre Vermittlertätigkeit etwa 1000 Schilling. Kein allzu hoher Betrag, aber immerhin ein finanzieller Strohhalm für eine in Schulden Ertrinkende.

Ab etwa Mitte Oktober 1952 gerät dann — alles nach der nunmehrigen Darstellung der Eckhardt — Arthold mit seinen Zahlungen gegenüber Bertini in Rückstand. Eckhardt: »Ich habe Bertini erzählt, daß Arthold viele Weiber hat und ihn dies wahrscheinlich viel kostet. Auch habe ich ihm gesagt, daß Arthold viel trinkt.« Aber diese Entschuldigungen nimmt Bertini, der sich damals angeblich selbst in beträchtlicher Geldverlegenheit befindet, nicht zur Kenntnis. Er will das Geld für sein Morphium haben.

Adrienne Eckhardt ist daran interessiert, daß Arthold seine Schulden zahlt. Tut er es nicht, dann ist ja auch ihre neue Einnahmequelle in Gefahr. Also arrangiert sie für den 22. November 1952 abends einen Heurigenbesuch mit Arthold, damit dieser »in bessere Stimmung kommt und dem Bertini die Schulden zahlt«.

Nach dem Heurigenbesuch gehen die beiden in das Geschäft des Arthold, wo dieser zudringlich zu werden beginnt. Eckhardt: »Ich sagte zu ihm, er solle solche Schweinereien lassen und lieber seine Schulden zahlen. Arthold erklärte daraufhin, daß er dem Bertini nichts zahlen könne, er habe noch andere Verpflichtungen, und überhaupt gehe mich das nichts an.«

Da hören die beiden am Rollbalken ein Geräusch: Bertini ist gekommen, wie er es mit der Eckhardt bereits am Vortag telefonisch vereinbart hatte. Er wird von der Frau in das Geschäft eingelassen. Bei sich trägt er eine schäbige braune Aktentasche. Und er redet nicht lange um den Brei herum. Er verlangt von Arthold das Geld für das gelieferte Morphium. Zumindest einen Teil: zwei- bis dreitausend Schilling.

Aber Arthold weigert sich. Er habe kein Geld, behauptet er, und außerdem sei ihm die ganze Sache ohnedies schon zu dumm, und er werde bald »aussteigen«.

Der Ton zwischen den beiden Männern wird immer lauter, die Stimmung immer gereizter. Eckhardt: »Ich habe dann nicht besonders auf Bertini geachtet und merkte plötzlich, daß dieser aus seiner Aktentasche eine Fleischmaschine herausgenommen hatte und damit Arthold auf den Kopf schlug. Arthold saß dabei auf der Bierkiste, während Bertini vor ihm stand. Er hat gleich mehrmals auf Arthold losgeschlagen, und zwar auf die Hinterhauptgegend, Arthold ist gleich nach rückwärts mit dem Gesicht zur Stellage gesunken. Er hat dabei noch so etwas Ähnliches gerufen wie ›mein Gott‹ oder ›Jesus Mariá‹. Ich versuchte Bertini von seiner Tat abzuhalten und habe ihn hiezu am linken Rockärmel erfaßt. Er hat mich jedoch abgeschüttelt und mir zugerufen: ›Halt 's Maul!‹ Bertini hat dann noch wiederholt auf Arthold zugeschlagen, dieser ist zunächst zwischen Stellagen etwas stekken- oder hängengeblieben und erst später ganz auf den Boden gefallen.«

Und dann folgen nach dieser Version der Adrienne Eckhardt ähnliche Gräßlichkeiten, wie sie sie bereits früher einmal, damals allerdings auf einen Unbekannten bezogen, geschildert hat: »Daraufhin hat mich Bertini aufgefordert, Arthold umzudrehen. Ich habe dies getan, indem ich Arthold am Mantel zog, so daß er auf den Rücken zu liegen kam. Warum ich das getan habe, weiß ich nicht, ich war so willenlos.

Bertini hat noch weiter mit der Fleischmaschine auf den Kopf und das Gesicht des Arthold hingeschlagen. Arthold hat geröchelt und vom Kopf stark geblutet. Bertini hat noch eine Äußerung so ähnlich wie ›ewig wird er nicht hin‹ fallenlassen.

Dann forderte er mich auf, ein Messer aus dem Geschäftsraum zu holen. Er sagte, daß er zwar ein scharf geschliffenes Taschenmesser bei sich habe, weil er so blutig sei, könne er es aber nicht herausnehmen. Hierauf habe ich dem Bertini vom Verkaufsraum ein Messer gebracht. Ich muß zwar einräumen, daß ich hätte flüchten können, doch habe ich daran nicht gedacht. Bertini fluchte, daß das Messer nicht schneide, und forderte mich auf, ein anderes zu holen. Mit diesem hat Bertini dann dem Arthold die Kehle durchgeschnitten. Ich habe gesehen, daß dadurch noch sehr viel Blut gekommen ist, und nahm auch wahr, daß Arthold im Gesicht bleich wurde. Daraufhin hörte er auch auf zu röcheln.«

Und dann habe sich dieser Bertini die Hände gewaschen, die Eckhardt aufgefordert, dem Arthold den Ring vom Finger zu ziehen, zu säubern und einzustecken. Überhaupt habe er sie aufgefordert, sie solle »recht viel einpacken«. Was Adrienne Eckhardt auch befolgt. »Ich habe die ganzen Lebensmittel eingepackt, dann habe ich noch das Geld aus der Registrierkasse genommen.«

Der Untersuchungsrichter glaubt der Eckhardt die Bertini-Variante nicht und nimmt die Beschuldigte eingehend ins Verhör. Warum sie denn bis jetzt diesen geheimnisvollen Mann namentlich nie erwähnt, sondern immer nur gestanden habe, die Tat ganz allein begangen zu haben?

Die Begründung, die die Beschuldigte dazu anführt, fällt sehr dürftig aus: »Ich wollte nicht, daß die Verhandlung verzögert wird.«

Und als man ihr vorhält, daß diese Argumentation recht unglaubwürdig sei, erwidert sie: »Dann brauche ich ja nicht reden.«

Aber sie redet doch. Und sie redet von dem, was für eine Frau nicht selten das Wichtigste im Leben ist, von ihrem Kind. Adrienne Eckhardt ist nämlich, wie sich in der Haft bald herausstellt, schwanger. Und nun gibt sie etwas zu Protokoll, was vielleicht nicht der juristischen, wohl aber der menschlichen, der fraulichen, der mütterlichen Logik entspricht — zumindest entsprechen kann: »Mir war bis vor kurzem alles so egal, was mit mir geschieht. Mit der Zeit habe ich es aber nicht mehr ausgehalten, den wirklichen Sachverhalt zu verschweigen. Es kam mir meine Situation zum Bewußtsein: daß ich ein Kind erwarte und daß dieses später mit Verachtung auf mich schauen wird.«

Freilich, es bleibt nach wie vor unklar, warum Adrienne Eckhardt damals, als sie mit ihren Angaben der angeblichen Wahrheit schon so nahe war, immer von einem Unbekannten gesprochen hatte, wenn sie doch wußte, daß dieser Mann Konstantin Bertini heißt. Eckhardt: »Ich habe mich geschämt, wieder ein Verhältnis zugeben zu müssen, bei dem ich draufgezahlt habe.«

Auch zwei andere Fragen kann sie nicht befriedigend beantworten: Wieso sie von einem Mann, den sie doch einigermaßen gut kannte, weder Adresse noch Telefonnummer weiß, und warum sich dieser Bertini, wenn er in Mordabsicht in das Geschäft des Arthold kam, ausgerechnet mit einer Fleischmaschine bewaffnet hatte. Doch nicht, um mit dieser »weiblichen« Mordwaffe den Tatverdacht auf die Eckhardt zu lenken?

Selbstverständlich geht man auch der Spur dieses ominösen Konstantin Bertini nach, waren auch die diesbezüglichen Angaben der Adrienne Eckhardt noch so vage. Aber vergeblich. Obwohl Verteidiger Dr. Stern alles daransetzt, den Rauschgifthändler zu finden, verlaufen alle Nachforschungen im Sande.

Gewiß, es finden sich einige Personen, die behaupten, es gebe diesen Bertini tatsächlich, sie hätten in diesem oder jenem Lokal gehört, wie jemand mit diesem Namen angeredet worden sei, und dergleichen mehr. Aber mehr als die unbestreitbare Tatsache, daß es auf der Welt Menschen namens Bertini gibt, wird damit nicht geklärt. Vor allem ergibt sich keinerlei Zusammenhang zwischen den von den Zeugen erwähnten Bertinis und dem Mord an Johann Arthold. Auch umfangreiche Erhebungen in den Lokalen, in denen die Eckhardt ihren Angaben zufolge Bertini getroffen hat, bringen keinen Erfolg.

Als die Hauptverhandlung gegen Adrienne Eckhardt am 23. März 1953 eröffnet wird, gibt es jedenfalls keine einzige konkrete Spur zu dem geheimnisvollen Rauschgifthändler. Daß dieser selbst sich dem Gericht präsentieren werde, konnte man bei den von der Angeklagten gegen ihn vorgebrachten und durch die Presseberichterstattung allgemein bekannt gewordenen Beschuldigungen nicht erwarten. Aber die Verteidigung hoffte doch, zumindest irgendeinen konkreten Hinweis zu erhalten, daß dieser Bertini tatsächlich existiert, daß er nicht nur ein Schemen, nicht nur, um es ganz deutlich zu sagen, eine Erfindung der Angeklagten ist. Diese Hoffnung erfüllt sich — jedenfalls bis zum Beginn des spektakulären Indizienprozesses — nicht.

Nachdem Präsident Naumann Adrienne Eckhardt pflichtgemäß belehrt hat, daß sie, wie es das Gesetz etwas bürokratisch umschreibt, berechtigt sei, »der Anklage eine zusammenhängende Erklärung des Sachverhaltes entgegenzustellen und nach Anführung jedes einzelnen Beweismittels ihre Bemerkungen darüber vorzubringen«, und die obligate Frage gestellt hat, ob sie sich schuldig bekenne, lautet ihre Antwort: »Ich bekenne mich nicht schuldig im Sinne der Anklage. Ich habe bei dem Mord lediglich dem Bertini Handreichungen gemacht.«

Das heißt: Adrienne Eckhardt bleibt bei der vierten und letzten Version der Tat, die sie am 4. Februar 1953 und später noch mehrmals dem Untersuchungsrichter gegeben hat.

Und man muß ihr eines zugute halten: Sie weicht von dieser Darstellung nicht einmal in Details ab. Wenn die Angeklagte lügt, dann hat sie jedenfalls ein gutes Gedächtnis.

Überhaupt ist Adrienne Eckhardt in der Ausdrucksweise gewandter, als man nach ihrem eher primitiven Aussehen vermuten würde. Nicht nur dort, wo es um den Mord, sondern auch dort, wo es um ihr Vorleben geht.

Da hält ihr etwa der Vorsitzende vor, sie solle als Säuglingsschwester sehr kokett gewesen sein und sich mehr für die Ärzte als für die Kinder interessiert haben. Worauf die Eckhardt schlagfertig entgegnet: »Es ist umgekehrt, die Ärzte interessieren sich für die Schwestern.« Was der Vorsitzende nur mit einem halb ironischen, halb resignierenden »Ach so« zur Kenntnis nimmt.

Ansonsten ist die Verhandlung arm an neuen Erkenntnissen, aber reich an eher unguten Zwischenfällen. Die Bemerkungen des Vorsitzenden sind nicht immer allzu sachlich. »Sparen Sie sich die Krokodilstränen«, fährt er etwa Adrienne Eckhardt an, als sie bei der Schilderung des Tatherganges zu weinen beginnt — und erntet mit dieser unpassenden Bemerkung Zustimmung aus dem Zuschauerraum.

Oder: Dr. Stern rät seiner Mandantin — vielleicht nicht sehr geschickt, aber jedenfalls durch die Strafprozeßordnung gedeckt —, sie solle die Fragen des Staatsanwalts einfach nicht beantworten. Seine Begründung: »Ich kenne die Angeklagte und weiß, daß man nach einem stundenlangen Verhör von ihr alles hören kann, was man hören will. Adrienne Eckhardt hat anläßlich einer längeren Besprechung auch alle

Fragen, die ich an sie gestellt habe, bejahend beantwortet, obwohl dies gar nicht richtig sein konnte.«

Gericht und Anklagevertreter sind verwirrt. Erster Staatsanwalt Doktor Hörmann: »Ich bin nun sechsundzwanzig Jahre hier als Staatsanwalt im Hause, aber das ist mir noch nicht untergekommen. Das ist kein guter Rat des Herrn Verteidigers gewesen und bildet meiner Ansicht nach einen Anlaß, gegen Herrn Dr. Stern entsprechend vorzugehen. Im übrigen ist die Verweigerung der Beantwortung meiner Fragen doch offenbar nur so aufzufassen, daß die Angeklagte große Angst vor diesen Fragen hat.«

Das Gericht behält sich zunächst einmal die Beschlußfassung vor. Nach der Mittagspause erteilt dann der Vorsitzende dem Verteidiger eine Verwarnung, weil er »durch Inhibierung des Fragerechts des Staatsanwaltes der Wahrheitsfindung entgegengearbeitet und dadurch seine Pflichten als Rechtsanwalt verletzt«. Und er hat noch eine Drohung gegen den Verteidiger parat: »Nach Abschluß des Verfahrens werden die Akten der Rechtsanwaltskammer vorgelegt werden.«

Dazu kommt es aber nicht. Als das Urteil in Rechtskraft erwachsen ist, geht man über den diesbezüglichen Beschluß stillschweigend hinweg. Wohl auch im Interesse des Ansehens der Justiz. Denn es wäre höchst zweifelhaft gewesen, was man Dr. Stern eigentlich zum Vorwurf hätte machen können. Daß »der Beschuldigte weder zur Angabe der Wahrheit noch zur Aussage überhaupt gezwungen werden kann«, ist jedem Lehrbuch und jeder Gesetzesausgabe der Strafprozeßordnung mit Deutlichkeit zu entnehmen, so daß sich wohl auch ein Verteidiger kaum disziplinär strafbar machen kann, wenn er seine Mandantin auf dieses ihr nach dem Gesetz zustehende Recht in aller Form aufmerksam macht und ihr empfiehlt, davon teilweise (nämlich bei den Fragen des Staatsanwalts) Gebrauch zu machen.

Am letzten Verhandlungstag, dem 25. März 1953, scheint sich noch eine Sensation anzubahnen, als der Vorsitzende bekanntgibt, daß sich am frühen Morgen im Gefangenenhaus ein Häftling gemeldet habe, der angeblich den ominösen Bertini kenne. Die Einvernahme dieses Zeugen, der sich Diplomingenieur Emmerich Waldeck nennt (in Wirklichkeit aber Emmerich Vastagh heißt) und der sich wegen Verdachtes des Betruges in Untersuchungshaft befindet, beginnt auch recht interessant:

»Ich habe gestern in der Zeitung gelesen«, schildert er den aufhorchenden Geschworenen, »daß ein Rauschgifthändler mit dem Namen Konstantin Bertini eine Rolle spielt.

Ich habe zweimal mit einem Herrn, der sich mit Bertini vorgestellt hat, verhandelt, und zwar im Jänner 1951 und am 10. oder 15. Oktober 1952. Er hat folgendermaßen ausgesehen: Er war einen halben Kopf größer als ich, schlank, blaß, trug das schwarze Haar zurückgekämmt. Ich schätze ihn auf Anfang Dreißig.«

Das ist eine Beschreibung, die mit der von Adrienne Eckhardt gegebenen weitgehend übereinstimmt. Aber eben das macht den Vorsitzenden mißtrauisch: »Diese Personsbeschreibung haben Sie wohl den Zeitungen entlehnt.«

Waldeck-Vastagh verneint entrüstet und präsentiert weitere Details: »Ich habe diesen Mann im Jänner 1951 im Promenadencafé kennengelernt. Ich war damals gerade in eine Paßfälscheraffäre verwickelt, auch habe ich für eine gewisse ausländische Macht gearbeitet.

Damals kamen mehrere Ausländer zu mir, um falsche Pässe zu bekommen. Einer dieser Ausländer hat mich dann mit dem gewissen Bertini zusammengebracht. Bertini wollte für sich und seinen Bruder einen österreichischen Paß haben. Wir haben dann miteinander darüber gesprochen, und ich habe zu ihm gesagt, daß er einen Paß von mir bekommen wird. Kurze Zeit später wurde ich dann aber verhaftet und bin sechseinhalb Monate in Untersuchungshaft gesessen.«

Verteidiger Dr. Stern fragt konkret: »Besitzen Sie vielleicht die Adresse dieses Bertini oder die des genannten Mittelsmannes?«

Zur allgemeinen Überraschung bejaht der Zeuge die Frage: »Ich habe mir den Namen und die Adresse des Mittelsmannes aufgeschrieben, und zwar in einem Notizbuch. Dieses Notizbuch wurde bei einer Hausdurchsuchung beschlagnahmt und muß sich entweder bei meinen Häftlingsdepositen oder bei meinen Akten befinden.«

Das ist Wasser auf die Mühle des Verteidigers. Er beantragt sofort, »dem Zeugen Waldeck die Möglichkeit zu geben, an Hand des im Depot oder bei seinen Akten erliegenden Notizbuches den Namen und die Adresse des Mittelsmannes festzustellen und diese der Polizei bekanntzugeben, damit auf diesem Weg der Mittelsmann und auch Bertini ausgeforscht werden kann«.

Aber der Vorsitzende ist noch immer mißtrauisch. Selbst wenn es den vom Zeugen erwähnten Bertini wirklich gibt, wer sagt, daß es sich dabei gerade um jenen Bertini handelt, der in den Mord an Johann Arthold verwickelt sein soll? Waldeck-Vastagh kann ja nicht einmal den Vornamen dieses Bertini, den er zu kennen behauptet, angeben. Und er stellt an den Zeugen eine naheliegende Frage: »Dieser Mann wollte doch einen falschen Paß auf den Namen Bertini? Glauben Sie, daß er da wirklich Bertini geheißen hat?«

Darauf Waldeck: »Nein. Nach meiner Ansicht hat er nicht so geheißen, weil man sich in solchen Kreisen nie unter dem richtigen Namen vorstellt.«

Nun hat es der Vorsitzende relativ leicht, den Beweisantrag des Verteidigers abzulehnen. Er tut es mit einer Begründung, der man die Verärgerung über Dr. Stern anmerkt: »Es besteht kein Zweifel, daß in Österreich sehr viele Bertinis gemeldet waren, die dann wieder ausgereist sind. Einige sind auch heute noch gemeldet. Für das Gericht ist es eine Unmöglichkeit, allen diesen Bertinis nachzujagen. Es erübrigen sich sämtliche weiteren Anträge auch deshalb, weil selbst bei Durchführung der von der Verteidigung beantragten Beweise und selbst unter der Annahme, daß diese Tatsachen bewiesen würden, keinerlei Beweis für die Täterschaft beziehungsweise für die Beteiligung des Bertini an der Tat einwandfrei erbracht werden könnte. Im übrigen ist zur Feststellung der Schuld der Angeklagten in der Richtung des Mordes die Feststellung der Beteiligung eines zweiten Täters nicht notwendig.«

Der letzte Satz ist in doppelter Beziehung verunglückt. Zum einen wird hier praktisch die — erst von den Geschworenen zu entscheidende — Frage nach Schuld oder Unschuld der Angeklagten bereits vorweg entschieden: schuldig. Zum zweiten besagt er: Adrienne Eckhardt hat zugegeben, daß sie dem Konstantin Bertini bei der Ermordung des Johann Arthold behilflich war. Ob sie ihn aber allein umgebracht oder bei seiner Ermordung nur mitgewirkt hat, ist letztlich nicht entscheidend.

Der Oberste Gerichtshof erklärt später diese Auffassung auch ausdrücklich als falsch: »Es bedarf keiner weitläufigen Erörterung, daß es doch einem Angeklagten nicht völlig gleichgültig sein kann, ob er der Alleintäterschaft hinsichtlich eines tückischen Raubmordes oder nur der Mittäterschaft an diesem Verbrechen schuldig erkannt wird, wobei dem zweiten Täter die Hauptrolle an der Verübung des Mordes zukäme. Auch für die Bemessung der Strafe können diese Umstände von erheblicher Bedeutung sein.«

Wie gesagt, der Prozeß gegen Adrienne Eckhardt hatte etliche Schönheitsfehler ...

Das Beweisverfahren ist also abgeschlossen, weitere Beweise werden nicht mehr zugelassen. Auch der Versuch des Verteidigers, an die Geschworenen zusätzliche Fragen zu erwirken, die auf eine Annahme der Begehung der Tat durch den geheimnisvollen Bertini hinauslaufen, scheitert.

Dr. Stern kann nur erwirken, daß die beiden Plädoyers, die ansonsten nicht schriftlich festgehalten werden, von drei Parlamentsstenographen mitgeschrieben werden. Und er hält — man ist es von ihm nicht anders gewohnt — ein eindrucksvolles Schlußwort. Er bemüht sich, Widersprüche in der Anklage aufzuzeigen, vor allem auch nachzuweisen, daß man (entgegen dem Gutachten des Gerichtsmediziners) durch bloßes Abwaschen von einer Fleischmaschine nicht alle Blut- und Gewebsspuren restlos entfernen könne, so daß die bei der Angeklagten sichergestellte Maschine, die keinerlei derartige Merkmale aufweise, als Tatwaffe nicht in Frage komme. Und er appelliert an die Geschworen, wobei er auf die wiederholt abgeänderten Darstellungen seiner Mandantin anspielt: »Wenn man Sie vierzigmal verhört hat, werden auch Sie alles zugeben.«

Nach mehrstündiger Beratung verkündet der Obmann der Geschworenen vor 22 Uhr den einstimmigen Wahrspruch: Adrienne Eckhardt ist des meuchlerischen Raubmordes im Sinn der Anklage schuldig. Die Laienrichter haben also der Angeklagten ihre Bertini-Version nicht geglaubt. Vielleicht auch deshalb nicht, weil sie nicht überzeugend erklären konnte, warum sie von Bertini erst so spät gesprochen hatte. Ihr Argument, sie habe sich geschämt, ihre intimen Beziehungen zu ihm zuzugeben, klingt im Hinblick auf ihren ansonsten nicht derart sittenstrengen Lebenswandel nicht recht glaubwürdig.

Adrienne Eckhardt wird zu lebenslangem, schwerem Kerker verurteilt. Als besonders erschwerend nimmt das Gericht »die besondere Roheit und Hartnäckigkeit bei Ausführung der Tat« an. Ein findiger Schlagertexter freilich zieht aus dieser Roheit Gewinn: Sein Lied »Kauf mir eine neue Fleischmaschine« wird in den Wiener Heurigenlokalen bald zum Top hit.

Dr. Stern erhebt Nichtigkeitsbeschwerde und Berufung an den Obersten Gerichtshof, und er hat damit teilweise Erfolg. Am 2. Juli 1953 bestätigen die Höchstrichter zwar den Schuldspruch der ersten Instanz, aber sie setzen die Strafe auf zwanzig Jahre schweren Kerker herab. »Die Angeklagte«, heißt es in dem Urteil, »war als junger, unfertiger und durch pathologische Veranlagung im Hemmungsvermögen beeinträchtigter Mensch in weitgehender Weise und durch längere Zeit ungünstigen Einflüssen ihrer Umgebung (Elternhaus und Bekanntenkreis) ausgesetzt und entbehrte dabei eines notwendigen festen Haltes von außen. Ferner war eine gewisse Notlage zu berücksichtigen.

Berücksichtigt man auch diese Umstände in ihrem richtigen Gewicht, so treffen mehrere sehr wichtige und überwiegende Milderungsgründe zusammen, welche die Herabsetzung der Strafe, und zwar auf das Ausmaß von zwanzig Jahren schweren Kerker, verschärft durch ein hartes Lager vierteljährlich und einsame Absperrung an jedem Jahrestag der Tat, ermöglichen.«

Etwas mehr als einen Monat nach dieser Entscheidung bringt Adrienne Eckhardt in der Krankenstation des Gefangenenhauses ein gesundes Kind zur Welt: das Mädchen Elisabeth. Sie muß sich also zur Zeit des Mordes an Johann Arthold in den ersten Tagen der Schwangerschaft befunden haben. Der Vater des Kindes ist allerdings ein Mann, der mit dieser Tat in keiner wie immer gearteten Beziehung steht.

Dr. Stern gibt aber auch jetzt nicht auf. Es geht ihm nicht um eine mildere Strafe, es geht ihm um das, was er als Wahrheit empfindet: um die Existenz des Konstantin Bertini. Und man kann sicherlich auch Sterns Argumentation folgen: Wenn Adrienne Eckhardt diesen Bertini nur erfunden hat, warum lastet sie ihm dann nicht gleich die ganze Schuld an dem Verbrechen auf, warum gibt sie dann zu, ihm bei der Ermordung Artholds Hilfsdienste geleistet zu haben?

Der ambitionierte Verteidiger bringt einen Wiederaufnahmeantrag nach dem anderen ein, beantragt immer neue Zeugen, immer neue Erhebungen, sogar über die Grenzen Österreichs hinaus durch die Interpol. Und er beantragt — erstmalig in der österreichischen Justizgeschichte — »die narkoanalytische Untersuchung der Angeklagten durch Anwendung von Pentothal oder eines verwandten Barbitursäurepräparates«. Also das, was man im Volksmund stark vereinfachend den »Lügendetektor« nennt. Oder das »Wahrheitsserum«.

Das Landesgericht weist diesen Antrag kurzerhand mit der lapidaren Begründung ab, daß »ein solches Beweismittel der Strafprozeßordnung fremd ist und überdies der Erfolg einer Behandlung mit solchen Wahrheitsseren vom wissenschaftlichen Standpunkt äußerst umstritten ist«.

Damit ist es wohl juristisch im Recht. Auch das Wiener Oberlandesgericht vertritt in einer Entscheidung aus dem Jahr 1955 den gleichen Standpunkt: »Auch die vom Beschuldigten selbst begehrte Vernehmung unter Anwendung eines Barbitursäurepräparates ist ebenso wie die Narkoanalyse mit anderen Mitteln, die Hypnose, die Tatbestandsdiagnostik und die Registrierung unwillkürlicher Äußerungen ein unzulässiges Beweismittel.«

Aber gerade der letzte Satz dieser Entscheidung zeigt die ganze Problematik auf: »Allenthalben«, konstatiert Professor Dr. Hans Binder, Direktor der Züricher Heil- und Pflegeanstalt Rheinau, in der »Schweizerischen Ärztezeitung«, »werden bei Einvernahmen durch den Untersuchungsrichter und bei psychiatrischen Untersuchungen in Strafverfahren unfreiwillige und unbewußte Reaktionen zur Erlangung eines Geständnisses des Beschuldigten herangezogen, wie Erröten, Zittern, Stottern usw.«

In wie vielen Protokollen ist etwa festgehalten: »Die Beschuldigte gibt keine Antwort, statt dessen beginnt sie plötzlich zu weinen.« Oder: »Der Angeklagte zittert, beantwortet jedoch die Frage des Richters nicht.« Alles eine »Registrierung unwillkürlicher Äußerungen«, die das Oberlandesgericht als »unzulässige Beweismittel« bezeichnet.

Gewiß: Daß die Anwendung von Pentothal oder ähnlichen Drogen ohne Zustimmung des Untersuchten als krasse Einschränkung der menschlichen Willensfreiheit mit einem freiheitlichen Rechtsstaat nicht in Einklang zu bringen ist, liegt auf der Hand. Aber wie steht es, zum Beispiel im Fall der Adrienne Eckhardt, dann, wenn der Beschuldigte selbst ausdrücklich die Vornahme einer solchen Narkoanalyse an sich verlangt?

Der bekannte Wiener Psychiater und Neurologe Dr. Walter Seidl meint zu diesem Problem: »Es ist in besonders gelagerten Fällen ohne weiteres vertretbar, die Narkoanalyse im Interesse des Beschuldigten in Anwendung zu bringen und in dieser Methode ein Mittel zur Wahrheitsfindung zu sehen, das an Zuverlässigkeit den sonst üblichen durchaus nicht unterlegen ist.«

Natürlich sind auch hier Fehlermöglichkeiten nicht ausgeschlossen. Aber Seidl vertritt die Auffassung, daß höchstens etwa fünf Prozent der Menschen auch unter dem Einfluß einer Pentothalnarkose lügen können. Und der Wiener Sozialpsychiater Dr. Hans Strotzka berichtet über einen von ihm durchgeführten Selbstversuch, es sei ihm in diesem Zustand »nicht möglich gewesen, eine fest vorgefaßte, nicht der Wahrheit entsprechende Aussage beizubehalten«.

Gewiß, es gibt auch anerkannte Experten, die aus grundsätzlichen Erwägungen — vielleicht in Erinnerung an die makabren Schauprozesse in den Volksdemokratien, bei denen die Angeklagten allerdings nicht unter dem Einfluß von Pentothal, sondern von Scopolamin-Derivaten standen — alle derartigen Untersuchungen im forensischen Bereich rigoros ablehnen. Aber der allgemeine Hinweis des Wiener Straflandesgerichts darauf, daß der Erfolg einer solchen Behandlung »vom wissenschaftlichen Standpunkt äußerst umstritten sei«, ist doch wenig aufschlußreich.

Auch ansonsten kommt Dr. Stern mit seinen Wiederaufnahmeanträgen zu keinem Erfolg. Zwar finden sich noch einige Personen, die einen Mann namens Bertini gekannt oder zumindest gesehen haben wollen, aber es ergibt sich wiederum kein konkreter Hinweis darauf, daß diese Bertinis, sofern es sie wirklich gibt, mit dem Mord an Johann Arthold in Zusammenhang stehen. Im Jahre 1958 legt Dr. Michael Stern schließlich seine Vollmacht zurück, Adrienne Eckhardt betraut den ehemaligen Staatsanwalt Hofrat Dr. Viktor Zöchling mit ihrer Vertretung.

Am 24. Jänner 1973 sollte die Haft der Verurteilten, die sich zuletzt in der Frauenstrafanstalt Schwarzau am Steinfeld in Niederösterreich befand, zu Ende gehen. Aber sie braucht nicht die ganzen zwanzig Jahre »abzusitzen«. Am 10. November 1967 wird sie mit Beschluß des Kreisgerichts Wiener Neustadt bedingt entlassen. Der Strafrest von 5 Jahren, 5 Monaten und 14 Tagen wird ihr bedingt unter Setzung einer Probezeit bis zum Jahre 1973 nachgesehen. Das Geheimnis der Mordnacht hat sie bis heute nicht gelüftet.

Welch kuriose Produkte ein Fall wie jener der Adrienne Eckhardt in der Phantasie eines Menschen hervorrufen kann, zeigt ein Gedicht, das ein Anonymus der »Eckhart« schrieb, als sie in Untersuchungshaft war:

»An Adrienne Eckhart

Gedankenvoll steh' ich vor Deinem Bild
und schaue tief in Deine Augensterne;
wie blicken sie so sehnsuchtsvoll und mild
in eine trübe, unbekannte Ferne!

Ein dunkles Schicksal weht daraus mich an —
unselige Verstrickung, tragisch Ende —
ich weiß; zerriss'nen Herzen ward getan
die Bluttat Deiner zarten, kleinen Hände.

Weh' dem Elenden, der in Dir geweckt,
was hätt' in ew'gem Schlummer ruhen müssen,
der seine schmutz'ge Hand an Dich gelegt
und Dich mißbraucht zu tierischen Genüssen!

Doch Du hast Dich gerächt, hast ihn erschlagen,
so wie auch er Dein bess'res Selbst zertrat,
Erniedrigung konntest Du nicht ertragen,
blut'ge Frucht trug seine Drachensaat.

Du rächst Dich, wo kein Gesetz es gibt —
gibt's ein Gesetz »Du sollst den Menschen achten«,
das vor Mißhandlung schützt ein Herz, das liebt?
Kein einziges Gesetz, das Menschen machten!

Die rauhe Welt kann wohl Dein junges Leben
verdammen jetzt zu langer Kerkerschmach,
doch nimmermehr kann sie zurück Dir geben,
was er in Deinem Herzen roh zerbrach.

Er hat gebüßt, es liegt nun hinter ihm,
doch auf Dich wartet noch ein langes Leiden,
so lang vielleicht, wie Dir die Sonne schien,
mußt Du von ihrem warmen Licht nun scheiden.

Tragischer ist Dein Schicksal als sein Sterben,
er war ja nichts sonst als Dein böser Geist,
und noch im Tode ist er Dein Verderben,
das Dich hinunter in den Abgrund reißt.

Doch vor Dir liegt ein ganzes langes Leben,
wer weiß, wie schön es noch geworden wär'!
Einmal ist Dir die Jugend nur gegeben,
und Abschiednehmen fällt so bitter schwer.

Gedankenvoll steh' ich vor Deinem Bild
und schaue tief in Deine Augensterne;
wie blicken sie so sehnsuchtsvoll und mild
in eine trübe, unbekannte Ferne!

               Lucius Ferri Natas«

Dr. Heger teilte dazu dem Landesgericht für Strafsachen, z. Hd. Herrn LGR Dr. Gruber, am 19. Dezember 1952 mit: »Unter Rückmittlung des an Adrienne Eckhardt gerichteten Gedichtes wird mitgeteilt, daß der Träger des Pseudonyms Lucius Ferri Natas nicht ermittelt werden konnte. Des Interesses halber sei festgestellt, daß das Pseudonym, und zwar die ersten zwei Silben des ersten Vornamens und die erste Silbe des zweiten Vornamens, ›Lucifer‹ ergibt und der Familienname von rückwärts gelesen als ›Satan‹ zu lesen ist.«

Ein Arzt unter falschem Mordverdacht

In ihrer Ausgabe vom 15. November 1955 nimmt die Tageszeitung »Neues Österreich« davon auf Seite fünf, rechts unten, nur in Kleindruck Notiz:

»Ein Mord wurde heute nachmittag am östlichen Stadtrand von Steyr entdeckt: Einige hundert Meter vom Landeskrankenhaus entfernt, fand man die fünfundzwanzigjährige Diplom-Krankenschwester Margarete Bernhardine Fluch in einer Au zwischen der Voralpenbundesstraße und dem Steyrfluß mit eingeschlagener Schädeldecke tot auf.

Der Mord dürfte mit einer Hacke verübt worden sein. Nach den bisherigen Ergebnissen der Erhebungen dürfte es sich um ein Sexualattentat handeln. Genaue Aufschlüsse darüber wird erst die gerichtsmedizinische Obduktion ergeben.

Die Krankenschwester war seit Donnerstag abend aus dem Krankenhaus abgängig.«

Zwei Tage später kann das Blatt bereits in Schlagzeilen berichten:

»In achtundvierzigstündiger intensiver Arbeit haben nun die Steyrer Kriminalbeamten ein Meisterstück geleistet: Sie entlarvten den achtunddreißigjährigen Narkosespezialisten am Landeskrankenhaus Steyr, Dr. Günther H., als den mutmaßlichen Mörder.

Der Arzt, der unmittelbare Vorgesetzte der getöteten Krankenschwester, hat bisher wohl noch kein Geständnis abgelegt, doch wird er durch so schwerwiegende Indizien belastet, daß die Polizei stündlich mit der Aufklärung des Falles rechnet.«

Wer ist dieser Dr. Günther H., der trotz »schwerwiegender Indizien« nicht gesteht, der Mörder von Margarete Bernhardine Fluch zu sein? Man kennt ihn in ganz Steyr: ein großer schwarzhaariger Mann, ebenso tüchtig in seinem Beruf als Narkosearzt an der chirurgischen Abteilung des Steyrer Landeskrankenhauses wie sympathisch und gewinnend als Mensch. Ein Mann, von dem einmal eine Patientin sagte, er brauche die Frauen gar nicht zu narkotisieren, sie seien ihm auch so verfallen.

Und dieser Dr. H. hat, obwohl mit der Tochter eines gutsituierten Tischlers und Nichte eines hohen Magistratsbeamten verheiratet und

Vater eines vier Monate alten Buben, ein Verhältnis mit der hübschen Krankenschwester Margarete Bernhardine Fluch. Für den Abend des 10. November 1955 hat er mit der Fünfundzwanzigjährigen ein Rendezvous vereinbart: an der Voralpenstraße, in der Nähe des Spitals. Er verspätet sich etwas, eine Operation hat länger als vorgesehen gedauert. Als er zum vereinbarten Treffpunkt kommt, ist von der Geliebten nichts zu sehen. Dr. H. fährt mit seinem Wagen einigemal auf und ab: keine Spur von Margarete Fluch. Nur ein Mann auf einem Fahrrad kreuzt seinen Weg. Der Arzt fährt nach Hause.

Zwei Tage später unternehmen mehrere Krankenhausangestellte eine gezielte Suche nach der Krankenschwester, die auch Donnerstag und Freitag ihren Dienst nicht angetreten hat. Auch Dr. H. ist dabei. Plötzlich hören sie seinen entsetzten Ausruf: »Um Gottes willen, was liegt denn da?« Und dann sehen sie auch schon in den Flußauen, bestialisch zugerichtet, die Leiche der Margarete Fluch.

Die sofort an den Tatort gerufenen Kriminalbeamten lassen sich nochmals zeigen, von wo aus Dr. H. die Leiche entdeckte. Und sie machen dabei eine verblüffende Feststellung: Von diesem Standort aus kann man die Stelle, an der die Leiche der Krankenschwester gefunden wurde, gar nicht einsehen. Der Überraschungsruf des Arztes konnte nicht echt sein. Er muß die Tote bereits früher entdeckt haben.

Diese Indizien genügen der Polizei, um Dr. H. zu verhaften. Es paßt tatsächlich alles zusammen: Die Ermordete war seine Geliebte, wahrscheinlich war sie ihm lästig, und er wollte sie loswerden. Ein Grund dafür ist leicht gefunden: Nach den Ergebnissen der ersten Untersuchung ist Margarete Fluch im dritten Monat schwanger. (Bei nochmaliger Untersuchung stellt sich später allerdings heraus, daß das gar nicht stimmt. Es fanden sich bei der Toten wohl Anhaltspunkte für einen Abortus, aber nicht für eine intakte Gravidität.)

Weiters hat Dr. H. für die Tatzeit kein Alibi. Niemand hat ihn gesehen, als er zu spätabendlicher Stunde angeblich mit seinem Wagen auf der Voralpenstraße suchend hin und her fuhr. Auch er hat niemanden gesehen. Mit einer Ausnahme: den ominösen Radfahrer. Und den halten die Beamten für erfunden: »Glauben Sie, mir san so teppert, daß wir Ihnen Ihren Radfahrer suchen werden?« sagt einer von ihnen zu dem Arzt.

Was die Auffindung der Leiche anlangt, muß der Arzt zugeben, gelogen zu haben. Ja, er habe die Tote schon vorher, bei einer »privaten« Suchaktion, gefunden, wollte davon aber niemandem Mitteilung machen, um »sich nicht verdächtig zu machen«.

Gewiß, er hat Argumente vorzubringen. »Glauben Sie wirklich, daß ich einen Sexualmord an einer Frau begehen muß, die ohnehin meine Geliebte ist?« fragt er die Beamten. Denn daß der Mord an der Krankenschwester aus sexuellen Motiven verübt wurde, scheint auf der Hand zu liegen. Der entblößte Unterkörper, die zerfetzte Kleidung und Wäsche sprechen eine deutliche Sprache.

Aber nach der genauen Untersuchung der Leiche stellt der Linzer Gerichtsmediziner Dr. Fossel eine sensationelle — später als unrichtig erkannte — Behauptung auf: Margarete Fluch sei vom Täter geschlechtlich nicht mißbraucht worden. Er zieht daraus einen an sich durchaus naheliegenden Schluß: Hier wurde ein Sexualmord nur vorgetäuscht, während dem Verbrechen in Wirklichkeit offenbar ein anderes Motiv zugrunde liegt.

Die Kriminalbeamten triumphieren: Das paßt genau in ihr Konzept. Dr. H. hat die Schwester umgebracht und dann einen Lustmord fingiert. So glaubte er, den Verdacht von sich abzulenken und die Tat einem unbekannten Dritten, der das hübsche Mädchen vergewaltigt und ermordet habe, anlasten zu können.

Spuren, die in dieses Indiziengebäude nicht passen, werden vernachlässigt: Da findet sich ein Arbeiter, der bestätigt, zur fraglichen Zeit in der Nähe des Tatortes ein Fahrrad abgestellt gesehen zu haben — eine Aussage, die mit den Angaben von Dr. H. übereinstimmt. Die Polizei konstatiert dazu trocken: »Die Existenz dieses Rades konnte bisher von keinem anderen Zeugen bestätigt werden.«

Und da ist ein offenbar als Knebel verwendeter Wollstrumpf, den man unmittelbar neben der Leiche findet. Niemand macht sich über dieses Corpus delicti Gedanken, niemand bemüht sich, seine Herkunft und seine Funktion zu ergründen. Der Täter ist ja schon gefunden. Dr. H. wird in Untersuchungshaft genommen, die Voruntersuchung gegen ihn wegen Verdachtes des Mordes an Margarete Fluch wird eingeleitet. Der Arzt vertauscht den Polizeiarrest mit der Einzelzelle im Steyrer Kreisgericht. Seine Frau unternimmt einen Selbstmordversuch mit Leuchtgas, wird aber im letzten Moment gerettet.

Am 23. November 1955 können die Zeitungen bereits mit dem vermutlichen Verhandlungstermin aufwarten: »Der Indizienprozeß gegen Dr. Günther H. dürfte bereits im Jänner 1956 stattfinden.« Die alte Eisenstadt hat ihre Sensation: Der Fall Dr. H. ist monatelang fast das einzige Gesprächsthema in Steyr, wobei es zu erregten Diskussionen um Schuld oder Unschuld des Verhafteten kommt.

Zwei andere Verbrechen, die sich kurze Zeit vor dem Mord an Margarete Fluch in der Umgebung ereignet haben, sind praktisch vergessen:

● Der Überfall auf die siebenundzwanzigjährige Krankenschwester Margarete Baier am späten Abend des 23. August 1955 bei Bad Hall, bei dem die junge Frau von einem unbekannten Radfahrer mit einem Maurerhammer, einem sogenannten Fäustl, von hinten niedergeschlagen und schwer verletzt wurde.

● Und das Sexualattentat auf die vierundzwanzigjährige Hilfsarbeiterin Gertrude Brunner-Löbl auf der Ennser Bundesstraße, in der Nähe von Dornach bei Steyr, am 6. November 1955, ebenfalls von einem unbekannten Radfahrer mit einem derartigen »Fäustl« begangen, wobei das Opfer schwerste Kopfverletzungen erlitt.

Auch die Beamten der Mordkommission sehen keinen Zusammenhang zwischen diesen beiden Überfällen und dem Mord an Margarete Fluch. Noch dazu, wo sie den Mörder der Krankenschwester ja bereits gefaßt und »so gut wie überführt« haben.

Dr. H. ist nahezu ein halbes Jahr in Untersuchungshaft. Als man das Verfahren gegen ihn schließlich einstellt, ist es eine typische Einstellung »im Zweifel« und »mangels an Beweisen«, keineswegs wegen erwiesener Unschuld. Als sich die Kerkertore für den Arzt öffnen, beginnt für ihn erst das Schlimmste, das Gerede der Menschen, der Nachbarn, der Kollegen: »Nachweisen haben sie es ihm zwar nicht können, aber er wird es schon gewesen sein.« Am Krankenhaus Steyr wird der Arzt nicht mehr angestellt. Er geht nach Linz und tritt dort eine Stelle im chemischen Labor des Allgemeinen Krankenhauses an. Er hat nur einen Wunsch: die Entkräftung des gegen ihn noch immer bestehenden Verdachts, seine völlige Rehabilitierung, den Nachweis seiner Schuldlosigkeit. Aber der kann wohl erst dann erbracht werden, wenn der wirkliche Täter gefunden ist. Wird man ihn jemals finden?

Eineinhalb Jahre später: Wieder wird in der Umgebung von Steyr eine junge Frau vermißt, die fünfundzwanzigjährige Hilfsarbeiterin Herta Feichtinger aus Neuzeug bei Sierning. Sie hat in den Abendstunden des 10. Juni 1957 (Pfingstmontag) mit einer Freundin und deren Bekannten den Film »Santa Lucia« im Sierninger Kino gesehen, sich dann beim Sportplatz von ihren Begleitern verabschiedet und gegen 21.10 Uhr zu Fuß den Heimweg angetreten. Zu Hause ist sie nie angekommen. Als am nächsten Tag ihr Bruder nach dem Mädchen sucht, findet er seine tote Schwester in einem Weizenfeld. Der Anblick, der sich ihm bietet, ist fürchterlich!

»Die Leiche der Herta Feichtinger war mit Weizenhalmen zugedeckt. Kleid und Unterkleid waren bis gegen die Schamgegend zu hochgeschoben. An Weizenhalmen und Erdreich waren Blutspuren wahrnehmbar. Neben der Leiche lag die Hose des Mädchens. Aus dem halb geöffneten Mund der Leiche ragte ein rot-weiß kariertes Taschentuch heraus. An der blutbefleckten Wollweste waren die Innennaht beim rechten Ärmel und die Achselnaht aufgesprengt, das Kleid am Halsausschnitt sowie in der Scham- und Hüftgegend blutbesudelt. Der Plastikgürtel des Kleides befand sich in geöffnetem Zustand. Der Büstenhalter mit abgerissenem linkem Band war bis zum Hals hochgeschoben. Der Zippverschluß des Kleides war linksseitig bis zur Hälfte geöffnet und der Stoff in der Nähe des Verschlusses teilweise eingerissen. Am Hemd war der rechte Träger gleichfalls abgerissen.

An der Leiche selbst wurden schwerste Kopfverletzungen festgestellt. Das Schädeldach zeigte eine Zertrümmerung des hinteren Anteils des linken Scheitelbeins mit einem Sprung durch die Schädelbeinschuppe nach vorne und zirkularen Bogenbrüchen. Die Bruchstrahlen verliefen nach allen Seiten. Das linke Scheitelbein zeigte drei Zentimeter hinter der Kranznaht und knapp vor dem Scheitelbeinhöcker einen fast rinnenförmigen Einbruch der äußeren Knochentafel. Die Hirnhaut wies eine spaltförmige Öffnung auf, und in der weichen Hirnhaut waren eine blutige Durchtränkung sowie Quetschungsherde der Rinde feststellbar.«

Soweit der amtliche Untersuchungsbefund. Bei der Obduktion wird dann festgestellt, daß die Unglückliche von mindestens fünfzehn Hammerschlägen getroffen wurde. Als Todesursache hält das Sezierungsprotokoll eine »Zertrümmerung des Schädels und hiedurch verursachte Quetschung des Gehirns, verbunden mit starkem Blutverlust, letztlich Ersticken infolge Knebelung« fest.

Also ein Mord, der Parallelen zum Verbrechen an Margarete Fluch erkennen läßt: Dr. H. sieht sich vor die Notwendigkeit gestellt, auch für den Abend des 10. Juni 1957 ein Alibi erbringen zu müssen. Die Polizei hat ihn nicht vergessen. Er wird einem — wenn auch kurzen — Verhör unterzogen, kann aber einwandfrei nachweisen, wo er sich zur Zeit des Mordes an Herta Feichtinger aufgehalten hat.

Aber zwei andere Männer — Bekannte des Opfers — werden als mutmaßliche Täter verhaftet: der neunzehnjährige Helmut M. und der zweiundzwanzigjährige Walter L. Es gibt starke Verdachtsgründe gegen die beiden Burschen, ja nicht nur das, Helmut M. legt vor der Gendarmerie sogar ein Geständnis ab: »Ich habe die Herta ermordet.«

Am 15. Juni 1957 langt dann — in verstellter Schrift abgefaßt — folgender Brief beim Polizeikommissariat Steyr ein:

Ich bin der Mörder!
Ich erlebte am Pfingstmontag eine schwere Enttäuschung mit einem Mädchen, das ich sehr gern hatte. Ich hatte eine große Wut. Ich betrank mich mit der Absicht, bei Einbruch der Dunkelheit in die Gegend hinauszufahren, um die nächstbeste Frau, die mir unterkommt, niederzuschlagen. Ich fuhr nach Grünberg. Bei Einbruch der Dunkelheit wieder zurück bis Pichlern, mit der Absicht Richtung Sierning — Bad Hall. Beim Ortseingang von Sierning stieg ich ab, um meine Notdurft zu verrichten. In der Nähe sah ich zwei Frauen und einen Mann stehen. Kurz darauf sah ich den Mann und ein Mädchen in den Ort gehen und ein Mädchen allein einen anderen Weg gehen. Ich fuhr an den Zaun heran, dort stand ein kleines Häuschen. Hinter einem lebenden Zaun versteckte ich das Rad. Dann ging ich mit schnellen Schritten dem Mädchen nach. Ich hatte bei mir einen $2^{1}/_{2}$-kg-Hammer, auf einer Seite eine Spitze, auf der anderen Seite stumpf.

Als ich fast auf gleicher Höhe mit ihr war, schlug ich mit dem Hammer auf ihren Hinterkopf. Sie sank sofort lautlos zu Boden. Ich schleppte sie in das Getreidefeld, und da kam sie zu sich. Ich wollte noch einmal zuschlagen, aber sie wehrte sich sehr. Sie war sehr stark. Ich brachte sie zu Boden, stopfte ihr mit Aufbietung meiner ganzen Kraft und Wut einen Fetzen in den Mund, dann habe ich sie vergewaltigt. Als ich fertig war, wollte sie mich nicht mehr auslassen, es kam zu einem schweren Ringkampf, in dessen Verlauf ich ihr mit der Spitzseite des Hammers einen kräftigen Hieb auf den Kopf gab. Dann ließ ihre Kraft nach. Ich gab ihr noch einige Schläge, mißbrauchte sie noch einmal, schleppte sie noch ein Stück, stopfte den Knebel noch besser, deckte sie mit Halmen zu und verschwand. Auf dem Weg zu ihr und von ihr begegnete mir kein Mensch.

Nächsten Tag vor Arbeitsbeginn ging ich in die Kirche (Michaeli-Kirche) mit der Absicht, zu beichten. In meiner Eile vergaß ich in einer Bank die rote Handtasche des Mädchens. Darin war Taschentuch, Kamm, Sonnenbrille, Lippenstift, Geldbörse mit Foto und Karte mit dem Namen des Mädchens. Das Tuch zum Knebel stammt aus den Fetzen, die ich in den Steyrer-Werken zum Werkteile-Reinigen ausfaßte. Das Motiv der Tat ist grenzenloser Haß und Wut gegenüber den Weibern wegen einer schweren Liebesenttäuschung.

Der Mörder!

Am selben Tag, an dem die Kriminalbeamten in Steyr diese anonyme Selbstbezichtigung erhalten, geschieht das nächste Verbrechen: In den späten Abendstunden des 15. Juni 1957 ist die einundzwanzigjährige Verkäuferin Herta Spann nach einem Kinobesuch auf dem Heimweg zur elterlichen Wohnung in der kleinen Ortschaft Hehenberg, etwa zwei Kilometer von dem bekannten Kurort Bad Hall entfernt. Sie bemerkt auf der einsamen Straße vor sich einen auffallend langsam in ihrer Richtung gehenden Mann, der ein Fahrrad schiebt, mißt dem Unbekannten aber keine besondere Bedeutung zu.

Als sie ihn überholt hat, setzt sich der Mann plötzlich auf sein Rad und fährt dem nun bereits Böses ahnenden Mädchen nach. In wenigen Sekunden hat er sie eingeholt, dann saust schon ein Maurerhammer mit voller Wucht auf den Kopf von Herta Spann herab. Daß sie nicht sofort ohnmächtig wird, rettet ihr wahrscheinlich das Leben.

Sie wendet sich instinktiv dem Angreifer zu, sieht diesen eben zu einem neuen Schlag ausholen, hört, wie er sie mit unflätigen Worten auffordert, sich ihm hinzugeben, und beginnt in Todesangst gellend um Hilfe zu schreien, während es ihr gleichzeitig gelingt, dem Schlag knapp auszuweichen.

Und nochmals hat das Mädchen Glück im Unglück: Aus Richtung Hehenberg nähert sich ein Motorradfahrer, der im Licht seines Scheinwerfers die Situation rasch erfaßt und dem Mädchen zu Hilfe kommt.

Aber es gelingt ihm nicht, den Täter, der die Flucht ergriffen hat, zu fassen. Dieser stürzt zwar und verliert seine Armbanduhr, aber es gelingt ihm, unerkannt zu entkommen. Auf seinem Fluchtweg finden die von dem Motorradfahrer verständigten Gendarmeriebeamten auch das Fahrrad, dessen sich der Täter entledigt hat. Und die Tatwaffe: ein etwa eineinhalb Kilogramm schwerer Maurerhammer. Ein »Fäustl«. Der Sexualattentäter hat wieder zugeschlagen.

Kriminalleutnant Karl Peter erinnert sich: »Im Bundesland Oberösterreich lief nun eine Großfahndung an, die später auf das ganze Bundesgebiet ausgedehnt wurde. Über Presse und Rundfunk erging an die Bevölkerung die Bitte, tatkräftig an der Fahndung mitzuwirken und auch unbedeutende Wahrnehmungen den Sicherheitsbehörden mitzuteilen. Beamte fuhren mit Lautsprecherwagen durch die umliegenden Gemeinden und forderten die Bevölkerung auf, die vom Täter am Tatort zurückgelassenen Gegenstände zu besichtigen.«

Und sie haben Erfolg. Ein Kaufmann in Sierning bei Steyr erkennt die am Tatort sichergestellte Uhr und erinnert sich auch daran, wem er sie vor einiger Zeit verkauft hat: »Dem Alfred Engleder.«

Als die Kriminalbeamten in Engleders Wohnung kommen, treffen sie ihn selbst nicht an, sondern nur seine Frau. Sie weiß zwar nicht, wo sich ihr Mann aufhält, aber sie kann den Beamten zwei wichtige Mitteilungen machen. Erstens: Die Uhr gehört ohne jeden Zweifel ihrem Mann. Und zweitens: Er ist am 15. Juni, dem Tag des Überfalls auf Herta Spann, erst gegen Mitternacht nach Hause gekommen. Aber nur für kurze Zeit: Kurz darauf ist er wieder weggegangen und bis jetzt nicht wieder heimgekommen. Nun gibt es für die Kriminalbeamten keinen Zweifel mehr, daß Engleder zumindest im Fall Spann der Täter ist. Aber wo ist Alfred Engleder? Der Erdboden scheint ihn verschlungen zu haben.

Am 18. Juni 1957 arbeiten in der sommerlichen Hitze in der Baumschule des Schlosses Karlslust bei Niederfladnitz in Niederösterreich nahe der tschechischen Grenze, weit vom Ort der blutigen Geschehnisse in und um Steyr entfernt, ein paar junge Frauen, als sie eine unheimliche Entdeckung machen: Ein in einiger Entfernung versteckt im Gras liegender Mann beobachtet sie mit einem Fernglas. Sie teilen ihre Wahrnehmung dem Förster Johann Hansal mit, und er stellt den Unbekannten.

Dieser kommt der Aufforderung, sich zu legitimieren, nicht nach, verwickelt sich, über den Grund seines merkwürdigen Verhaltens befragt, in zahlreiche Widersprüche, läßt sich aber dann widerstandslos von Hansal zum nahe gelegenen Wachzimmer der Zollwache Niederfladnitz eskortieren. Unterwegs bleibt der Fremde plötzlich stehen und erklärt dem Förster: »Sie haben Glück. Auf meinen Kopf ist nämlich eine Prämie ausgesetzt. Ich bin der Alfred Engleder.« Noch am selben Tag legt er auf dem kleinen Gendarmerieposten Pleißing im nördlichen Niederösterreich ein ebenso umfassendes wie grauenvolles Geständnis ab: Er gesteht zwei Frauenmorde und vier schwere Sexualattentate, bei denen die Opfer ihr Leben durchwegs nur glücklichen Umständen verdankten. Dieses Geständnis wiederholt er auf dem Wiener Sicherheitsbüro und schließlich vor dem Untersuchungsrichter des Kreisgerichts in Steyr.

Er gesteht unter anderem:
● den Mord an Margarete Fluch, dessentwegen der Arzt Dr. H. fast ein halbes Jahr in Untersuchungshaft war;
● den Mord an Herta Feichtinger, der ebenfalls zur Verhaftung zweier Verdächtiger geführt hatte, von denen einer, der neunzehnjährige Helmut M., das Verbrechen sogar »gestand«;

● den Überfall auf Gertrude Brunner-Löbl. Auch hier war bereits ein Verdächtiger gefunden und verhaftet worden: der Steyrer Postadjunkt und in seiner Umgebung als Exhibitionist bekannte Heinrich M. Auch er hatte bereits »gestanden«.

Erst durch die Verhaftung des »radelnden Unholds von Steyr«, wie Engleder bald genannt wird, werden alle diese Verdächtigen rehabilitiert. Die Aufmerksamkeit eines niederösterreichischen Försters befreit sie vom Mordverdacht.

Was für ein Mensch ist dieser Alfred Engleder? »Schon während meines Heimaufenthalts haben sich in mir Gefühle der Bosheit und der Rachsucht entwickelt«, gibt der am 18. Jänner 1920 als Sohn eines Werkzeugmachers in Sierning bei Steyr geborene Engleder, dessen Eltern sich scheiden lassen, als er vier Jahre alt ist, zu Protokoll. Er meint damit das Waisenhaus in Gosau und das Erziehungsheim in Gleink, wo der junge Engleder seine Kindheit verbringt: »Die Erziehung dort war sehr streng und vor allem mir gegenüber ungerecht.«

Als er vierzehn Jahre alt ist, erhält er die erste Lehrstelle: bei einem Schneider in Linz. Nach wenigen Monaten gibt er sie wieder auf und verdingt sich als Knecht in der Landwirtschaft: »Auch dort bin ich ungerecht behandelt worden.«

Mit achtzehn ermittelt er die Adresse seines Vaters, mit dem er bis dahin keinen Kontakt gehabt hat; dieser verschafft ihm im Jahr 1938 eine Stelle als Hilfsarbeiter in einer Stahlwarenfabrik. Im Oktober 1938 wird Engleder zum Arbeitsdienst, 1939 zur deutschen Wehrmacht eingezogen. Das Kriegsende erlebt er in russischer Gefangenschaft, aus der er im September 1945 zurückkehrt. Dann wechselt er wiederholt den Arbeitsplatz, zuletzt wird er im Juli 1951 von der Stahlwarenfabrik Neuzeughammer, bei der er schon vor Kriegsausbruch tätig war, fristlos entlassen.

1948 lernt Engleder seine erste Frau kennen: Maria L. Sie bringt zwei uneheliche Kinder in die Ehe mit, in eine Ehe, die nur kurze Zeit dauert. Nach ständigen Streitigkeiten stehen die beiden 1951 in Steyr vor dem Scheidungsrichter. Die Ehe wird aus beiderseitigem Verschulden geschieden.

Während er noch mit Maria L. verheiratet ist, lernt Engleder bereits eine andere Frau kennen: Berta H. Er geht mit ihr ein intimes Verhältnis ein, sie bringt im Juli 1951 ein Kind zur Welt. Nach der Scheidung heiratet Engleder seine Geliebte.

Sie führen eine gute Ehe, der zwei Kinder entspringen. Engleder ist in seiner Umgebung als fleißiger und geschickter Arbeiter, vor allem aber als rührend fürsorglicher Familienvater bekannt. In seiner Freizeit beschäftigt er sich mit politischen Fragen, widmet sich dem Studium wissenschaftlicher Werke (vor allem über Psychologie), außerdem ist er ein leidenschaftlicher Zeichner und Bastler. Das eheliche und familiäre Glück scheint ungetrübt. Man spricht in Sierning von den Engleders mit Hochachtung.

Niemand weiß um Engleders schwer gestörtes Verhältnis zum weiblichen Geschlecht: »Ich habe bei den Weibern schon in der Jugend keinen Anwert gefunden«, sagt er selbst einmal. Er antwortet auf die Zurücksetzung mit grenzenlosem Haß.

Schon seine Mutter, die sich kaum um ihn und seine drei Geschwister kümmerte (»Wenn sie fortging, hängte sie uns Kindern an Ringen auf, damit wir nichts ruinieren«), haßte er. Auch die Schwester im Kinderheim (»Sie hat mir nie ausreichend zu essen gegeben«) ist für ihn eine Todfeindin. Er macht sie dafür verantwortlich, daß er im Wachstum zurückbleibt und als Fünfzehnjähriger die Ausmaße eines Neunjährigen hat.

An seiner Entlassung bei der Firma Neuzeughammer im Jahre 1951 ist wiederum eine Frau schuld. Eine Arbeitskollegin hat der Firmenleitung verraten, daß sein Krankenstand nur vorgeschützt und in Wirklichkeit Arbeitsunlust war. Engleder verfolgt sie voll von Haß: »Stundenlang lauerte ich ihr auf, aber ich fand keine Gelegenheit, um sie zu verprügeln. Da wurde mein Haß und meine Verrücktheit so groß, daß ich schon rot sah, wenn eine Frau mir nur über den Weg lief. Ich hatte den Hammer eingepackt, um meine Arbeitskollegin niederzuschlagen. Als ich aber eines Abends nach stundenlangem vergeblichem Warten wieder heimfahren wollte, da kam mir zum ersten Mal der Gedanke, es sei gleich, welche Frau ich niederschlage. Sie gehören doch alle in einen Topf, und als ich auf meinem Rad ein Mädchen überholte, da schlug ich eben zu.«

Es ist sein erstes Verbrechen. Sein Opfer: die einundzwanzigjährige Hilfsarbeiterin Elfriede Kranawetter aus Grünberg bei Steyr. Er schlägt am späten Abend des 31. Juli 1951 in nächster Nähe ihres Wohnhauses mit einem Hammer etwa zehnmal auf ihren Hinterkopf und verletzt sie schwer. Ein zufällig aus Richtung Steyr kommender Motorradfahrer treibt Engleder in die Flucht und rettet so dem Mädchen das Leben. Auch seine Absicht, Elfriede Kranawetter zu vergewaltigen (»Ich wollte die Erniedrigung durch einen erzwungenen Geschlechtsverkehr zu einer vollkommenen machen«), kann Engleder nicht verwirklichen: »Ich bin nach der Flucht auf Umwegen nach Hause gegangen und habe mir dort die blutigen Hände gewaschen.«

Den nächsten Überfall begeht er erst vier Jahre später, auf die gleiche Weise wie den ersten. Am 23. August 1955 gegen 22 Uhr fährt er bei Bad Hall der siebenundzwanzigjährigen Krankenschwester Margarete Baier mit seinem Rad nach und schlägt, nachdem er das Mädchen eingeholt hat, mit demselben Maurerhammer, den er schon gegen Elfriede Kranawetter verwendet hatte, auf sein Opfer ein.

Als die nicht sofort ohnmächtige junge Frau in Todesangst ihren Peiniger anschreit: »Wer bist du?«, antwortet Engleder darauf zynisch: »Ein Freund.« Auch hier flieht er, als sich aus Richtung Bad Hall ein Fahrzeug nähert. Unter Mitnahme der Handtasche der Schwerverletzten verläßt er den Tatort, etwa vier Kilometer weiter wirft er die Tasche wieder weg. Nur ein Brillenetui behält er. Es wird nach seiner Verhaftung in der Wohnung Engleders gefunden. Warum er es aufbewahrt hat, bleibt ungeklärt.

Als er Zeitungsmeldungen entnimmt, daß die Sicherheitsbehörden bei der Suche nach dem Täter völlig im dunkeln tappen (das schwer kopfverletzte Opfer kann keine taugliche Personsbeschreibung geben), beschließt er, nicht mehr so lange Zeit bis zum nächsten Überfall verstreichen zu lassen. Am 6. November 1955 überfällt er auf der Ennser Bundesstraße bei Dornach die vierundzwanzigjährige Hilfsarbeiterin Gertrude Brunner-Löbl, die — ebenso wie Engleder selbst — ein Fahrrad benützt. Sie kommt durch die Schläge zum Sturz, fällt vom Rad, setzt aber dem Attentäter unter gellenden Hilferufen derart heftigen Widerstand entgegen, daß er sein Vorhaben aufgibt und flüchtet, ohne daß es ihm gelingt, sein Opfer geschlechtlich zu mißbrauchen. Er verliert einen Mantelknopf, der bei der Tatbestandsaufnahme sichergestellt wird.

Vier Tage später begeht er seinen ersten Mord, den Sexualmord an der Krankenschwester Margarete Fluch. Die Anklageschrift der Staatsanwaltschaft Steyr kleidet das Grauen in Sätze von betonter Nüchternheit und Sachlichkeit:

»Am 10. November 1955 nach Einbruch der Dunkelheit radelte Engleder auf der Suche nach einem Opfer durch die Gegend. Gegen 19.30 Uhr kehrte er in Steyr in ein Gasthaus ein und trank zwei Flaschen Bier. Nach seiner Schilderung hatte er zu diesem Zeitpunkt eine furchtbare Wut, weil er schon drei Tage vergeblich nach einem Opfer Ausschau gehalten hatte.

Nach diesem Gasthausbesuch fuhr er vorerst nach Sierning und begab sich in seine Wohnung. Da er aber dort auch keine Ruhe fand, verließ er die Wohnung wieder und fuhr abermals nach Steyr in der Hoffnung, doch noch ein Opfer zu finden. Gegen 20.05 Uhr kam er beim Landeskrankenhaus in Steyr vorbei.

Dabei bemerkte er, daß ein Mädchen — es war die Narkoseschwester Margarete Fluch — gerade das Krankenhaus verließ. Als Engleder sie bemerkte, war sie gerade auf dem Weg zu einer Verabredung mit Dr. Günther H. Sie wandte sich vom Krankenhaus stadtauswärts, und Engleder folgte ihr in einiger Entfernung.

Schließlich fuhr er dem Mädchen vor, um es sich im Scheine der Straßenlaternen genauer anschauen zu können. Zu diesem Zweck stellte er sich am Straßenrand auf und ließ Margarete Fluch passieren. Hierauf nahm er aus der mitgeführten Aktentasche sein ›Fäustl‹, steckte es griffbereit ein und überholte das Mädchen nach etwa 100 Metern abermals. Im unverbauten Gebiet versteckte er sich hinter einem Gebüsch und wartete auf sein Opfer.

Als Margarete Fluch abermals an ihm vorbeigegangen war, verließ Engleder sein Versteck und fuhr ihr, das Fäustl schlagbereit haltend, nach. Nach wenigen Metern hatte er sie eingeholt und versetzte ihr mit dem Hammer einen heftigen Schlag auf den Hinterkopf. Margarete Fluch sank daraufhin lautlos zu Boden.

Engleder warf sein Fahrrad in den Straßengraben und begab sich wieder zu der auf dem Boden Liegenden. Diese hatte sich inzwischen etwas aufgerichtet und bat den auf sie zukommenden Engleder um Hilfe. Dieser ergriff sie nun von hinten unter den Armen und schleifte sie auf die linke Straßenseite. Dort zog er sein Opfer zwischen einem Schotterhaufen und einer Gebüschreihe auf die dahinter befindliche Wiese.

Margarete Fluch versuchte nun zu schreien, da sie offenbar zu ahnen begann, was ihr vom vermeintlichen Helfer drohte. Engleder hielt ihr aber den Mund zu und schlug mit dem Fäustl auf die Wehrlose ein. Als sich Margarete Fluch nicht mehr rührte, ließ Engleder vorerst von ihr ab. Er begab sich zur Straße zurück, holte sein im Straßengraben liegendes Fahrrad und verbarg es hinter einer Gebüschreihe. Die Wiese, auf die Engleder sein Opfer gebracht hatte, erstreckt sich auf etwa 8 Meter gegen den Steyrfluß zu bis zu einem etwa 3 Meter hohen steil abfallenden Felsen. Unterhalb dieses Felsens befindet sich ein mit Sträuchern bewachsenes Plateau, und von dort fällt der Felsen noch weiter in einen etwa achtzehn Meter langen Hang gegen den Steyrfluß ab.

Nachdem Engleder sein Fahrrad versteckt hatte, zog er die ohnmächtige Margarete Fluch, die er wieder von hinten unter den Armen erfaßt hatte, immer weiter von der Straße weg. Dabei kam er auch einmal zum Sturz, erhob sich aber sogleich wieder. Da sich aber der Felsabsturz in seinem Rücken befand, bemerkte er diesen nicht und stürzte mit seinem Opfer etwa 3 Meter tief ab. Margarete Fluch kam dabei auf Engleder zu fallen. Dieser überstand jedoch den Sturz und zog sein Opfer weiter zu einem Fußweg, der quer über den Hang führt. Als Margarete Fluch wieder das Bewußtsein erlangte und verzweifelt um Hilfe rief, zog Engleder ein Strumpfoberteil, das er angeblich bei sich hatte, um es in seiner Bastelwerkstätte als Sieb für Farben zu verwenden, aus seiner Hosentasche und steckte es als Knebel seinem Opfer in den Mund.

Weiters versetzte er der jungen Frau mit dem Fäustl noch einige Schläge auf den Kopf, so daß sie wieder das Bewußtsein verlor. Engleder begab sich jetzt nochmals zur Straße zurück, um nachzuschauen, ob ihn nicht doch eventuelle Spuren verraten könnten. Dabei fand er den Schirm seines Opfers, nahm ihn an sich und begab sich wieder zu der noch immer bewußtlosen Margarete Fluch zurück. Unweit seines Opfers warf er den Schirm dann weg.

Gerade als er zurückkam, erwachte Margarete Fluch aus ihrer Bewußtlosigkeit. Erbarmungslos schlug aber Engleder immer wieder mit dem Fäustl auf sein um Gnade flehendes Opfer ein, bis es sich nicht mehr rührte. Hierauf zog er Margarete Fluch die Hose aus, öffnete den Strumpfhalter, streifte die Strümpfe bis zu den Knöcheln ab und riß ihr schließlich mit brutaler Gewalt die Kleider und Wäsche von oben bis unten durch, um sich sodann an seinem Opfer geschlechtlich zu vergehen.

Nachdem sich Engleder sexuell abreagiert hatte, ließ er von Margarete Fluch ab und verließ den Tatort. Vorerst fuhr er in seine Bastelwerkstätte und reinigte dort seine blutigen Hände, die Kleider und das ›Fäustl‹. Anschließend begab er sich in seine Wohnung.

Am nächsten Tag fuhr Engleder nochmals zum Tatort, um nach seinem Opfer Nachschau zu halten. Er konnte es aber nicht finden. Tags darauf wurde dann die Leiche der Margarete Fluch, nachdem bereits die Abgängigkeitsanzeige erstattet worden war, bei einer organisierten Suche gefunden.«

Grausiges Detail am Rande: Als Engleder von seinem Opfer endgültig abließ und sich entfernte, dürfte Margarete Fluch noch nicht tot gewesen sein. Sie wurde nämlich etwa sechs Meter von jener Stelle entfernt, wo sich Engleder an ihr vergangen hatte, aufgefunden. Es war ihr auch gelungen, sich den Knebel aus dem Mund zu ziehen. Sie dürfte dann noch einige Meter in Richtung zum Steyrfluß gekrochen und dort gestorben sein.

Engleder vernichtete mit diesem Verbrechen (das übrigens von der Staatsanwaltschaft Steyr später nicht als Mord, sondern »nur« als Notzucht mit tödlichem Ausgang angeklagt wurde) nicht nur das Leben einer jungen Frau, sondern auch für Jahre Existenz und guten Ruf des unter dem Verdacht, diese Tat begangen zu haben, schuldlos verhafteten Dr. Günther H. Erst Engleders Verhaftung brachte für den angesehenen Arzt die schon fast nicht mehr zu erwartende Rehabilitierung.

Aber bis dahin vergingen fast zwei Jahre, und Engleder verübte noch einen Mord.

Den Mord an der Hilfsarbeiterin Herta Feichtinger aus Neuzeug, die er am Pfingstmontag, dem 10. Juni 1957, in einem Getreidefeld bei Steyr erschlägt. Und den Überfall auf die Verkäuferin Herta Spann in den späten Abendstunden des 15. Juni 1957 in der Nähe von Hehenberg bei Bad Hall. Das Mädchen, bereits schwer verletzt, bleibt nur durch das Auftauchen eines Motorradfahrers, der Engleder in die Flucht schlägt, am Leben.

Herta Spann hat übrigens später ihren Lebensretter, der die hübsche Verkäuferin häufig im Spital besuchte und sich dabei in sie verliebte, geheiratet.

Welche Verbrechen Engleder noch begangen hätte, wäre er nicht drei Tage später verhaftet worden, läßt sich höchstens erahnen. Er selbst sagt bei seiner Einvernahme wörtlich: »Ich habe mich fürchterlichen, für menschliche Begriffe kaum faßbaren Gedanken hingegeben, deren Ausführung nur durch meine Verhaftung unterblieb.« Und an seine Gattin schreibt er aus der Haft: »Für mich war der Wert einer Frau gleich einer Zigarette, die man einige Zeit genießt, dann aber in den Kot wirft und zertritt.«

Durch die Verhaftung und das Geständnis Alfred Engleders wird von vier Männern ein schwerer Verdacht genommen:

● von dem Narkosearzt Dr. Günther H. der Verdacht, Margarete Fluch ermordet zu haben;

● von Helmut und Walter L. der Verdacht, mit dem Mord an Herta Feichtinger in Zusammenhang zu stehen;

● von dem Postadjunkt Heinrich M. der Verdacht, den Überfall auf Gertrude Brunner-Löbl begangen zu haben.

Fast auf den Tag genau öffnen sich im selben Bundesland — Oberösterreich — die Tore der Strafanstalt Garsten für einen Mann, der nicht weniger als sieben Jahre unschuldig hinter Kerkermauern verbracht hat, für den Schlosser Rudolf Rechberger aus Lenzing, der auf Grund eines zweifelhaften gerichtsmedizinischen Gutachtens und der haßerfüllten Aussage einer Zeugin von einem Geschworenengericht wegen Giftmordes an dem fünf Monate alten Mischlingskind Sieglinde Gattermaier zu fünfzehn Jahren schwerem Kerker verurteilt worden war.

Auf Grund eines Kontrollgutachtens des Wiener Gerichtsarztes Professor Dr. Leopold Breitenecker, der zu dem Ergebnis kommt, die geringen Thallium-Mengen im Magen des Kindes seien keinesfalls als Todesursache anzusehen, wird das Verfahren gegen Rudolf Rechberger eingestellt. Der zu Unrecht Verurteilte erklärt nach seiner Haftentlassung: »Ich fühle mich wie ein dreifach neugeborenes Kind.« Ein Gefühl, das man nur zu gut verstehen kann...

»Gottlob, daß wir in Österreich die Todesstrafe abgeschafft haben«, konstatiert der sozialistische Abgeordnete Marchner, als am 5. März 1958 — übrigens dem zweiten Tag der Hauptverhandlung gegen Alfred Engleder — im österreichischen Nationalrat Dr. Kranzlmayer (selbst von Beruf Staatsanwalt) für die Österreichische Volkspartei und Franz Olah (später aus der Partei ausgestoßen und wegen Betruges zu einem Jahr schwerem Kerker verurteilt) für die Sozialistische Partei eine dringliche Anfrage an (den inzwischen verstorbenen) Justizminister Dr. Otto Tschadek richten. Gegenstand der Anfrage war die bedenkliche Häufung von Justizirrtümern, Fehlurteilen und ungerechtfertigten Verhaftungen.

Die Antragsteller können mit einer Reihe flagranter Beispiele aufwarten:

● Franz Thiel wurde als einer der Täter der Blutverbrechen von Fladnitz (Steiermark) am 30. Juni 1951 verurteilt und saß jahrelang unschuldig im Gefängnis.

● Alois Manninger wurde am 22. April 1948 wegen Meuchelmordes an seiner Ehegattin verurteilt und erst Jahre später, als sich seine völlige Unschuld herausstellte, wieder freigelassen.

● Wilhelm Gratzl wurde im Jahre 1956 wegen eines zehn Jahre zurückliegenden Mordes verurteilt: Jahre später stellte sich seine Unschuld heraus.

Der Justizminister verspricht genaue Überprüfung jedes einzelnen Falles, Erlassung entsprechender Weisungen an die Staatsanwaltschaften und regt zwei Dinge an, die bis heute noch nicht realisiert sind: Änderung und Modernisierung der überholten Struktur der in dieser Form anachronistischen Geschworenengerichte und Schaffung einer zweiten »Tatsacheninstanz« bei Kapitalverbrechen, also einer Kontrollinstanz, die auch die Tatsachenfeststellungen und die Beweiswürdigung des Erstgerichts (also nicht nur die formelle Mangelfreiheit des Verfahrens und die rechtliche Beurteilung) überprüfen kann.

Würde dieselbe dringliche Anfrage heute gestellt, es könnte mit weiteren drastischen Fällen aufgewartet werden. Hier zwei der bekanntesten:

● Im Jahre 1948 wurden Hubert Ranneth und Josef Auer von einem Schwurgericht in Linz zu lebenslangem schwerem Kerker verurteilt, weil man sie für schuldig hielt, in der Allerheiligennacht 1947 auf dem VÖEST-Gelände in Linz die drei Kutscher Johann Böhm, Heinrich Hoffmann und August Mayerhofer ermordet und beraubt zu haben. Auf Grund eines Wiederaufnahmeantrags der Verurteilten wurden die Opfer exhumiert. Professor Dr. Breitenecker untersuchte im Dezember 1962 gemeinsam mit seinem damaligen Assistenten Dr. Norbert Wölkart (heute Chef des gerichtsmedizinischen Instituts in Salzburg) die Skelette der drei Ermordeten und die angeblichen Tatwaffen, eine schmale Eisenstange und einen sechseckigen Schraubenschlüssel.

Die Untersuchung zeigte, daß diese Werkzeuge mit den Schädelverletzungen der Opfer nicht übereinstimmten. Ranneth und Auer wurden im Wiederaufnahmeverfahren rehabilitiert und erhielten nach ihrem Freispruch eine Haftentschädigung von je 380 000 Schilling. Aber fünfzehn verlorene Jahre lassen sich auch mit Gold nicht aufwiegen.

● Der zweite Fall: Am 23. Februar 1948 wurden die drei Besitzer der Fochler-Mühle in Göllersdorf (Niederösterreich) ermordet aufgefunden. Der damalige Verwalter des Objekts, der Welthandelsstudent Erich Rebitzer, geriet in den Verdacht der Täterschaft und legte sogar ein Geständnis ab, das er allerdings später widerrief. Trotzdem wurde er zu lebenslangem Kerker verurteilt.

Nachdem Rebitzer acht Jahre lang (mit intensiver Unterstützung von Gustav Adolf Neumann, dem Chefredakteur der Wochenzeitung »Echo«) um seine Rehabilitierung gekämpft hatte, wurde er im Oktober 1966 aus der Haft entlassen, eine Wiederaufnahme des Verfahrens wurde angeordnet. Es endete mit der Einstellung. Die Verdachtsgründe gegen Rebitzer hielten der erneuten gründlichen Prüfung nicht stand. Nach anfänglicher Ablehnung (die Justizbehörden stellten sich auf den Standpunkt, er könne nichts verlangen, weil ja auch seine Unschuld nicht erwiesen sei) wurde ihm schließlich im Frühjahr 1971 eine Haftentschädigung von rund einer Million Schilling einschließlich Anwaltskosten zuerkannt, die höchste Haftentschädigung, die bisher jemals in Österreich gewährt wurde.

Kehren wir zum Fall des Dr. Günther H. zurück. Hätte er nicht das Glück gehabt, daß ein rühriger Förster den tatsächlichen Mörder der Margarete Fluch festnahm, es wäre zeit seines Lebens ein furchtbarer Verdacht an ihm hängengeblieben. Ein Verdacht, der stets seine Konsequenzen zeitigte. Als der Mord an Herta Feichtinger entdeckt wurde, traute man dem Arzt auch dieses Verbrechen zu: Er mußte für die Tatzeit ein Alibi erbringen. Was wäre geschehen, wenn er keines gehabt hätte?

Und was vor allem wäre geschehen, wenn Engleders Plan gelungen wäre: Flucht über die tschechische Grenze und Untertauchen in einer der Volksdemokratien (Engleder galt in Sierning als Kommunist)? Man wußte ja bis zu seinem Geständnis nicht, daß er auch Margarete Fluch auf dem Gewissen hatte.

Gewiß, Dr. H. mag sich ungeschickt, mag sich vielleicht sogar unkorrekt verhalten haben, als er gegenüber der Polizei in manchen Punkten (etwa was das Auffinden der Leiche betrifft) unwahre Angaben machte. Aber nicht jeder, der lügt, und nicht jeder, der schweigt, muß deswegen schon ein Mörder sein.

Ein trivialer Vergleich sei gestattet: Ein Mann, mit einer grundlos eifersüchtigen Frau verheiratet, trifft eine Jugendfreundin zufällig auf der Straße und lädt sie, über das Wiedersehen erfreut, völlig harmlos zu einem Kaffee ein. Durch einen unglücklichen Zufall kommt dies seiner Frau zu Ohren. Der Mann, der nicht weiß, welche »Beweismittel« seine Frau gegen ihn in Händen hat, tut etwas Naheliegendes, wenn auch sicherlich Falsches: Er streitet das zufällige Zusammentreffen mit der Jugendfreundin ab. Und schon beginnt ein verhängnisvoller Kreislauf.

Die mißtrauisch gewordene Ehefrau, nunmehr durch das »Leugnen« ihres Mannes völlig davon überzeugt, daß es sich bei dem Zusammentreffen keineswegs um ein harmloses und noch weniger um ein zufälliges gehandelt haben kann, nimmt ihren Gatten ins Verhör, wobei er sich mehr oder minder zwangsläufig in Widersprüche (wenn auch bezüglich völlig unbedeutender Details) verwickeln muß. Jeder Widerspruch ist aber für die Frau ein weiterer »Schuldbeweis.«

Genauso verläuft der Fall, wenn der Mann überhaupt nichts sagt, sozusagen die Aussage verweigert. Warum, fragt sich die eifersüchtige Frau, schweigt mein Mann? Doch nur, weil er etwas zu verbergen hat! Und bei diesem »Etwas« handelt es sich sicherlich um etwas Verfängliches, um etwas, was ich nicht wissen soll, um etwas Ehewidriges. Denn wäre das nicht der Fall, dann könnte er es mir ja sagen. Daß man auch Gründe dafür haben kann, nebensächliche Dinge aus irgendwelchen Motiven zu verheimlichen, nimmt sie nicht zur Kenntnis. Will sie einfach nicht zur Kenntnis nehmen.

Ähnlich verhält es sich mit den Verhören durch die Polizei, durch die Gendarmerie. Es kann jemand eine Veranlassung haben, im Zusammenhang mit einem Kriminalfall zu lügen oder zu schweigen, nicht etwa, weil er der Täter ist, sondern weil er durch seine Offenheit andere Dinge aufdecken müßte und dadurch sich selbst als charakterlich zweifelhaften Menschen, etwa als Ehebrecher oder als Schuldenmacher, deklarieren würde. Das sind sicherlich unbedeutende Dinge im Vergleich zu einer Anklage wegen Mordes. Aber immerhin Dinge, die man zumindest den Beamten nicht gerne eingesteht. Hat man diese Fakten aber einmal abgestritten, dann nützt auch ein späteres »Geständnis« nichts mehr, denn dann ist man bereits einer Lüge überführt worden. Und wer einmal gelogen hat, wird auch ansonsten lügen, wer abstreitet, in der Nähe des Tatortes gewesen zu sein, obwohl er dort beobachtet wurde, der ist sicherlich auch der Mörder. So wird jedenfalls nach einer immer wieder festzustellenden, wenn auch grundfalschen Anschauung ein falscher Schluß gezogen. »Wer lügt, der betrügt, wer betrügt, der stiehlt...«: Dieses moralisierende Sprichwort ist auch der Leitfaden mancher Vernehmungsorgane.

Hätte Dr. H. gleich zugegeben, daß er mit Margarete Fluch ein intimes, ehebrecherisches Verhältnis hatte, daß er auf dem Weg zu einem heimlichen Rendezvous mit ihr war und daß er ihre Leiche schon vor der allgemeinen Suchaktion entdeckte — man hätte ihm keine Unwahrheit nachweisen können und nachzuweisen brauchen. Aber kann man wirklich verlangen, daß jemand solche, zum Teil nach herkömmlicher Moral unehrenhafte (Ehebruch), zum Teil ihn selbst unter schweren Verdacht bringende (Auffinden der Leiche) Umstände gleich aus eigenem der Polizei gesteht?

Bezirksinspektor Rothmayer von der Wiener Mordkommission hat einmal die Worte gesprochen: »Wer Angst hat vor der Polizei und ihren Beamten nicht vertraut, muß sich natürlich in Widersprüche verwickeln. Wenn jeder, der unter schwerem Verdacht festgenommen wird, sofort vorbehaltlos und ohne kleinliche Rücksichten die Wahrheit sagen würde, wäre es viel leichter, zu vermeiden, daß ein Unschuldiger dunstet.«

Der bekannte Kriminalist äußerte dies gegenüber einem Reporter, der ihn aus gegebenem Anlaß zu dem Problem »Dunsten lassen?« befragte: In Wien war durch die Verhaftung des Ingenieurs Rudolf Lutz der geheimnisvolle »Badewannenmord« an der Fabrikantin Blanche Mandler aufgeklärt worden, nicht zuletzt dank der intensiven und unbürokratischen Arbeit des Wiener »Mordspezialisten« Hofrat Dr. Franz Heger. Auch hier war ein anderer Verdächtiger zwei Monate unschuldig im Gefängnis gewesen, ehe der wirkliche Täter überführt wurde. Und auch hier hatte der vermeintliche Mörder nicht in allen Punkten die Wahrheit gesagt, mit anderen Dingen hinterm Berg gehalten.

Sicher, Aufrichtigkeit gegenüber der Polizei ist eine ideale Forderung. Aber Ideale sind nicht selten realitätsfremd. Und eine Ausnahmesituation, wie sie eine plötzliche Verhaftung unter dem Verdacht eines Kapitalverbrechens für einen bis dahin unbescholtenen Staatsbürger eben einmal ist, trägt sicher nicht dazu bei, über alle Dinge ruhig, gelassen und unbefangen nachzudenken und sie dann ebenso ruhig und gelassen zu erzählen. Eine Ausnahmesituation muß auch psychologisch mit anderen Maßstäben gemessen werden als die trivialen Vorkommnisse des Alltags.

Gewiß, zu Unrecht Verhaftete, Justizirrtümer und Fehlurteile sind kein österreichisches Spezifikum. Sie kommen in der ganzen Welt vor — wahrlich kein Grund, sie deshalb zu bagatellisieren oder sie als unvermeidlich wie eine Naturkatastrophe anzusehen. »Ein unschuldig Verurteilter ist die Angelegenheit aller anständigen Menschen« — ein wahres Wort des französischen Schriftstellers Jean de La Bruyère, das der bekannte deutsche Sachbuchautor Hermann Mostar als Leitmotiv für sein Buch »Unschuldig verurteilt« mit erschütternden Tatsachenfällen genommen hat.

Die Strafrechtspflege, so erkannte schon vor dem Ersten Weltkrieg der Berliner Strafverteidiger Erich Sello, sei »dem allgemeinen Menschenlose des Irrtums in einem Maße ausgesetzt, das Beunruhigung und Schrecken erregen muß«.

Schon der biblische Naboth wurde, wie im Ersten Buch der Könige berichtet wird, Opfer eines Fehlurteils. Man verurteilte ihn wegen angeblicher Gotteslästerung und Beleidigung seines Königs Ahab zum Tode und zog seinen Besitz zugunsten des Herrschers ein. Nachdem

Naboth gesteinigt worden war, stellte sich heraus, daß zwei von Ahabs Frau bestellte Zeugen wissentlich falsch gegen ihn ausgesagt hatten.

Das Schwurgericht Elberfeld verurteilte im Jahre 1884 den Friseur Albert Ziethen wegen Mordes an seiner Ehegattin zum Tode. Der später zu lebenslanger Haft Begnadigte starb als Schuldloser im Zuchthaus. Alle Anträge auf Wiederaufnahme des Verfahrens waren abgelehnt worden, obwohl eine Nachrechnung ergab, daß Ziethen die Tat aus Zeitgründen gar nicht begangen haben konnte, und obwohl die Kriminalpolizei einen der Lehrlinge des Verurteilten als Täter praktisch überführt hatte.

Zu lebenslangem Zuchthaus verurteilte das Schwurgericht Münster im Jahre 1958 Maria Rohrbach wegen Mordes an ihrem Ehemann Hermann. Grundlage dazu bot ein gerichtsmedizinisches Gutachten, wonach der Schädel des Opfers im Küchenherd Maria Rohrbachs verbrannt worden war. Drei Jahre später fand ein Spaziergänger diesen laut Gutachten verbrannten Schädel zufällig in einem Tümpel. Das Verfahren gegen Maria Rohrbach wurde wiederaufgenommen und endete mit Freispruch.

Bei Johann Lettenbauer ließ der Freispruch länger auf sich warten. Erst nach achtzehnjähriger Kerkerhaft sprach das Schwurgericht in Kempten im Jahre 1965 den seinerzeit wegen Mordes an seinem Enkel und Totschlags an seiner Tochter Verurteilten von jeder Schuld frei. Eine späte Rehabilitierung ...

Einer der spektakulärsten Fälle liegt erst wenige Jahre zurück, zugleich der charakteristischsten einer: der Fall Hans Hetzel. 1969, nach zwei Jahren Untersuchungshaft und vierzehn Jahren Strafhaft, wird der Metzger und Handelsvertreter aus Altenheim bei Offenburg rehabilitiert und entlassen. Seine Geschichte ist die klassische Geschichte eines Justizirrtums.

Blenden wir zurück: Am 1. September 1953 tritt Hans Hetzel eine Geschäftsreise mit dem Auto an. Gegen vierzehn Uhr wird er hinter Offenburg von einer Anhalterin gestoppt. Er nimmt sie in seinem Wagen mit: Magdalena Gierth, fünfundzwanzig Jahre alt, verheiratet, Mutter zweier Kinder, erst kürzlich mit ihrer Familie aus der Ostzone in die Bundesrepublik gekommen. Sie erzählt Hetzel allerlei, nur eines begreiflicherweise nicht: daß sie nicht nur Hausfrau und Mutter, sondern zugleich eine moralisch stark devastierte Person ist, die sich häufig von Autofahrern einladen zu lassen und sich dafür mit Liebesdiensten zu revanchieren pflegt.

So auch bei Hans Hetzel. Nach einem Abendessen in einem Gasthof kommt es zu einem intimen Beisammensein hinter den dichtgewachsenen Hecken am Straßengraben. Ein Beisammensein, das offenbar in Perversitäten ausartet, wie charakteristische Biß- und andere Verletzungen am Körper der Frau beweisen. Und auf einmal, so drückt es Hetzel viel später einmal aus, »ist sie plötzlich unter mir weggesackt«.

Ob die schwer herzleidende Frau in diesem Moment schon tot ist oder ob sie der von panischer Angst befallene Hetzel nur dafür hält, läßt sich heute nicht mehr mit Sicherheit sagen. Der Mann wird jedenfalls nur von einem Gedanken beherrscht: zu fliehen. Er legt die nackte Frau in seinen Wagen, fährt mit der Leiche (oder der vermeintlichen Leiche) weg.

An einer Schneise hält er, einer plötzlichen Eingebung folgend, an. Hier wurde bereits früher zweimal eine Frauenleiche gefunden, der Täter aber nie ermittelt. Hetzel wirft die Frau aus dem Wagen über eine kleine Böschung, wo sie im Brombeergesträuch hängenbleibt. Sein Gedanke: Man wird sie für das dritte Opfer des Unbekannten halten. Dann fährt er davon.

Ein paar Tage später, als der Schock vorbei ist und er von der Auffindung der Leiche erfährt, stellt sich Hetzel freiwillig der Polizei. Sein Fehler: Er erzählt den Beamten die Wahrheit, aber nicht die ganze Wahrheit, er verschweigt vor allem den intimen Verkehr mit der Frau.

Kurze Zeit darauf ist Hans Hetzel wegen Verdachtes des Sexualmordes in Haft und zwei Jahre danach, 1955, verurteilt ihn das Schwurgericht Offenburg zu lebenslangem Zuchthaus. Und das trotz eines Obduktionsbefundes zweier erfahrener Ärzte, in dem es unter anderem heißt: »Todesursache Herztod. Keine Abwehrspuren. Gewaltsame Erstickung mit Sicherheit als Todesursache auszuschließen.«

Aber das Gericht glaubt nicht diesen Ärzten, es glaubt dem Gutachten des »Papstes« der deutschen Gerichtsmedizin, Professor Dr. Albert Ponsold, Ordinarius an der Universität Münster und Verfasser einschlägiger Standardwerke. Ponsold stellt fest: Magdalena Gierth ist mit einem Kälberstrick erdrosselt worden. Und er glaubt auch den Grund hiefür zu kennen: »Frau Gierth hat sich beim zweiten Zusammensein gegen die speziellen Wünsche des Angeklagten gewehrt.«

Im Wiederaufnahmeverfahren weisen dann prominente Fachleute, wie etwa Professor Dr. Prokop von der Berliner Humboldt-Universität und Dozent Dr. Scheffler vom Psychophysikalischen Institut Bentheim, nach: »Es gibt keinerlei Spuren, aus denen auf irgendeine Strangulation geschlossen werden könnte.«

Auch andere Schlüsse bezüglich des Angeklagten erweisen sich als übereilt. Da kam heraus, daß Hetzel als Kind einmal eine Katze getötet hatte. Das brachte ihm im Prozeß die Charakterisierung ein: »Er ist ein roher und brutaler Mensch, zu dessen Vielspältigkeit die sadistischen Handlungen gehören. Hetzel steht mit dem Töten in näherem Verhältnis.« Auf eine einfache Formel gebracht, heißt das etwa: »Weil er als Kind eine Katze getötet hat, ist es ihm ohne weiteres zuzutrauen, daß er als Erwachsener auch eine Frau erwürgt.« Immerhin eine etwas gewagte Folgerung.

Dazu Professor Dr. Otto Prokop: »Die Gerichtsmedizin reicht in viele Disziplinen hinein. Darin liegt eine Gefahr. Es ist unmöglich, daß selbst ein exzellenter Wissenschafter heute noch jedes Gutachten erstatten kann. Irrtümer lassen sich um so eher vermeiden, je mehr Personen sich mit einer Sache befassen. Es wäre immer besser, daß man die Verantwortung für Menschenschicksale keinem einzelnen Sachverständigen aufbürdet, dann wären Irrtümer auf ein Minimum herabgedrückt.«

Wobei man einschränken muß: jene Irrtümer, die auf Grund bedenklicher Sachverständigengutachten entstehen. Was bleibt, ist noch immer genug, ist noch immer zuviel: falsche Geständnisse, sei es — seltener — unter physischem Druck, sei es — häufiger — einfach unter den psychischen Folgen des Verhaftungsschocks, der gerade bei dem in derartigen Dingen Unerfahrenen wesentlich nachhaltiger ist als bei dem routiniert-ausgekochten, an derlei Dinge schon gewohnten Ganoven. Unrichtige Bekundungen von Zeugen, seien sie verleumderische Gehässigkeiten oder — minder verwerflich, aber nicht minder gefährlich — bloße Wahrnehmungsfehler, Sinnestäuschungen, Erinnerungslücken, wie wir ihnen immer wieder unterliegen. Oder voreilige Kombinationen von Polizei- und Kriminalbeamten, die Mögliches für sicher, Unwahrscheinliches für ausgeschlossen, zu Beweisendes für bereits erwiesen halten. Oder die einer Spur nur deshalb nicht nachgehen (wie etwa im Falle Dr. H. den Aussagen hinsichtlich des Fahrrades in Tatortnähe), weil sie glauben, »den Täter bereits gefaßt und praktisch der Tat überwiesen« zu haben.

Das deutsche Nachrichtenmagazin »Der Spiegel« schrieb zum Problem der Gutachter: »Die Affären Ziethen und Lettenbauer, die Fälle Rohrbach und Hetzel, die bis dahin als renommiert geltende Gerichtsgutachter bloßstellten — alle diese Fälle sind nur die relativ wenigen spektakulären Höhepunkte unter den Fehlleistungen der Rechtsprechung.

Das Gros der Fehler der Strafjustiz – seien sie nun durch Wiederaufnahmeverfahren revidiert oder nicht – macht keine Schlagzeilen und läßt keine Gutachter stürzen.

Die meisten Pannen beruhen überwiegend auf zwei Fehlerquellen: auf falscher Persönlichkeitsfeststellung oder auf falscher Sachverhaltsfeststellung.«

Und ebendiese Sachverhaltsfeststellung kann in Fällen, in denen Menschenschicksale besonders augenscheinlich auf dem Spiel stehen, nicht von einer übergeordneten Gerichtsbehörde, von einer zweiten Tatsacheninstanz überprüft werden. Dazu »Der Spiegel«: »Was jedem Verkehrssünder und jedem Ladendieb zusteht, verwehrt das Gesetz dem, der wegen Mordes, Totschlags oder Raubes angeklagt ist.«

Das gilt in der Bundesrepublik Deutschland wie in Österreich. In Deutschland: Welchen Sachverhalt – in einem Verfahren wegen Kapitalverbrechens – die Richter in der Hauptverhandlung festgestellt haben, wie sie die Beweise gewertet und wem sie geglaubt haben – das darf die Revisionsinstanz nicht nachprüfen, denn sie kann ein Urteil nur bei Rechtsfehlern aufheben. Fehlurteile aber beruhen meist auf falschen Tatsachenfeststellungen. Bundesgerichtshof-Senatspräsident a. D. Dr. Heinrich Jagusch bekundet: »Die Frage, ob der Angeklagte schuldig oder unschuldig ist, wird in dieser Form vor dem Revisionsgericht kaum erörtert.«

Der deutsche Strafverteidiger Max Hirschberg schildert in seinem berühmt gewordenen Buch »Das Fehlurteil im Strafprozeß«, wie ein Mann durch falsche Beschuldigungen und ein falsches Geständnis wegen Mordes an einem Mädchen zum Tod verurteilt wird. Ein Jahr später taucht das Mädchen lebendig wieder auf. Hirschberg: »Selbst wenn das angeblich ermordete Mädchen lebend vor das Revisionsgericht gebracht worden wäre, hätte das Oberste Gericht keine Gesetzesverletzung feststellen können, so wäre die Revision verworfen worden.«

Auf Anregung des Berliner Anwalts und SPD-Bundestagsabgeordneten Adolf Arndt (»Eine Justiz, die Fehlsprüche als eine Art Kismet hinnimmt, ohne auf ein Höchstmaß an Vorbeugung zu sinnen, verliert ihre Glaubwürdigkeit und gibt sich selbst auf«) und im Auftrag der deutschen Bundesregierung registrierte Professor Karl Peters, Leiter der Forschungsstelle für Strafprozeß und Strafvollzug an der Universität Tübingen, in seinem Buch »Fehlerquellen im Strafprozeß« die in der Zeit von 1951 bis 1964 bei westdeutschen Gerichten abgeschlossenen Wiederaufnahmeverfahren. Das Ergebnis ist bestürzend: Durchschnittlich dreimal binnen vierzehn Tagen werden in der Bundesrepublik nachweisbar Strafurteile rechtskräftig gefällt, die sich später als hinfällig erweisen. Wobei Peters (eine gleichartige Analyse für Österreich existiert nicht, wäre aber zweifellos von höchstem Interesse) diese Untersuchung nicht als »Anklage gegen die Justiz«, sondern als »Forschung nach wissenschaftlichen Grundsätzen und frei von jeglicher Polemik« verstanden wissen will.

Der mohammedanische Richter pflegt die Urteilsverkündung mit den Worten zu schließen: »Ich habe dich nach meinem bestem Wissen und Gewissen verurteilt. Allah weiß es besser.« Die gleiche Demut stünde eigentlich auch dem europäischen Richter an. Sind doch auch seine Möglichkeiten, die reine Wahrheit und nichts als die Wahrheit zu erkennen, bedrückend gering und die Gefahren, die der Wahrheitsfindung von allen Seiten drohen, durch falsche Geständnisse wie durch falsche Expertengutachten, durch falsche Zeugenaussagen wie durch falsche Schlußfolgerungen der Polizei, beängstigend groß. Größer, als der Durchschnittsbürger ahnt.

Dr. Günther H., Narkosearzt am Kreiskrankenhaus Steyr, war nahe daran, Opfer eines Justizirrtums zu werden. Der Aufmerksamkeit eines niederösterreichischen Försters, einem lächerlichen Zufall alles in allem, verdankt er seine Rehabilitierung. Aber bei wie vielen kommt, wie bei ihm, der rechte Zufall im rechten Augenblick?

Die Hauptverhandlung gegen Alfred Engleder findet in der Zeit vom 4. bis 9. März 1958 im überfüllten Schwurgerichtssaal des Kreisgerichts Steyr statt. Der (inzwischen verstorbene) Kreisgerichtspräsident Dr. Mayerhofer führt den Vorsitz, der (inzwischen pensionierte) Linzer Oberstaatsanwalt Dr. Hausner vertritt persönlich die Anklage, Rechtsanwalt Dr. Watzke hat die undankbare Aufgabe übernommen, den »radelnden Unhold von Steyr« zu verteidigen.

Der auch im Gerichtssaal eher bieder wirkende Angeklagte — klein und schmächtig, leichte »Ehestandswinkel« über der zurückfliehenden Stirn, mit einem Hörapparat im Ohr — hält sein Geständnis, das er vor der Polizei und dem Untersuchungsrichter abgelegt hat, im wesentlichen aufrecht. Nur die Tötungsabsicht stellt er in Abrede — sowohl bei Margarete Fluch als auch bei Margarete Feichtinger.

Die Psychiater bezeichnen Engleder als eine »psychopathische Persönlichkeit mit sadistischen Zügen und ausgeprägter Geltungssucht«. Seine abwegige Entwicklung ist nicht zuletzt durch bittere Kindheitserlebnisse und die durch seine Kleinwüchsigkeit hervorgerufenen Min-

derwertigkeitsgefühle bedingt. Aus diesen entwickeln sich zwei Tendenzen völlig unterschiedlicher Richtung:
● einerseits das Überkompensationsstreben nach geistiger Fortentwicklung (wissenschaftliche Lektüre) und werktätiger Arbeit (Engleder: »Nur in meiner Bastelwerkstätte fühlte ich mich wohl. Sie war mein Königreich.«),
● andererseits sein Vergeltungsbedürfnis gegenüber Frauen infolge des mangelnden Anklangs, den er beim weiblichen Geschlecht findet. Psychiater Professor Dr. Erwin Stransky: »Sein mit stark sadistischen Zügen behaftetes Geschlechtsleben in Verbindung mit der aus Minderwertigkeitskomplexen erwachsenen Geltungssucht haben bei dem ungezügelten und hemmungslosen Angeklagten zu den Angriffen auf weibliche Personen geführt, die auch mit dem Gelüste verbunden waren, die Umwelt in Angst und Schrecken zu versetzen.« Also Sadismus mit gezielter Aggression gepaart.

Für das Bestehen einer Geisteskrankheit oder Geistesstörung, etwa einer paranoiden Wahnbildung, finden die Psychiater bei Engleder jedenfalls keine Anhaltspunkte. »Er ist sich stets des Verbrechenscharakters seiner Handlungen bewußt gewesen, denn er war sorgsam bedacht, sich zu decken. Wo und wann ihm die Situation in dieser Hinsicht nicht genügend sicher schien, ließ er von seinem Vorhaben ab. Bei keiner seiner Taten bestand ein Zustand aufgehobenen oder getrübten Bewußtseins. Vielmehr handelte er jedesmal planmäßig, wog seine Chancen gut ab und achtete sorgsam auf mögliche äußere Störungsmomente. Wenn ihm wirklich Gefahr drohte, ergriff er immer die Flucht.«

Engleder, das ergibt das Verfahren eindeutig, ist eigentlich nicht das, was man gemeinhin unter dem Begriff »Lustmörder« versteht, also ein Täter, der seine sexuelle Befriedigung im und beim Tod seiner Opfer findet. Er hat selbst deponiert, daß es ihm weniger um die Befriedigung seines Sexualtriebes als um die Stillung seines Vernichtungs-, seines Zerstörungs-, seines Aggressionstriebes ging. Nicht der libidinöse Antrieb steht bei ihm im Vordergrund, sondern der aus Haß geborene Wunsch, sein Opfer zu demütigen, zu quälen und schließlich zu vernichten.

Nach fünftägiger Verhandlung bejahen die Geschworenen einstimmig alle an sie gestellten Fragen und sprechen Alfred Engleder des Mordes an Herta Feichtinger, der »Notzucht mit tödlichem Ausgang« an Margarete Fluch und der Sexualattentate auf die vier anderen jungen Frauen und Mädchen schuldig. Von einer Anwendung des außerordentlichen Milderungsrechts kann keine Rede sein: lebenslanger schwerer, verschärfter Kerker mit fünf harten Lagern jährlich.

Der Prozeß erregt ungeheures Aufsehen, nicht nur in und um Steyr, sondern in der ganzen österreichischen und ausländischen Presse. Nach der Verhandlung versammelt sich eine Schar Lynchlüsterner vor dem Gericht. Ihnen ist »lebenslänglich« noch zu wenig, sie wollen den Frauenmörder hängen sehen. Und geschäftstüchtige Manager beginnen mit den Vorarbeiten zu einem Film. Sein Thema: der zu Unrecht unter Mordverdacht gestandene Arzt.

Der Mord beim Russendenkmal

Als Österreich von den alliierten Truppen besetzt war, hieß der Platz in Wien Stalinplatz. 1955, nach Abschluß des Staatsvertrages, gab man ihm seinen ursprünglichen Namen zurück: Schwarzenbergplatz. Was blieb, war das Denkmal, das russische Soldatendenkmal hinter dem Hochstrahlbrunnen.

Täglich um 22 Uhr ist vor diesem Denkmal Wachablöse. Denn Österreich ist verpflichtet, für den Schutz dieses Denkmals aus der Besatzungszeit zu sorgen. Es kommt dieser Verpflichtung nach, indem dort immer ein Polizist Wache zu halten hat.

Am 14. April 1958 abends versieht der Rayonsinspektor Franz Nachtnebl hier Dienst. Bis 22 Uhr. Dann übergibt er die Wache an seinen Nachfolger, an den Rayonsinspektor Franz Putschögl. Mit der entsprechenden Meldung: »Alles in Ordnung, keine besonderen Vorkommnisse.« Putschögl erstattet die gleiche Meldung am nächsten Morgen an seinen Nachfolger, an Rayonsinspektor Rudolf Bertl. Alles in bester Ordnung in dieser kalten, regnerischen, keineswegs frühlingshaften Nacht.

Daß nicht alles in Ordnung war, sieht Inspektor Bertl am 15. April um genau 9.10 Uhr vormittags. Er sieht zwei verdächtige Dinge. Zunächst einmal einen ungepflegt und heruntergekommen aussehenden Mann, der sich hinter den Arkaden des Denkmals herumtreibt. Offensichtlich ein Vagabund, ein »Strotter«, wie der Wiener so einen Typ zu bezeichnen pflegt.

Und dann sieht Bertl, gar nicht weit davon entfernt, noch etwas: einen hellen Fleck im Rasen, einen Fleck, der dem geschulten Blick des Beamten irgendwie auffällt. Ein Fleck, der nicht dorthin gehört. Ein Fleck, mit dem etwas nicht in Ordnung ist.

Inspektor Bertl vergißt den Strotter, macht sich daran, den Fleck zu untersuchen. Er findet zuerst, halb vergraben, ein paar Damenwäschestücke, dann, ebenfalls teilweise im Erdreich vergraben, einen Damenregenschirm.

Und nach ein paar weiteren Schritten erstarrt der Beamte förmlich: Vor seinen Schuhen ragt der Kopf eines Mädchens aus der Erde.

Wenige Minuten später gibt Inspektor Bertl vom nahe gelegenen Wachzimmer Lisztgasse aus Mordalarm. Und wieder ein paar Minuten später ist bereits die Mordkommission am Tatort. Dann kommen Gerichtsmediziner Professor Dr. Walter Schwarzacher und sein Assistent, Dozent Dr. Werner Boltz, kommen der Journalrichter mit Schriftführer, der Staatsanwalt...

Vorsichtig legen sie die im feuchten Erdreich bis zum Kopf verscharrte Leiche frei. Der Körper des Mädchens ist nackt. Der Täter hat die Kleider und die Unterwäsche weggerissen. Nach einer ersten Untersuchung an Ort und Stelle wird die Leiche in das gerichtsmedizinische Institut gebracht.

Auch Inspektor Bertl, der die Leiche entdeckt hat, ist zum Fundort zurückgekehrt. Und plötzlich sieht er wieder den Mann, den er schon fast vergessen hat, den Verwahrlosten, der sich vorhin in der Nähe herumgetrieben hatte. Er ist noch immer ungefähr dort, wo er ihn zuerst gesehen hatte: in dem Gebüsch hinter dem Denkmal, nicht weit vom Fundort der Leiche entfernt. Inspektor Bertl erstattet den Beamten des Sicherheitsbüros Meldung über seine Wahrnehmungen. Die Beamten haben leichtes Spiel: Sie brauchen den Mann nur festzunehmen, er macht keinerlei Anstalten, davonzulaufen.

Kurze Zeit später sind sie beide identifiziert: das tote Mädchen und der verdächtige Mann. Das Mädchen: Helene Faber, 21 Jahre alt, Tochter eines Ministerialrates im Handelsministerium, von Beruf Stenotypistin, daneben Besucherin der Internationalen Mannequinschule Gustav Wetterschneider, Wien I, Kohlmarkt 5. Ein ruhiges, zurückhaltendes, seiner Art und seinem Aussehen nach eher noch kindlich wirkendes Mädchen. Die älteste von drei Schwestern. Von ihren Bekannten allgemein Ilona genannt. Ilona Faber — ein Name, der lange Zeit hindurch das Tagesgespräch von Wien ist.

Der verdächtige Mann: Johann Gassner, geboren am 5. Dezember 1928 in Wien, das zweitälteste von acht Kindern der Eheleute Robert und Angela Gassner. Dieser Gassner ist kein unbeschriebenes Blatt. Er ist schon als Kind schwer erziehbar, ein Wanderer zwischen verschiedenen Erziehungsheimen, in Berichten von Anstaltsleitungen immer wieder als unfolgsam, arbeitsunwillig und brutal gekennzeichnet. Dann folgt die Militärzeit; nach dem Krieg ist er Schleichhändler, »Strichjunge« und Dieb. Ein Mann, dessen Eintragungen auf der Strafkarte bereits eine beachtliche Reihe darstellen: Veruntreuung, Betrug, Einbruch, Homosexualität.

Ist dieser Johann Gassner der Mörder Ilona Fabers?

Zunächst einmal nimmt man ihn in ein routinemäßiges Verhör: Was er in dem Park hinter dem »Russendenkmal« mache? Warum er sich dort so verdächtig herumtreibe?

Gassner ist um eine Antwort nicht verlegen, um eine Antwort allerdings, die auf den ersten Blick reichlich unglaubwürdig und konstruiert klingt. Er erklärt, er habe im Gebüsch hinter dem Denkmal seine Aktentasche versteckt. Darinnen seien Werkzeuge und ein Arbeitsanzug. Und diese Tasche habe er von seinem Standort aus beobachtet.

Nun, diese Verantwortung kann an Ort und Stelle sofort überprüft werden. Und sie stimmt, jedenfalls was das Vorhandensein der Aktentasche anlangt. An einer Zypresse hängt eine solche Tasche, und sie hat wirklich jenen Inhalt, den Gassner angegeben hat: Hammer, Stemmeisen, Meißel, Schraubenzieher und Zwickzange. Also ein Inhalt, der für einen Arbeiter charakteristisch ist — oder für einen Einbrecher.

Aber warum hängt ein Mensch eine Aktentasche in einer Parkanlage an einen Zypressenbaum? Auch das kann Gassner erklären. Er sei arbeits- und unterstandslos und habe in der Nähe des Denkmals auf einen Bilderrestaurator gewartet, den er flüchtig kenne. Mit dem habe er wegen einer Arbeit sprechen wollen. Zuerst habe er sich auf eine Bank gesetzt, dann sei ihm kalt geworden, und er sei auf und ab gegangen.

»Da mir die Tasche dabei hinderlich war, hängte ich sie in einem Gebüsch auf und richtete es so ein, daß die Tasche von Sicht gegen außen getarnt war. Plötzlich bemerkte ich auf der Promenade polizeiliche Regsamkeit auf dem Platz, und ich konnte mit Erstaunen wahrnehmen, daß eine polizeiliche Kommission erschien und schließlich ein Leichenwagen kam, der eine Frauensperson wegbrachte, die angeblich ermordet aufgefunden worden war. Schließlich wurde ich von Kriminalbeamten zur Ausweisleistung angehalten, wobei ich ihnen sofort aus eigenem mitteilte, daß ich meine Tasche aus den vorerwähnten Gründen an einem Gebüsch aufgehängt hatte. Zu meinem Erstaunen erfuhr ich, daß in nächster Nähe des Aufhängeortes meiner Tasche die Leiche gefunden worden war.«

Soweit die Angaben des Johann Gassner bei seiner ersten polizeilichen Einvernahme unmittelbar nach seiner Festnahme am 15. April. Ob die dabei verwendeten Formulierungen von dem eher primitiven Mann mit seiner Volksschulbildung stammen, ist wohl zu bezweifeln. Sinngemäß machte er sicher diese Angaben, aber Ausdrücke wie »Frauensperson« (ein alter amtsösterreichischer Ausdruck für Frau, in dem zugleich die ganze Skepsis und Ablehnung gegenüber dem weiblichen Geschlecht mitschwingt) oder »aus den vorerwähnten Gründen« gehören bestimmt nicht zu seinem Wortschatz.

Man findet noch weitere Indizien, die Gassner belasten: In unmittelbarer Nähe der Leiche wird ein Fußabdruck sichergestellt, der zweifellos von Gassner stammt. Und an seiner Unterhose finden sich Samenflecken, also Spuren, die im Fall eines Sexualmordes — und ein solcher liegt offenkundig vor — charakteristisch sein könnten.

Gassner läßt sich nicht in die Enge treiben. Die Samenspuren stammten daher, daß er in der Nacht zuvor in einer Toilettenanlage am Naschmarkt onaniert habe. Und den Fußabdruck habe er offenkundig verursacht, als er in den Rasen gestiegen sei, um seine Tasche an dem Baum aufzuhängen.

Die Kriminalbeamten glauben Gassner nicht. Einen Grund für dieses Mißtrauen halten sie in ihrem Bericht an die Staatsanwaltschaft fest: »Die Fundstelle der Aktentasche war zirka 3 Meter von der Stelle entfernt, wo die Leiche der Ilona Faber verscharrt war. Von dieser Stelle aus konnte ohne weiteres der aus dem Erdreich hervorragende Schädel der Faber gesehen werden.«

Was damit zum Ausdruck kommen soll, ist klar: Das Mädchen wurde, wie schon eine ganz flüchtige Untersuchung ergab, bereits mehrere Stunden vor der Auffindung der Leiche, wahrscheinlich in den späten Abendstunden des Vortages, ermordet. Als Gassner in den Morgenstunden seine Aktentasche versteckte, befand sich die Leiche also schon am Auffindungsort, und er hätte sie sehen müssen. Wenn er daher behauptet, nichts gesehen zu haben, dann lügt er. Mehr als ein Jahr später, in der Hauptverhandlung vor dem Geschworenengericht, beim Lokalaugenschein, den der Vorsitzende am Tatort durchführen läßt, stellt sich dann heraus, daß Gassner die Wahrheit gesagt hat. Oder zumindest die Wahrheit gesagt haben kann. Aber davon später.

Alles in allem sind zwar gewisse Anhaltspunkte für eine Täterschaft des Gassner vorhanden, aber sie fügen sich nicht recht zu einem Ganzen. Vor allem gibt es zu viele Umstände, die dagegen sprechen, daß er der Mörder ist. Bleibt ein Mörder wirklich am Tatort, bis die Polizei kommt? Und vor allem: Man findet an ihm keine Blut- oder Erdspuren. Weder an den Kleidern noch an den Händen, noch unter den Fingernägeln. Der Mörder mußte aber solche Spuren aufweisen, und zwar
● Blutspuren, weil er dem Mädchen schwere Unterleibsverletzungen und Kratzwunden zufügte, und

● Erdspuren, weil er sein Opfer in den lehmigen Boden verscharrte.

Alle diese Erwägungen stellt auch die Polizei an. Und sie zieht daraus die Konsequenzen: Einen Tag nach seiner Festnahme, am 16. April 1958, wird Johann Gassner enthaftet. Er ist wieder in Freiheit. Allerdings nicht lange.

Inzwischen haben die Experten des gerichtsmedizinischen Instituts ein Gutachten über den Tod der Ilona Faber ausgearbeitet. Ein Gutachten, das gerade in seiner nüchtern-wissenschaftlichen Sprache ein schauriges Dokument ist. Hier ein Auszug:

»Die Obduktion der Leiche der Helene Faber ergab Blutunterlaufungen in der Scheitel- und linken Schläfengegend sowie in der Rückenmuskulatur, Bißverletzungen am rechten Ohr, am Hals, an der rechten Schulter und an beiden Brüsten, Kratzeffekte und Druckspuren am Hals, Blutunterlaufungen in den Halseingeweiden und einen Bruch des Zungenbeins. Ferner eine weitgehende Verlegung der oberen und tiefen Luftwege mit erdigen Massen und Schleim, die sich auch in der Speiseröhre und im Magen fanden. Schließlich umfängliche, mit Erde verunreinigte Verletzungen des Scheidenvorhofes, des Jungfernhäutchens und der Scheidenschleimhaut.

Helene Faber ist durch Einatmen erdiger Massen eines gewaltsamen Erstickungstodes gestorben. Vorher war es zur Einwirkung einer stumpfkantigen Gewalt gegen Hals, Schulter und Brüste und zu einem Angriff gegen die Geschlechtsteile gekommen.

Die Verletzungen im Bereich der Halseingeweide sind der Ausdruck eines mit großer Gewalt durchgeführten Würgeaktes, der eine rasch einsetzende Bewußtlosigkeit erklären würde.

Der sexuelle Angriff erfolgte durch mehrfache Bisse gegen Hals, Schulter und Brüste und durch Setzung umfänglicher Zerreißungen an den äußeren Geschlechtsteilen, am Hymen und an der Scheidenschleimhaut. Die Bißverletzungen an den Brüsten konnten nur erzeugt worden sein, nachdem diese völlig entblößt worden waren. Die Bekleidung war Helene Faber offenbar gewaltsam vom Körper gerissen worden.

Die bei der Bergung der Leiche festgestellten Leichenerscheinungen stehen mit der Annahme in Einklang, daß der Tod der Helene Faber etwa 10 bis 12 Stunden vorher eingetreten war.«

Zehn bis zwölf Stunden vor der Auffindung: Das bedeutet, daß Ilona Faber in der Zeit zwischen 22 und 24 Uhr ermordet wurde. Fieberhaft bemüht sich die Polizei um eine Rekonstruktion der letzten Stunden vor der Tat. Was machte Ilona Faber am Abend des 14. April 1958?

Die Eltern bezeugen es übereinstimmend: Um etwa 18.15 Uhr hat das Mädchen die elterliche Wohnung im Hause Wien IV, Argentinierstraße 66, verlassen. »Ich gehe wieder in die Schule«, sagte sie zum Abschied und meinte damit die Mannequinschule am Kohlmarkt, wo um 18.30 Uhr eine Anatomievorlesung begonnen hätte.

Aber Ilona Faber ging nicht in die Schule. Ihren beiden Schwestern vertraute sie an, wohin sie wirklich ging: ins Kino. In die letzte Vorstellung des Schwarzenbergplatzkinos. Beginn: 20 Uhr. Auf dem Programm stand der Elvis-Presley-Film »Gold aus heißer Kehle«. Der Film dauerte bis 21.45 Uhr.

Was sie bei sich trägt, als sie das Haus verläßt, können die Eltern bis ins letzte Detail rekonstruieren und der Polizei mitteilen: eine Armbanduhr, Marke Kienzle, einen rosa Nylonschirm mit Plastikgriff, schwarze Lederhandschuhe und eine dunkle Plastikhandtasche. Sogar der Inhalt dieser Tasche kann festgestellt werden: ein herzförmiger Schlüsselbund aus Metall mit einigen Schlüsseln, ein Lippenstift, ein Drehbleistift, ein mit Märchenbildern geschmücktes Taschentuch (es wird im Mordprozeß gegen Johann Gassner beim Plädoyer des Staatsanwalts erwähnt werden) und eine blaue Geldbörse mit einem Zehnschillingstück und einem weiteren Geldbetrag in der Höhe von 9,60 Schilling in unbekannten Münzeinheiten. Vor allem aber trägt Ilona Faber beim Verlassen der elterlichen Wohnung einen Schmuck, der als Beweisgegenstand in diesem aufsehenerregenden Kriminalfall noch zu großer Bedeutung gelangen soll: ein Paar große, fast vier Zentimeter lange, goldene Ohrgehänge.

Die meisten dieser Gegenstände fehlen, als man Ilona Faber am nächsten Tag ermordet auffindet. Nur der Damenschirm findet sich in der Nähe des Tatortes. Und die Handtasche. Sie ist leer.

Es fehlt der Schlüsselring und die Armbanduhr. Es fehlen vor allem die Ohrgehänge. Und es fehlt der Inhalt der Handtasche: der Lippenstift, der Drehbleistift und wahrscheinlich auch ein Geldbetrag. Denn Ilona Faber hatte 19,60 Schilling bei sich, als sie von zu Hause wegging. 6,50 Schilling gab sie für die Kinokarte aus, also müßten noch 13,10 Schilling dasein, denn weitere Ausgaben lassen sich trotz intensiver Nachforschungen nicht feststellen. Die Handtasche ist aber völlig leer. Es befindet sich darin keine einzige Münze. Es ist auch höchst unwahrscheinlich, daß Ilona Faber selbst das Geld bis zum letzten Groschen ausgegeben hat. Irgendein Restgeld bleibt erfahrungsgemäß fast immer übrig. Hier aber ist kein Groschen mehr vorhanden.

War es nicht nur ein Sexual-, sondern auch ein Raubmord? Die Gerichtsmediziner haben inzwischen festgestellt, daß der Täter an seinem Opfer keinen Geschlechtsverkehr vorgenommen hat. Er hat das Mädchen auf eine andere, perverse Art mißbraucht. Das Gutachten von Professor Schwarzacher faßt den Tatbestand in Worte wissenschaftlicher Distanz: »Art und Anordnung der Verletzungen im Genitalbereich sprechen weit eher dafür, daß diese durch brüskes Einbohren der Finger als durch vehementes Eindringen des erigierten Gliedes erzeugt wurden. Diese Ansicht findet eine Stütze darin, daß in der Scheide ziemlich reichlich erdige Massen gefunden wurden, Formelemente menschlichen Samens aber nicht zu entdecken waren.«

Was Wiens Bevölkerung gerade an dieser Tat so tief beunruhigt, so erregt und schockiert, hat Werner Fabian in der Tageszeitung »Die Presse« treffend charakterisiert:

»Die Tat, die in der Nacht vom 14. auf den 15. April 1958 hinter dem Russendenkmal verübt wurde, riß uns aus dem so angenehmen Gefühl, daß nur jener umkommen kann, der sich selbst in Gefahr begibt. Plötzlich wurde uns klar, daß jeder von uns gemeint sein kann, wenn ein anderer nachts auf sein Opfer lauert.

Jeder Vater, der eine Tochter hat, begriff plötzlich: Es hätte dein Kind sein können. Jedem Mann wurde beklemmend deutlich gemacht: Es hätte auch deine Frau, deine Braut sein können.

Mitten im Herzen der Großstadt geschieht ein grauenhafter Mord. Da ist nicht die düstere Vorstadtgasse, in der nur notdürftig eine trübe Laterne Halbschatten wirft. Da ist keine schäbige Gegend mit zweifelhaften Cafés und zweifelhaften Bewohnern, denen man ausweichen kann. Hier, auf dem Schwarzenbergplatz, braust keine hundert Schritt weit entfernt der Großstadtverkehr über den hell erleuchteten Ring. Da gehen pausenlos die Menschen vorbei, da fahren die Autos, die Straßenbahnen, da sitzen die Liebespaare auf den Parkbänken, und wie zum Hohn steht im ununterbrochenen 24-Stunden-Dienst die Polizeiwache, um ein unerwünschtes Denkmal zu schützen.

Und das passiert keineswegs lange nach Mitternacht, wenn auch die Straßen der Innenstadt verlassen sind. Es passiert gegen zehn Uhr abends. Eben ist das Kino aus, gleich gegenüber dem Denkmal, und Dutzende Kinobesucher nehmen ihren Heimweg unmittelbar neben dem Tatort vorbei. Und alle Straßenlaternen leuchten.

Und all dem zum Trotz wird hier ein junges Leben ausgelöscht. So muß zwangsläufig dieses Verbrechen eine ganze Stadt aus ihrer Ruhe aufreißen, muß jeden Menschen persönlich treffen, weil jeder sich sagt: Du hättest es sein können...«

Und noch etwas beunruhigt die Bevölkerung auf das äußerste: die unheimliche, unerklärliche Häufung von Blutverbrechen in der Bundeshauptstadt und ihrer Umgebung, eine Häufung, die an ein makabres Gesetz der Serie glauben läßt.

Nach dreieinhalb Monaten des neuen Jahres, Mitte April 1958, sieht die düstere Bilanz so aus:

● In der Silvesternacht erschießt der Straßenbahnfahrer Hans Schleifer, 34 Jahre alt, in der Arndtstraße in Meidling eine Bekannte seiner Frau, die neunundsechzigjährige Rentnerin Maria Meissinger, und auf seiner Flucht die fünfundsiebzigjährige Rentnerin Katharina Schiller;

● in derselben Nacht gibt es für die Wiener Polizei ein zweites Mal Mordalarm: In der Brigittenau erwürgt der arbeitslose Johann Graf, 36 Jahre alt, seine Gattin Marie, als sie sich nach der Scheidung von ihm trennen will, dann stellt er sich selbst der Polizei;

● knapp eine Woche später, am 6. Jänner 1958, wird der Kleiderfabrikant Paul Biowski in seiner Wohnung im ersten Bezirk Wiens erschlagen aufgefunden. Der Täter, der einundzwanzigjährige deutsche Staatsbürger Manfred Rötzer, der nach der Tat mit 100 000 Schilling Bargeld und Effekten fliehen kann, wird in München verhaftet;

● zehn Tage später ist der Griegplatz in Wien-Brigittenau Schauplatz eines Blutverbrechens: Da die Eltern der fünfzehnjährigen Verkäuferin Helga Leitner aus Klosterneuburg eine Verbindung ihrer Tochter mit dem zweiundzwanzigjährigen Rudolf Papai ablehnen, erschießt dieser zuerst seine Geliebte und dann sich selbst;

● am 24. Februar wird vor der Rennwegkaserne der siebzehn Jahre alte Steinmetzgehilfe Daniel Wittendorfer aus nichtigem Anlaß von dem einundzwanzigjährigen Hilfsarbeiter Anton Zein aus Simmering zu Tode getreten;

● in der Zirkusgasse in Wien-Leopoldstadt wird am 4. März 1958 der Hilfsarbeiter Swobodan D., 39 Jahre alt, im Streit von seinem Rivalen erstochen.

Außerhalb Wiens geht es kaum friedlicher zu: Im Februar 1958 schießt in Litzelsdorf, Bezirk Oberwart (Burgenland), der siebzehnjährige Tischlerlehrling Friedrich Graf die neunzehnjährige Angestellte Gertrude Unger mit einem Flobertgewehr mitten ins Herz, nachdem sie seine Werbung zurückgewiesen hat.

Und nun der Mord am Wiener Schwarzenbergplatz, mitten im Zentrum einer Großstadt, begangen an der wohlbehüteten Tochter eines Ministerialrats.

Damit reißt übrigens die Serie der Sexualattentate nicht ab: Einige Tage später werden in Wien wieder zwei Frauen beziehungsweise Mädchen überfallen.
● An der Ecke Brünnlbadgasse — Gilgegasse wird die dreiunddreißigjährige Angestellte Emma H. auf dem Weg zum Arbeitsplatz von einem etwa dreißigjährigen Mann attackiert, kann den Angreifer aber mit ihrem Regenschirm in die Flucht schlagen.
● Am selben Tag in der Neubaugasse: Als die zwölfjährige Annemarie Ö. die Treppen zur elterlichen Wohnung hinaufsteigt, folgt ihr ein Mann, stürzt sich auf das erschrockene Kind und beginnt es zu würgen. Das Mädchen reagiert handfest: Sie beißt den etwa fünfundzwanzigjährigen Attentäter in den Finger. Als er daraufhin einen Moment von ihr abläßt, beginnt sie gellend um Hilfe zu schreien, worauf der Mann die Flucht ergreift.
● In Hallein (Bundesland Salzburg) will der siebzehnjährige Fleischhauergehilfe Siegfried D. die sechzehnjährige Tochter seines Dienstgebers niederschlagen und vergewaltigen. Er wartet unter dem Bett des Mädchens auf sein Opfer, doch scheitert der Plan, weil das Mädchen in der betreffenden Nacht nicht in seiner Kammer, sondern bei seiner Mutter schläft. Es erfährt erst später, in welcher Gefahr es sich in dieser Nacht befunden hat.
Am 17. April 1958, ein paar Tage nach dem Mord an Ilona Faber, fragen Reporter des »Bild-Telegraph« Passanten in den Straßen Wiens über ihre Meinung zur Todesstrafe. (Über die damit zusammenhängende Problematik siehe das folgende Kapitel.) Fast alle sind für ihre Wiedereinführung. Hier ein paar charakteristische Stellungnahmen:
Alfred M., 46, Möbelpacker: »Meine Ansicht zum Problem der eventuellen Einführung der Todesstrafe ist ganz einfach. Ich meine, wer einem anderen Menschen das Leben nimmt, soll es auch mit dem eigenen Leben büßen. Diebe, Einbrecher, Betrüger sind sicherlich Verbrecher, aber keine Leute, die durch die Todesstrafe bedroht werden sollen. Die Todesstrafe soll ausschließlich für Raubmörder und Sexualverbrecher Anwendung finden. Für die gibt es nichts anderes als einfach: den Kopf ab.«
Karl K., 78, Rentner: »Nachdem sich solche Mordtaten in so schneller Folge nacheinander ereignen, gibt es wohl kaum ein anderes Mittel zur Abschreckung der Verbrecher als die rasche Wiedereinführung der Todesstrafe. Ich glaube, sehr viele Leute in Wien denken so wie ich. Schließlich nehmen ja die Verbrechen in letzter Zeit so überhand, daß den Justizbehörden wohl keine andere Wahl bleibt, als endlich einmal

durchzugreifen. Was ist das für eine Strafe für einen Mörder, wenn er weiß, daß er als »Lebenslänglicher« nach fünfzehn Jahren sogar schon entlassen werden kann?«

Und auf Seite eins veröffentlicht das Blatt den »Brief einer Mutter«, ohne Namensnennung, der allerdings so verfaßt ist, daß er in seiner Mischung von journalistischer Routine und gewollter Volkstümlichkeit den Eindruck erweckt, als sei er in der Redaktion selbst entstanden. Darin heißt es wörtlich:

»WIR FORDERN DIE TODESSTRAFE!

Wie lange noch soll die friedliche und anständige Bevölkerung Österreichs den bestialischen und perversen Gelüsten einiger Bestien schutzlos ausgeliefert sein? Hätten wir reißende Wölfe in den Wäldern, wir würden sie ohne Wimperzucken vertilgen. Diese Bestien unter uns sind aber weit gefährlicher, weil sie nicht sofort erkennbar sind. Wenn sie wissen, daß sie im Höchstfall nur ein paar Jahre Kerker erwartet, werden sie zu ihren Mordtaten nur aufgefordert. Die Verhandlung gegen Alfred Engleder war ja eine widerliche Farce und Verhöhnung der von ihm angefallenen Frauen. Diese Humanitätsduselei und Anständigkeit diesen Bestien gegenüber ist ganz falsch am Platz.

Hier gibt es nur ein ›Auge um Auge, Zahn um Zahn‹. Man stelle sich nur die entsetzliche Todesangst der Opfer vor. Ich bin selbst Mutter von zwei halbwüchsigen Kindern, einer neunzehnjährigen Tochter und einem achtzehnjährigen Sohn, die ich als Kriegerswitwe mit viel Entbehrungen zu anständigen, tüchtigen Menschen erzogen habe. Unvorstellbar, daß mein Sohn ertreten wird, weil sein Gesicht dem nächsten Rowdy nicht paßt, oder meine Tochter so wie jenes arme Mädchen gefunden wird.

Wer sich heute noch an die Seite dieser Verbrecher stellt, sie mit humanem Gefasel schützt, identifiziert sich mit ihren Taten, und man möchte ihm fast wünschen, daß er selbst einmal Bekanntschaft macht mit diesen Bestien.

EINE MUTTER«

Zweifellos echt dagegen ist die Äußerung des damaligen Handelsministers Dr. Fritz Bock, des Ressortchefs des Vaters der Ermordeten: »Da die gegenwärtig im Gesetz vorgesehenen Strafen ganz offensichtlich nicht ausreichen, um so entsetzliche Verbrechen zu verhindern, ist es ganz klar, daß nur noch die Wiedereinführung der Todesstrafe eine Änderung erwarten läßt. Sexualmörder sind Bestien in Menschengestalt, die das Recht auf Weiterleben verwirkt haben.«

Nur Wiens Starverteidiger, Rechtsanwalt Dr. Michael Stern, warnt:

»Ich erinnere nur an die Justizirrtümer der letzten Zeit. Außerdem: Jeder, der für die Todesstrafe ist, müßte einmal bei einer Justifizierung anwesend sein. Er wäre rasch Gegner der Todesstrafe. Es gibt ein Bibelwort: Was der Herr gegeben hat, darf nur der Herr nehmen. Lieber Schuldige laufenlassen, als einen Unschuldigen hinrichten. Ich bin gegen die Todesstrafe.«

Im Fall Ilona Faber ist die Erörterung um die Berechtigung der Todesstrafe zunächst allerdings eher akademischer Natur. Denn ehe über das weitere Schicksal eines Mörders entschieden wird, muß er zunächst einmal verhaftet und verurteilt sein. Und beim Mord am Schwarzenbergplatz hat man ja den einzigen Verdächtigen, diesen merkwürdigen Johann Gassner, wieder laufenlassen. Einen Tag nach seiner Verhaftung, am 16. April 1958.

Wenige Stunden nachdem man Gassner entlassen hat, meldet sich im Sicherheitsbüro der Juwelierlehrling Julius Liebewein als Zeuge. Er hat in den Zeitungen von dem Mord gelesen. Und auch den Aufruf des Sicherheitsbüros wegen der verschwundenen Gegenstände. Er habe einen Gegenstand gefunden, der unter Umständen mit dem Mord an Ilona Faber in Zusammenhang stehen könne.

Und er packt vor den Augen der verblüfften Beamten ein goldenes Ohrgehänge aus, auf das die Beschreibung, die die Eltern des Mädchens gegeben haben, genau paßt. Nachdem man es ihnen gezeigt hat, gibt es keinen Zweifel mehr: Dieses Ohrgehänge gehörte ihrer Tochter Ilona Faber. Das andere ist noch immer verschwunden.

Wo und wann er das Schmuckstück gefunden habe, wollen die Kriminalbeamten von Liebewein wissen. Er kann genaue Auskunft geben: am 15. April um etwa halb vier Uhr nachmittags. Und wo? Am Naschmarkt unter Gemüseabfällen. Ganz in der Nähe einer Bedürfnisanstalt.

Die Beamten sehen einander an: Das ist doch jene öffentliche Toilette, in der sich Gassner nach seinen eigenen Angaben in der Tatnacht aufgehalten und wo er onaniert hat. Übrigens ein stadtbekannter Treffpunkt für Homosexuelle. Und Gassner ist in dieser Richtung vorbestraft.

Das sind den Kriminalbeamten zu viele Zufälle auf einmal. Ihr Entschluß steht fest: Dieser Gassner, den man offenbar zu früh ausgelassen hat, muß wieder her.

Sie brauchen nicht lange zu suchen: In der Gulaschhütte »Heumühle«, ganz in der Nähe des Fundortes des ominösen Ohrgehänges, treffen die Beamten am 18. April um 7 Uhr früh Gassner an. Friedlich bei einem Glas Bier sitzend. Als sie ihm erklären, daß er neuerlich verhaftet ist, geht er widerstandslos mit.

Man nimmt Gassner ins Verhör. Stundenlang. Ohne jeden Erfolg. Man kann ihm vorhalten, was man will, er bleibt dabei, mit dem Tod der Ilona Faber nichts zu tun zu haben. Und es ist verhältnismäßig viel, was ihm die Beamten im Sicherheitsbüro vorzuhalten haben.

Inzwischen hat man nämlich weitere Gegenstände der Ermordeten entdeckt: Vor dem Haus Wien IV, Schwindgasse 20, wurde ein Handschuh Ilona Fabers gefunden, in einer Grünanlage in der Schäffergasse, ebenfalls im vierten Bezirk, die Strümpfe der Toten, an denen sich noch ein Teil des Strumpfhalters befindet. Als die Polizei alle diese Fundorte auf einem Stadtplan einzeichnet, kommt sie zu einem überraschenden Ergebnis: Die Strecke Schwindgasse — Schäffergasse liegt ungefähr in einer Linie. Ebenso ist vom Fundort der Strümpfe in fast gerader Linie die Klosettanlage am Naschmarkt in der Linken Wienzeile zu erreichen, wo das eine Ohrgehänge aufgefunden wurde. Nicht weit ab von dieser Strecke, ungefähr in der Mitte zwischen dem Ort der Auffindung der Strümpfe und jenem der Auffindung des Ohrgehänges, befindet sich die Gulaschhütte »Heumühle«.

Aber das ist noch lange nicht alles. So wie man die letzten Stunden Ilona Fabers vor ihrem Tod rekonstruiert hat, bemüht man sich nun auch zu klären, was Johann Gassner in der Nacht zum 15. April getan hat. Und dabei stößt man auf sehr merkwürdige Dinge.

Er ist, wenn man seinen Angaben folgt, fast die ganze Nacht in der Gegend Karlsplatz — Lastenstraße — Naschmarkt — Opernpassage — Kärntner Straße — Karlsplatz herumspaziert, nachdem er die Wohnung seiner Lebensgefährtin Gertrude Fröhlich verlassen hatte. Gegen vier Uhr früh kommt er in die Gulaschhütte »Heumühle« und bleibt dort bis etwa 7.15 Uhr. Dann verläßt er die Gulaschhütte und macht sich auf den Weg zu seiner im dritten Bezirk wohnhaften Schwester. Dabei kommt er an jenem Platz vorbei, der ihm zum Schicksal werden soll: am Schwarzenbergplatz.

Warum er dort geblieben und nicht zu seiner Schwester weitergegangen ist, darüber macht er widersprechende Angaben: Zunächst bleibt er dabei, er habe auf einen ihm bekannten Bilderrestaurator oder eine seiner Kundschaften gewartet, weil er sich durch eine Arbeit ein wenig Geld zu verdienen erhoffte. Dann läßt er diese Variante fallen und bringt eine andere, die ihm die Polizei auf Grund seines Vorlebens schon eher glaubt: Er habe ein in der Nähe der zur Prinz-Eugen-Straße führenden Auffahrtsrampe des Schwarzenbergpalais stehendes Fahrrad stehlen wollen und dieses immer wieder beobachtet. Und die Tasche habe er deshalb abgelegt, weil sie ihm bei der Ausführung seines Diebstahls hinderlich gewesen wäre.

Nun kommt die finanzielle Seite der Angelegenheit: Was hat Gassner in dieser Nacht alles ausgegeben? Er gibt Rechenschaft: Zwischen null und ein Uhr hat er sich beim Würstelstand im Resselpark eine »Burenwurst« mit Brot gekauft. Kostenpunkt: 6,60 Schilling. Und die Zeche in der Gulaschhütte »Heumühle«? Eine Flasche Bier und fünf Zigaretten, macht ebenfalls 6,60 Schilling. Zusammen also 13,20 Schilling. Fast auf den Groschen genausoviel, wie Ilona Faber bei sich gehabt haben mußte, als sie ermordet wurde. Wieder nur ein Zufall?

Der Verdacht gegen Johann Gassner, den Mord begangen zu haben, verdichtet sich mehr und mehr. Vor allem, als die Beamten feststellen können, daß er über ein sehr mangelhaftes Gebiß mit charakteristischen Unregelmäßigkeiten verfügt. Einige Zähne fehlen überhaupt, andere wieder stehen etwas erhöht oder zu tief. Man läßt vom Ober- und Unterkiefer des Verdächtigen ein Modell anfertigen und vergleicht es mit den Bißspuren an der Brust der Ermordeten.

Um ganz sicherzugehen, zieht das gerichtsmedizinische Institut bei der Befundaufnahme noch einen namhaften Experten bei: Dr. Hermann Zinner, Universitätsprofessor für Kieferchirurgie und Zahnheilkunde. Das Gutachten, das er gemeinsam mit den Professoren Schwarzacher und Breitenecker erstellt, scheint dann die letzten Zweifel zu beseitigen. »Unbeschadet noch weiterer Untersuchungen und allfälliger Versuche«, heißt es darin, »kommen die Gefertigten zu dem Schluß, daß zwischen den Zahnmodellen und den Veränderungen an den Brüsten der Leiche der Helene Faber auffallende Kongruenzen bestehen, die die Annahme rechtfertigen, daß die Verletzungen durch ein Gebiß, wie sie nach Größe und Form durch die Modelle gegeben sind, entstanden sein können.«

Wohlgemerkt: Die Bißverletzungen müssen nicht von Gassner stammen. Aber es liegt durchaus im Bereich der Möglichkeit, einer Möglichkeit, die im Hinblick auf die festgestellten Anomalien als besonders schwerwiegend anzusehen ist. Wieder nur ein Zufall, daß die Zähne Gassners in die Bißwunden, die dem Opfer zugefügt wurden, passen?

Aber der Verhaftete gibt nicht auf. Für jedes Argument, das die Polizeibeamten gegen ihn ins Treffen führen, hat er ein Gegenargument parat. Schön, er hat fast genausoviel Geld in der fraglichen Nacht ausgegeben, wie aus der Handtasche der Ermordeten fehlte. Aber er hat das Geld nicht geraubt, nicht einmal gestohlen. Er hat es schlicht und einfach erbettelt. Natürlich weiß er nicht, von wem: Man pflegt wohltätige Passanten, die einem etwas schenken, nicht nach Name und Adresse zu fragen. Einen Schilling habe ihm seine Lebensgefährtin mitgegeben, und den Rest habe er von Leuten bekommen, die er angebettelt habe, darunter sieben Schilling von einem Betrunkenen.

Die Polizei geht auch dieser Spur nach. In wiederholten Aufrufen wendet sie sich an die Öffentlichkeit, um die angeblichen Wohltäter festzustellen. Aber es meldet sich niemand, der zur fraglichen Zeit in der Gegend Naschmarkt — Karlsplatz — Resselpark einem »Bettler« etwas geschenkt hat. Gassners Behauptung wird dadurch nicht glaubwürdiger. Bei seiner Verhaftung hatte man bei ihm noch sieben Groschen gefunden.

Die Staatsanwaltschaft faßt es dann ein Jahr später in ihrer sechsundzwanzig Seiten langen Anklageschrift gegen Johann Gassner zusammen: »Zusätzlich belastet den Beschuldigten aber auch noch der von ihm selbst zugegebene Umstand, daß er seine Zeche beim Würstelstand mit einer Zehnschillingmünze beglich, da Grund für die Annahme besteht, daß Helene Faber die Kinoeintrittskarte nicht mit der in ihrem Besitz gewesenen Zehnschillingmünze, sondern mit dem restlichen Geld bezahlte, weil sie derartige Münzen sammelte und nur ungern ausgab, so daß diese Münze noch in ihrem Besitz gewesen sein dürfte, als sie überfallen wurde. Besonders verdächtig erscheint aber, daß der Beschuldigte, der vorher ganz mittellos war, etwa zwei Stunden nach Ermordung und Beraubung der Helene Faber über Geld verfügte.«

Daß es Gassner mit fremdem Eigentum nicht allzu genau zu nehmen pflegt, weiß die Polizei. Nicht nur wegen seiner Vorstrafen, sondern auch, weil man ihm jetzt wieder etliche Diebstähle aus jüngster Zeit nachweisen kann. Ende März brach er in der Schönbrunner Straße einen Personenkraftwagen auf und stahl daraus eine Kiste mit Spezialwerkzeugen im Wert von 5000 Schilling. Aus einem anderen Auto stahl er eine Decke.

Und eine besondere Gemeinheit leistete er sich am 12. April 1958: Da lernte er auf einer Bank im Girardi-Park einen älteren Mann kennen und erzählte ihm, daß ihn seine Lebensgefährtin hinausgeworfen und er jetzt kein Dach über dem Kopf habe. Der Mann wollte Gassner helfen und nahm ihn mit in seine Wohnung.

Er hatte dafür keinen Dank geerntet: Als er sich für kurze Zeit entfernte, verließ auch sein Gast die Wohnung. Nicht, ohne etliche Gegenstände mitgenommen zu haben. Viel war bei dem alten Mann allerdings nicht zu holen: eine Sonnenbrille, ein Haarnetz und ein paar Bücher. Alles in allem kaum 50 Schilling wert.

Als man nach Gassners Verhaftung in der Wohnung seiner Lebensgefährtin eine Hausdurchsuchung vornimmt, findet man noch einen Großteil der gestohlenen Gegenstände. Offenbar ist Gassner noch nicht dazugekommen, sie zu verkaufen. Und noch etwas Interessantes findet man bei seiner Personsdurchsuchung anläßlich seiner — zweiten — Verhaftung: eine Zigarettenschachtel (»Austria 3«), auf deren Rückseite mit Tinte geschrieben steht:

»Täter gesehen, Naschmarkt, 2. Klosett, Montag zw. $^3/_4$ 1 — $^1/_2$ 2.«
Und daneben eine Skizze, die die Lage dieses Klosetts — es handelt sich dabei um jene Bedürfnisanstalt, in deren Nähe Ilona Fabers Ohrgehänge gefunden wird — veranschaulicht.

Was hat das zu bedeuten? Gassner, der zunächst versucht, die Zigarettenschachtel vor den visitierenden Beamten zu verbergen, hat auch hiezu eine Erklärung bereit. Er habe, behauptet er, die Notiz gemacht, als er in der Zeitung von der Auffindung des Ohrgehänges las und sich erinnerte, daß er zur fraglichen Zeit dort in der Nähe war. Als »geistige Kombination« bezeichnet er etwas hochtrabend diese Notiz.

»Täter gesehen«: Bedeutet das, daß Gassner zwar nicht selbst der Mörder ist, aber diesen kennt?

Das ist eine Meinung, die man in den Straßen Wiens immer wieder hören kann, wenn sich Menschen über den Mordfall Ilona Faber unterhalten. Eine Frau aus dem achten Bezirk, die ungenannt bleiben will, gibt in einem Brief an den Untersuchungsrichter dieser Überzeugung Ausdruck, und sie gibt auch Ratschläge, wie man den Mörder finden könne:

»Der Fall Gassner ist so empörend, daß ich gar nicht mehr schlafen kann. Dennoch glaube ich nicht, daß Gassner der direkte Mörder ist. Aber er kennt den Mörder. Ich habe einen Vorschlag: Man soll den Gassner beim Begräbnis des armen Mädels zuschauen lassen. Ganz vermummt und gefesselt. Und abseits, wo er nicht gesehen wird. Da bricht er dann zusammen. Entweder sagt er: Ich habe es getan. Oder: Der und der war es. So wird der Täter rasch gefunden werden. Bitte meinen Namen nicht zu nennen.«

Die Voruntersuchung gegen Johann Gassner dauert fast ein Jahr. Am 20. März 1959 bringt Erster Staatsanwalt Hofrat Dr. Otto Hörmann die Anklageschrift beim Untersuchungsrichter ein: Er beschuldigt darin Gassner des Raubmordes an Ilona Faber und der Schändung, weil er davon ausgeht, daß Gassner das bereits bewußtlose, aber noch lebende Mädchen geschlechtlich mißbraucht habe: durch die Bisse in die Brust und durch das Einführen der Finger in ihren Geschlechtsteil. Schließlich sind auch noch die Diebstähle angeführt, die Gassner begangen hat.

95 Zeugen werden in der Anklageschrift zur persönlichen Vorladung beantragt. Bei 24 weiteren, die schon in der Voruntersuchung kaum Zweckdienliches anzugeben vermochten, begnügt sich der Staatsanwalt mit der Verlesung der Zeugenaussagen. Auch die Ladung von nicht weniger als fünf Sachverständigen begehrt die Staatsanwaltschaft:

● die beiden Gerichtsmediziner Professor Dr. Leopold Breitenecker (als Nachfolger des in der Zwischenzeit verstorbenen Professors Schwarzacher) und Dozent Dr. Werner Boltz,

● den Psychiater Professor Dr. Erwin Stransky,

● den Kriminologen Professor Dr. Roland Graßberger

● und den Zahn- und Kieferexperten Professor Dr. Hermann Zinner.

Knapp drei Monate später, am 15. Juni 1959, beginnt im Großen Schwurgerichtssaal des Wiener Straflandesgerichts der größte Indizienprozeß der Nachkriegszeit. Genau vierzehn Monate nach der Auffindung der ermordeten Ilona Faber muß sich Johann Gassner gegen die Anklage, dieses Verbrechen begangen zu haben, verteidigen.

Der Zustrom zur Verhandlung ist — ähnlich wie im Fall Adrienne Eckhardt — enorm. Schon in den Morgenstunden haben sich Hunderte von Neugierigen vor dem Gerichtstor in der Alser Straße angesammelt. Makabre Wetten über den Ausgang des Verfahrens werden abgeschlossen.

Als die Verhandlung um 9.30 Uhr beginnt, ist der Schwurgerichtssaal überfüllt. Auf der Anklagebank sitzt Johann Gassner wie ein Schlafender. Nur das Zucken der Augenlider verrät seine Nervosität.

Als die Einvernahme Gassners durch den Vorsitzenden, Oberlandesgerichtsrat Dr. Franz Wiesinger, beginnt, hat die Spannung im Saal ihren Höhepunkt erreicht. Obwohl nach den sogenannten Lasserschen Artikeln (einer Strafbestimmung aus dem Jahr 1862) von der Einleitung der Voruntersuchung an bis zur Hauptverhandlung über einen Kriminalfall an die Presse nichts berichtet werden darf, hat es sich unter den Zuhörern doch herumgesprochen, daß Gassner ein »Steher« ist, daß er also in keiner Phase des Verfahrens ein Geständnis abgelegt hat. Wird er jetzt gestehen?

Nach der nochmaligen Feststellung der Personaldaten beginnt das obligate Frage- und Antwort-Spiel:

Vorsitzender: »Haben Sie die Anklage verstanden?«

Angeklagter: »Ja.«

Vorsitzender: »Bekennen Sie sich hinsichtlich des ersten Punktes der Anklage, nämlich hinsichtlich des Raubmordes an Helene Faber, schuldig?«

Angeklagter: »Ich bekenne mich nicht schuldig.«

Vorsitzender: »Bekennen Sie sich schuldig, daß Sie an der bereits Bewußtlosen unzüchtige Angriffe gesetzt haben?«

Angeklagter: »Ich bekenne mich nicht schuldig.«

Vorsitzender: »Bekennen Sie sich schuldig bezüglich der drei Ihnen zur Last gelegten Diebstahlsfälle?«

Angeklagter: »In diesem Sinne bekenne ich mich schuldig.«

Vorsitzender: »Und hinsichtlich der Veruntreuung des Ihnen anvertrauten Geldbetrages?« (Die Staatsanwaltschaft warf Gassner zuletzt auch noch vor, im Winter 1955/56 als Kohlenausträger einen von einem Kunden kassierten Betrag von 310 Schilling seinem Chef nicht abgeliefert zu haben.)

Angeklagter: »Da bekenne ich mich auch schuldig.«

Kurzum: Gassner verantwortet sich — mit gewissen Abweichungen — im wesentlichen wie vor der Polizei und vor dem Untersuchungsrichter. Die kleinen Verfehlungen, die Diebstähle und die Veruntreuung, gibt er zu. Mit dem Mord an Ilona Faber will er nach wie vor nichts zu tun haben. Wird man ihm glauben?

Zunächst einmal geht es noch nicht um die Taten, die unter Anklage stehen. Zunächst geht es um die Person. Was ist dieser Johann Gassner für ein Mensch?

Die Charakteristik, die der Angeklagte über sich selbst gibt, ist nicht allzu günstig. Er ist in einer kinderreichen Familie aufgewachsen, hat zu Hause große Schwierigkeiten gemacht, in der Schule (die er noch dazu sehr unregelmäßig besuchte) äußerst schlecht gelernt. Ein Grundzug geht wie ein roter Faden durch sein Leben: eine auffallende Unstetigkeit.

Nirgends hält er es lang aus. In keinem Kinderheim, später auf keiner Lehrstelle, dann an keinem Arbeitsplatz. Und vor allem bei keiner Frau. Er hat etliche, aber durchwegs nur flüchtige und kurze Bekanntschaften. Nur bei einer Prostituierten, die in den Jahren 1955 und 1956 für seinen Lebensunterhalt aufkommt, und zuletzt bei Gertrude Fröhlich hält er es länger aus. Aber vermutlich auch nur, weil diese Frauen für seinen Unterhalt sorgen. Daneben verdient er sich als »Strichjunge« Geld, läßt sich also von homosexuellen Männern bezahlen.

Die Wohnung der Gertrude Fröhlich verläßt er schließlich am 13. April 1958, weil ihm ihre Vorwürfe, er sei arbeitsscheu, lästig werden. Dann treibt er sich bis zu seiner Verhaftung ziel- und planlos in Wien herum.

Eines steht also schon nach der ersten Vernehmung fest: Dieser Gassner ist alles andere als ein ehrenwerter Mann. Aber ist er auch ein Mörder?

Er bestreitet es entschieden. Und er beteuert immer wieder: »Wäre ich am Tatort geblieben und hätte ich mich dort noch dazu sogar am nächsten Morgen auffällig herumgetrieben, wenn ich wirklich der Mörder wäre?«

Die Staatsanwaltschaft meint, auch diese Frage beantworten zu können. »Es konnte«, argumentiert Hofrat Hörmann in der Anklageschrift, »dem Beschuldigten zweckmäßig erscheinen, nach dem verlorenen Ohrgehänge in erster Linie am Schauplatz des verbrecherischen Geschehens Nachschau zu halten, darüber hinaus aber auch, sich für das Schicksal des kaum beschädigten und daher zu einer Verwertung, zumindest zu einer Verpfändung durchaus geeigneten Mantels der Ermordeten zu interessieren.«

Eine Ansicht, die möglich, aber auf den ersten Blick nicht sehr wahrscheinlich ist. Selbst wenn man Gassner für einen so skrupellos-waghalsigen Menschen hält, daß er wegen eines Mantels und eines (für sich allein kaum verwertbaren) Ohrgehänges an den Tatort zurückkehrt, warum ist er auch noch dort geblieben, als er schon erkannte, daß der Polizeibeamte die Leiche entdeckt hatte und damit nicht mehr die leiseste Chance bestand, in den Besitz dieser Gegenstände zu gelangen?

Professor Graßberger, der Kriminologe, stimmt mit der Staatsanwaltschaft allerdings weitgehend überein. Eine Vielzahl von Personen, weiß der bekannte Gelehrte zu berichten, die einen Menschen schuldhaft getötet haben, kehrt nach der Tat — vor allem, solange diese nicht entdeckt ist — an den Tatort zurück. Sei es, um zu schauen, ob sie nicht irgend etwas am Tatort vergessen haben, sei es, um zu sehen, wieweit die polizeilichen Ermittlungen bereits gediehen sind.

Er faßt zusammen: »Es ist also zu sagen, daß das Benehmen des Angeklagten nach der Tat, insbesondere der Aufenthalt in der unmittelbaren Umgebung der Leiche, an sich nicht geeignet ist, *gegen* seine Schuld zu sprechen. Aber es muß natürlich auch nicht ein Beweis *für* seine Schuld sein.«

Und in sympathischer Bescheidenheit gesteht der Kriminologe den

Geschworenen ein: »Das, was ich Ihnen vorgetragen habe, ist Theorie. Das muß Ihnen klar sein. Ich weiß nicht, wie es wirklich gewesen ist. Meine Aufgabe war nur, zu zeigen, wie man diesen Vorgang erklären kann.«

Volle zehn Tage dauert die Hauptverhandlung gegen Johann Gassner. Dreimal, darunter einmal zu mitternächtlicher Stunde, wird ein Lokalaugenschein am Schwarzenbergplatz durchgeführt.

Es geht dabei nicht zuletzt auch um die Frage: Konnte, ja mußte man von dem Standort aus, wo Gassner stand und seine Aktentasche an einen Baum hängte, die Stelle sehen, an der der Kopf der Ermordeten aus der Erde ragte? Mit Hilfe einer lebensgroßen Puppe, die von einem Kriminalbeamten bis zum Hals in der Erde verscharrt wird, beginnt eine makabre Rekonstruktion. Sie bringt ein überraschendes Ergebnis.

Nicht darauf aufmerksam gemacht, sehen nämlich zunächst auch der Vorsitzende und die Geschworenen den Kopf nicht, was Dr. Wiesinger zu der Zusammenfassung veranlaßt: »Wenn ich weiß, daß dort etwas vergraben ist, sehe ich den Kopf. Wenn ich es aber nicht weiß, sehe ich nichts. Sämtliche Geschworenen sind einzeln vorbeigegangen und haben nichts gesehen.«

Ein wichtiger Gutpunkt für Gassner: Seine Verantwortung, er habe den Kopf der Toten von seinem Standort aus nicht gesehen, ist bestätigt. Zumindest ist er nicht zu widerlegen.

Es bleibt nicht sein einziger Erfolg. Nachdem der Kriminalbeamte Rothmayer die Puppe verscharrt hat, begutachtet der Vorsitzende dessen Hände und hält protokollarisch fest: »Festgestellt wird, daß nach dem Verscharren der Puppe mit den Händen die Hände des Zeugen Rothmayer mit Erde verschmutzt sind. Es findet sich auch Erde zwischen den Fingernägeln.«

An Gassners Händen und unter seinen Fingernägeln aber fanden sich weder Blut- noch Erdspuren, obwohl er sich die Hände, wie an der normalen Verschmutzung erkennbar war, vor seiner Verhaftung offenbar nicht gewaschen hat.

Zwar argumentiert die Staatsanwaltschaft: »Der Umstand, daß bei der am 15. April 1958 erfolgten Verhaftung des Beschuldigten keine Erdspuren festgestellt wurden, spricht keineswegs gegen die Gewißheit seiner Täterschaft, da auf der rückwärtigen Seite des Mantels der Helene Faber aufgefundene Erdinkrustinationen zeigen, daß auf diesem Mantel, als er schon ausgezogen war, gekniet oder gestanden wurde, was darauf hinweist, daß es der Täter geflissentlich vermied, sich selbst mit Erde zu beschmutzen.«

Aber der gerichtsmedizinische Sachverständige Dr. Werner Boltz charakterisiert diesen Satz als das, was er ist, nämlich als bloße Vermutung, die stimmen kann, aber keineswegs stimmen muß.

»Ich habe bereits erörtert«, führt er in seinem Gutachten vorsichtig und zurückhaltend aus, »daß es sehr schwierig ist, bei solchen im großen und ganzen doch uncharakteristischen Spuren die Ursache festzustellen. Wir können daher lediglich sagen, daß sich die Möglichkeit, daß der Täter darauf kniete, nicht von der Hand weisen läßt.«

Ein Zeuge nach dem anderen wird vernommen, ein Sachverständiger nach dem anderen erstattet sein Gutachten, aber die Dinge werden statt klarer immer verwirrender. Nicht einmal unter den vernommenen Polizeibeamten, sonst meist ein Herz und eine Seele, ist eine einvernehmliche Aussage zustande zu bringen.

Da gibt es etwa den Zeugen Anton Modry, fünfundfünfzig Jahre alt, ein in Ehren ergrauter, etwas kurzsichtiger Polizeirayonsinspektor. Er hat sich am 15. April um etwa acht Uhr früh zufällig in der Nähe des Tatortes aufgehalten, weil er vor der bulgarischen Gesandtschaft in der Schwindgasse seinen Dienst ausübte. Dabei ist er auch über den Schwarzenbergplatz gegangen und hat eine merkwürdige Beobachtung gemacht:

»Als ich ungefähr in der Mitte des Denkmals war, habe ich mich umgedreht und habe bei einer Säule des Denkmals einen Mann gesehen. Ich bin daraufhin stehengeblieben, um mir den Mann anzusehen. Der Mann ist zwischen der zweiten und der dritten Säule, von der Richtung der Prinz-Eugen-Straße aus gesehen, gestanden. Der Mann ist nicht ruhig gestanden, sondern hat immer Bewegungen gemacht, und zwar auf und nieder. Er hat immer Kniebeugen gemacht. Ich habe den Mann zirka fünf Minuten beobachtet, und da hat er immer diese kniebeugeartigen Bewegungen gemacht. Er hat mich dabei auch angeschaut.«

Das ist eine Aussage von größter Bedeutung. Denn wenn der Mann, den Modry gesehen hat, wirklich Gassner war, dann hat Gassner gelogen. Denn dieser hat immer behauptet, nie unmittelbar bei oder hinter dem Denkmal gestanden zu sein, sondern wesentlich weiter hinten in der Rasenanlage. Und auch jetzt, in der Hauptverhandlung, bestreitet Gassner: Er ist nicht beim Denkmal gestanden, er hat keine Kniebeugen gemacht, der Zeuge muß jemand anderen gesehen haben.

Aber der Zeuge Modry bleibt dabei: Der Mann, den er gesehen hat, war Johann Gassner. Er habe ihn schon ein paar Tage nach dessen Verhaftung einwandfrei wiedererkannt, und zwar anläßlich einer Gegenüberstellung im Wiener Sicherheitsbüro.

Nun, es gibt einen völlig unverdächtigen Zeugen, der bei dieser Gegenüberstellung anwesend war: den Kriminalrevierinspektor Franz Bradatsch. Als er in den Zeugenstand gerufen wird, erwartet sich keiner der Zuhörer eine Sensation. Natürlich wird er bestätigen, daß Modry damals den Gassner als jenen Mann erkannt hat, den er kurz vor der Entdeckung des Mordes beim »Russendenkmal« seine Kniebeugen absolvieren sah.

Inspektor Bradatsch wird aufgerufen, sieht sich seinen Kollegen an. Ja, den kennt er, es ist der Rayonsinspektor Modry. Er, Bradatsch, kann sich erinnern, wie der Zeuge im Sicherheitsbüro war, wie er dem Gassner gegenübergestellt wurde. Und was, will der Vorsitzende wissen, hat Modry damals gesagt?

Und nun platzt die Bombe: »Inspektor Modry hat dabei erklärt, daß er den Mann nicht wiedererkennt.«

Der Vorsitzende glaubt sich verhört zu haben und wiederholt die Frage. Aber Inspektor Bradatsch bleibt dabei. »Nein, Modry hat in Gassner nicht den Mann vom Denkmal wiedererkannt.«

Und nun kommt es zu einer in der österreichischen Justizgeschichte wohl einmaligen Szene. Zunächst werden die beiden Polizeiinspektoren, von denen einer jedenfalls (zumindest objektiv) die Unwahrheit sagt, konfrontiert. Für ein paar Minuten vergessen alle Beteiligten fast, daß der eigentliche Angeklagte Johann Gassner ist. Jetzt sitzt einer der beiden Zeugen, einer der beiden Polizeiinspektoren, moralisch auf der Anklagebank. Aber welcher?

Im Verhandlungsprotokoll liest sich die dramatische Szene so:

»Zeuge Modry nach Gegenüberstellung mit dem Zeugen Bradatsch: ›Das stimmt nicht. Ich habe gesagt, das ist der Mann, den ich gesehen habe.‹

Vorsitzender: ›Ich halte Ihnen vor, daß der Zeuge Bradatsch sagt, Sie hätten den Mann damals nicht agnoszieren können.‹

Zeuge Modry: ›Ich habe gesagt, es ist derselbe Mann.‹

Zeuge Bradatsch nach Gegenüberstellung mit dem Zeugen Modry: ›Das ist nicht richtig, da irrt sich der Zeuge. Der Zeuge hat ihn nicht erkannt.‹«

Und ein weiterer, damals bei der Gegenüberstellung anwesender Kriminalbeamter, der Revierinspektor Josef Kronawetter, bestätigt die Angaben des Zeugen Bradatsch. »Nein«, sagt auch er, »Modry hat den Mann nicht erkannt.«

Also Aussage gegen Aussage, ein Polizeibeamter gegen den anderen. Wem soll man glauben?

Nun beginnt ein fast groteskes Spiel. Eine beeidete Aussage hat grundsätzlich höheren Beweiswert als eine unbeeidete. Daher bemüht sich jeder, die Vereidigung »seiner« Zeugen zu erwirken. Der Staatsanwalt verlangt die Vereidigung des Zeugen Modry, weil er ihn für glaubwürdiger hält, Verteidiger Dr. Walter Macher möchte die Zeugen Kronawetter und Bradatsch unter Eid genommen haben.

Der Vorsitzende trifft eine salomonische Lösung: Alle drei Zeugen werden beeidet. Auch unter Eid bleibt jeder der drei Polizeiinspektoren bei seiner Aussage. Klarheit ist nicht zu gewinnen.

Aber es tun sich in der Verhandlung gegen Johann Gassner noch weitere merkwürdige Dinge. Schon allein, was die Schreibweise der Zeitungen betrifft. So weiß etwa ein Boulevardblatt nach dem nächtlichen Lokalaugenschein, den das Gericht am Schwarzenbergplatz durchführt, zu berichten, Gassner habe sich auch während dieser Tatortbesichtigung »eiskalt gezeigt« und erneut seine Täterschaft geleugnet.

Was von dieser Berichterstattung zu halten ist, ergibt sich daraus, daß der Vorsitzende am nächsten Morgen offiziell feststellt: »Diese Zeitungsbehauptung entbehrt schon deshalb jeder Grundlage, weil der Angeklagte während des Lokalaugenscheins gar nicht vorgeführt wurde, sondern im Arrestantenwagen verblieb.« Gassner konnte also weder leugnen noch sich »eiskalt zeigen«, denn er war beim Lokalaugenschein selbst nicht dabei.

Gassner ist übrigens nicht der einzige, der zu dieser Zeit wegen des Verdachtes, Ilona Faber ermordet zu haben, in Haft ist. Während im Großen Schwurgerichtssaal der Prozeß gegen ihn abrollt, nimmt die Polizei noch zwei weitere Personen fest, die ebenfalls dieses Verbrechens verdächtig sind. Also wegen derselben Tat bereits drei Verhaftete. Drei Täter zur beliebigen Auswahl ...

Der erste ist ein Bäcker aus Wiener Neustadt, der sich in einem Gasthaus vor zahlreichen Zeugen gerühmt hat, er und niemand anderer habe Ilona Faber ermordet. (Zum Vergleich: Als der Massenmörder Kürten in Düsseldorf sein Unwesen trieb, meldeten sich mehr als einhundert Personen bei der Polizei und bezichtigten sich fälschlich der Täterschaft.)

Der Bäckermeister wird festgenommen, aber bald wieder freigelassen, als man feststellt, daß es sich hier nur um das Gerede eines Betrunkenen gehandelt hat.

Der zweite ist ein Student, der sich dadurch verdächtig gemacht hat, daß er sich am 15. April 1958, als die Zeitungen noch gar nicht vom

Mord am Schwarzenbergplatz berichtet hatten, vor einem Zeitschriftenstand verwundert geäußert haben solle, wieso denn von dem Mord noch nichts in der Zeitung stehe. Woher wußte der junge Mann schon vorzeitig von dem Verbrechen?

Bei seiner Einvernahme als Zeuge (und irgendwie auch als Verdächtiger) in der Verhandlung gegen Johann Gassner stellt sich dann heraus, daß die ominöse Äußerung entweder erst einen Tag später gemacht wurde (als die Tat bereits bekannt war) oder sich überhaupt auf ein anderes Verbrechen bezog.

Das sind natürlich alles Dinge, die die Position der Staatsanwaltschaft nicht eben festigen: gleich — wenn auch nur vorübergehend — drei Verdächtige wegen desselben Mordes, unter Eid diametral entgegengesetzt aussagende Polizeibeamte, eine weitgehende Bestätigung der Angaben des Angeklagten durch den Lokalaugenschein, Sachverständigengutachten, aus denen für die Täterschaft des Angeklagten nichts zu gewinnen ist.

Es hat den Anschein, als zerrinne der Anklagebehörde das Belastungsmaterial gegen Gassner unter den Händen. Die Berichte der Zeitungen werden von Tag zu Tag länger, der Andrang zum Verhandlungssaal wird — sofern noch möglich — von Tag zu Tag größer. Es ist fast schon eine Art sportliche Neugier und Sensationslust, die die Menschen erfaßt: Wie wird das Duell Staatsanwalt gegen Gassner ausgehen?

Welches Interesse der Prozeß gegen Johann Gassner in der Öffentlichkeit erregt, beweist aber nicht nur die Menschenmenge, die sich Tag für Tag in den Verhandlungssaal drängt, sondern auch die Fülle von Briefen, die Vorsitzender und Staatsanwalt ebenso erhalten wie der Verteidiger und — noch immer — das Wiener Sicherheitsbüro. Diese Schreiben — meist anonym — reichen von der Behauptung, Gassner sei schuldig bzw. unschuldig, über das Anerbieten, sich dem Gericht als Zeuge zur Verfügung zu stellen, bis zu Briefen, in denen die am Prozeß Beteiligten teils beglückwünscht, teils verhöhnt werden. Hier eine kleine Auslese:

● Ein anonymer Brief aus Dachau (Bayern):

»In der Sache Gassner kann ich nur sagen, daß Herr Johann Gassner unschuldig ist, da ich weiß, wer der Mörder von Frl. Faber ist. Meinen Namen möchte ich nicht nennen, da ich mit solch einer Sache nichts zu tun haben will. Bitte: Herr Gassner ist *unschuldig*.«

● Eine Postkarte aus Wien:

»Wiesinger! Wiesinger!

Trink er lieber Liesinger ...
Einer sitzt schon lang gefangen, der echte ist papa gegangen«
(Zum besseren Verständnis: »Liesinger« war damals eine in Wien sehr bekannte Biersorte; »papa gehen« bedeutet — in der Kindersprache — »fortgehen, sich davonmachen«.)
● Ein in Wien aufgegebenes Schreiben vom 17. Juni 1959, mit der Absenderangabe F. St., Wien XVIII:
»Sehr geehrter Herr Oberlandesgerichtsrat!
Beeindruckt von Ihrer objektiven Beweisführung im Fall Gassner möchte ich Ihnen vor allem gratulieren und für weiterhin viel Erfolg wünschen.
Was mich aber hauptsächlich veranlaßt, Ihnen zu schreiben, sind gewisse Hauptindizienlücken, deren Lösung mir aber hundertprozentig erwiesen erscheinen, so daß ich dieselben zu Papier bringen möchte.
1. Warum verscharrte Gassner Ilona Faber nicht ganz?
Gassner verscharrte Ilona Faber vollständig (zumindest nahm es Gassner in der Dunkelheit an), wenn auch nur seicht, mit Erde, um diesen Mordfall aus der Welt zu schaffen.
Da aber Ilona Faber noch lebte und sich später schwach bewegte, fiel Erde vom Kopf und Fuß.
2. Warum zog es Gassner zum Tatort zurück?
Gassner wollte noch Schirm und Mantel der Ilona Faber verbergen, um damit alle dortigen Spuren zu verwischen.
3. Warum blieb Gassner am Tatort?
Gassner blieb am Tatort deshalb, da er die Gelegenheit abwarten wollte, Ilona Faber wieder ganz mit Erde zu bedecken bzw. Schirm und Mantel zu verbergen.
Durch den unverhofften makabren Anblick und durch das Auftreten eines Polizisten wurde Gassner sehr nervös und hatte schließlich keine Gelegenheit, sein Vorhaben auszuführen.
4. Warum verließ Gassner nicht sofort den Tatort, als der Polizist die Leiche fand und weglief, die Mordkommission anzurufen?
Gassner wußte, daß er, wenn er weglief, bald ausgeforscht werden würde und erst recht unter Mordverdacht kam.
Vielleicht ist Ihnen, Herr Oberlandesgerichtsrat, mit diesen wenigen nüchternen Angaben, die eigentlich auf der Hand liegen, gedient.
Hochachtungsvoll«
● Das Schreiben einer Frau, die ihren Namen bekanntgab und deren Sohn in einem anderen Verfahren zu einer langjährigen Strafe verurteilt wurde:

Wien, 18. Juni 1959

»An die sehr geehrten Frauen und Herren Geschworenen in Sache Herrn Johann Gassner

Ich kenne weder und habe nichts zu tun mit Herrn Johann Gassner. Aber ich erlaube mir bitte, die sehr geehrten Herren und Frauen Geschworenen aufmerksam zu machen. Überlegen Sie bitte und tun Sie kein Fehlurteil! Es könnte für ewig an Ihrem Gewissen nagen. Ich spreche aus Erfahrung — da bei meinem Sohn selbes zugetroffen hat.

Er hat sich unlieb gemacht bei dem Hohen Gericht und allen Anwesenden durch sein scharfes Auftreten. Und muß dafür — durch Irrtum und Unglaubwürdigkeit — 20 Jahre hinter Gittermauern schmachten.

Bitte um Vergebung meiner Offenheit. Es sprach zu Ihnen, schriftlich

eine Mutter«

● Eine Briefschreiberin, die sogar vor einer Schmähung der Familie der Ermordeten nicht zurückschreckte:

»Sehr geschätzter Herr Rat!

Volkesstimme, Gottesstimme. Gassner ist kein Heiliger, aber auch *nicht* der Mörder!

Warum solche Geschichten mit den ›Oberen Zehntausend?‹ Es wurden auch schon Arme ermordet und lange nicht so eingehend prozessiert.

Warum kam die Familie überhaupt her? Sofort so schöne Posten, wo andere *Jahrzehnte* brauchen? Hier ist was *faul*!

Eine Wienerin.«

(Eine Anspielung darauf, daß Ilona Faber mütterlicherseits ungarischer Abstammung war, sie selbst sprach perfekt Ungarisch.)

Überhaupt machen viele Briefschreiber geheimnisvolle Andeutungen, der Mordfall Faber habe seine Hintergründe in Ungarn — Behauptungen, für deren Richtigkeit sich allerdings kein Anhaltspunkt ergibt. So etwa der Brief eines Herrn Horwath (Name offenbar fingiert):

»Bitte machen Sie keinen Justizirrtum. Mag Gassner gemacht haben, was er strafbares machte, die Faber hat er nicht umgebracht. Ein Österreicher darf nicht als Prügelknabe für einen ungarischen Fememord verantwortet werden. Der richtige Mörder geht in Budapest vergnügt spazieren.«

Und natürlich fehlen wie bei jedem spektakulären Mordfall auch nicht die Briefe jener, die behaupten, sie selbst hätten das betreffende Verbrechen begangen. Charakteristisch etwa ein handgeschriebener Brief eines der Regeln der Orthographie offenbar weitgehend Unkundigen:

»Da ich den ganzen Bericht von Ilona Farber verfolgt habe, muß ich herzlich lachen. Johann Gassner ist kein Mörder, ist mir ser leit. Der Mörder bin ich selbst. alle die den gassner so beschuldigen sollen sich schämen weil das alles nicht wahr ist. Ilona Farber ist nicht am Schwarzenberg gestorben sondern in den Wald. bei Maria Grün Wo ich sie geliebt habe.« (Maria Grün ist eine kleine Wallfahrtskirche an der Peripherie des Praters, Anmerkung des Verfassers.)

»Die Herrn Grimineser die am begräbnis tag teilgenomen haben brauchen sich nicht die Mühe geben. 4 Schritte standen die Herrn for mir und sogar angestreift bin ich auf einen aber ertapt hat mich keiner.

So wen ihr den Gassner Lebens lang ferurteilt Dan betaur ich diesen Mann. ich sage hald er ist unschuldig und ich bin an der Krenze. Lebt wohl meine Grimineser und Richter mich bekommt nicht mehr ich bin schon fort.

fiele Bussi an die LieblingsZeugen«

Der Vorsitzende nimmt alle diese Briefe zur Kenntnis. Soweit sie von konkretem Interesse sind, etwa irgendwelche angeblichen Spuren aufzeigen, läßt er sie polizeilich überprüfen, ansonsten zum Akt legen.

Nun, nachdem die Zeugenvernehmungen abgeschlossen sind, ohne greifbare Ergebnisse gebracht zu haben, wissen alle Beteiligten: Jetzt kommt es nur auf die Gutachten der Sachverständigen an. Auf jene der Gerichtsmediziner vor allem und auf jene der Zahnexperten.

Zunächst kommt der Gerichtsmediziner Dozent Boltz zu Wort. Er schildert die Arbeit, die geleistet wurde: »In der Tasche des Angeklagten wurden einige Werkzeuge gefunden, und zwar ein Hammer, eine Zange, ein Meißel und ein Schraubenzieher. Wir haben ferner auch aus seinem persönlichen Besitz eine blecherne Zigarettendose und ein Taschenmesser mit zwei Klingen zur Untersuchung vorliegen gehabt. Alle diese Gegenstände sind auf Blutspuren untersucht worden, und zwar mit negativem Ergebnis.

Ferner sind diese Gegenstände nach Wägung und Vermessung direkt mit den Verletzungen im Bereich des Kopfes der Helene Faber verglichen worden. Es konnte keine Übereinstimmung zwischen den Abmessungen und den Formen eines dieser Werkzeuge und einer der Verletzungen am Kopf der Helene Faber gefunden werden.«

Bleiben noch die Bißwunden. Aber auch hier erlebt Erster Staatsanwalt Hofrat Dr. Hörmann eine Enttäuschung. Der Sachverständige Professor Dr. Leopold Petrik, ein Fachmann auf seinem Gebiet, den das Gericht zusätzlich zur Verhandlung geladen hat, konstatiert: »Aus vorgenommenen Reihenuntersuchungen geht hervor, daß Unregelmäßigkeiten in der Stellung der oberen seitlichen Schneidezähne, die dem Gebiß des Angeklagten anhaften, keineswegs sehr selten sind.«

Und auch der vom Staatsanwalt selbst beantragte Sachverständige Professor Dr. Hermann Zinner kann ihm nicht helfen. Als ihm der Vorsitzende die entscheidende Frage stellt: »Können Sie, Herr Professor, den zwingenden Schluß ziehen, daß die bei Ilona Faber festgestellten Bißwunden nur vom Angeklagten Johann Gassner zugefügt worden sein können?«, antwortet der Gelehrte darauf mit einem ebenso kurzen wie entscheidenden Satz: »Nein, das kann ich nicht.«

Er sagt diesen Satz am 24. Juni 1959 um 9.45 Uhr vormittags. Ein Reporter schreibt darüber nach dem Prozeß: »Spätestens in dieser Minute brach die Anklage gegen Johann Gassner zusammen, spätestens in dieser Minute wurde der Prozeß entschieden.«

Ob bereits entschieden oder nicht: Die Verhandlung geht weiter, dauert noch zwei volle Tage. Es wird noch der psychiatrische Sachverständige Professor Dr. Erwin Stransky vernommen, der den Angeklagten als einen »ethisch defekten Psychopathen« charakterisiert. Es werden noch weitere Zeugen einvernommen, darunter der Untersuchungsrichter Dr. Alfred Gleissner, der Gassner in der Voruntersuchung einvernommen hat. Grund: Es soll festgestellt werden, ob gewisse Passagen in der Aussage des Angeklagten von diesem wörtlich gemacht wurden oder ob der Untersuchungsrichter manche dieser Formulierungen vorgenommen hat. Und schließlich findet nochmals ein Lokalaugenschein beim »Russendenkmal« statt, wobei dem Zeugen Modry vier Männer ähnlichen Aussehens gegenübergestellt werden, von denen er jenen herausfinden soll, den er seinerzeit bei den Kniebeugen gesehen hat. Er entscheidet sich tatsächlich für Gassner. Aber nach dem vorangegangenen Intermezzo ist diese Aussage nur von geringem Wert.

»Ilona Faber steht rein und makellos vor uns«, wendet sich Hofrat Hörmann in seinem Schlußvortrag vor allem an die Geschworenen und setzt etwas pathetisch fort: »Sie war nicht angekränkelt von der Hybris unserer Zeit. Kein Schatten darf auf ihr Andenken fallen. Lassen Sie sie mich ›das Mädchen mit dem Märchentaschentuch‹ nennen. Der Garten ihrer Seele war noch nicht vollends bestellt, als ein grausames Geschehen ihr junges Leben auslöschte. Geben Sie, meine Geschworenen, der Allgemeinheit das Gefühl der Sicherheit und Ruhe zurück, indem Sie diesen reißenden Wolf unschädlich machen.«

Gut gesagt, gewiß. Aber sosehr auch der Staatsanwalt das Charakterbild der Ermordeten in den leuchtendsten und jenes des Angeklagten in den schwärzesten Farben malt: Er kann die Laienrichter höchstens davon überzeugen, daß dieser Gassner der Täter gewesen sein kann. Aber nicht — und darauf kommt es an —, daß er es gewesen sein muß, daß kein anderer als er für den Mord an Ilona Faber in Frage kommt.

Der junge Rechtsanwalt Dr. Walter Macher, im Prozeß selbst nicht allzusehr hervorgetreten, nützt nun die Beweisschwierigkeiten seines Gegners weidlich aus, bemüht sich, die Argumente und Indizien der Staatsanwaltschaft, soweit sie nicht schon durch das Beweisverfahren ins Wanken geraten sind, zu zerpflücken. Es kommt nicht darauf an, mahnt der Verteidiger, irgend jemanden wegen dieses grauenhaften Verbrechens zu verurteilen, sondern nur darauf, den wirklichen Mörder zu finden und zu bestrafen. Und Gassner sei nicht dieser Mörder.

Die Geschworenen machen während der Plädoyers »Pokergesichter«, geben durch nichts zu erkennen, welche der beiden entgegengesetzten Ansichten sie sich zu eigen gemacht haben. Im Zuschauerraum werden — makabre Demonstration der Sensationslust — wiederum Wetten über den Ausgang des Sensationsprozesses abgeschlossen: Die Mehrzahl tippt jetzt auf Freispruch von der Mordanklage.

Als nach der Beratung der Obmann der Geschworenen sich anschickt, den Wahrspruch zu verlesen, ist die Spannung im Saal auf ein fast unerträgliches Maß angestiegen.

»Ist Johann Gassner schuldig, am 14. April 1958 gegen Helene Faber in der Absicht, sie zu töten, dadurch, daß er mit einem stumpfkantigen Gegenstand mehrere Hiebe gegen ihre Scheitel- und linke Schläfengegend führte, sie würgte und ihr Erde in den Mund stopfte, auf eine solche Art gehandelt zu haben, daß daraus deren Tod erfolgte, wobei die Tat in der Absicht begangen wurde, fremde bewegliche Sachen, nämlich eine Handtasche mit verschiedenen Effekten, insbesondere eine Geldbörse mit Bargeld, ein Paar Ohrgehänge, eine Armbanduhr und einzelne Kleidungsstücke mit Gewalttätigkeit gegen die Person an sich zu bringen?«

Nur mit einiger Mühe hat der Obmann den komplizierten Text des Raubmord-Paragraphen gelesen, die dürren Worte, hinter denen sich die Schicksale zweier Menschen verbergen: eines auf fürchterliche Art ermordeten jungen Mädchens und eines Mannes, der angeklagt ist, diese Tat begangen zu haben.

»Die Geschworenen haben«, hebt er jetzt die Stimme, »diese Frage beantwortet wie folgt: vier ja und vier nein.«

Dasselbe Stimmenverhältnis bezüglich der Schändung. Das bedeutet: Stimmengleichheit und damit (bei Stimmengleichheit gilt die für den Angeklagten günstigere Meinung) Freispruch für Johann Gassner.

Wegen der Diebstähle und der Veruntreuung erhält er drei Jahre schweren, verschärften Kerker mit anschließendem Arbeitshaus. Die Reporter stürzen zum Ausgang: Jeder will der erste sein, der die Meldung an sein Blatt weitergibt.

Manche hören nicht einmal mehr, daß Gassner gegen das Urteil Berufung ergreift. Eine Berufung, die übrigens später vom Oberlandesgericht verworfen wird. Gassner muß die drei Jahre absitzen. Aus dem Arbeitshaus wird er allerdings im Juni 1962 vorzeitig bedingt entlassen. Da er sich in der Probezeit nichts zuschulden kommen läßt, wird die Entlassung dann in eine endgültige umgewandelt.

Für die Behörden ist der Fall »Gassner« damit erledigt. Der Fall »Ilona Faber« aber gehört nach wie vor zu den unaufgeklärten und vielleicht auch unaufklärbaren Mordfällen, deren es zum Glück nicht allzu viele, aber jedenfalls noch immer zu viele gibt.

Denn jedes unaufgeklärte Verbrechen ist ein Unglück. Jeder unaufgeklärte Mord eine Tragödie. Und der rätselhafte Mord an Ilona Faber eine Katastrophe.

Er ist es für die Angehörigen der Toten: für ihren Vater, einen im Dienst ergrauten Ministerialrat, und für ihre Mutter, die schon nach der Tat einen Nervenzusammenbruch erlitt. Die Vorstellung, den Mörder ihrer Tochter in Freiheit zu wissen, das Bewußtsein, daß ein derartiges Verbrechen keine Sühne fand und vielleicht nie eine Sühne finden wird: Wie muß diesen Eltern zumute sein?

Er ist aber auch eine Tragödie für einen anderen Menschen: für Johann Gassner. Wenn dieser Mann wirklich unschuldig ist — und es spricht vieles für seine Unschuld —, was muß er gelitten haben? Was muß er heute noch leiden?

Man sagt zwar, daß der Mensch schnell vergißt. Aber er vergißt zumeist das Gute und Schöne. Das Furchtbare und Schreckliche, erst recht, wenn es mit einer in aller Öffentlichkeit breitgetretenen Sensation Hand in Hand geht, vergißt er nicht so schnell. Wo immer dieser Gassner wohnt, wo immer er arbeitet, wo immer er Kontakte sucht, ohne die der Mensch nun einmal als Mensch nicht leben kann — überall wird sich jemand finden, der dem anderen hinter vorgehaltener Hand zuraunt: Das ist der, der die Ilona Faber am Schwarzenbergplatz umgebracht haben soll. Sie erinnern sich doch ...

In der Bundesrepublik Deutschland gibt es einen Freispruch wegen Mangels an Beweisen und einen Freispruch wegen erwiesener Unschuld. Bei uns gibt es nur den Freispruch schlechthin. Aber auch wenn wir die bundesdeutsche Regelung hätten: Gassner hätte auch dann nur wegen

Mangels an Beweisen freigesprochen werden können. Denn seine Unschuld war sicher nicht erwiesen — genausowenig wie seine Schuld.

Wer könnte es diesem Mann, wenn er wirklich unschuldig ist, verdenken, wenn er mit dem Schicksal hadert, mit der Gesellschaft und mit der Menschheit, wenn er — trotz seines Freispruchs — den Glauben an die Gerechtigkeit verloren hat. An eine Gerechtigkeit, die ihm letztlich — trotz seines Freispruchs — nicht zuteil wurde. Weil für ihn, wenn er unschuldig ist, nur eines Gerechtigkeit wäre: seine Rehabilitierung.

Darum, um Wahrheit und Gerechtigkeit zugleich, bemühte sich längere Zeit hindurch, völlig privat und inoffiziell, von den Behörden bei seiner Tätigkeit eher behindert als unterstützt, auf eigene Faust und auf eigene Kosten, ein Dreierteam, eine Arbeitsgemeinschaft: der Autohändler Hans Luksch, der Privatdetektiv Walter Jaromin und der Journalist Ernst Ebm.

Die drei »Privatdetektive« sammelten — fest davon überzeugt, daß Johann Gassner tatsächlich am Tode Ilona Fabers völlig schuldlos ist — jahrelang Spuren und Indizien, forschten und prüften, untersuchten und befragten.

Sie fanden dabei im Nachlaß eines im Jahre 1962 verstorbenen Bauingenieurs, in einer Holzkiste auf einem verstaubten Dachboden eines Hauses in Wien-Margareten, ein höchst makabres Corpus delicti: einen Damenhandschuh aus weißem Leder, den die Schwester Ilona Fabers mit Sicherheit als Eigentum der Ermordeten identifizierte. Auffallendstes Kennzeichen: Ilonas Mutter hatte bei diesen Handschuhen an Stelle der üblichen Lederknöpfe einfache Hemdknöpfe angenäht.

Auch der übrige Inhalt der Holzkiste war höchst suspekt: Da fand sich eine blutige Damenunterhose neben zerrissenen Mädchenkrawatten, zerfetzte Blusen neben einem festverknoteten Mädchenhalstuch. War der Besitzer ein Fetischist? Oder Schlimmeres?

Nicht minder rätselhaft als der Nachlaß war übrigens der Tod des Ingenieurs gewesen: Am 24. April 1962 verfaßte er ein zehn Seiten langes Testament, in dem es unter anderem heißt: »...man hat mir für die nächsten Wochen einen schweren Unfall vorausgesagt...«

Knapp einen Monat später, am 21. Mai 1962, fand man ihn in seiner leuchtgaserfüllten Wohnung in der Hohenbergstraße in Wien-Meidling tot auf. Unfallursache nach den Ermittlungen der Polizei: Übergelaufenes Teewasser löschte die Gasflamme am Herd aus. Also Gasunfall. Allerdings tauchten auch immer wieder Gerüchte auf, der Ingenieur habe in Wirklichkeit Selbstmord begangen. Endgültig ist das Rätsel um seinen Tod bis heute nicht gelüftet.

Der »Stephansturmkletterer«

Ein Mann gesteht einen Mord. Gesteht ihn in allen Einzelheiten. »Ja«, erklärt er vor der Polizei, »ich habe Sieglinde Kiesslich gekannt. Sie war gleich alt wie ich. Im Jahre 1945 freundeten wir uns im Lehrlingsheim in der Juchgasse an, wir besuchten auch gemeinsam Theatervorstellungen. Dann wurde unsere Bekanntschaft unterbrochen, weil ich wegen Erziehungsschwierigkeiten in die Anstalt Eggenburg kam.

Als ich dann 1949 nach Wien zurückkam, suchte ich Sieglinde wieder auf. Aber das Mädchen wollte die Bekanntschaft mit mir nicht fortsetzen, sie hatte inzwischen einen anderen Verehrer gefunden. Als ich sie am 1. Dezember in ihrer Wohnung anrief und sie um eine Aussprache bat, hängte sie einfach ab.

Daraufhin ging ich selbst zu ihr, so etwa um neun Uhr vormittags. Ich mußte mehrmals läuten, bis das Mädchen öffnete. Sie ließ mich aber schließlich doch ein. Sie war noch im Schlafrock und legte sich auch gleich wieder ins Bett. Ich versuchte nochmals, Sieglinde zu überreden, sich wieder mit mir zu treffen. Vergeblich. Sie lehnte ab, machte eine hämische Bemerkung und lachte noch über mich.

Ich sagte zu ihr: ›Na also, schön, dann haben wir weiter nichts mehr zu reden.‹ Dabei drehte ich unbemerkt« (das Mädchen befand sich im Kabinett, Anmerkung des Verfassers) »beim Rechaud den Gashahn auf und verließ die Wohnung.«

Am Abend desselben Tages wird Sieglinde Kiesslich in ihrer leuchtgaserfüllten Wohnung tot aufgefunden. Die Todesursache ist klar: Gasvergiftung.

Der Mann, der später gesteht, Sieglinde Kiesslich ermordet zu haben, wird wegen dieser Tat nicht verfolgt. Noch mehr, dieses Verfahren gegen ihn wird eingestellt.

Wie ist das möglich? Da ist eine Tote. Und da ein Mörder, der die Tat zugibt, sie in allen Einzelheiten beschreibt. Und dieser Mann wird vom Staatsanwalt nicht verfolgt, vom Gericht nicht verurteilt?

Es klingt unglaublich, aber es ist so. Nicht nur in diesem Fall, sondern auch bezüglich anderer Verbrechen, deren der Mann sich geradezu rühmt. So etwa, daß er am 8. August 1951 in Markgrafneusiedl den

Strohhaufen auf dem Feld eines Bauern anzündete. Aus keinem anderen Grund als aus Zorn darüber, daß er von Burschen dieses Ortes nach einer Tanzunterhaltung verprügelt wurde, weil er mit einem von ihnen wegen eines Mädchens in Streit geraten war. Auch diese Brandstiftung gesteht der Mann. Und sein Geständnis scheint belegt: Tatsächlich ist das Stroh damals abgebrannt, tatsächlich war der Mann damals als Arbeiter in diesem Ort beschäftigt.

Der Mann, den man trotz dieser Geständnisse nicht anklagt, weder wegen des Mordes an Sieglinde Kiesslich noch wegen Brandstiftung beim Landwirt Johann Prohaska, heißt Johann Bergmann. Ein Name, der in die Annalen der österreichischen Kriminalgeschichte eingegangen ist.

Johann Bergmann hat 1954 erstmals in der Öffentlichkeit von sich reden gemacht, allerdings nicht als Verbrecher, sondern als »armer Teufel«, wie ihn eine Zeitung damals bezeichnete. Damals, am 19. Dezember 1954.

An diesem Tag blicken Hunderte, schließlich Tausende Menschen auf dem Stephansplatz, dem zentralen und belebtesten Platz der Wiener Innenstadt, nach oben, zur Spitze des Stephansdoms. Dort oben, in einer schwindelnden Höhe von mehr als einhundertdreißig Metern, klettert ein Mann, steigt von der Turmstube aus bis zur Turmspitze empor und setzt sich auf ein steinernes Kreuz.

Großalarm bei der Wiener Feuerwehr: Während die einen Sprungtücher spannen, steigt ein anderer Feuerwehrmann dem vermeintlichen Selbstmörder nach, fordert ihn auf, doch vernünftig zu sein und herunterzukommen.

Vergeblich. Der Mann weigert sich. Ihn mit Gewalt herunterzuholen, ist angesichts der exponierten Lage unmöglich, würde seinen sicheren Tod ebenso bedeuten wie den des Feuerwehrmannes.

Der Mann verlangt nach einem Priester. Und es kommt auch einer: der junge Domvikar Gruber, der sich die Klagen des Mannes auf der Turmspitze geduldig anhört. Er sei in materieller Not, behauptet er, und außerdem obdachlos, denn aus dem Caritasheim habe man ihn ausgewiesen. Er brauche Geld.

Der Domvikar verspricht dem Mann dreitausend Schilling. Aber erst, nachdem der Priester das Geld tatsächlich geholt und es dem Mann gezeigt hat, entschließt sich dieser, herunterzukommen. Allerdings hält der Geistliche das ihm abgenötigte Versprechen nicht ganz ein. Er gibt dem Mann statt der versprochenen dreitausend nur eintausend Schilling, und auch nicht als Geschenk, sondern als Darlehen.

Der Mann, der auf diese Weise die Menschen auf dem Stephansplatz in Atem hält, ist Johann Bergmann. Man hat Mitleid mit ihm, die Zeitungen wettern darüber, daß man einen jungen Menschen ohne Hilfe lasse und ihn dadurch zu solchen demonstrativen Verzweiflungsschritten zwinge. Die Polizei allerdings ist weniger gefühlvoll. Sie bringt Bergmann auf die psychiatrische Universitätsklinik, wo er bis zum 10. Jänner 1955 bleibt.

Vier Jahre später, anfangs 1959, ist dieser Bergmann wieder in Haft und gesteht den Mord an Sieglinde Kiesslich und die Brandstiftung in Markgrafneusiedl, Taten, die vor fast zehn Jahren begangen wurden. Taten, von denen man bis heute nicht mit Sicherheit weiß, ob er sie wirklich begangen hat. Im Fall Kiesslich spricht vieles dagegen. Als man die Tote fand, war die Tür von innen verriegelt und mußte mit Gewalt geöffnet werden, ein Umstand, der eher auf einen Unfall oder Selbstmord als auf ein Gewaltverbrechen hinweist. »Sollte aber«, formuliert die Staatsanwaltschaft am 22. März 1960 in ihrer Anklageschrift, »das Geständnis des Johann Bergmann richtig sein, dann müßte allerdings eine geradezu satanisch-zynische Einstellung des Beschuldigten angenommen werden.« Satan oder Phantast — was war Bergmann in diesem Fall?

Die Staatsanwaltschaft braucht sich mit dieser Frage nicht weiter zu befassen, denn die anderen, nicht anzuzweifelnden Taten des Johann Bergmann reichen aus, um ihn lebenslänglich hinter Kerkermauern zu bringen. Von einer Verfolgung wegen des Mordes an Sieglinde Kiesslich ist, so makaber das auch klingen mag, kein »Einfluß auf die Strafbemessung zu erwarten«, wie es die österreichische Strafprozeßordnung ausdrückt, noch weniger von der ominösen Brandstiftung.

Bergmann ist zweifellos eine äußerst abnorme Persönlichkeit. Sein Vater, angeblich mit erblicher Syphilis zur Welt gekommen, ist ein schwerer Psychopath und exzessiver Alkoholiker, der dem Rum verfallen ist, außerdem selbst ein Krimineller, der den Sohn immer wieder eindeutig und unmißverständlich zu Diebszügen auffordert. Die Mutter ist taubstumm und schwer hysterisch. Als sie stirbt, heiratet der alte Bergmann noch einmal: wieder eine Taubstumme. Johann Bergmann selbst wird nicht weniger als fünfmal in psychiatrische Abteilungen oder Heilanstalten eingeliefert, meist wegen schwerer hysterischer Störungen auf psychopathischer Grundlage.

Zugleich ist er aber auch ein intelligenter, scharfsinniger Mensch. Eine seiner ehemaligen Freundinnen beschreibt ihn wie folgt: »Bergmann ist mir als äußerst intelligent bekannt. Er war immer sehr zuvorkommend und gefällig, und ich hatte nicht den Eindruck, daß er geistig in irgendeiner Form abnormal sei. Er erzählte mir, daß er schauspielerisch ›erblich belastet‹ sei, und er gab mir sogar Proben seines Könnens in der Form, daß er mir einen Teil aus Goethes ›Faust‹ auswendig vortrug.

Er zeigte mir auch, wie sich Geisteskranke benehmen, und imitierte sogar — meinem Empfinden zufolge außergewöhnlich echt — einen Geisteskranken. In verschiedenen Heilanstalten, wo er sich aufhielt, machte er, wie er mir erzählte, immer wieder Studien über Geisteskranke. ›Alle halten mich für wahnsinnig‹, sagte er einmal, ›doch das stimmt nicht. Aber ich werde mich so verhalten, daß man mich für wahnsinnig hält.‹«

Und noch eine fixe Idee hat Johann Bergmann: Er will eine andere Nase haben. »Ich war mit der Form meiner Nase«, erzählt er dem ihn untersuchenden Psychiater Professor Dr. Friedrich Stumpfl, »nie einverstanden, weil sie ein Hindernis für die von mir erstrebte schauspielerische Karriere war. Ich habe mir stets eine schmale, edle, klassisch geformte Nase gewünscht.«

Und er hat — wenn auch auf Umwegen — Erfolg. Als er im Oktober 1957 wegen eines höchst auffälligen Verhaltens, das er auf dem Grazer Hauptbahnhof an den Tag legte, in die Heil- und Pflegeanstalt »Am Feldhof« bei Graz eingewiesen wird, gelingt es ihm, im April 1958 auf die oto-laryngologische Universitätsklinik Graz überstellt zu werden, wo man sowohl eine kosmetische Operation an seiner Nase als auch eine Operation an den Nasennebenhöhlen vornimmt.

Aber Bergmann ist mit dem Ergebnis dieser Operation keineswegs zufrieden. Er äußert sich wütend und aufgebracht über den Chirurgen. Schließlich wird er am 24. Juni 1958 aus dem »Feldhof« entlassen und — sozusagen als Übergangsstadium vor der Rückkehr ins normale Leben — als Pflegling in die Anstalt der Barmherzigen Brüder in Kainbach eingewiesen, wo er auch verschiedene Arbeiten in der Küche zu verrichten hat.

In dieser Anstalt befindet sich unter anderem eine neunundfünfzigjährige Frau: Josefine Kollmann. Und an ihr begeht Bergmann seinen zweiten oder — wenn man ihm das Verbrechen an Sieglinde Kiesslich nicht glaubt — seinen ersten Mord.

Bergmann kennt die alte Frau zwar vom Sehen (beide sind schließlich in derselben Anstalt), aber er weiß nicht einmal ihren Namen. Und trotzdem beginnt er sie immer stärker zu hassen. Denn Josefine Kollmann pflegt jedesmal zu lachen, wenn sie ihn sieht. Wahrscheinlich lacht sie einfach so vor sich hin, aus keinem besonderen Grund, wie es primitive, leicht geistesschwache Menschen nicht selten zu tun pflegen.

Aber Bergmann bezieht dieses Lachen auf sich, auf seine eben operierte Nase, an der er noch Klammern trägt. Er beginnt die Frau wegen ihres Grinsens zu hassen.

Es ist der 18. Juli 1958. Johann Bergmann geht in der Nähe der Anstalt ziel- und planlos im Wald spazieren. Seine Gedanken kreisen, wie er später zu Protokoll gibt, nur um eines: Er möchte als Schauspieler oder Sänger auf der Bühne stehen. Er beginnt, Arien aus Verdis »Othello« zu singen, Monologe aus »Hamlet« zu rezitieren. Aus Werken, die mit Mord enden ...

Da kommt ihm Josefine Kollmann entgegen. »Wenn sie sich gefürchtet hätte, hätte ich sie geschont«, behauptet er später bei seiner Einvernahme. »Aber so hat sie gelacht. Und das war ihr Todesurteil.«

Er packt die alte Frau, »gleichsam spielerisch und singend«, am Hals und würgt sie, bis sie tot zu Boden sinkt. Dann schleppt er die Leiche in ein nahe gelegenes Gebüsch.

Woran er denkt, während er den Mord begeht? »Ich habe sie mit Desdemona identifiziert«, behauptet er vor der Polizei. Der Mörder Bergmann als Othello ...

Es ist gewissermaßen ein »perfekter Mord«. Ohne das Geständnis des Täters wäre er wahrscheinlich noch heute ungeklärt. Denn als der Distriktsarzt die Leiche untersucht, die erst am 10. August 1958, also fast einen Monat nach der Tat, von einem Pilze suchenden Spaziergänger gefunden wird, stellt er als vermutliche Todesursache Herzinfarkt fest. Die Würgespuren am Hals kann der Mediziner nicht mehr sehen, denn vom Schädel ist fast nur noch das Skelett, vom Körper nur noch eine madenzerfressene Masse vorhanden. Als man dann am 8. April 1959 die Leiche exhumiert, sind sogar die Knorpel, vor allem das Kehlkopfgerüst, längst in Fäulnis übergegangen.

Niemand weiß in diesem Sommer 1958, daß Josefine Kollmann ermordet worden ist, noch weniger, daß Johann Bergmann ihr Mörder ist.

Aber der sinnlose Mord an einer alten Frau ändert nichts an der paranoiden Einstellung Bergmanns, an seinem Wahn, wegen seiner Nase verhöhnt zu werden. Ein Mensch, der über ihn gelacht hat, ist bereits tot, aber wohin er auch kommt, überall lacht man — so glaubt er zumindest — über ihn.

So ergeht es ihm auch auf seiner nächsten Lebensstation, beim Zirkus Williams, wo er sich als Stallarbeiter verdingt. »Du siehst aus wie ein Meerschweinchen«, hänselt ihn dort ein Arbeitskollege. Bergmann bezieht diese vielleicht ganz anders, sicher durchaus harmlos gemeinte Äußerung auf seine Nase und gibt nach drei Tagen diesen Posten auf.

Er geht geradewegs zum Klosterneuburger Polizeiamtsarzt und erklärt dort, er fühle sich verfolgt. Die Folge: Er wird in die Heil- und Pflegeanstalt Gugging, in der Nähe von Klosterneuburg, eingewiesen. Sein Aufenthalt ist allerdings von kurzer Dauer: Vom 7. bis 16. August 1958 ist er dort in Beobachtung, dann wird er entlassen. Seine Abschiedsworte: »Wenn man meine Nase nicht wieder operiert, wird ein Unglück geschehen.«

Das Unglück geschieht am Abend des 24. September 1958: ein Mord. Der Mord an der Prostituierten Juliane Emsenhuber.

Die Frau wird am 25. September, kurz nach fünfzehn Uhr, von ihrer Wohnungsnachbarin Hermine Brambach tot aufgefunden. Sie liegt, mit einer blauen Trikotunterhose, einem violett geblümten Schlafrock und einer gestrickten roten Weste bekleidet, im Schlafzimmer ihrer Wohnung Wien IV, Schleifmühlgasse 18, Tür 8a. Ganz in der Nähe des Naschmarkts, wo Wiens minder noble Liebesdienerinnen (die vornehmeren warten in den Gefilden der Inneren Stadt auf zahlungskräftige Kundschaft) zur späten Abendstunde zu »promenieren« pflegen.

Neben dem rechten Fuß der Leiche liegt eine Menge pornographischer Bilder. Im Zimmer herrscht große Unordnung, wohin die Männer der Mordkommission auch blicken. Nicht weniger als sieben Handtaschen stehen, geöffnet und leer, auf einer Kommode, der Inhalt eines Kastens liegt im Raum verstreut herum. Es sieht nach Raubmord aus.

Über Todesart und -zeit können die Gerichtsmediziner nach der Obduktion ziemlich verläßlich Auskunft geben: Juliane Emsenhuber wurde höchstwahrscheinlich am Abend des Vortags mit einem stumpfen Werkzeug erschlagen. Zwei Knochenbrüche am Schädeldach und ausgedehnte Hirnquetschungen bezeugen, daß der Mörder mit Wucht zugeschlagen haben muß. Die Gerichtsmediziner stellen außerdem eine wichtige Spur sicher: An den Wundrändern finden sie bei der Obduktion winzige körnige Verunreinigungen von schwarzer Farbe. Den Obduzenten gelingt es, diese Körnchen zu präparieren. Sie zeigen sich im Mikroskop als schwarze, glänzende, amorphe Körperchen, die bei Erhitzung teerig zerfließen. Man konnte damals noch nicht wissen, welche Bedeutung diesen Spuren später einmal zukommen wird.

Zunächst muß der Mörder gefunden werden. Man verdächtigt zuerst — einen Polizeibeamten. Zwei Gründe lassen diesen Mann fürs erste verdächtig erscheinen; er war mit Juliane Emsenhuber gut bekannt, und — vor allem — sie hat ihn in ihrem Testament zum Universalerben eingesetzt. Sie verfügte immerhin, nach langen Jahren der Tätigkeit im »Schandgewerbe«, wie man es amtlicherseits zu nennen pflegt, über gewisse Vermögenswerte, nicht zuletzt auch über ein Sparbuch mit einer Einlage von mehr als 40 000 Schilling.

Der Verdacht gegen den Beamten läßt sich allerdings nicht konkretisieren, außerdem kann man den Umstand der Erbeinsetzung auch zu seinen Gunsten auslegen. Denn der Universalerbe einer Ermordeten ist mit Sicherheit derjenige, der als erster in den Verdacht der Täterschaft gerät. Würde ein intelligenter Polizeibeamter wirklich einen so augenscheinlichen Verdacht auf sich lenken, wenn er der Täter wäre?

Kurzum, die Erhebungen in dieser Richtung verlaufen im Sand. Das Sparbuch, das man ursprünglich geraubt wähnte, findet der Wohnungsnachfolger der Emsenhuber in einem Versteck. Dieses Faktum erschüttert aber auch die Theorie des Raubmords, weil im übrigen nur Sachen eher geringen Wertes fehlen. Die Staatsanwaltschaft bricht, nachdem alle Versuche einer Aufklärung zunächst scheiterten, das Verfahren gegen unbekannte Täter am 10. November 1958 ab.

Drei Monate später, am 18. Februar 1959, gesteht Johann Bergmann, der sich damals wegen anderer Delikte in Untersuchungshaft befindet, den Mord an Juliane Emsenhuber. Er erzählt den Beamten eine lange Geschichte. Eine Geschichte, die noch unglaublicher klingt als die über den Mord an Josefine Kollmann. Aber wo immer die Kriminalisten die Geschichte nachprüfen, sie stimmt. Was hat Bergmann auszusagen?

Seine Bekanntschaft mit Juliane Emsenhuber beginnt genau vierundzwanzig Stunden vor ihrer Ermordung: am 23. September, um halb neun Uhr abends. Bergmann hat das Wienzeile-Kino (gleichfalls am Naschmarkt gelegen) besucht. Man spielte »Das Mädchen Rosemarie«, die verfilmte Story von Glück und Ende der Frankfurter Nobelprostituierten Rosemarie Nitribitt, die in ihrer Luxuswohnung ermordet worden war.

Bergmanns Gedanken sind, als er das Kino verläßt, noch völlig bei diesem Film. Da spricht ihn, ein paar hundert Schritte weiter, eine »Berufskollegin« Rosemaries an, die allerdings mit der Nitribitt nur den Beruf gemeinsam hat, keineswegs auch den Erfolg. Juliane Emsenhuber ist achtundfünfzig Jahre alt, dick und höchstens für Kunden mit recht ausgefallenem Geschmack noch von Interesse. Sie sagt zu Bergmann die beiden obligaten Worte: »Kumm mit!« Aber er will nicht mitkommen, denn er hat fast kein Geld. Die Emsenhuber macht es ihm leicht: »Wenn es dir wegen dem Hotel ist, Hotel brauchst du keines, ich wohne privat.«

Wenn man dem Geständnis Bergmanns folgt: Für die Frau bedeutet dieses eine Wort »privat« ihr Todesurteil. Denn in Bergmanns Hirn entsteht sofort die Assoziation zum Film, den er eben gesehen hat: privat — eigene Wohnung — Mord. Und er geht mit.

Als die beiden in der Wohnung sind, erwacht in Emsenhuber der Geschäftssinn. Sie will Geld. Aber sie ist mit ihren Forderungen höchst bescheiden, muß es wohl nach dem Grundsatz von Angebot und (bei ihr: geringer) Nachfrage auch sein. Sie verlangt nur dreißig Schilling, dann ist sie bereit.

Aber Bergmann hat kein Verlangen. »Sie war mir zu dick, und außerdem graust mir überhaupt vor alten Weibern«, bekennt er später vor der Polizei. Die Frau versucht es mit einem bewährten Stimulans: Ob er sich pornographische Bilder anschauen wolle? Als er bejaht, zieht sie aus der Kommode einschlägige Abbildungen heraus. »Sie waren grauslich«, erinnert sich Bergmann später.

Als er die Wohnung verläßt, grübelt er weiter: Die Frau muß sterben, das ist für ihn jetzt schon beschlossene Sache. Aber wie? Er besitzt keine Pistole, und ein bloßer Handkantenschlag scheint ihm bei der ziemlich dicken Frau nicht das geeignete Mittel zu sein.

Da fällt ihm ein Film ein, den er vor kurzem im Kruger-Kino gesehen hat: »Gestehen Sie, Doktor Corda!« Darin kommt eine Szene vor, an die Bergmann, wie er später aussagt, immer intensiver denken muß: Ein Mann fährt auf dem Fahrrad und schlägt einer vor ihm gehenden Frau einen kleinen Maurerhammer, ein sogenanntes Fäustl, mit solcher Wucht auf den Kopf, daß sie lautlos zusammenstürzt.

Das scheint ihm die sicherste Art, die Frau zu töten. Er kauft am nächsten Tag in der Eisenhandlung Berghofer ein solches Fäustl, einen etwa fünfhundert Gramm schweren Gußstahlhammer. Dafür bezahlt er dreißig Schilling, den gleichen Betrag, den am Vorabend Juliane Emsenhuber von ihm verlangt hat.

Am 24. September 1958 um halb neun Uhr abends läutet er an der Tür der Frau, die sein nächstes Opfer werden soll. Sie läßt ihn mit den Worten »Ach, du bist schon wieder da« ein. In ihrem Beruf hat sie es sich längst abgewöhnt, viele Fragen zu stellen. Hauptsache, der Kunde zahlt. Und Bergmann zahlt diesmal gleich aus eigenem, spielt sogar den »Großzügigen« und legt eine Fünfzigschillingnote auf den Tisch, also mehr, als die »Taxe« der Emsenhuber beträgt.

Die Frau kennt schon den Geschmack ihres Kunden: Sie bietet ihm wieder pornographische Bilder an. Als sie sich zur Kommode bückt, um die schon reichlich abgegriffenen Abbildungen hervorzuholen, erhält sie von hinten den ersten Schlag auf den Kopf.

Was nun folgt, liest sich im nüchternen Stil der Anklageschrift gegen Johann Bergmann so: »Juliane Emsenhuber fiel nach rückwärts mit einer kleinen Drehung in Richtung zum Bett, Johann Bergmann fing sie auf und ließ sie zu Boden gleiten. Er tat dies mit Absicht, damit sie im Fallen keinen Lärm mache, wodurch die darunter wohnenden Parteien etwa aufmerksam geworden wären.

Juliane Emsenhuber war lautlos nach rückwärts gesunken, lag nun auf dem Boden, öffnete den Mund, konnte jedoch nicht sprechen. Der Beschuldigte gab ihr dann noch einige Male mit dem Hammer Hiebe auf den Vorderkopf, bis sie sich nicht mehr rührte. Bergmann überlegte nun, daß er sich beeilen müsse, da möglicherweise um 21 Uhr das Haustor geschlossen würde. Er nahm sein Taschentuch heraus und umwickelte damit seine Hand, damit keine Fingerabdrücke von dieser zurückblieben, und öffnete auf diese Weise den Kasten in der Erwartung, dort Handschuhe zu finden, die er sich zum Zwecke der Vermeidung von Fingerabdrücken anziehen wollte. Schließlich fand er auch ein paar Handschuhe, die er anzog.

Sodann durchsuchte er die im Kasten befindlichen Kleider und Handtaschen, um die von ihm der Emsenhuber gegebenen 50 Schilling zu finden. Tatsächlich fand er in einer Seitentasche eines Mantels eine Art Dollartasche und darin seine Fünfzigschillingnote. Diese steckte er zu sich. Die von ihm bereits durchsuchten Handtaschen stellte er hierauf größtenteils auf der Komode ab.

Er durchsuchte dann auch den Schreibtisch und fand dort eine Schatulle mit unechtem Schmuck, für welchen er jedoch kein Interesse hatte. Er beendete dann die Durchsuchung der Wohnung, nahm einen Fetzen, wickelte das Fäustel damit ein und steckte es wieder in die rückwärtige Hosentasche. Beim Weggehen drehte er das Licht bei der Türe ab, schloß die innere Türe, ließ die äußere, die nicht gut schloß, angelehnt und verließ das Haus. Er wurde auch beim Verlassen desselben von niemandem gesehen.

Vom Wohnhaus der Ermordeten ging er nun zum Naschmarkt. Er wollte vorerst den Hammer in einem beim Naschmarkt befindlichen Abfallkübel werfen. Dann kam er aber von diesem Gedanken ab und fuhr mit der Straßenbahn zum Donaukanal, weil er beschlossen hatte, das Fäustel ins Wasser zu werfen.

Er will nun das Fäustel tatsächlich bei der Schüttelstraße in den Donaukanal geworfen haben. Er entledigt sich dabei auch des Fetzens und der weißen Zwirnshandschuhe, die er beim Verlassen des Hauses ausgezogen hatte, und warf auch die Dollartasche der Ermordeten weg, nachdem er aus derselben einen Geldbetrag von rund 530 Schilling entnommen hatte.

Vom Donaukanal ging er zu Fuß nach Hause. Er dachte über alles nach und überlegte, daß niemand wußte, was geschehen war. Zu Hause angekommen, aß er noch ein Nachtmahl und legte sich dann zum Schlafen nieder. Von dem geraubten Geld kaufte er sich im Männerheim einen blauen Anzug um 270 Schilling, den Rest des Geldes verbrauchte er. Am übernächsten Morgen las er in der Zeitung den Namen der von ihm ermordeten Prostituierten und freute sich sehr darüber, daß niemand etwas von ihm wußte.«

Ist schon diese Schilderung in ihrer lakonischen Kürze und betonten Sachlichkeit grausig genug, läuft sie doch im wesentlichen auf die Schilderung eines »einfachen« Raubmordes mit geringer Beute hinaus. Literarisch-diabolisch aber ist die Darstellung, die Johann Bergmann später vor einem der beiden mit seiner Untersuchung betrauten Psychiater, Professor Dr. Friedrich Stumpfl (der andere war der inzwischen verstorbene Professor Dr. Erwin Stransky), gibt: »Schon nach dem ersten Schlag mit dem Hammer bin ich zum Spiegel gelaufen, um zu sehen, ob ich als Folge dieser Tat einen dämonischen Zug bekommen habe. Da ich nichts dergleichen bemerkte, habe ich noch einige Male wieder auf ihren Kopf geschlagen, obwohl sie sich schon nach dem ersten Schlag nicht mehr rührte und lautlos zu Boden sank.«

Dann wird Bergmann noch deutlicher, noch drastischer: »Ich habe das damals ein bißchen auskosten wollen, diese Situation: Wie ist einem Mörder nach der Tat? In Graz bin ich nach dem Mord unheimlich aufgeregt gewesen. Diesmal habe ich gedacht, es würden mir wieder die Nerven durchgehen, aber das war nicht der Fall.

Nach dem ersten Schlag habe ich die Lampe abgedreht, es ist ziemlich dunkel gewesen, und ich bin im Zimmer auf und ab gegangen. Dann habe ich mich im Spiegel gesehen, und da ist mir ›Das Bildnis des Dorian Gray‹ eingefallen. Das Gesicht dieses Mannes ist nach jeder Tat immer dämonischer geworden. An mir selbst habe ich nur ein bissel einen satanischen Zug um den Mund bemerkt, der war aber nicht besonders markant. Ich habe Grimassen in den Spiegel hinein geschnitten, dabei habe ich mir gedacht: Ich war zu wenig brutal. Da bin ich wieder hingegangen und habe nochmals auf den Kopf der Emsenhuber geschlagen, bin wieder zum Spiegel und so vier- bis fünfmal. Dann ist mir plötzlich eingefallen, daß ich einmal einen Selbstmordversuch begangen habe, weil in der Zeitung gestanden ist, ich sei ein Dilettant. Da habe ich mir gedacht: Dilettant? Ob das vielleicht auch dilettantisch ist? Und da habe ich ihr gleich nochmals einen Schlag gegeben.«

Auch zu Professor Stransky sagt Bergmann, er empfinde über seine Morde nicht das geringste Mitleid. »Der Mord an der Emsenhuber ist mein Meisterstück. Das war ein perfekter Mord, damit habe ich bewiesen, daß ich kein Dilettant bin.«

So gräßlich Bergmanns Angaben auch sind, sie sind zugleich von einer Absonderlichkeit, daß die Untersuchungsbeamten sich ernstlich die Frage stellen, ob er überhaupt der Täter oder ob nicht die ganze Geschichte nur das Phantasieprodukt eines Irren ist. Neue Nachforschungen werden angestellt.

Und was nicht alle erwarteten, tritt ein: Es gelingt, objektiv nachzuweisen, daß Johann Bergmann der Mörder der Juliane Emsenhuber ist. Sein Geständnis ist keine makabre Angeberei, sondern fürchterliche Wahrheit.

Den Nachweis führt, wie bei so vielen anderen Fällen, das Institut für Gerichtliche Medizin der Universität Wien in der Sensengasse. Der Chemiker dieses Instituts, Dr. Gottfried Machata, vergleicht nämlich die von seinen Kollegen, den Obduzenten Universitätsprofessor Dr. Leopold Breitenecker und Professor Dr. Wilhelm Holczabek, präparierten schwarzen Spuren auf den Wundrändern am Schädel der Leiche mit dem schwarzen Lacküberzug eines Maurerfäustels, wie es Bergmann bei der Tat verwendete (das Original konnte trotz intensiver Tauchversuche im Donaukanal nicht gefunden werden).

Professor Machata prüft mit Hilfe der Spektralanalyse die den Atomen der zu untersuchenden Vergleichsstoffe entsprechenden Spektrallinien auf ihre Identität. Und diese Identität ist bei den vorliegenden Vergleichsobjekten ohne jeden Zweifel gegeben: Die chemische Zusammensetzung des Lacküberzugs am Maurerfäustl stimmt mit jener der schwarzen Partikeln vom Schädelpräparat der Juliane Emsenhuber überein.

Als Johann Bergmann sein Geständnis ablegt, ist er, wie gesagt, bereits in Haft. In Haft aber nicht wegen der Morde an Josefine Kollmann und Juliane Emsenhuber (die gesteht er erst später), sondern wegen anderer Kapitalverbrechen: Am 20. November 1958 schießt er Rudolf Topf, den Nachtportier des Hotels »Schweizerhof« am Bauernmarkt, in seiner Portierloge nieder. Motiv: Raubabsicht. Seine Beute beträgt dreißig Schilling, weil er die kleine Eisenkasse, die sich in einer Schreibtischlade der Portierloge befindet und in der viertausend Schilling aufbewahrt sind, nicht findet. Rudolf Topf, von einem Projektil in die Bauchhöhlenwand getroffen, stirbt zwei Tage später.

Eine Woche später, am 28. November 1958, verübt er einen Raubüberfall auf die Gießereifirma August Klär & Söhne im 15. Wiener Gemeindebezirk, hält, einen blauen Strumpf als Maske über das Gesicht gezogen, dem Firmenangestellten Karl Lorenz eine entsicherte Pistole unmißverständlich vor das Gesicht und flüchtet mit Lohngeldern in der Höhe von 4580 Schilling.

Er wird von Lorenz und dessen Chef, dem Firmeninhaber Karl Klär, verfolgt; es beginnt quer durch Wien eine Jagd, die einem Wildwestfilm alle Ehre machen würde.

Zuerst schließt sich der Motorrollerfahrer Kurt Danzinger der Verfolgung des Bergmann an. Als er ihn eingeholt hat, spielt Bergmann den harmlosen Passanten: »Servus, Freund, nimm mich mit!« Aber Danzinger läßt sich nicht bluffen: »Schleich dich, gib die Aktentasche her!« Sein Versuch, dem Räuber die Tasche mit den Lohngeldern abzunehmen, scheitert jedoch: Bergmann richtet eine Pistole gegen ihn. Und flüchtet weiter.

Aber inzwischen hat der Lenker eines Lieferwagens, Georg Priller, die weitere Verfolgung aufgenommen. Er läßt Klär neben sich Platz nehmen und fährt Bergmann nach. Als sie ihn eingeholt haben, springen sie aus dem Wagen und versuchen, den Räuber laufend zu erreichen. Aber Bergmann setzt nun alles auf eine Karte: Er feuert gegen seine Verfolger. Georg Priller bricht, von zwei Schüssen getroffen, mit einem Schrei zusammen. Das eine Projektil zerschmettert ihm den rechten Unterarm und bleibt dann in der Brust stecken, der zweite Schuß trifft ihn am rechten Oberschenkel in der Leistenbeuge.

Nun hat Bergmann wieder einen Vorsprung vor seinen Verfolgern. Aber an diesem Freitagnachmittag sind die Straßen belebt, und zahlreiche Passanten sind schon durch die Hilferufe des beraubten Firmeninhabers aufmerksam geworden. Einer davon ist der Motorrollerfahrer Gottfried Reisinger, der Bergmann nachfährt. Nun geht der Verfolgte neuerlich zum Angriff über. »Nimm mich mit, oder ich leg dich um«, fordert er Reisinger auf und will auf den Soziussitz von dessen Fahrzeug steigen. Seine Worte sind keine leere Drohung. Als Reisinger nicht gehorcht, schießt er ihn von hinten nieder: ein Nahschuß, der ihn in die Wirbelsäule trifft und eine Lähmung des rechten Beins zur Folge hat.

Nun erkennen die Verfolger, daß gegen diesen Mann ohne Polizeieinsatz nichts auszurichten ist. Ein Privatfahrer alarmiert die Beamten des nächsten Wachzimmers.

Bei der Stadthalle stoßen die Verfolger wieder auf Bergmann. Er bleibt ruhig stehen, beide Hände in der Manteltasche, und erwartet lächelnd den Polizei-Oberwachmann Franz Vyzralek, der mit entsicherter Pistole auf ihn zugeht. Als ihn der Polizist auffordert, die Hände in die Höhe zu geben, kann Bergmann sich nicht gleich entschließen: Nur zögernd hebt er zuerst die eine Hand, dann die andere, in der er die Pistole hat.

Es sind Momente höchster Spannung. Wird Bergmann schießen? Der Beamte läßt es nicht darauf ankommen. Mit einem Sprung ist er bei ihm, entreißt ihm die Pistole, die inzwischen alarmierten Funkstreifenbeamten brauchen ihm nur noch die Handschellen anzulegen. Als man ihn kurz einvernehmen will, spielt er den Verrückten, nennt sich Al Capone und erzählt verworrene Dinge von geheimnisvollen Aufträgen.

Dann, im Zuge der Erhebungen, verlegt sich Bergmann zunächst darauf, alles abzustreiten, was man ihm seiner Meinung nach nicht sicher nachweisen kann. Vor allem den Raubmord an Rudolf Topf. Er leugnet ihn auch noch, als die Beamten ihm vorhalten, daß die Verfeuerungsmerkmale an dem Projektil des Tatgeschosses im Falle Topf mit jenen an der Waffe, mit der er die Schüsse gegen seine Verfolger abgab, haargenau übereinstimmen.

Erst am 18. Februar legt Bergmann im Sicherheitsbüro ein Geständnis ab. Jetzt gesteht er auch die Taten, von denen man noch gar nicht wußte, daß er sie begangen hat, vor allem die Morde an Josefine Kollmann und an Juliane Emsenhuber.

Weder bei der Polizei noch beim Untersuchungsrichter zeigt er eine Spur von Reue. Im Gegenteil, beim Untersuchungsrichter erklärt er gleich zweimal: »Wenn ich wieder frei bin, werde ich den nächsten Mord begehen.«

Auch in der Hauptverhandlung, die in der Zeit vom 23. Mai bis 1. Juni 1960 vor einem Wiener Geschworenengericht unter dem Vorsitz von Oberlandesgerichtsrat Dr. Neutzler stattfindet, unternimmt Johann Bergmann nicht den geringsten Versuch, wenn schon nicht die Sympathie, so doch wenigstens das menschliche Verständnis des Gerichts und des Auditoriums zu gewinnen.

Man hat im Gegenteil den Eindruck, daß er nur darauf aus ist, seine Umwelt auch jetzt noch nach Möglichkeit zu provozieren. Als die zweiundsechzig Seiten starke Anklageschrift verlesen wird, lacht er fortwährend vor sich hin und schneidet dabei Grimassen. Als ihn der Vorsitzende über die Motive befragt, die ihn zu seinen Verbrechen getrieben haben, antwortet er provokant: »Mein Lebensziel war es, perfekte Verbrechen zu begehen. Gewissen ist ein Luxus, den ich mir nicht leisten kann.«

Vor allem aber stört es ihn, wenn ein anderer Verbrecher erfolgreicher, bekannter, gefürchteter ist als er selbst. Seine beiden ärgsten Rivalen: Alfred Engleder, der oberösterreichische Doppel-Sexualmörder, der am 9. März 1958 vom Kreisgericht Steyr zu lebenslangem schwerem Kerker verurteilt wurde, und vor allem der vierfache Frauenmörder Maximilian Gufler aus Sankt Pölten, dessen Verhaftung am 31. Oktober 1958 erfolgte.

Hier der »Zeitplan« von Bergmanns Morden:
- 18. Juli 1958: Josefine Kollmann
- 24. September 1958: Juliane Emsenhuber
- 20. November 1958: Rudolf Topf

Bei den beiden ersten Morden war Engleder das Vorbild, beim letzten vor allem Gufler. Bergmann gibt das in der Verhandlung mit »sachlichem« Zynismus zu. Er zeigt sich äußerst zufrieden, daß er nicht mehr im Schatten seiner »Kollegen« steht: »Ich war auf Gufler eifersüchtig. Jetzt bin ich aber berühmt, das kann mir niemand abnehmen.« Und noch knapper, noch sachlicher und zugleich noch grauenvoller: »Was der Engleder kann, das kann der Bergmann schon lange.«

Als die Rede auf Bergmanns Geisteszustand kommt, entspinnt sich zwischen ihm und dem Anklagevertreter, dem Ersten Staatsanwalt Dr. Otto Kubick, folgender Dialog:

Bergmann: »Ich hätte auch einen Geisteskranken spielen können, aber ich wollte ja ernst genommen werden.«

Staatsanwalt: »Wir nehmen Sie so ernst, daß wir Sie lebenslang einsperren werden.«

Bergmann: »Das können Sie. Sie können mir die Freiheit nehmen, aber nicht meinen Ruhm.«

Zwei Tage lang wird Bergmann von dem Vorsitzenden, dem Staatsanwalt und seinem Armenverteidiger — dem inzwischen verstorbenen Dr. Karl Hirsch — befragt. Er gibt zunächst alles zu, schockiert das Gericht mit den gleichen makabren Schilderungen, wie er sie schon vor dem Untersuchungsrichter und den beiden Psychiatern gegeben hat, und schreckt auch vor Blasphemien nicht zurück. So etwa, wenn er den Mord an Juliane Emsenhuber, die, von seinem Maurerfäustel schwer getroffen, blutüberströmt zu Boden sank, mit dem Kirchenlied in Verbindung bringt: »Nun ist das Lamm geschlachtet...« Worauf in jenem Auditorium, das sich ja hier versammelt hat, um möglichst viele, möglichst fürchterliche Dinge möglichst genau zu erfahren, »Rufe des Abscheus und des Entsetzens« (so der Bericht der Tageszeitung »Neues Österreich«) laut werden.

Am zweiten Verhandlungstag widerruft Bergmann dann einen Mord, den Mord an Josefine Kollmann. »Ich habe die Frau nicht getötet«, ruft er den Geschworenen zu, »sondern im Wald schon tot gefunden.«

Auch über seinen »Nasenkomplex« macht er gegensätzliche Angaben. Zu Psychiater Professor Dr. Friedrich Stumpfl, der auch in der Hauptverhandlung als Gutachter auftritt, sagt er: »Ich trage mich noch immer mit Mordgedanken, die ich erst dann verlieren werde, wenn meine Nase operiert ist.« Und am nächsten Verhandlungstag behauptet er: »Ich habe den Nasenkomplex nur vorgespielt, um als Irrer anerkannt zu werden. In Wirklichkeit habe ich nämlich nie an einem solchen Komplex gelitten.«

Die Verhandlung gegen Johann Bergmann ist reich an dramatischen Zwischenfällen. Als der Zeuge Karl Klär, auf dessen Firma Bergmann jenen Raubüberfall vom 28. November 1958 ausgeführt hat, der dann zu der spektakulären Verfolgungsjagd durch die Straßen Wiens geführt hatte, seine Aussage ablegt und Bergmann ihn höhnisch anfeixt, verliert Klär die Beherrschung und stürzt auf den Angeklagten mit den Worten zu: »Du Hund, du bist der größte Verbrecher.«

Eine Äußerung, die man menschlich verstehen kann, die aber der Vorsitzende, will er die Würde des Gerichts wahren, entschieden tadeln muß. Worauf der Zeuge sich entschuldigend rechtfertigt: »Herr Rat, wenn damals die Pistole Bergmanns nicht versagt hätte, wäre ich tot gewesen.«

Und als man Bergmann, nachdem der Staatsanwalt seine Verurteilung zu lebenslangem Kerker verlangt und der Verteidiger die Zurechnungsfähigkeit seines Mandanten bezweifelt und um ein möglichst mildes Urteil gebeten hat, das Schlußwort erteilt, speit er seinen ganzen Haß und seine ganze Menschenverachtung aus: Er ruft dem Gericht das Götz-Zitat zu. Worauf ihn die Justizwachebeamten abführen und in seine Zelle zurückbringen.

Die Urteilsverkündung am 1. Juni 1960 ist nur noch eine Formsache, am Inhalt des Wahrspruchs zweifelt niemand. Die Geschworenen bejahen einstimmig alle an sie gestellten Fragen (also auch bezüglich des von Bergmann zuletzt bestrittenen Mordes an Josefine Kollmann) und verneinen ebenso einstimmig das Vorliegen einer Sinnesverwirrung zur

Tatzeit. Das Urteil: lebenslanger schwerer Kerker, verschärft durch ein hartes Lager und einen Fasttag wöchentlich sowie durch einsame Absperrung in dunkler Zelle an insgesamt neun Tagen im Jahr (an den Tagen, an denen Bergmann die drei Morde begangen hat, und den jeweils darauffolgenden zwei Tagen).

Trotz des Geständnisses und trotz der verwahrlosten Jugend Bergmanns verhängt das Gericht die Höchststrafe, nicht zuletzt, wie es in der Urteilsbegründung heißt, wegen der »außergewöhnlichen Brutalität und Grausamkeit der Taten«.

Bergmann selbst ist bei der Urteilsverkündung im Verhandlungssaal nicht anwesend. Der Vorsitzende hat, um weitere Zwischenfälle zu vermeiden, verfügt, daß der Beisitzer, Oberlandesgerichtsrat Dr. Wotzel, dem Verurteilten den Spruch in seiner Zelle zu verkünden hat. Die Reaktion des Mannes, der Österreichs »Gangster Nr. 1« werden wollte, ist charakteristisch. Er erklärt dem Richter, daß er die Strafe annehme, »obwohl ich die Kollmann nicht ermordet habe und außerdem die Strafe für einen österreichischen Al Capone etwas hoch ist. Aber ich will den Beamten keine zusätzliche Arbeit machen.«

Den Beamten in Wien macht Bergmann jedenfalls keine Arbeit mehr. Bereits am nächsten Tag wird er in die Männerstrafanstalt Stein überstellt.

Lebenslanger Kerker: Das Gericht hat die gesetzlich zulässige Höchststrafe verhängt. Welche Strafe die Mehrheit der Bevölkerung für Bergmann gewünscht hätte, daran kann kaum gezweifelt werden. Die Rufe, die aus dem Auditorium kamen, nachdem Bergmann das Götz-Zitat gebraucht hatte, waren nicht zu überhören: »Aufhängen, aufhängen!«

Und daß nicht nur in Österreich viele so dachten, beweist eine Zuschrift an das Gericht, die aus der deutschen Bundesrepublik kam. Eigentlich ist es ein Ausschnitt aus der »Hannoverschen Presse« vom 24. Mai 1960, die unter der Schlagzeile »Er hielt sich für Othello« über den Bergmann-Prozeß berichtete. Auf dem Ausschnitt standen handschriftliche Bemerkungen wie »Bestie in Menschengestalt« und »Der Halunke muß ohne Verhör aufgehängt werden«. Gerichtet an »die Herren Richter in Wien, der schönen Stadt, in der ich auch einmal zwei Wochen geweilt habe«. Gezeichnet: »Ein Menschenfreund im Namen vieler Hannoveraner.«

Daß der Briefverfasser für viele Gesinnungsgenossen spricht, ist nicht zu bezweifeln. Das Volk ist in seiner Mehrheit für die Todesstrafe. Eine Umfrage des deutschen Wikkert-Instituts ergab rund 55 Prozent

Anhänger und nur 35 Prozent Gegner der Todesstrafe (10 Prozent der Befragten hatten keine eigene Meinung). In Österreich würde eine gleichartige Umfrage vermutlich ähnliche Ergebnisse zeitigen. Jedenfalls in Zeiten, in denen sich Kapitalverbrechen häufen (kommen einmal Justizirrtümer ans Tageslicht, dann ist die Stimmung im Volk eher gegenteilig). Und eine solche Häufung gab es Ende der fünfziger und Anfang der sechziger Jahre in Österreich, vor allem in Wien.

1958: Da wurde, um nur die bekanntesten Verbrechen herauszugreifen, in der Nacht zum 14. April im Herzen Wiens, am Schwarzenbergplatz, Ilona Faber ermordet. Da wurde am 9. März der zweifache Frauenmörder und mehrfache Sexualattentäter Alfred Engleder in Steyr zu lebenslangem Kerker verurteilt. Da wurde am 31. Oktober in Sankt Pölten Max Gufler verhaftet, auf dessen Konto vier vollbrachte und zwei versuchte Raub- und Meuchelmorde und etliche andere Straftaten gingen. Und da war eben nicht zuletzt der dreifache Mörder Bergmann, der am 28. November verhaftet wurde.

1960 sieht das Bild nicht viel anders aus. Makabres Detail am Rand: Während sich Johann Bergmann wegen zweifachen Frauenmordes vor Gericht zu verantworten hat, geschieht in Wien wieder ein Frauenmord. Am 29. Mai 1960 wird die einundsechzigjährige Pensionistin Anna Frittum in ihrer Wohnung in Wien-Alsergrund erschlagen aufgefunden. Unter diesen Voraussetzungen ist es nicht verwunderlich, daß in der Bevölkerung der Ruf nach Galgen und Fallbeil laut wird.

Blättern wir in der Geschichte der Todesstrafe kurz zurück: Ganz am Anfang war die Tötung des Verbrechers eine Abwehrreaktion der (primitiven) Gesellschaft, etwa der Tötung eines Feindes vergleichbar. Außerdem standen damals Gefängnisse oder andere Unterbringungsstätten für Rechtsbrecher nicht zur Verfügung.

Dazu kam die sakrale Vorstellung: Die Gottheit ist durch das Verbrechen beleidigt worden. Sie muß durch den Tod des Verbrechers wieder versöhnt werden. Aus den mannigfachen Opferweisen der primitiven Religionen wurden später die gesetzlich festgelegten Hinrichtungsarten.

Eine Auswahl aus den Hinrichtungsformen des ausgehenden Mittelalters etwa jagt einem heute kalte Schauer über den Rücken: Ertränken, Verbrennen, Hängen, Vierteilen, Enthaupten, Rädern, Sieden in Öl oder kochendem Wasser, Ausdärmen, Steinigen, Versenken im Sumpf, Lebendig-Begraben.

Aber selbst diese an sich schon barbarischen Hinrichtungsarten wurden nicht selten noch verschärft: durch Reißen mit glühenden Zangen, vorheriges Abschneiden der Ohren oder Ausstechen der Augen, durch besonders brutales Schleifen zur Richtstätte und anderes mehr.

Erst zur Zeit der Humanisierung durch die Aufklärung trat eine »Milderung« des Hinrichtungsvorganges ein. Man beschränkte sich im wesentlichen auf Hängen, Enthaupten und Erschießen.

Aber der Kampf der aufklärerischen Philosophen und Juristen galt der Abschaffung der Todesstrafe schlechthin. Einer der berühmtesten Vorkämpfer gegen diese »mittelalterliche Barbarei« war Voltaire. Anlaß für ihn war der Mordprozeß Jean Calas.

Dieser Jean Calas, ein Protestant aus der südfranzösischen Stadt Toulouse, war im Jahre 1761 zum Tod verurteilt und hingerichtet worden. Man hatte ihm ein ungeheuerliches Verbrechen vorgeworfen: Mord am eigenen Sohn. Das Gericht glaubte auch das Motiv dieser Untat zu kennen: Der Sohn zeigte offen seine Neigung zum Katholizismus. Um den Übertritt zur anderen Konfession zu verhindern, so motivierte das Gericht, habe ihn sein Vater umgebracht.

Voltaire, damals bereits auf der Höhe seines schriftstellerischen Ruhms, setzte auf Grund seiner Autorität durch, daß der Fall nochmals geprüft wurde. Dabei ergab sich, daß der junge Calas in Wirklichkeit Selbstmord begangen hatte. Sein Vater war somit Opfer eines Justizirrtums geworden.

Hier hakte Voltaire ein, und zwar mit jenem Argument, das immer wieder gegen die Todesstrafe vorgebracht wird: Ein Todesurteil ist irreparabel. Mögen nachher Umstände an den Tag kommen, die die Tat des Verurteilten in einem wesentlich milderen Licht erscheinen lassen, mögen sich nachträglich gewichtige Zweifel über seine Täterschaft ergeben, ja mag sich — wie im Falle Calas — seine völlige Schuldlosigkeit herausstellen: Ein ausgeführtes Todesurteil kann niemals mehr ungeschehen gemacht werden. Es ist das einzige Urteil, das — einmal vollstreckt — absolut unwiderruflich ist.

Fast zugleich mit Voltaire kämpfte noch ein anderer Mann gegen die Todesstrafe: der fünfundzwanzigjährige Mailänder Jurist Cesare Beccaria in seinem berühmt gewordenen Buch »Über Verbrechen und Strafen«. Was ist das für ein Widersinn, fragte Beccaria, wenn die Gesetze zwar jede Tötung eines anderen Menschen verbieten und streng bestrafen, selbst aber einen öffentlichen Mord anordnen, der noch dazu unter genau festgelegten Förmlichkeiten zu vollziehen ist? Wie kann ein solches barbarisches Gesetz veredelnd auf die Sitten der Menschen einwirken?

Österreich hatte seinen Beccaria in der Gestalt des liberalen Juristen

Joseph von Sonnenfels. Er fand Gehör bei einem der Aufklärung zugeneigten Monarchen, bei Josef II., dem ältesten Sohn von Maria Theresia. In seinem Strafgesetzbuch von 1787 wurde erstmals von einer staatlichen Großmacht die Todesstrafe abgeschafft.

Die Abschaffung war allerdings nur von kurzer Dauer. 1795 wurde die Todesstrafe zunächst für Hochverrat, 1803 auch im allgemeinen Strafrecht wieder eingeführt. Dabei blieb es bis zum Untergang der Donaumonarchie im Jahre 1918.

Allerdings wurde die Todesstrafe vor allem in den letzten Jahrzehnten vor 1918 kaum jemals noch vollzogen. Von 1874 bis 1918 wurden zwar in Österreich nicht weniger als 2786 Personen zum Tode verurteilt, aber nur fünfundachtzig davon (also etwa drei Prozent) tatsächlich hingerichtet. Zwischen 1904 und 1918 wurde nur eine einzige Hinrichtung vollstreckt. Kaiser Franz Joseph pflegte von dem ihm eingeräumten Gnadenrecht meist großzügig Gebrauch zu machen. Wie der alte Kaiser überhaupt eher mild dachte: »Vom Strafen und Einsperren reden am liebsten die, die damit nichts zu tun haben«, soll er einmal gesagt haben.

Dann hob die Erste Republik die Todesstrafe im Bereich des ordentlichen Strafverfahrens auf und verankerte das Verbot des äußersten Strafmittels in der Bundesverfassung von 1920.

Die autoritäre Regierung von Bundeskanzler Dr. Engelbert Dollfuß, im Zweifrontenkrieg gegen Links und Rechts stehend, glaubte, in den politischen Wirren der dreißiger Jahre ohne die Todesstrafe nicht auskommen zu können, verhängte für ganz Österreich zunächst das Standrecht und führte bald darauf auch in ordentlichen Verfahren die Todesstrafe wieder ein. Als erster wurde am 11. Jänner 1934 in Graz ein Mann gehängt, der einen Heuschuppen angezündet hatte. Also sicher nicht gerade ein Fall, der zwingend nach der Hinrichtung verlangte.

Am 25. Juli 1934 kam es zum nationalsozialistischen Putschversuch, bei dem Bundeskanzler Dr. Dollfuß ermordet wurde. Die Rädelsführer wurden zum Tod verurteilt und gehängt.

Als 1938 Österreich an das Deutsche Reich angeschlossen wurde, blieb es bei der Todesstrafe, nur die Art änderte sich. An Stelle des Galgens trat das Fallbeil. Es wurde nicht nur gegen Kriminelle, sondern auch in reichem Ausmaß gegen politische Gegner angewendet.

Nach 1945 blieb in Österreich — trotz der Rückkehr zur alten Bundesverfassung — die Todesstrafe zunächst bestehen und wurde auch wiederholt angewendet, weil man damit eine Waffe gegen die schwere

Kriminalität der Nachkriegszeit zu besitzen glaubte. Nach einer vom Justizministerium herausgegebenen Kriminalstatistik wurden noch in den Jahren 1947 bis 1949 neunzehn Todesurteile vollstreckt, davon dreizehn wegen Mordes und sechs wegen Verbrechen nach dem Kriegsverbrechergesetz (diese »Kriegsverbrecher« wären etliche Jahre danach mit wesentlich geringeren Strafen, vielleicht sogar mit Freisprüchen davongekommen). Zweiunddreißig weitere Todesurteile (davon fünfundzwanzig wegen Mordes und sieben wegen Verbrechen nach dem Verbots- und Kriegsverbrechergesetz) wurden im Gnadenweg in Kerkerstrafen umgewandelt.

Im Jahre 1950 wurde in Österreich die Todesstrafe endgültig abgeschafft. Mit einer Ausnahme: Im standrechtlichen Verfahren (also etwa bei Aufstand oder Aufruhr) sollte sie weiterhin zulässig sein. Eine eher theoretische Möglichkeit, die schließlich 1968 auch offiziell beseitigt wurde.

Ein internationaler Vergleich mag nicht uninteressant sein. In allen kommunistischen Staaten sowie in sämtlichen Staaten Afrikas und Asiens (einschließlich Vorderasiens) ist die Todesstrafe auch heute noch in Kraft, vielfach nicht zuletzt auch für politische und Wirtschaftsdelikte.

In nichtkommunistischen europäischen Staaten gibt es sie nur noch in Griechenland (dort wurden etwa am 15. Dezember 1969 die beiden deutschen Staatsbürger Hermann Duft und Hans Bassenauer, beide 31 Jahre alt, wegen sechsfachen Mordes zum Tod verurteilt und erschossen), Spanien, Frankreich und Irland.

Großes Aufsehen erregte die Entscheidung des britischen Unterhauses vom 14. Juli 1965, das mit großer Mehrheit der Aufhebung der Todesstrafe (mit Ausnahme von Hochverrat und Brandstiftung im Kriegsfall) beschloß, obwohl Erhebungen in weiten Schichten der Bevölkerung ergeben hatten, daß sich etwa fünfundachtzig Prozent der Befragten für die Beibehaltung der Todesstrafe bei besonders schweren Verbrechen (vor allem Mord an Kindern oder Polizeibeamten) ausgesprochen hatten.

Mit noch größerer Mehrheit stimmte überraschend das als konservativ bekannte Oberhaus zu. Entscheidend fiel ins Gewicht, daß nach der zeitweisen Aufhebung der Todesstrafe im Jahre 1965 die Zahl der Morde nicht zugenommen hatte — bei einer im übrigen stark ansteigenden Kriminalitätskurve, ein weiteres Argument gegen die angebliche abschreckende Wirkung der Todesstrafe.

In Südamerika ist die Todesstrafe — außer in Chile, Bolivien und

Paraguay — abgeschafft, und zwar zum Teil seit vielen Jahrzehnten, so zum Beispiel in Venezuela 1863, Brasilien 1889, Ekuador 1897.

Verwirrend und uneinheitlich ist die Situation in den Vereinigten Staaten von Nordamerika. In einigen der fünfzig Bundesstaaten ist die Todesstrafe abgeschafft, und zwar in Wisconsin, Minnesota, Rhode Island, North Dakota, Alaska, Hawaii, Delaware, Oregon, Iowa, New Jersey und Kalifornien. In den anderen Gliedstaaten ist sie in Kraft, wird aber in manchen davon seit langem nicht mehr vollzogen. In Wyoming und Montana wurde das letzte Todesurteil 1945 vollstreckt, in Massachusetts 1947, in New Hampshire gar 1939.

Vollzogen wird die Todesstrafe in den USA teils durch den elektrischen Stuhl, teils durch die Gaskammer, nach dem Gesetz des Staates Utah durch Erschießen.

Im Jahre 1967 fanden zwei Hinrichtungen statt, seither keine mehr. Etwa 500 zur Todesstrafe Verurteilte warten in den Todeszellen der nordamerikanischen Gefängnisse auf eine Entscheidung des Obersten Gerichtshofes, des Supreme Court (SC), der über die Frage zu befinden hat, ob die Todesstrafe als eine »ungewöhnliche und grausame Strafe« zu betrachten ist, die nach dem achten Zusatzartikel zur Verfassung nicht verhängt werden darf.

Unter den Todeskandidaten befanden sich in Los Angeles auch die wegen mehrfachen Mordes (unter anderem an der Filmschauspielerin Sharon Tate) im April 1971 (nach dem längsten Prozeß in der amerikanischen Justizgeschichte) zum Tode Verurteilten Charles Manson, Susan Atkins, Patricia Kernwinkel und Leslie van Houten. Die Aufhebung der Todesstrafe im US-Staat Kalifornien im Feber 1972 rettete sie vor der Gaskammer von San Quentin.

Zuletzt wurde in dieser Gaskammer im Jahre 1967 der Polizistenmörder Aaron Mitchell hingerichtet. Als man ihn zur Todeskammer führte, schrie er: »Ich bin Jesus Christus.« Die berühmteste Hingerichtete von San Quentin ist Barbara Graham, die 1955 wegen Mordes an einer reichen Witwe zum Tod verurteilt wurde und, mit einem grauen Seidenpyjama bekleidet und schweren Ohrringen geschmückt, den Weg in die Gaskammer antrat. Ihre Lebensgeschichte wurde dann mit Susan Hayward unter dem Titel »Ich möchte leben« verfilmt.

Bis heute ist die Diskussion darüber nicht verstummt, ob die Todesstrafe bittere Notwendigkeit oder mittelalterliche Barbarei ist. Hier kurz die Argumente der beiden Seiten. Zunächst jene der Befürworter der Todesstrafe:

- Sie ist die einzig sichere Methode, sich eines Verbrechers zu entledigen. Bei (wenn auch lebenslanger) Kerkerhaft ist immer die Möglichkeit einer Amnestie, einer vorzeitigen Entlassung oder eines erfolgreichen Ausbruchs aus dem Gefängnis gegeben.
- Wer einen anderen gemordet hat, verdient es nicht, daß er selbst am Leben bleibt. Ein solches Verbrechen kann nur durch den Tod des Täters gesühnt werden.
- Die Todesstrafe hat eine starke abschreckende Wirkung. Wird sie für die schwersten Verbrechen angedroht, dann werden sich weniger Menschen zur Begehung solcher Verbrechen entschließen.

Die Gegner der Todesstrafe bestreiten die Richtigkeit dieser Behauptungen. Sie führen ins Treffen:
- Lebenslange Haft ist ein ebenso geeignetes Sicherungsmittel wie der Vollzug eines Todesurteils. Es ist Sache des Staates, dafür zu sorgen, daß ein Mörder nicht vorzeitig in Freiheit gesetzt wird.
- Der Grundsatz »Auge um Auge, Zahn um Zahn« hat in unserer Gesellschaft keinen Platz mehr.
- Die Todesstrafe hat keine abschreckende Wirkung, weil ja jeder Täter damit rechnet, man werde ihn nicht entdecken und verhaften.
- Dazu kommt noch die Gefahr eines Justizirrtums. Eine Gefahr, die es immer gegeben hat, auch heute noch gibt und — allen Erweiterungen der menschlichen Erkenntnismöglichkeiten zum Trotz — immer geben wird. Denn weder ein Sachverständiger noch ein Richter ist unfehlbar und allwissend. Fehler und Irrtümer — auch Justizirrtümer — sind nie auszuschließen. Ein Todesurteil kann aber niemals mehr rückgängig gemacht werden, wenn es einmal vollstreckt worden ist.

Das alles sind zweifellos Fragen der persönlichen Auffassung, der allgemeinen Einstellung und der Weltanschauung, auf die es keine allgemeingültigen und verbindlichen Antworten gibt. Auf eine Frage aber kann die Kriminalwissenschaft eine absolut sichere und verläßliche Antwort geben, nämlich auf die letztlich vielleicht entscheidende Frage nach der abschreckenden Wirkung der Todesstrafe. Auf diese Frage gibt es nur ein eindeutiges Nein.

Eine gute Vergleichsmöglichkeit bieten die Vereinigten Staaten. Wie bereits gesagt, ist in einem Teil ihrer Bundesstaaten die Todesstrafe abgeschafft, in anderen noch in Kraft. Die Statistik zeigt nun, daß die Zahl der schweren Verbrechen in all diesen Bundesstaaten — auf die Bevölkerungszahl bezogen — keineswegs wesentlich differiert, auf keinen Fall in dem Sinn, daß solche Delikte in den Staaten, die ohne Todesstrafe auskommen, häufiger wären (eher ist es umgekehrt).

Und das ist auch nur allzu begreiflich. Zunächst einmal dürfen wir unsere Einstellung, wonach das Leben der Güter höchstes sei, nicht ohne weiteres auf alle Menschen übertragen. Nicht alle schätzen das eigene Leben so hoch ein. Selbstmord ist eine der häufigsten von zehn Todesursachen. Allein in der Bundesrepublik Deutschland begehen jährlich 50 000 bis 60 000 Menschen Selbstmord oder Selbstmordversuche. Auch die Fälle des »erweiterten Selbstmords« sind nicht selten: Ein vom Schicksal gebeugter Mensch will einen anderen mit in den Tod nehmen.

Aber nicht nur das. Völlig mit Recht schreibt Kurt Rossa in seinem ausgezeichneten Buch »Todesstrafen — ihre Wirklichkeit in drei Jahrtausenden«: »Es ist ein Aberglaube, daß wir ständig um unser Leben besorgt wären und daß unsere Entscheidungen von der Furcht vor dem Tode gezeichnet seien. Im Zweiten Weltkrieg, als in Deutschland das Abhören ausländischer Rundfunknachrichten mit Zuchthausstrafen und ihre ›Verbreitung‹ — worunter man auch ein Schwätzchen mit dem Nachbarn im Hausflur verstand — bei Todesstrafe verboten war, haben zahllose Deutsche die Nachrichtensendung der BBC abgehört und mit Bekannten darüber gesprochen.

Als in England der Taschendiebstahl noch mit dem Erhängen bestraft wurde, machten die Taschendiebe ihre beutereichsten Züge am Hochgericht. Sie wählten den günstigsten Augenblick, in dem der Erhängte über der Menge hin und her zu schwingen begann, als die günstigste Gelegenheit, weil sie wußten, daß in diesem Moment alle Augen auf den Mann am Galgen gerichtet waren und alles nach oben blickte. In allen diesen Fällen riskierten — und verloren Menschen ihr Leben um so geringer Vorteile willen, die den Einsatz des Lebens nicht gelohnt hätten.«

Und noch eines darf man nicht übersehen: Letztlich spielt ja jeder Verbrecher (nicht nur der Mörder) mit seinem Leben. Wer einen Einbruch begeht, muß damit rechnen, von einem Polizisten auf frischer Tat oder auf der Flucht erschossen zu werden. Wer einen Taxifahrer attackiert, muß mit bis zum Äußersten gehender und als Notwehr voll gerechtfertigter Gegenwehr rechnen. »Wieviel Personen werden in Ausübung eines staatlichen Hoheitsrechts jährlich von Polizeibeamten, Gefangenenwärtern, Zollbeamten und Jagdberechtigten getötet?« fragt der deutsche Strafrechtslehrer Hans von Hentig, der diese Tötungen »Quasi-Exekutionen« nennt.

Schon 1926 schrieb Max Grünhut: »Der Abschreckungsgedanke verkennt, daß nicht die Schwere der angedrohten Strafe, sondern die

Sicherheit und Unentrinnbarkeit der Strafverfolgung abschreckend wirken.« Solange viele Mörder frei herumlaufen, entsteht nicht nur in der Bevölkerung ein Gefühl berechtigter Angst und Unruhe, sondern es wird auch bei den Tätern die Furcht selbst vor der schwersten Strafe von der Hoffnung überwogen, zu der Mehrzahl der Nichtgefaßten zu gehören. Eine schlagkräftige und gut ausgerüstete Kriminalpolizei ist ein wirksameres Abschreckungsinstrument als die schwersten Strafandrohungen im Gesetz.

Demgegenüber sind die Gefahren bei der Todesstrafe unverkennbar. Vor allem die eine: Bei der Todesstrafe wird der Justizirrtum zum Justizmord. Dem pflegt man entgegenzuhalten, man solle, ja man dürfe dieses äußerste Strafmittel eben nur dann anwenden, wenn der Sachverhalt mit Sicherheit erwiesen, die Schuld des Angeklagten also zweifelsfrei sei.

Dieses Argument kann einer ernstlichen Prüfung nicht standhalten. Denn ist die Schuld des Angeklagten nicht mit Sicherheit erwiesen, dann kann er gar nicht verurteilt, sondern muß freigesprochen werden.

Wann ist aber die Schuld zweifelsfrei? Hier kann man oft hören: Wenn nicht bloß Indizien vorliegen, sondern einwandfreie Zeugenaussagen oder ein Geständnis. Aber auch das ist ein Trugschluß.

Zeugenaussagen sind die unzuverlässigsten Beweismittel, jedenfalls viel unzuverlässiger als das, was man üblicherweise unter Indizien versteht, nämlich die reinen Sachbeweise (Fußspuren, Fingerabdrücke, Tatwaffen usw.). Schon bei einem einfachen Verkehrsunfall kann man immer wieder beobachten, wie die Zeugenaussagen voneinander abweichen, zufolge Irrtums, Verschätzung oder mangelnder Beobachtungsgabe. Zeugenaussagen zu folgen ist also keineswegs die Garantie für ein richtiges Urteil. Abgesehen davon, daß es bei Blutverbrechen vielfach an Zeugen fehlt, weil außer dem Täter und seinem Opfer niemand anwesend ist.

Und was das Geständnis anlangt: Sehen wir einmal von den falschen Geständnissen ab (die nicht so selten sind, wie man meist annimmt). Sprechen wir vom richtigen, vom wahren Geständnis. Es ist nach unserem Strafgesetz (und nach den Strafgesetzen aller Kulturstaaten) einer der wichtigsten Milderungsgründe. Soll das ins Gegenteil verkehrt werden? Soll man den geständigen, sein Unrecht vielleicht reuevoll einsehenden Täter zum Tod verurteilen, den geschickt, hartnäckig und skrupellos leugnenden aber nicht? Das Geständnis würde solcherart vom Milderungs- zum Erschwerungsgrund, und wohl jeder Täter würde sich hüten, ein solches abzulegen.

Das Problem der Todesstrafe haben wir bewußt gerade beim Fall Johann Bergmann aufgerollt. Bei dem sadistischen, psychopathischen, scheinbar keiner menschlichen Regung fähigen mehrfachen Mörder Johann Bergmann. Bei einem Mann, an dessen Gemeingefährlichkeit ebensowenig gezweifelt werden kann wie an seiner charakterlichen Abartigkeit. Das Urteil des Geschworenengerichts — und es war ein richtiges, ein »gerechtes« Urteil — schickte ihn lebenslänglich hinter Kerkermauern.

Viele hätten Bergmann gerne hängen gesehen — aber wem wäre damit gedient gewesen? Es hat seither viele Bergmanns gegeben, viele neue Fälle brutaler, meuchlerischer Morde. Wäre wirklich auch nur ein einziger davon verhindert worden, wenn man Bergmann hingerichtet hätte? Wir können um den zutiefst beunruhigenden Blick in die Abgründe einer menschlichen Seele nicht dadurch herumkommen, daß wir den Menschen, in dem sich diese Abgründe auftun, physisch auslöschen.

Es wird immer neue Bergmanns geben. Aber wenn wir jene, die wir ergreifen und die wir zu lebenslanger Aussperrung von den anderen Menschen verurteilen, studieren, wenn wir an ihnen lernen, wenn wir durch die besten Fachleute, die es gibt, herauszufinden versuchen, was diese Menschen zu ihren unmenschlichen Taten getrieben hat, dann sind wir vielleicht einmal so weit, daß wir eingreifen können, ehe etwas geschehen ist, daß wir vorbeugen können, statt rächen zu müssen, daß wir einen werdenden Bergmann schon in einem Frühstadium, ehe er noch zugeschlagen hat, entdecken können.

Das allein — und nicht Fallbeil und Galgen — kann die Hoffnung unserer jetzt noch so unvollkommenen Wissenschaft vom Verbrechen und seinen Ursachen, vom Verbrecher und seinen Motiven sein.

Der Teufel von Sankt Pölten

»Wir teilen Ihnen mit, daß Frau Robas Maria, geb. Zweitter, Hausfrau in Villach, Auer v. Welsbachstraße 25, in Köln durch einen Autounfall tragisch ums Leben gekommen ist.

Frau Robas ist operiert worden und nach ihrer Entlassung auf dem Wege zum Bahnhof von einem Laster tödlich verunglückt.

Um weitere Einzelheiten bitte abwarten zu wollen. Sie wollen sich an öffentlichen Notar Dr. Erich Moshelmer in Innsbruck wenden.

Schließe mich an dem traurigen Unfall mit meinem Beileid an und bitte es ihren Kindern schonend beizubringen.«

Dieses inhaltlich wie grammatikalisch zweifelhafte Schreiben erhält der Werkmeister Josef Robas in Villach am 25. Oktober 1958. Er weiß es nicht zu deuten, vor allem der Absender ist ihm völlig unbekannt: Eberharter aus München. Kein Vorname, keine nähere Anschrift. Bekannt ist ihm nur die Frau, um die es in diesem Schreiben geht: Maria Robas. Seine Ehe mit ihr ist am 9. April 1957 geschieden worden, und er hat damals seiner Frau in Reifnitz am Wörther See das hübsche Einfamilienhaus, in dem sie früher gemeinsam wohnten, zur alleinigen Benützung überlassen. Dort hat sie Zimmer an Sommergäste vermietet und sich damit einen Verdienst verschafft. Daß sie in Köln gewesen und operiert worden wäre, hört er zum erstenmal.

Um Klarheit zu gewinnen, setzt er sich telefonisch mit dem Notar in Innsbruck ins Einvernehmen. Eine Klärung kommt nicht zustande. Dr. Moshelmer kann ihm seinerseits nur einen Brief vorlesen, den er ebenfalls von dem geheimnisvollen »Eberharter« aus München erhalten hat und in dem es heißt:

»Habe heute die Verständigung erhalten, daß Frau Maria Robas auf der Straße zusammengebrochen ist und unglücklicherweise von einem Laster tödlich verunglückt ist. Alles weitere erfahren Sie am besten von ihren Angehörigen in Villach — Kärnten.«

Nun unternimmt Josef Robas das einzig Zweckmäßige. Er schaltet die Gendarmerie und das deutsche Konsulat in Klagenfurt ein, das nach Rückfrage bei der Polizei in Köln feststellt, daß dort von einem Unfall einer Frau Robas nichts bekannt ist.

Auf Grund der Abgängigkeitsanzeige ihres geschiedenen Mannes setzen sich die Erhebungsbeamten auf die Spur der Verschwundenen. Eine Woche später können sie an die Staatsanwaltschaft Klagenfurt berichten:

»Maria Robas ist am 16. September 1958 mit einem Mann, der sich einige Tage bei ihr aufgehalten hat, in dessen Personenkraftwagen, Marke DKW 3=6, zu einem angeblichen Erholungsaufenthalt nach Innsbruck abgereist.

Am 15. September erschien sie in Begleitung dieses Mannes beim Fleischermeister Kilian Predota in Nötsch 163 und kündigte ein diesem gewährtes Darlehen in Höhe von 24 000 Schilling auf. Am folgenden Tag hob sie ihre gesamte Spareinlage bei der Realitätenvermittlung Barta in Villach ab und ließ sich darüber einen Scheck auf den Betrag von 18 500 Schilling ausstellen. Bei der Bank für Kärnten in Klagenfurt ließ sie sich am selben Tag einen Betrag von 11 500 Schilling auszahlen, den ihr ihr geschiedener Gatte Josef Robas zur Verfügung gestellt hatte. Vermutlich an diesem Tag verließ sie dann gemeinsam mit dem erwähnten Mann ihre Wohnung in Reifnitz unter Mitnahme zahlreicher Gegenstände wie Kleidung, Schmuckstücke usw. Seither wurde sie nicht mehr gesehen.«

Wohl aber taucht der geheimnisvolle Mann wieder auf. Zunächst kommt er noch zweimal in das Haus der Maria Robas, sperrt es auf, hält sich einige Zeit darinnen auf und verläßt es — nicht ohne es wieder ordnungsgemäß abzusperren — unter Mitnahme weiterer Gegenstände wie Radioapparat, Waschmaschine, Bügeleisen, Nähmaschine, Blitzlichtgerät und Kassette mit Eßbesteck. Alle diese Dinge verstaut der Mann in seinem Auto und fährt damit — unbekannt, wohin — davon.

Er kommt auch noch einmal zu dem Ehepaar Predota, das durch die plötzliche Kündigung des Darlehens seitens der Maria Robas in einige Verlegenheit geraten ist und sich erst bemühen muß, das Geld aufzutreiben.

Am 2. Oktober ist es dann soweit. Der Mann kassiert unter Vorlage einer Inkassovollmacht (mit Unterschrift »Maria Robas«) den Betrag und quittiert mit dem Namen »Maria Robas«, von der er behauptet, sie sei nach einem Blutsturz bettlägerig und könne daher selbst nicht kommen.

Allerdings ergibt sich bei der Angelegenheit eine Schwierigkeit: Das Darlehen war im Grundbuch Predotas sichergestellt; zur Löschung im Grundbuch bedarf es aber einer mit der beglaubigten Unterschrift der Darlehensgeberin versehenen Löschungsquittung. Da der Mann eine solche nicht vorweisen kann, muß er als Sicherstellung ein Dokument zurücklassen. Der Mann hinterlegt die Einzelgenehmigung für seinen Wagen. Für den grünen DKW mit dem amtlichen Kennzeichen N 153.098. Dieser Wagen ist, wie die Gendarmerie feststellt, für den Versicherungsinspektor Maximilian Gufler, geboren am 10. Oktober 1910 in Rum bei Innsbruck, wohnhaft in Sankt Pölten, Kremser-Landstraße 91 (Niederösterreich), amtlich zugelassen.

Dieser Max Gufler war also jener Mann, in dessen Begleitung Maria Robas zuletzt gesehen wurde. Aber wo ist Maria Robas selbst?

Die Beamten überprüfen alle Funde von Leichen namentlich nicht bekannter Personen aus der Zeit seit Mitte September 1958. Dabei stoßen sie bald auf eine heiße Spur: Am 22. September wurde im Kaltenbachgraben, einem kleinen Gewässer in Kirchdorf bei Pernegg (Steiermark), eine weibliche Leiche aufgefunden. Ihre Beschreibung stimmt mit jener von Maria Robas weitgehend überein. Sogar die Narbe einer Kropfoperation ist vorhanden; ein Kleid von der Art, wie es die tote Frau trug, haben Bekannte bei Maria Robas gesehen. Die zahntechnische Untersuchung beseitigt die letzten Zweifel: Das künstliche Gebiß der Leiche entspricht der Prothese, die sich die Verschwundene 1955 bei einem Zahnarzt in Villach hat anfertigen lassen.

Am 31. Oktober 1958 wird Max Gufler in seiner Wohnung in Sankt Pölten verhaftet. Unter dem Verdacht des Mordes an Maria Robas. Einer der Kriminalbeamten, die ihn festnehmen, erinnert sich, daß dieser Name Gufler vor etwa einem Jahr im Zusammenhang mit einer ebenfalls recht mysteriösen Affäre genannt wurde: im Zusammenhang mit dem Fall Richard Wagner.

Dieser Richard Wagner, ein Schmuckvertreter, klopft am 24. Oktober 1957 um 2.30 Uhr früh blutüberströmt an das Schlafzimmerfenster des Landwirts Franz Herzog in Rust am Tullnerfeld und bittet um Hilfe. Er erzählt Herzog in unzusammenhängenden Sätzen eine wirre Geschichte. Ein Autofahrer habe ihn bei Gloggnitz in seinem Wagen mitgenommen und während einer Rast in der Neunkirchner Allee mit Likör bewirtet. Bald darauf sei ihm schlecht geworden, und als er wieder zu sich gekommen sei, habe er den Fahrer gebeten, anzuhalten, was dieser auch getan habe. Er sei jedoch gleich nach dem Aussteigen zusammengebrochen, und der Lenker sei dann wiederholt mit dem Wagen auf ihn losgefahren, habe ihn aber glücklicherweise nur relativ leicht verletzt. Schließlich sei der Unbekannte unter Mitnahme seiner ganzen Schmuckkollektion im Wert von etwa 11 700 Schilling davongefahren. Das ist die Geschichte, die Richard Wagner in jener Nacht erzählt.

Franz Herzog berichtet: »Der Mann machte mir den Eindruck, als wäre er alkoholisiert, weil er immer sehr verwirrt gesprochen hat.«

Nicht nur Franz Herzog glaubt dem Richard Wagner seine abenteuerliche Geschichte nicht recht, auch die Polizei ist skeptisch. Sie hat einen ganz anderen Verdacht: Vielleicht hat Wagner die Schmuckkollektion, die er von der Großhändlerin Franziska Pfeffer aus Neumarkt am Wallersee erhalten hat, veruntreut und versucht jetzt, die Schuld auf einen unbekannten Räuber abzuwälzen.

»Richard Wagner aus Guntramsdorf; angeblicher Raubüberfall auf denselben mit Körperverletzung durch unbekannten Täter« übertitelt die Erhebungsabteilung des Landesgendarmeriekommandos für Niederösterreich die Anzeige, die sie über diesen Vorfall erstattet. Die Betonung liegt wohl auf dem Wort »angeblich«.

Immerhin: Gewisse konkrete Angaben des Richard Wagner lassen sich nicht einfach übergehen. Vor allem nicht seine Behauptung, es habe sich bei dem fraglichen Wagen um einen DKW 3=6 gehandelt, Farbe grün und niederösterreichisches Kennzeichen mit den Anfangsziffern »153«. Die Zifferngruppe 153 gehört zum Bereich des Bundespolizeikommissariats Sankt Pölten, und dort stellt man insgesamt dreizehn Fahrzeuge fest, auf die die Beschreibung, die Richard Wagner gegeben hat, paßt. Dreizehn DKW-Fahrzeuge, deren Kennzeichennummer mit »N 153« beginnt.

Mit zwölf dieser Fahrzeugbesitzer wird der angeblich Überfallene konfrontiert. Das Ergebnis ist negativ. Er kann in keinem von ihnen seinen Peiniger vom 23. Oktober erkennen.

Der einzige, der zur Gegenüberstellung nicht kommt, ist der dreizehnte, ein gewisser Max Gufler. Von ihm hält die Polizei in Sankt Pölten in einem Bericht vom 25. November 1957 wörtlich fest: »Max Gufler, St. Pölten, Kupferbrunnstraße 3, ist bis jetzt in St. Pölten nicht eingetroffen. Seine Rückkehr ist ungewiß. Er ist Eigentümer eines Personenkraftwagens Marke DKW 3=6, hellgrün. Laut Auskunft seiner Lebensgefährtin Herta Junn ist Gufler Vertreter und reist in Versicherungsangelegenheiten. Sein Arbeitsgebiet ist das westliche Niederösterreich. Daß er seinen Wagen hergeliehen haben könnte, schließt Herta Junn aus.«

Weitere Nachforschungen stellen die Behörden zum Fall Richard Wagner nicht an, insbesondere bemühen sie sich nicht, seine Gegenüberstellung mit Max Gufler herbeizuführen. Vielleicht nach dem

Grundsatz: Wenn es zwölf nicht gewesen sind, wird es der dreizehnte auch nicht sein. Diese Unterlassung kostet drei Menschen das Leben.

Daß Wagner nicht gelogen, daß man ihm zu Unrecht mißtraut hat, erkennt die Polizei, als man bei einer in der Wohnung des Max Gufler unmittelbar nach seiner Verhaftung vorgenommenen Hausdurchsuchung unter anderem noch 670 Stück Gablonzer Schmuck aus der Sammlung Wagners sowie dessen Koffer findet.

Während die Polizei noch dabei ist, Gufler zu verhören und die Unzahl von Gegenständen, die bei ihm gefunden werden, zu sichten, beginnt zwischen den Gerichten ein fast grotesk anmutender Zuständigkeitsstreit. Keiner will mit der Sache Gufler, von der man bereits ahnt, daß sie gigantische Ausmaße annehmen wird, zu tun haben.

Zunächst tritt das Landesgericht Klagenfurt, bei dem die Anzeige wegen des Verschwindens der Maria Robas einlangte, seine Akten an das Kreisgericht Leoben in der Steiermark ab. Begründung: Maria Robas ist im Kaltenbach ertrunken. Und der Kaltenbach gehört in die Kompetenz des Leobner Gerichts.

Dieses erklärt sich seinerseits für unzuständig. Zuerst war die Sache Richard Wagner, meinen die steirischen Richter, und die hat sich in Niederösterreich abgespielt. Also dorthin mit den Akten.

In Niederösterreich hat sich inzwischen auch einiges getan. Als die Gendarmerie seinerzeit die Anzeige wegen »angeblichen Raubüberfalls auf Richard Wagner« erstattete, erachtete sich das Gericht in Sankt Pölten (Rust am Tullnerfeld gehört zum Kreisgericht Sankt Pölten) für nicht zuständig und trat das Verfahren nach Wiener Neustadt ab. Grund: Betäubt wurde Wagner seinen Angaben zufolge in der Neunkirchner Allee, und diese liegt im Raum Wiener Neustadt. Die Wiener Neustädter remonstrierten damals nicht. Schließlich brauchte man ja nichts anderes zu tun, als das Verfahren gegen unbekannte Täter abzubrechen. Aber jetzt, da der Täter bekannt ist, brennt der Akt den Wiener Neustädtern unter den Nägeln. Sie suchen eine oberstgerichtliche Entscheidung, die die Rückverweisung nach Sankt Pölten rechtfertigt, und finden sie auch prompt: »Tatort der letzten Ausführungshandlung ist maßgebend«, heißt es dort. Die »letzte Ausführungshandlung«, also das Überfahren des Opfers mit dem Personenkraftwagen, erfolgte in Rust am Tullnerfeld.

Aber die Sankt Pöltner geben nicht auf. Ihrer Meinung nach ist für das ganze Verfahren das Kreisgericht Leoben zuständig, weil die Sache mit Maria Robas zuerst dort »angefallen«, das Kreisgericht

Leoben also »zuvorgekommen« ist. Was die Leobner ihrerseits wieder bestreiten.

Der Weisheit letzter Schluß: Die Akten werden dem Obersten Gerichtshof in Wien vorgelegt, damit dieser den gordischen Knoten durchhaue. Er tut es rasch und unbürokratisch: Er schickt die Akten an das Landesgericht für Strafsachen Wien. Inzwischen sind nämlich neue Verbrechen des Verhafteten bekanntgeworden, die sich zum Teil in Wien ereignet haben. Außerdem argumentiert das Höchstgericht mit Recht: Man wird in diesem Monsterverfahren ohne erstklassige Sachverständige auf den verschiedensten Gebieten nicht auskommen. Diese aber findet man am ehesten wohl in der Bundeshauptstadt. So erhält der Wiener Landesgerichtsrat Dr. Günther Pullez den spektakulärsten Mordakt der österreichischen Nachkriegsgeschichte. Die Fachleute sind sich einig: Man hätte keinen besseren, keinen sachlicheren, keinen kundigeren Untersuchungsrichter finden können. Das einzige erfreuliche Ergebnis eines überflüssigen Kompetenzkonflikts.

Nach einer Woche ist die Polizei so weit, Max Gufler vier Morde und zwei Mordversuche nachweisen zu können, von »kleinen Fischen« wie Diebstählen und Betrügereien, Heiratsschwindel und ähnlichem ganz abgesehen. Bis der damalige Polizeioberkommissär Dr. Ernst Schopf vom Kommissariat Sankt Pölten, den man im Interesse einer zentralen Aufklärung von Guflers Verbrechen dem Innenministerium, Abteilung 13, zuteilt, seinen abschließenden Bericht erstatten kann, dauert es allerdings noch mehr als ein Jahr. Der Bericht stammt vom Jänner 1960 und umfaßt 153 engbeschriebene Seiten mit 119 Beilagen. Er beginnt mit dem treffenden Satz: »In den der Verhaftung Max Guflers folgenden Wochen brach offenbar auf Grund der oft nur zum Teil den Tatsachen entsprechenden Presseberichterstattung eine ›Gufler-Psychose‹ aus, in deren Verlauf zahlreiche Hinweise auf ungeklärte Verbrechen gegeben und Vermutungen über eine Täterschaft Guflers ausgesprochen wurden.«

Ein Beispiel für viele: In der Ausgabe Nr. 48 vom 29. November 1958 verkündet der »Grazer Samstag« in blauen Balkenlettern:

»Georg Gufler gibt zu Protokoll:
MAX HAT MICH UND MEINE FRAU UMBRINGEN WOLLEN!«
Und darunter: »Das Leben zweier Menschen hing an einem Haar — Doppelmord am Ufer der Mur geplant.« Ja, das Wochenblatt sieht sogar in die Zukunft: »Geradezu sensationell sind die Aussagen, die Georg Gufler und seine Gattin Rosalia demnächst bei der Gen-

darmerie-Erhebungsabteilung in Graz vor Bezirksinspektor Franz Antel machen werden.«

Was Guflers Bruder und Schwägerin dann tatsächlich bei der Gendarmerie erzählen, klingt weitaus weniger sensationell: Daß zweimal ein Zeitungsreporter bei ihnen war, sie ausgefragt und um Bilder gebeten hat. Und daß sie diesem Journalisten erzählt haben, daß sie einmal mit Max Gufler eine Fahrt in die Untersteiermark machten, wobei dieser seinem Bruder einen Schluck Kognak anbot, den er, Georg Gufler, aber ablehnte.

Aus diesem Vorfall machte der findige Journalist einen Mordversuch. Dazu Georg Gufler: »Ich kann gegen meinen Bruder in keiner Weise eine Anzeige wegen Mordverdachts erstatten, das möchte ich nochmals ausdrücklichst betonen. Wenn ich gewußt hätte, daß der ›Grazer Samstag‹ aus meinen Erzählungen einen derart reichlich übertriebenen Sensationsartikel machen würde, hätte ich dem Reporter gar nichts erzählt.«

Ähnlich »fundierte« Anzeigen und Presseartikel gehen in die Hunderte. Das Wort von der »Gufler-Psychose« ist keineswegs übertrieben.

Dabei ist das, was an Tatsachen vorhanden ist, erschreckend genug. Wobei — zumindest den kriminologischen Laien — vor allem der Kontrast zwischen dem bieder-kleinbürgerlichen Habitus Guflers und seinen Taten überrascht.

Der Lebensweg Max Guflers bis zu seiner Verhaftung läßt sich ziemlich genau rekonstruieren: Am 10. Oktober 1910 in Rum bei Innsbruck als außerehelicher Sohn der Maria Gufler und ihres Lebensgefährten Georg Hackenbuchner geboren (dieser Lebensgemeinschaft entstammt auch sein um fünf Jahre älterer Bruder Georg Gufler), verbringt er Kindheit und frühe Jugend in Meran, wo Maria Gufler nach dem Tod ihres Lebensgefährten (1912) für sich und die Kinder — sie hat auch noch ein Mädchen namens Margarete Klopfer in Pflege und Erziehung genommen — den Lebensunterhalt auf höchst mühsame Art verdient: durch Wäschewaschen und Handel mit Altwaren.

Anfang 1933 wandert der zweiundzwanzigjährige Max Gufler nach Österreich aus: »Ich wollte nicht zum italienischen Militär eingezogen werden.« Ob der wahre Grund nicht darin liegt, daß er wiederholt mit dem italienischen Strafgesetz in Konflikt gekommen und sechsmal allein wegen Diebstahls verurteilt worden ist? Ein Kuriosum am Rande: Die letzte Diebstahlstrafe vom Dezember 1932 — zwei Monate Gefängnis — verbüßt Gufler erst volle dreizehn Jahre später, als er 1945 wieder nach Meran kommt. Er ist trotz allem, was sich inzwischen in Italien an politischen Umwälzungen ereignet hat, von den dortigen Behörden noch immer »zum Strafvollzug ausgeschrieben«.

In Österreich versucht er sich in zahlreichen Berufssparten: als Gärtner in Graz, als Friseur, als Zeitungswerber und als Vertreter für einen Sterbekassenverein, als Arbeiter in einer Metallwarenfabrik und als Wachposten auf den Flughäfen in Zeltweg und in Klagenfurt-Annabichl. Und als Bettler. Schon im Frühjahr 1933 findet eine durchaus ehrbare Bundesbahnbeamtenwitwe in Knittelfeld den sympathischen jungen Mann so betörend, daß sie ihm nicht nur Essen und Geld, sondern auch ihr Herz und im Jahre 1935 einen Sohn schenkt.

Im April 1945 setzt sich Max Gufler nach dem Süden ab: Er arbeitet im Wehrmachtslazarett »Bavaria« in Meran als Friseur. 1946 kommt er wieder nach Österreich zurück, agentiert für verschiedene Versicherungen und Handelsfirmen, außerdem betätigt er sich zeitweise — ohne Gewerbeberechtigung — als Friseur.

Und er hat wiederum Glück bei Frauen. Klein (164 Zentimeter), leicht rundlich, mit biederem Tiroler Dialekt und treuherzigem Blick, ist er zwar gewiß kein Playboy oder Bonvivant, aber genau der richtige Mann für Frauen mittleren oder auch schon fortgeschritteneren Alters, die nach Enttäuschungen mit anderen Männern einen soliden Partner suchen, der sie zu einer »Glücksfahrt« (eine beliebte Chiffre bei Guflers Heiratsannoncen) durch den Lebensabend einlädt.

Noch während er mit Maria E. in Ramsau (Tirol) zusammen lebt, lernt er bereits die nächste Frau kennen: Auguste Lindebner, seit zwei Jahren geschieden, um sechs Jahre älter als Gufler und Inhaberin des Zeitschriftenkioskes am Bahnhof Schwaz in Tirol. Er besucht die kleine, abgehärmte Frau, die, wie es im Gendarmeriebericht heißt, »nach Beginn der Verbindung mit Max Gufler merklich aufblühte«, immer häufiger; am 4. März 1951 gibt er bei seiner polizeilichen Anmeldung bereits ihre Wohnadresse an.

Ob er mit ihr auch sexuelle Beziehungen aufnahm, ist nicht bekannt. Gufler selbst hat es bestritten und damit begründet, daß Auguste Lindebner eine häßliche, durch einen Kropf verunstaltete Frau gewesen sei, deren »verheerender Mundgeruch« jede intime Annäherung unmöglich gemacht habe.

Am 16. April 1952 stirbt die Frau: Die Gattin des Fahrdienstleiters von Schwaz findet sie in bewußtlosem Zustand in ihrem Kiosk liegen, bringt sie — mit Hilfe des in der Nähe stehenden Max Gufler — in die Räume der Fahrdienstleitung und telefoniert nach einem Arzt. Dieser kann nur mehr den bereits eingetretenen Tod feststellen.

Als ihre Leiche sieben Jahre später exhumiert wird, stellen die Gerichtsmediziner Schlafmittelvergiftung (durch Somnifen) fest. Dieses Somnifen befand sich vermutlich in einem Getränk, das Gufler an jenem Morgen der Auguste Lindebner einflößte, an dem sie dann über Übelkeit klagte. War es Guflers erster Mord? Zu einer Anklage in diesem Punkt ist es nie gekommen, die Beweise reichten nicht aus.

Am 13. April 1952, drei Tage vor dem Tod der Auguste Lindebner, erscheint in der Wiener »Neuen Illustrierten Wochenschau« ein Heiratsinserat:

»Kriegerswitwe, 35/165, Trafikantin, sucht auf diesem Wege passenden Ehegefährten. Unter ›Aufrichtiger Charakter 2973‹.«

Unter jenen, die auf diese Anzeige der Sankt Pöltner Trafikantin Herta Junn, geboren am 12. Dezember 1915, antworten, ist Max Gufler. Junn: »Seine Antwortschreiben sind mir als stilistisch schön und fehlerfrei geschrieben aufgefallen, und von ihm selbst habe ich bei seiner persönlichen Vorstellung durch sein intelligentes Aussehen einen guten Eindruck gehabt.«

Fast alle Frauen, die mit Gufler zusammenkommen, haben einen »guten Eindruck« von ihm. Er ist so, wie er sich selbst in den von ihm aufgegebenen Heiratsanzeigen charakterisiert: »Ledig, weder Raucher noch Trinker.« Ein unendlich seriös wirkender und Vertrauen einflößender Mann, der in sentimentalen Briefen vom Sinn des irdischen Daseins, von Menschengeist und Menschenkönnen, vom Blühen in der Natur und von Gott schreibt. Und dessen Wohnung mit Sinnsprüchen biedermännischen Zuschnitts dekoriert ist: »Wo Schwalberln Nesterln bauen, da ist Glück im Haus.«

Mit Herta Junn baut er sein nächstes Nest. Die Lebensgemeinschaft mit ihr dauert bis zu seiner Verhaftung. Die Hausgemeinschaft nicht: Im Jahr 1955 muß Gufler seine Wohnung im Haus der Junn wegen dauernder Streitigkeiten mit ihren Eltern aufgeben. Er mietet sich bei einem Ehepaar in der Kupferbrunnstraße in einem Mansardenzimmer ein. Wichtigste Bedingung des Mietvertrages: Er hat den einzigen Schlüssel zu diesem Zimmer, das von niemandem außer von ihm selbst betreten werden darf. Die Vermieter nehmen diese Klausel stillschweigend zur Kenntnis und stellen auch keine Fragen, als Gufler die verglaste Eingangstür zu diesem Zimmer mit einer Decke verhängt.

Das Geheimnis des Mansardenzimmers wird erst am 31. Oktober 1958, nach Guflers Verhaftung, gelüftet: Das Zimmer ist ein einziges Magazin. Koffer und Radioapparate, Wäsche und Kleidungsstücke sind mit geradezu liebevoller Pedanterie aufgestapelt. Die von

Gufler gemietete Garage bietet das gleiche Bild: Sie ist bis zur Decke mit Gebrauchs- und Einrichtungsgegenständen der verschiedensten Art angeräumt. Sogar eine Waschmaschine und zwei Nähmaschinen sind darunter.

Und außer diesem Beutelager findet man in Guflers Zimmer eine größere Menge alkoholischer Getränke: Wein und Whisky, Kognak und Schinkenhäger. Wozu brauchte der angeblich strenge Antialkoholiker Max Gufler diese Spirituosen?

Die Beamten beschlagnahmen die Flaschen und lassen den Inhalt chemisch untersuchen. Das Ergebnis: In fast allen Flaschen finden sich mehr oder minder beträchtliche Mengen des Schlafmittels Somnifen. Es ist jenes Mittel, mit dem Gufler seine Opfer zu betäuben pflegte. Und das er unter anderem auch dem »Spezial-Magenbitter« zugesetzt hatte, den er Richard Wagner zum Trinken anbot.

Über Zusammensetzung und Wirkung von Somnifen gibt das Gutachten des Gerichtschemikers Aufschluß: »Somnifen, ein starkes Schlafmittel, enthält zwei Barbitursäure-Derivate, nämlich Diäthyl-Barbitursäure, die als ›Numal‹ in den Handel gelangt, und Allylisoporyl-Barbitursäure, die unter der Bezeichnung ›Veronal‹ allgemein bekannt ist.

Reines Somnifen hat einen bitteren Geschmack, riecht nach Fenchel bzw. Anis und wird zu Genußzwecken mit Geschmackskorrigenzien versehen. In den Handel gelangt es entweder in Tropfenform (Fläschchen zu je 12 cm^3) oder in Ampullen zu 20 cm^3. Nach ärztlicher Beobachtung verursacht der Genuß von 6 cm^3 von Somnifen tagelange Bewußtseinsstörungen. Nach Einnahme von 12 cm^3 wurden schon Todesfälle beobachtet. Als absolut tödliche Dosis ist eine Menge von 24 cm^3, das ist ein großer Schluck, anzusehen. Die Aufsaugung dieses Schlafmittels durch Magen und Darm wird durch Zusatz von Alkohol wesentlich begünstigt. Die Bewußtlosigkeit tritt bereits kurze Zeit nach dem Genuß von Somnifen ein.«

Wie Max Gufler in den Besitz so beträchtlicher Mengen dieses Mittels kam, wurde nie restlos geklärt. Er hat einmal behauptet, ein Sanitäter des Lazaretts in Meran, wo er unmittelbar nach dem Krieg als Friseur tätig war, habe ihm das Somnifen ausgefolgt, da er nach einer im Krieg erlittenen Schädelverletzung an Schlaflosigkeit gelitten habe. Diese Vorräte hätten bis Anfang 1958 gereicht. Von da an habe er das Mittel mit einem »Dauerbezugschein« erhalten.

Das, was Gufler so bezeichnet, ist eine von ihm selbst mit der Maschine geschriebene Bescheinigung, die er mit der Stampiglie »Medizinalrat Dr. Eduard Prohaska, Bad Ischl« versehen hat. Ob er damit wirklich Somnifen bezog, ist allerdings höchst zweifelhaft. Denn ein solcher Bezug hätte von der betreffenden Apotheke (die Gufler auch nie nennen konnte oder wollte) auf dieser Bescheinigung vermerkt werden müssen. Der diesbezügliche Abschnitt des »Dauerbezugscheins« war aber leer.

Fest steht, daß Max Gufler mit Hilfe dieses Somnifen vier Morde verübt hat:
- Mitte März 1952 in Wien an der Prostituierten Emilie Meystrzik,
- am 3. Juni 1958 in Niederösterreich an der Köchin Josefine Kamleitner,
- am 17. September 1958 in der Steiermark an der Hausfrau Maria Robas,
- am 16. Oktober 1958 in Niederösterreich an der Zeitungsausträgerin Juliane Nahs.

Die Vorgangsweise war zunächst in allen Fällen die gleiche: Betäubung der Opfer durch Verabreichen eines mit Somnifen vermischten alkoholischen Getränks. Nur der weitere Modus operandi war etwas verschieden: Emilie Meystrzik wurde erdrosselt, die anderen Frauen ertränkt. Die Leiche der Juliane Nahs wurde bis heute nicht gefunden. Die Donau gibt manche ihrer Opfer nicht mehr frei.

Ihr Spitzname ist »Nasenpeter«. Niemand weiß eigentlich, warum. Aber alle, die sie kennen, wissen, daß die Prostituierte Emilie Meystrzik, die in einer Zimmer-Küche-Kabinett-Wohnung in der Novaragasse in Wien-Leopoldstadt lebt, eine sehr vorsichtige, sehr zurückhaltende, sehr mißtrauische Frau ist. Nur wenige Hausparteien kennen ihren eigentlichen Beruf, wissen, daß sie, die Dreiundvierzigjährige, am Naschmarkt ihr »Gewerbe« ausübt. Die anderen Mieter halten sie für eine Sprachlehrerin oder Dolmetscherin.

Den Beamten vom Gesundheitsamt ist sie als besonders pünktliche »Klientin« der vorgeschriebenen Kontrolluntersuchungen auf venerische Krankheiten bekannt. Als sie am 11. März 1952 zur festgesetzten Zeit nicht erscheint, hält man sie zunächst für krank. Da sie auch in den nächsten Tagen nicht kommt und nichts von sich hören läßt, ersucht man am 21. März das Polizeikommissariat Leopoldstadt um ihre Vorführung.

Die Beamten läuten vergeblich an ihrer Wohnung. Die Tür bleibt verschlossen. Als sie am 27. März die Wohnung gewaltsam öffnen, finden sie im Schlafzimmer die völlig bekleidete Leiche der Emilie

Meystrzik. Unter der Leiche liegt die Mordwaffe, ein eineinhalb Meter langer, zwölf Zentimeter breiter Wollschal, mit dem die Frau erwürgt wurde. Bei der gerichtsärztlichen Obduktion wird ein »dreifacher Bruch des Ringknorpels und ein beiderseitiger Abbruch der Schildknorpelhörner« festgestellt.

Aus der Wohnung fehlen zwei Goldringe, ein goldenes Armband, ein goldenes Zwanzig-Francs-Stück, eine Brosche, eine Damenarmbanduhr, ein Silberarmband, zwei Silberfüchse, ein Rauhledermantel, ein Stoffmantel, ein Staubmantel, ein Teppich, zwei Bettvorleger, ein lettischer Radioapparat, verschiedene Kleidungsstücke und ein großer, mit Holzleisten versehener hellbrauner Schrankkoffer.

Trotz aller Bemühungen der Polizei gelingt es nicht, den Täter zu finden. Hinweise des Neffen der Ermordeten, seine Tante habe ihm am 9. März freudig erzählt, für sie interessiere sich ein deutscher Fabrikant, der sie heiraten wolle und der anläßlich der Frühjahrsmesse nach Wien gekommen sei, erweisen sich als nicht zielführend. Der Mordfall Emilie Meystrzik gerät in Vergessenheit.

In Guflers Beutelager findet sich dann ein Teil der verschwundenen Gegenstände: Da ist noch der Rauhledermantel und der lettische Radioapparat — Dinge, die der sparsame und pedantische Kleinbürger Max Gufler ebenso aufgehoben hat wie verschiedene Kleidungsstücke der Ermordeten. Und man findet auch den Schrankkoffer. Nicht einmal von diesem voluminösen und unhandlichen Stück wollte sich Gufler trennen. Die einzige Änderung, die er daran vornahm: Durch Abkratzen des kurzen Mittelstriches und Hinzufügen der Unterschleife macht er aus dem mit roter Farbe auf dem Kofferdeckel aufgemalten Buchstaben »E« ein »G«. Die Initialen lauten nun »GM« statt »EM«, nicht mehr Emilie Meystrzik, sondern Gufler Max.

Jener Gufler Max, der sogar eine so notorisch mißtrauische Frau wie Emilie Meystrzik dazu bringen konnte, ihn ganz gegen ihre Gewohnheit in ihre Wohnung zu lassen. Jener Max Gufler, der es ohne Zweifel auch war, der sich ihr gegenüber als heiratslustiger deutscher Fabrikant ausgab. Und jener Max Gufler, der schließlich seinem Opfer ein Schlafmittel einflößte (bei der Exhumierung der Leiche wurden noch nach sechs Jahren Barbitursäure-Derivate festgestellt) und es in bewußtlosem Zustand erwürgte, ohne mit irgendeiner Gegenwehr rechnen zu müssen.

Das war 1952. Aber auch später, zur Zeit seiner Lebensgemeinschaft mit Herta Junn, unterhält Max Gufler rege Beziehungen zu einer Reihe anderer Frauen. Die übliche Art des Kennenlernens: eine Heiratsanzeige in der »Neuen Illustrierten Wochenschau«, sei es, daß Gufler selbst solche aufgibt, sei es, daß er auf derartige Annoncen (vor allem auf solche, in denen auf nicht unbeträchtliche Barmittel der Ehewerberin hingewiesen wird) antwortet.

Gufler hat mit seinen Anzeigen durchwegs beachtlichen Erfolg. In seiner Altersgruppe sind die Frauen bei weitem in der Überzahl, die Männer durch den Zweiten Weltkrieg erheblich dezimiert. Er kann seine Opfer nach Herzenslust auswählen. Er wählt als nächstes Josefine Kamleitner.

Die kleine, blonde, fünfundvierzigjährige Frau heißt eigentlich Josefine Weilguny. Sie wurde, wie das Familienbuch beurkundet, am 19. Dezember 1942 vom Standesbeamten in Neustadtl an der Donau mit dem um zwei Jahre älteren Franz Weilguny getraut. Mit einem Franz Weilguny allerdings, den damals bereits russische Erde deckte: Er war im April 1942 gefallen; die »Heirat« war eine sogenannte »Stahlhelmehe«. Hitler wollte, daß die Bräute seiner gefallenen Soldaten sich zumindest als reguläre Witwen fühlen sollten.

Auch sonst hat Josefine Kamleitner alias Weilguny im Leben nicht viel Glück gehabt. Ihr Beruf als Gasthausköchin in Kitzbühel fällt ihr wegen eines Fußleidens schwer, und überhaupt ist sie nicht allzu gesund. Sie sucht Sicherheit und menschliche Wärme und meint beides bei dem Mann aus Sankt Pölten zu finden, der mit ihr eine gemeinsame Zukunft aufbauen und eine Warenhandlung als Existenzgrundlage kaufen will.

Sie kündigt am 1. Juni 1958 ihren Posten, hebt von ihren Ersparnissen einen Betrag von 10 000 Schilling ab, fährt mit Gufler zu ihren beiden Schwestern nach Niederösterreich, wo sie einen Großteil ihrer Sachen eingestellt hat und erzählt den Geschwistern freudestrahlend, sie werde in drei Wochen heiraten und mit dem Mann an ihrer Seite ein Geschäft in Bad Vöslau eröffnen.

Gufler ist ein frommer Mann. Nicht nur, daß die Hochzeit (zu der er schon jetzt die beiden Schwestern seiner Braut mit umständlicher Höflichkeit einlädt) in dem Wallfahrtsort Maria Taferl an der Donau stattfinden soll, er weiß auch, was sich vor der Ehe gehört. Er besucht mit Josefine Kamleitner die Basilika von Mariazell und vergißt auch den Namenstag seiner Mutter nicht: Sie erhält ein Bild der Muttergottes mit seinen besten Wünschen.

Von der Stätte des Gebetes geht dann die Fahrt direkt in den Tod. In Mautern an der Donau erweist sich Max Gufler noch einmal als perfekter Kavalier. Er bietet seiner künftigen Frau aus einer Flasche

Weichsellikör an, kostet auch selbst davon. Für Josefine Kamleitner hat er aber noch eine andere Flasche bereit: »Eine Spezialität, mein Täubchen.« Wenige Minuten später wirkt das darin enthaltene Somnifen: Die Frau wird bewußtlos.

Gufler hat hier gute Ortskenntnisse, denn dieses Gebiet gehört zu seinem Rayon als Versicherungsvertreter. Bei einem Steinbruch in der Nähe von Rossatz führt die Straße unmittelbar neben der Donau vorbei. In ihren Fluten versinkt Josefine Kamleitner, als Gufler die Bewußtlose in das Wasser rollen läßt.

Elf Tage später, am 14. Juni 1958, sucht Gufler die beiden ahnungslosen Schwestern der Ermordeten auf, um ihre Sachen abzuholen. Maria Großsteiner und Johanna Huber haben zwar von der Frauenleiche gelesen, die bei Tulln aus der Donau geborgen wurde. Aber sie ahnen nicht im entferntesten, daß die Tote ihre Schwester sein könnte. Bedenkenlos folgen sie dem Mörder den gesamten Besitz ihrer Schwester aus. Er bestellt ihnen schöne Grüße von Josefine Kamleitner, der »der Arzt ein paar Tage Bettruhe verordnet hat«. Nach seiner Verhaftung werden bei Max Gufler mehr als hundert Gegenstände aus dem Besitz dieses Opfers sichergestellt.

»Nicht unbemittelt«: Wenn Gufler diesen Beisatz in dem Heiratsinserat einer Frau liest, erwacht sein Interesse. Als die Repassiererin Margarete Hofmann eine solche Anzeige in der »Neuen Illustrierten Wochenschau« aufgibt, erhält sie postwendend einen Brief des rührigen »Versicherungsinspektors«. Sie ist gehbehindert, aber das stört ihn in keiner Weise, im Gegenteil: »Solche Frauen halten am ehesten die eheliche Treue.«

Er unternimmt mit ihr eine Spazierfahrt durch das Waldviertel, gibt sich als erfahrener Chiromant aus und deutet der Frau aus ihren Handlinien eine wenig erfreuliche Zukunft: »Ja, Weibi, du wirst nicht alt, du wirst nicht lange leben.« Margarete Hofmann bekommt es mit der Angst zu tun und macht instinktiv das Richtige. Sie schreibt Gufler »reuevoll« einen Brief und gesteht ihm zerknirscht, der Zusatz »Nicht unbemittelt« in ihrem Inserat stimme leider nicht; in Wirklichkeit besitze sie nichts. Die Reaktion erfolgt prompt: Gufler bricht jeden Kontakt mit ihr ab.

»Es war der traurigste Mord von allen«, sagt Gufler bei der Polizei über den Tod der Juliane Nahs, »es hat sich gar nicht ausgezahlt, sie hat kein Geld gehabt.«

Es war wirklich der traurigste Mord, es war ein Opfer, das schon zu Lebzeiten beinahe tot war. Juliane Nahs, 48 Jahre alt, ist Zeitungsausträgerin in Fohnsdorf. Sie hat unter anderem die »Neue Illustrierte Wochenschau« zuzustellen; man gewährt ihr dafür eine Begünstigung: kostenlose Einschaltung von zwei Heiratsanzeigen. So lernt sie ihren Mörder kennen.

Juliane Nahs ist ein zutiefst bedauernswerter Mensch: seelisch schwerstens gestört, ein paranoider Sonderling; sie befürchtet von allen ihren Verwandten und Bekannten Böses — vor allem die Einweisung in eine Nervenheilanstalt. Als sie nicht mehr aus und ein weiß, unternimmt sie einen Selbstmordversuch. Sie schneidet sich die Pulsadern auf, wird aber gerettet.

Im Oktober scheint sich für sie alles zum Guten zu wenden. Sie erzählt ihrer Schwägerin, daß sie durch eine Annonce einen Mann kennengelernt habe, der sie von Fohnsdorf herausholen und nach Wien bringen wolle.

Der Mann kommt wirklich. Am 16. Oktober 1958 fährt Max Gufler mit seinem Wagen in Fohnsdorf vor, stellt sich gegenüber den Geschwistern der Nahs mit dem Namen »Wotnik« vor, läßt seine neue »Braut« alle ihr gehörenden Gegenstände zusammenpacken und in das Auto verladen und fährt gemeinsam mit ihr gegen 17 Uhr in Richtung Wien weg.

Sie kommen nie nach Wien. Gufler fährt mit seinem völlig ortsunkundigen Opfer dorthin, wo er vor vier Monaten Josefine Kamleitner ermordet hat: in die Wachau. Dann geht alles wie üblich vor sich: zuerst harmloser Weichselschnaps, dann ein alkoholisches Getränk mit Zusatz von Somnifen und Bewußtlosigkeit des Opfers. Gegen Mitternacht versinkt Juliane Nahs beim Landungssteg der Rollfähre in Weißenkirchen in den Fluten der Donau. Ihre Leiche wurde bis heute nicht gefunden.

Am 29. Oktober langt beim Gendarmerieposten Fohnsdorf ein Schreiben folgenden Wortlauts ein:

»Teile Ihnen mit, daß ich Maria Naß in Fohnsdorf, Judenburgerstraße 14 von zu Hause fort bin, da ich von meinen Leuten verfolgt werde, sie haben schon nach meinem Leben getrachtet. Ich hatte soviel mitgemacht, daß ich mir schon das Leben nehmen wollte.

Ich fahre nach Deutschland und melde mich polizeilich von meiner Heimat für ständig ab. Übersende zugleich sämtliche Schlüssel von der Wohnung, alles, was noch von mir in meiner Wohnung sich befindet, gehört meinem Bruder, für den ich die Wirtschaft geführt habe. Im

Die berühmteste Tatwaffe der Nachkriegszeit: Mit dieser Fleischmaschine *(1)* ermordete Adrienne Eckhardt den »Cadbury-König« Johann Arthold. Bei einem Lokalaugenschein am Tatort bemüht man sich um eine möglichst genaue Rekonstruktion der Tat *(2)*.

Arthold (3) liegt blutüberströmt mit durchschnittener Kehle und zertrümmertem Schädel im Lagerraum seines Lebensmittelgeschäftes in der Wiener Alser Straße. Adrienne Eckhardt demonstriert, wie sie den ersten Hieb gegen den Kopf Artholds führte (4) und wie sie anschließend aufsprang und sich am Eiskasten festhielt (5). Die Polizeiskizze (6) gibt einen Gesamtüberblick über den Tatort.

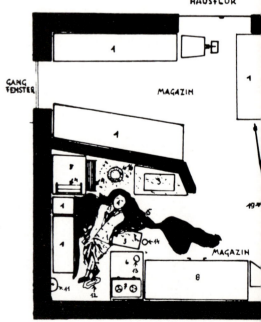

LEGENDE:

LAGEN MIT LEBENSMITTEL   6 = TISCH   11 = WASSERLEITUNG   15 = TUCH
GE   7 = GASRECHAUD   12 = HALSTUCH   16 = WEITLING
KISTE   8 = EISKASTEN   13 = HALBVOLLE BIERFL.   17 = MESSER
TER   9 = VERKAUFSPULT M. AUFSATZ   14 = PAPIERBECHER   18 = KLAPPULT
ERNE KASSE   10 = KASSA
19. TELEFON

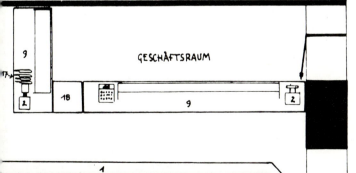

Der in der Rocktasche des toten Arthold gefundene Straßenbahnfahrschein *(7)* führte zur Ausforschung der Eckhardt. In der Hauptverhandlung gegen sie wurde der bekannte Kriminalist Hofrat Dr. Heger *(8)* als Zeuge und der Gerichtsmediziner Professor Dr. Schwarzacher *(9)* als Sachverständiger vernommen. Verteidiger war der Wiener Staranwalt Dr. Michael Stern *(10)*.

9

10

Mit der Verhaftung des »radelnden Unholds von Steyr«, Alfred Engleder *(11)*, konnten sechs Überfälle auf junge Frauen in Oberösterreich *(12)* aufgeklärt werden. Engleder demonstriert *(13)* das Attentat auf Elfriede Kranawetter. Nach seinem letzten Mord schrieb er diesen anonymen Brief *(14)*.

Ich bin der Mörder
Ich erlebte am Pfingstmontag eine schwere Enttäuschung mit einem Mädchen die ich sehr gerne hatte. Ich hatte eine große Wut. Ich betrank mich mit der Absicht bei Einbruch der Dunkelheit in die Gegend hinaus zu fahren und die die nächst beste die mir unterkommt niederschlagen. Ich fuhr nach Grünburg. Bei Einbruch der Dunkelheit wieder zurück bis Pichlern mit der Absicht Richtung Sierning – Bad Hall. Beim Ortseingang von Sierning stieg ich ab um meine Notdurft zu verrichten In der Nähe sah ich zwei Frauen und einen Mann stehen Kurz darauf sah ich den Mann und ein Mädchen in den Ort gehen und ein Mädchen allein einen anderen Weg gehen Ich fuhr an den Ort heran dort stand ein kleines Häus-

Die Polizei bemüht sich, die Sexualmorde und -überfälle des Alfred Engleder möglichst genau zu rekonstruieren, wobei jeweils ein Kriminalbeamter in Frauenkleidung die Rolle des Opfers spielt (15, 16, 19). Beim Überfall auf Gertrude Brunner kam der Täter mit dem Rad zum Sturz (18), nach der Ermordung der Margarete Fluch versteckte er sein Rad (17).

18

19

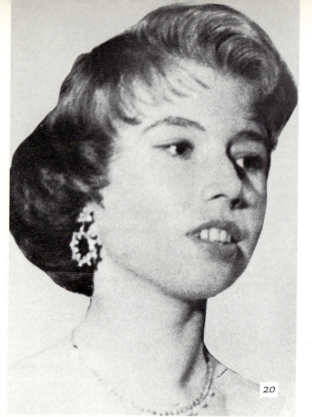

So sah Ilona Faber (20) aus, die am 15. April 1958 im Park (21) beim »Russendenkmal« in Wien ermordet aufgefunden wurde. Die Ermordete war nackt und teilweise mit Erde bedeckt (22). Polizeibeamte versuchen die gräßliche Tat mittels Puppe zu rekonstruieren (23).

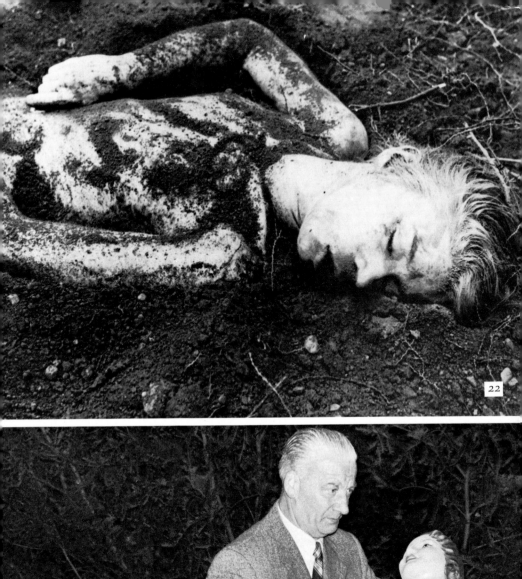

22

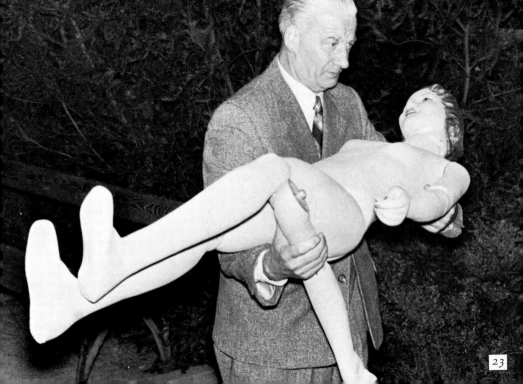

23

Die Schwester Ilona Fabers zeigt einem Reporter einen Handschuh ihrer Schwester (24). War der Besitzer dieser Kiste (25) der Mörder Ilonas?

Eines der Opfer Johann Bergmanns: die Wiener Prostituierte Juliane Emsenhuber (27). Der Sarg der Ermordeten wird aus dem Haus im vierten Wiener Gemeindebezirk getragen (26).

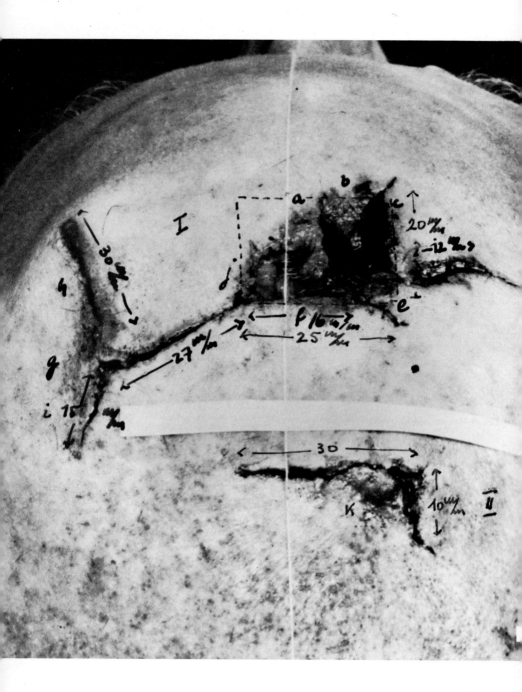

Der bei der Obduktion glattrasierte Schädel der ermordeten Emsenhuber läßt die Hiebstellen deutlich erkennen *(28)*. Grinsend demonstriert Johann Bergmann den Tathergang *(29, 30)*.

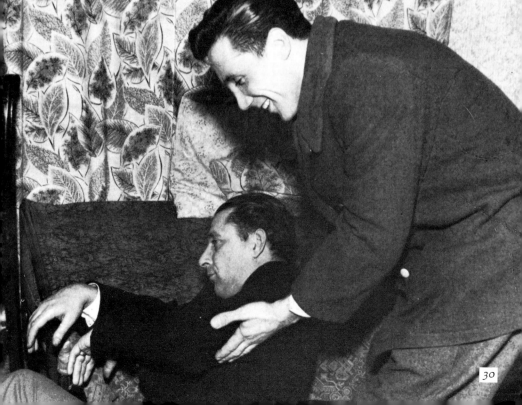

Bergmann schildert *(31)* die Begegnung mit Josefa Kollmann, durch deren Lächeln er sich verhöhnt fühlte. An einem Kriminalbeamten zeigt er, wie er die Frau würgte *(32)*.

Der Richtertisch im Mordprozeß gegen Maximilian Gufler, den »Blaubart von Sankt Pölten«: In diesen Flaschen *(33)* befand sich das tödliche Somnifen. Zwei seiner Opfer: Josefine Kamleitner *(34)* und Maria Robas *(35)*.

Im Polizeilager *(36)* stapelt sich das mit akriber Sammlerleidenschaft gehortete Raub- und Diebsgut Guflers. Auch vor Gericht wirkt Gufler *(37)* eher wie ein biederer Kleinbürger denn wie ein Massenmörder.

Landesgericht für Strafsachen Wien
Eingel. **28. MRZ. 1952** Uhr Min.
Nach Beilagen
Halbschriften Akte

27c Vr 2449/52
Ur 366/52

Antrags- und Verfügungsbogen

Strafsache gegen UT. an Emilie Meystrwik   *Leiche*

wegen § 134 StG.

Erster Antrag der Staatsanwaltschaft.   Geschäftszahl 31 St 6589/52

Ich ersuche um Vornahme folgender Erhebungen:

Gerichtsärztl. Öffnung der Leiche der Emilie Meystrwik.

Staatsanwaltschaft Wien, 28.3.52.

AV 29.3.1952

StPO Form. Nr. 210 (Antrags- und Verfügungsbogen für Vorerhebungen).
Druckerei Strafanstalt Stein (Donau).

Am 28. März 1952 beantragte die Staatsanwaltschaft die gerichtliche Obduktion *(38)* der Leiche der Prostituierten Emilie Meystrzik *(39)*, die Gufler erdrosselt hatte. Daß Meystrzik der ärztlichen Kontrolluntersuchung nicht nachkam *(41)*, führte zur polizeilichen Öffnung ihrer Wohnung und zur Entdeckung der Leiche *(40)*.

Matthias Kindlinger und seine Frau Margarethe *(42)*, die er ermordete. Beim Lokalaugenschein *(43)* wird seine Darstellung der Fesselung durch einen Fremden gerichtsmedizinisch widerlegt. Das Gericht tagt im Kinosaal in Schrems *(44)*.

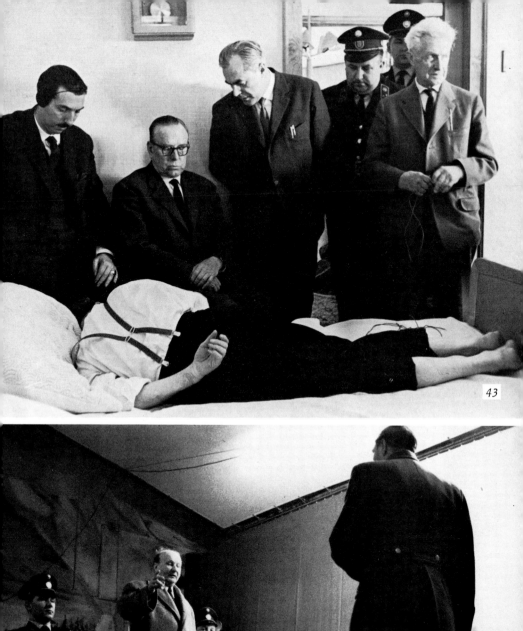

Das Opfer des Sadisten Johann Rogatsch: die bildhübsche Studentin Ilse Moschner *(45)*. Einige Leichenteile verbrannte der Mörder in der Waschküche *(46)* seines Wohnhauses in der Florianigasse, andere warf er in den Abfallkübel *(47)*.

Rogatsch demonstriert (48) den ersten Schlag gegen Ilse Moschner und weitere Schläge gegen den Kopf der am Boden Liegenden (49). Der stark beschädigte Mantel (50) der Ermordeten wurde im gerichtsmedizinischen Institut untersucht.

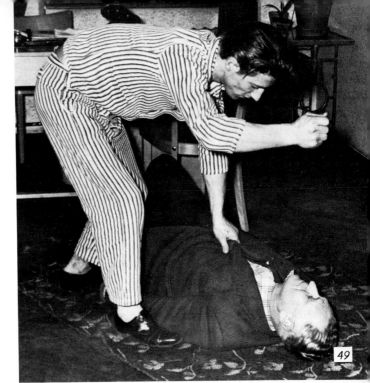

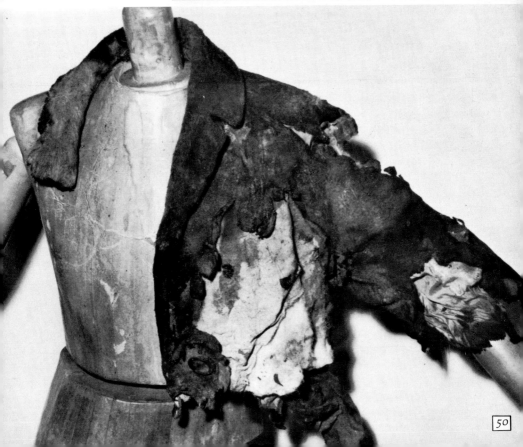

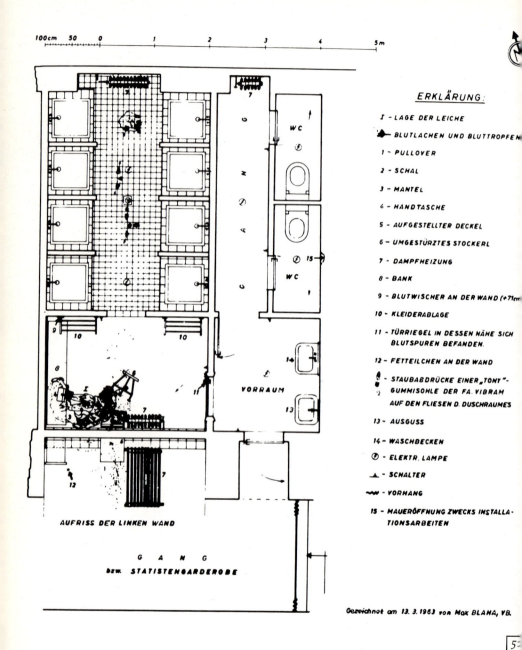

In den Duschräumen (51) für das Personal der Wiener Staatsoper wurde am 12. März 1963 die zehnjährige Ballettelevin Dagmar Fuhrich ermordet.

Die Blutspuren am Boden des Waschraums (52) sind deutlich sichtbar. Der Arbeit der Gerichtsmediziner kommt hier besondere Bedeutung zu: Professor Breitenecker untersucht die Eingangstür der Staatsoper nach weiteren Spuren (53), am Fußboden werden Vermessungen vorgenommen (54).

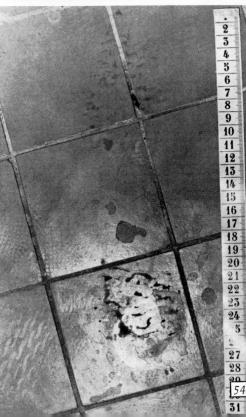

55

Sie half, den »Opernmörder« Josef Weinwurm festzunehmen: die couragierte Pensionistin Emma Lasch (55). An der Jacke des Täters wurden Blutflecken (56) gefunden. Im April 1964 hatte Josef Weinwurm (57) sich vor einem Geschworenengericht unter Vorsitz von Oberlandesgerichtsrat Dr. August Schachermayr (59) wegen Mordes an Dagmar Fuhrich und anderer Verbrechen zu verantworten. Ankläger war Erster Staatsanwalt Dr. Otto Breycha (58).

60

62

Der 17jährige Mittelschüler Rainer Maria Warchalowsky demonstriert seine Wahnsinnstat, mit der er seine Familie ausrottete: Er nimmt aus der Stahlkassette die Pistole (60), schießt auf seinen im Bett liegenden Bruder (61) und zerhackt dessen Kopf (62), erschlägt und erdolcht seinen gehaßten Vater (63), erschlägt mit der Hacke seine geliebte Mutter (64), legt den toten Körper des Vaters in die Betttruhe (65) und sticht mit dem Bajonett mehrmals in den Nacken seiner am Boden liegenden Mutter (66).

63

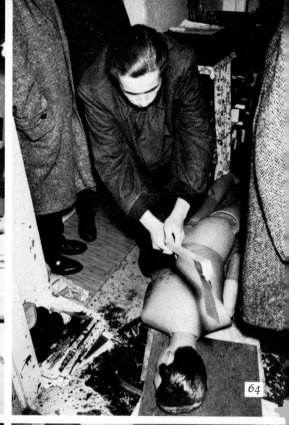

64

65

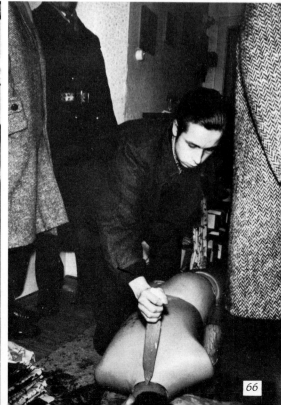

66

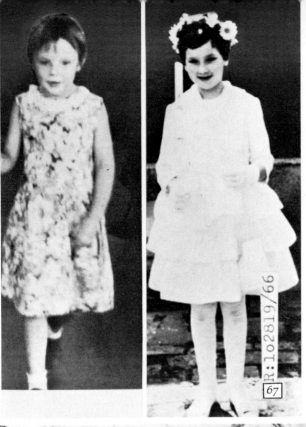

Für Elfriede (rechts) und Karola (links) Krystl *(67)* wurde der Kirchgang wahrhaft zum Kreuzgang. Der Kochlehrling Karl Mras *(69)* — im Gespräch mit seinem Anwalt Dr. Gaigg — mordete die beiden Kinder in seiner Wohnung und versteckte die Leichen in einem Kanalschacht *(68, 70)*. Als Packpapier diente die Sonntagsausgabe einer Tageszeitung *(71)*.

Herbert Zimmer und Stefan Grimmel ermordeten im Erziehungsheim Eggenburg ihre beiden Mitzöglinge Peter Ihle und Peter Vojik. Beim Lokalaugenschein zeigt Stefan Grimmel (74) den Tathergang (72, 73).

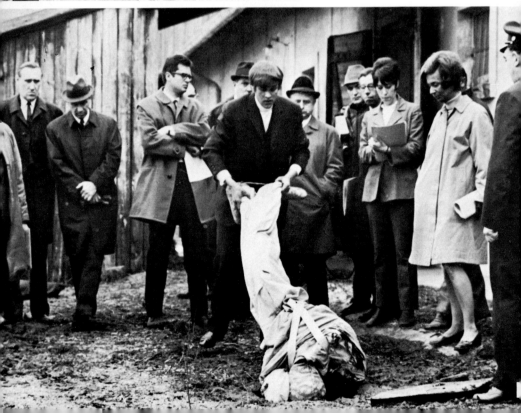

Der Polizist Ernst Karl erschoß in der Tivoli-Garage *(75)* in Wien-Meidling seine Mitwisser Johann Kihsl und Walter Pöttler. Vor dem Kopf der Leiche Pöttlers eine Gesichtsmaske aus einem Damenstrumpf und ein Taschenkamm *(76)*. Auch als Angeklagter gibt Karl sich noch heiter *(77)*.

Der Autor dieses Buches, Dr. Werner Olscher, demonstriert im Prozeß gegen Ernst Karl als Staatsanwalt den Geschworenen die Tatwaffen *(78)*. Der Angeklagte Karl *(79)* bleibt auch ruhig, als ihn eine Zeugin »Mörder« nennt *(80)*.

Am frühen Morgen des 4. Dezember 1965 wird Ulfried Meixner in der Nähe des Pappelteiches in Wien-Mauer in seinem Taxi (81) erschossen aufgefunden. Polizeihund Kondor wird zur Spurensuche eingesetzt (82). Ein anonymer Psychopath bezichtigte sich selbst der Tat (83). Die Mordwaffe (84) — eine Pistole P 38.

Der Mörder, Franz Chalupsky (88), wurde erst Jahre nach der Tat verhaftet: zunächst nicht als Mörder, sondern als Autodieb. Kriminalbeamte rekonstruieren die Abgabe der tödlichen Schüsse (85, 86, 87) im Taxi.

Auf diesem Müllablagerungsplatz *(89)* in Mannswörth vergrub Stefan Frauenschill die Leiche seines Schulfreundes Stefan Philipp, den er erschossen hatte, weil er ihn für einen »Verräter« hielt. Suche und Bergung des Toten gestalteten sich schwierig *(90, 91, 92)*.

Der junge Stefan Philipp *(93)* starb einen sinnlosen Tod. Sein Mörder Stefan Frauenschill *(94)* wurde zu lebenslangem Kerker verurteilt.

Keller ist auch mein Fahrrad und Handwagerl, auch dies gehört ihm. Er soll es verkaufen, und somit ist auch der Betrag von S 400,— gedeckt.

Wäre ich noch länger geblieben, so hätte es noch ein großes Unglück gegeben.

Achtungsvoll
M. Naß«

Der Brief stammt von Max Gufler. Es ist darinnen weder der Vorname seines Opfers (Juliane, nicht Maria) richtig angegeben noch der Familienname richtig geschrieben (Nahs, nicht Naß). Solche Kleinigkeiten kümmern den Mörder in seiner Eile nicht.

Ehe er aber den fingierten Brief an die Gendarmerie schreibt, eignet sich Gufler allerdings noch den restlichen Hausrat der Ermordeten an. Am 18. Oktober kommt er wieder nach Fohnsdorf, sperrt die Wohnung der Toten mit deren Schlüsseln auf und verpackt alles, was bei seinem ersten Besuch zurückgeblieben ist, in seinen Wagen. Als ihn Anna Nahs, die Schwägerin Julianes, zur Rede stellt, ist er um eine Antwort nicht verlegen. Anna Nahs erinnert sich: »Am Samstag erschien in meiner Wohnung Max Gufler und fragte mich, ob ich den Kanarienvogel von Julie übernehmen wollte, was ich ablehnte. Ich sagte ihm, er soll den Kanarienvogel doch zur anderen Schwägerin geben.

Als ich ihn fragte, wo Julie jetzt sei, sagte er, daß sie beim Zeitungsverlag Morawa in Wien arbeite. Er bemerkte auch, daß er Sachen von ihr nach Wien nachbringen müsse. Ich half ihm noch die Nähmaschine in seinen Wagen tragen.

Anschließend sah ich noch, wie er den verkachelten Zimmerofen von Julie und rötliche Joka-Matratzen hinaustrug. Außerdem nahm er noch die Tuchent mit einem blaugeblümten Überzug und die Steppdecke fort.

Bevor er wegfuhr, fragte ich ihn, ob Julie noch einmal zurückkommen wird. Daraufhin antwortete er: ›Nein, sie kommt nicht wieder!‹«

Anschließend fährt Max Gufler nach München und schreibt von dort — der Zweck konnte bis heute nicht geklärt werden — die eingangs zitierten Briefe an den Innsbrucker Notar Dr. Moshelmer und an Josef Robas, den geschiedenen Mann jener Maria Robas aus Reifnitz am Wörther See, die er am 17. September in die Steiermark gebracht, gleichfalls mit Somnifen betäubt und dann in den Kaltenbach gelegt hat, wo sie ertrank. Gerade dieser Mord an Maria Robas wurde ihm dann zum Verhängnis.

Am 31. Oktober 1958 wird Max Gufler in seiner Wohnung in der Kupferbrunnstraße verhaftet. Der »Blaubart von Sankt Pölten« ist gefaßt. Sein Aberglaube bestätigte sich: In seinem Notizbuch hat er — »bis 1960 gültig« — als »schlechte Tage« angeführt: 10., 28. und 31. jedes Monats.

Zwei prominente Wiener Psychiater erhalten den Auftrag, Max Gufler auf »Zurechnungsfähigkeit« zu untersuchen: Dr. Anton Rolleder und Dr. Otto Schiller. Sie gehen in ihren Gutachten konform: Psychopathie, aber keine Geistesstörung.

Psychiater Schiller: »Ich stehe zwar auf dem Standpunkt, daß die Psychopathie-Diagnose viel zu häufig gestellt wird, aber im Falle des Untersuchten muß auch ich mich zu dieser Diagnose bekennen.«

Und er zählt die »kardinalen Punkte der Psychopathie«, die bei Gufler gegeben sind, auf:
- Fehlen des Gewissens,
- Fehlen der neurotischen Angst,
- unfähig, Spannungen zu ertragen,
- Fehlen der Libido außer gegenüber dem eigenen Ich,
- Betroffensein der ganzen Persönlichkeit (und nicht nur etwa eines bestimmten Sektors).

Das Gutachten schließt etwas kompliziert: »Es darf daher ausgesagt werden, daß bei eingehender Würdigung aller Beurteilungsgrundlagen kein Platz dafür bleibt, das Vorliegen krankhaft gestörter Geistestätigkeit auch nur ernsthaft in Erwägung zu ziehen.«

Eine psychiatrische Würdigung von Guflers kleinbürgerlicher Pedanterie und akriber Sammelleidenschaft findet sich in den Akten nicht. Manchmal wird man an den »Kleinbürger und Großinquisitor« (Joachim C. Fest) Heinrich Himmler, Reichsführer der SS, erinnert, der gleichfalls, wie Josef Ackermann in dem Buch »Heinrich Himmler als Ideologe« bekundet, von einer wahren Besessenheit war, »automatenhaft, jedes Ereignis exakt zu verzeichnen«, ob es sich nun um Sommerfreuden am Staffelsee (»zum 4tenmal gebadet«, »zum 9tenmal gebadet«, »zum 15ten- und letztenmal gebadet«), um Weihnachtsfeiern in der Jugend (»Von Gebhard erhielt ich ein Pfeiferl, Gebhard von mir den Zupfgeigenhansl und ein Guitarreband«) oder später um die Auspeitschung weiblicher Häftlinge im Konzentrationslager Ravensbrück (»bis zu 75mal auf das unbekleidete Gesäß«) handelte, worin sein Biograph »Anhalte für die minuziöse Planung bei der Durchführung seiner Aufgaben, zum Beispiel bei der Endlösung der Judenfrage« sieht. Der Vergleich mag weit herbeigeholt erscheinen;

aber die Ähnlichkeit gewisser Wesenszüge bei dem politischen Massenmörder Himmler und dem kriminellen Frauenmörder Max Gufler ist nicht zu übersehen: Pedanterie und Sammelleidenschaft (Himmler ließ etwa im »Sachsenhain« bei Verden 4500 Findlinge aus ebenso vielen niedersächsischen Dörfern zusammentragen — als Gedenkstätte für ebenso viele von Karl dem Großen hingerichtete heidnische Sachsen), Kleinbürgertum und nach außen biedere, fast schon langweilige Solidheit. Guflers Heiratsanzeigen hätten auch vom jungen Himmler stammen können, das darin gezeichnete Selbstporträt hätte auch auf diesen gepaßt.

Die Staatsanwaltschaft freilich verzichtet in ihrer Anklageschrift vom 12. Dezember 1960 auf derartige psychologische Parallelitäten und zeichnet ein kraß-materialistisches Charakterbild des »Teufels von Sankt Pölten«, wie ihn der Volksmund bereits nennt: »Die Beantwortung der Frage, welcher Beweggrund Gufler zur Begehung seiner zahlreichen und überaus schweren Verbrechen antrieb, wird in der offenbar maßlosen Habgier des Beschuldigten zu suchen und zu finden sein. Allen ihm zur Last gelegten verbrecherischen Handlungen liegt das Bestreben zugrunde, möglichst mühelos und ohne Arbeit zu Geld und zu Sachwerten zu kommen, um auf diese Weise ein bequemes Leben führen zu können. Die Zielstrebigkeit seiner bis in die kleinsten Einzelheiten vorbedachten verbrecherischen Handlungen, ihre Wiederholung und ihre Gleichartigkeit zeigen deutlich, daß der Beschuldigte sein Ziel, seine Habgier zu befriedigen und zu diesem Zweck insbesondere alleinstehende Frauen um ihre Ersparnisse zu bringen, skrupellos und mit Hartnäckigkeit so lange verfolgte, bis ihm endlich durch seine Verhaftung das Handwerk gelegt wurde.«

Noch konkreter wird die »Stuttgarter Zeitung«, die Guflers »Autoleidenschaft« als Hauptmotiv für seine Verbrechen vermutet: »Die Aufstellung seiner bezahlten Autorechnungen ist ein schwerwiegendes Indiz. Die Daten der Morde und der bezahlten Autoreparatur- und Kaufrechnungen liegen jeweils dicht hintereinander.«

Untersuchungsrichter Dr. Pullez hat es mit seinem Häftling nicht leicht. Das Beschuldigtenprotokoll nimmt für sich allein schon fast einen eigenen Band der insgesamt fast 20 000 Seiten umfassenden Akten ein. Jedem Geständnis folgt prompt ein Widerruf, dann wieder eine Rückkehr zu den ursprünglichen Angaben. So ergeht es fast jedem einzelnen Faktum: Geständnis, Widerruf, Geständnis, Widerruf und so fort.

Vor allem liebt es Gufler, neue Personen in das makabre Spiel einzuführen. Da gibt es etwa einen Korbflechter namens Franz Heraf, den er beschuldigt, bei den Morden an Josefine Kamleitner, Maria Robas und Juliane Nahs sein Komplize gewesen zu sein, da ist ein Leo Scheppan, von dem er die Gegenstände aus dem Besitz der ermordeten Prostituierten Emilie Meystrzik erhalten haben will, und schließlich ein gewisser Perathoner (»zirka 40 Jahre alt, 166 Zentimeter groß, schlank, mit brauner Perücke und falschem Bart«). Diesem Perathoner habe er die Frauen »zugeführt«, und dieser müsse sie ermordet haben.

Die Sicherheitsbehörden gehen auch diesen Spuren nach. Der ominöse Perathoner wird nie gefunden, bei Franz Heraf stellt sich dessen völlige Schuldlosigkeit heraus, und Leo Scheppan ist am 28. September 1958 bei einem Verkehrsunfall in der Nähe von Prinzersdorf tödlich verunglückt. Er hat seinerzeit als Kronzeuge gegen Gufler in einem Verfahren wegen Pornographie beim Wiener Jugendgerichtshof (in dem Gufler allerdings freigesprochen wurde) fungiert. Die jetzige Beschuldigung ist offenbar eine Art posthumer Rache Guflers für diesen seinerzeitigen »Verrat«.

Im Zuge der Voruntersuchung kommt übrigens ein weiteres Verbrechen ans Tageslicht. Am Weihnachtsabend des Jahres 1951 hat Gufler auf den Wiener Juwelier Karl Kovaricek mit einer Kommer-Pistole einen bewaffneten Raubüberfall begangen und dabei Geld und Schmuck erbeutet. Ein Teil dieses Schmucks wird in der Wohnung des Täters, die Pistole in seiner Garage gefunden. Nur einem glücklichen Zufall verdankt Kovaricek, der damals von dem Räuber in den Hals geschossen wurde, sein Leben.

Auch diesen Raubmordversuch gibt Gufler bei seinen Vernehmungen einmal zu, dann bestreitet er ihn wieder hartnäckig. Für die Herkunft der Pistole und des Schmucks hat er wieder eine seiner »Erklärungen« bereit: Er habe sie von einem Kriegskameraden namens Heinz Vollmer bekommen. Auch die Suche nach diesem ominösen Mann verläuft völlig ergebnislos.

In der Haft erweist sich Gufler als ein überaus wehleidig-larmoyanter Gefangener. Einmal klagt er über mangelnden Appetit, dann wieder über schlechten Schlaf. Die Gefangenenhausverwaltung hält dazu in einem Bericht fest: »Sämtliche befragten Beamten der Gefängnisabteilung, des Wachkommandos und des Wachzimmers gaben einmütig an, daß Gufler sich während der ganzen Zeit seiner Anhaltung in der hiesigen Anstalt eines einmaligen, ganz besonders guten Schlafes erfreut. Er hat auch keinem Beamten gegenüber jemals über Schlaflosigkeit geklagt.

Gleichzeitig wird angeführt, daß Gufler auch einen fast unstillbaren Appetit an den Tag legt.«

Als er erfährt, daß die Hauptverhandlung gegen ihn in Kürze eröffnet wird, hat der Mörder wieder andere Sorgen. Er will gut und vorteilhaft aussehen. »Bitte meinen Herrn Vorsitzenden«, schreibt er an den Vizepräsidenten Dr. Otto Cernstein, der mit der Verhandlungsführung betraut ist, »um den dunkelgrauen Anzug mit den Hosenträgern, ein Sonntagshemd und ein paar Schuhe.« Wenn man ihm diesen Wunsch nicht erfüllt, wäre er »gezwungen, von der Verhandlung als Angeklagter fernbleiben zu müssen«.

Der »spektakulärste Mordprozeß der Nachkriegszeit« (so die Wiener Tageszeitung »Neues Österreich«) beginnt am Montag, dem 10. April 1961, einen Tag vor der Eröffnung eines international noch viel aufsehenerregenderen Verfahrens, der Verhandlung gegen den von israelischen Geheimagenten in Argentinien gekidnappten »Endlöser« Adolf Eichmann vor einem Tribunal in Jerusalem.

Die Verhandlung gegen Max Gufler ist für vier Wochen (jeden Montag, Dienstag, Mittwoch und Freitag von 8.30 Uhr bis etwa 16.30 Uhr) anberaumt, der Publikumsandrang im Großen Schwurgerichtssaal des Wiener Straflandesgerichts geringer als erwartet. Die Übereifrigen, die sich am ersten Tag schon um fünf Uhr früh anstellten, hätten sich das zeitige Aufstehen sparen können.

Die Dekoration des Richtertisches ist makaber genug: Da steht der Totenkopf der ermordeten Josefine Kamleitner, umringt von Likörflaschen mit somnifenhaltigen Getränken. Ein Arrangement des Grauens.

Das Bild, das der Angeklagte bietet, steht dazu in auffallendem Kontrast. Er sitzt, gut genährt und gepflegt gekleidet, wie ein Musterschüler auf der Anklagebank, das »Gesicht eines behäbigen Spießbürgers ohne Dämonie und Brutalität« (»Neues Österreich«). Psychiater Dr. Anton Rolleder hat dazu eine interessante Deutung parat: »Auffällig ist das kraftlose Vorgehen Guflers bei seinen Verbrechen. Jeden Mord führt er so durch, daß das Opfer gleichsam von selbst stirbt. Er betäubt es und legt es ins Wasser. Er kann den Tod nicht sehen. Und die mit echter Brutalität und Gewalt verbundenen Verbrechen – Richard Wagner und Karl Kovaricek – führt er nicht zu Ende. Hier bleibt es beim Versuch.«

Es ist tatsächlich frappierend: Wo es darum geht, wirklich aktiv zu werden, von Angesicht zu Angesicht zu töten, da schreckt Gufler zurück, da flieht er vor dem Widerstand seiner Opfer, auch wenn er sie — wie den schwer benommenen Wagner auf der einsamen nächtlichen Landstraße bei Tulln — »erledigen« könnte, ohne dabei von einem Dritten gestört zu werden. Seine Tendenz geht zu einer eher für Frauen charakteristischen Erscheinungsform: zum Giftmord.

Auch hier drängt sich der Vergleich zu einem zeitgeschichtlichen Phänomen auf, zu dem aus zahlreichen Kriegsverbrecherprozessen bekannten Typ des »Schreibtischmörders«, dem es zwar nichts ausmacht, mit einem Federstrich Tausende und Abertausende Menschen in den Tod zu schicken, der es aber entschieden ablehnen würde, wollte man ihm zumuten, eines dieser Opfer persönlich zu »liquidieren«.

Vor dem Geschworenengericht weist Gufler strikt jeden Vorwurf zurück, gemordet zu haben: »Ein Betrüger bin ich wohl«, meint er unter Anspielung auf Heiratsschwindeleien, deren er »nebenbei« auch angeklagt ist, »aber gemordet habe ich nicht.« Und er beginnt wieder die Namen der »wahren« Mörder aufzuzählen: Perathoner, Heraf ...

Als ihm der Vorsitzende sein Geständnis vor der Polizei vorhält, erregt sich Gufler: »Alle Morde habe ich zugegeben, und wenn man mir zwanzig vorgesagt hätte, ich hätte zwanzigmal ja gesagt, weil ich die Frau Junn schonen wollte. Man hat sie als Geisel verhaftet, und das konnte ich nicht verantworten, auch wenn alle Leute ›Aufhängen!‹ geschrien hätten.« Und schreit dann, noch erregter, ins Auditorium: »So hängt mich doch auf!«

Aber ein Brief, den er in der Haft am 18. Dezember 1958 gerade an diese seine Lebensgefährtin Junn geschrieben hat, belastet Gufler schwer. Als dieses Schreiben verlesen wird, beginnt er zu weinen.

»Wenn der Zorn auch noch so groß ist«, heißt es darinnen in der blumig-sentimentalen Sprache Guflers, »den du nun gegen mich haben wirst, so möchte ich dich doch bitten, daß du an mich ein kleines Brieflein senden möchtest, denn ich habe niemanden, der ein Lebenszeichen von sich gibt. Opfere einmal an einem trüben Sonntag ein Plauderstündchen mit mir. Diese Stunden kann uns niemand nehmen.

Wenn ich in meinem Kopf mehr Verstand gehabt hätte, so hätte ich doch denken müssen: Max, Hände weg von diesem Tun und Treiben, aber es ist dies eine Handlungsweise, wo der Verstand schwächer ist als alles andere.

Somit muß ich mein Leben mit dem Alter von 48 Jahren ohne bürgerliche Rechte, ohne Namen hinter den Kerkermauern zu Ende führen, obwohl es anders hätte sein können. Herta, vergiß wenigstens du auf alles, wenn ich es schon nicht kann. Du bist ein freier, unverdorbener Mensch, du besitzt alle Rechte und Freiheit. Du kannst noch in die Zukunft schauen, aber zeige immer, wer du bist. Nochmals gute Feiertage und ein Prosit Neujahr 1959.« Und er vergißt nicht, kritisch beizufügen: »In St. Pölten war die Verpflegung mehr und besser.«

Die Verlesung dieses Briefes bringt den Angeklagten zwar zu Tränen (laut Verhandlungsprotokoll »weint er hemmungslos und fuchtelt mit dem Taschentuch herum«), aber ebensowenig zu einem Geständnis wie die Aussagen der Belastungszeugen und die wiederholten Hinweise des Vorsitzenden auf die zahlreichen bei ihm gefundenen, aus dem Besitz der Ermordeten stammenden Gegenstände: »Ich konnte zu Hause nicht einmal zuschauen, wie meine Mutter einen Hasen getötet hat, und jetzt soll ich ein Mörder sein. Ich habe niemanden umgebracht und niemanden beraubt. Ich werde so lange Berufung einlegen, bis ich mein Recht gefunden habe.« Zufall oder Symptom, daß fast jeder Satz aus dem Mund des extremen Egozentrikers Gufler mit dem Wort »ich« beginnt?

Während in Wien der Mordprozeß gegen den »Blaubart von Sankt Pölten« in das entscheidende Stadium tritt, verleihen die Zeitungen übrigens einem anderen Mann — nach außen ebenfalls seriöser Bürger — und angesehenen Villenbesitzer in einer Kleinstadt des Waldviertels, im Nordwesten von Niederösterreich, einen ähnlichen Titel: Mathias Kindlinger, 67 Jahre alt, geht unter dem Namen »Blaubart von Schrems« in die Justizgeschichte ein.

Diesen Mathias Kindlinger finden Verwandte am 29. April 1958 in gefesseltem Zustand in seiner Villa in Schrems auf: dem Ersticken nahe und mit blutunterlaufenen, angeschwollenen Gliedmaßen. Neben ihm liegt seine Frau Margarete, Besitzerin des Schremser Emaillierwerkes. Für sie kommt jede Hilfe zu spät: Sie ist erwürgt worden.

Erwürgt von einem — wie Mathias Kindlinger angibt — unbekannten Räuber, der das als wohlhabend bekannte Ehepaar überfallen hat. Erwürgt, wie die Beamten des Landesgendarmeriekommandos für Niederösterreich nach eingehender Tatortbesichtigung und vor allem nach Einlangen des gerichtsmedizinischen Gutachtens vermuten, von ihrem eigenen Mann. Von Mathias Kindlinger.

Ähnlich wie Gufler hat auch Kindlinger den Frauen, die um ihn waren, kein Glück gebracht: Drei sind auf höchst merkwürdige Art ums Leben gekommen. Immer zum finanziellen Vorteil des trauernden Witwers.

Nun ist auch Margarete Kindlinger tot. Kinder aus der Ehe sind nicht vorhanden. Alleinerbe ist daher Mathias Kindlinger.

Aber er kommt nicht in den Genuß der Erbschaft: Die Staatsanwaltschaft macht sich die Ansicht der Gerichtsmediziner und Kriminalisten zu eigen, daß nicht ein ertappter Einbrecher der Mörder war, sondern daß Kindlinger selbst seine Frau zuerst umgebracht und sich dann auf recht geschickte Art selbst gefesselt hat. Sie klagt Mathias Kindlinger des Gattenmordes an.

Und er wird auch verurteilt: Die Geschworenen glauben ihm weder die Geschichte vom unbekannten Räuber noch die später gegebene Version von einem ehelichen »Sexualunfall«, daß also Margarete Kindlinger das Opfer sadistisch-masochistischer Lust-Spiele mit Knebelung und Fesselung geworden sei. Sie verurteilen ihn wegen Mordes zu lebenslangem schwerem Kerker, und der Oberste Gerichtshof bestätigt dieses Urteil.

Für Mathias Kindlinger dauert allerdings das »Lebenslänglich« nicht sehr lange: Im Frühjahr 1963 steht er vor Gericht. Nach Urteilsrechtskraft kommt er in die Strafanstalt Stein, wo sein altes Herzleiden wieder akut wird. Als die Situation bedrohlich wird, transferiert man ihn in die geschlossene Abteilung des Landeskrankenhauses Krems, wo er am 30. Juli 1964 um 15.53 Uhr einem Herzinfarkt erliegt. Das Geheimnis um seine vielen Frauen hat der auch in seinen biedermännischen Gesichtszügen stark an Gufler erinnernde Kindlinger, dem schließlich die Frauen zum Verhängnis wurden (und er ihnen), mit ins Grab genommen. Er hat weder nach einem Priester verlangt noch irgend jemandem eine mündliche oder schriftliche Nachricht hinterlassen.

Aber zurück zum Gufler-Prozeß. Verteidiger Dr. Blaschke aus der Kanzlei Dr. Stern weiß, daß es nur eine, und zwar höchst vage Hoffnung für seinen Mandanten gibt: Freispruch wegen Unzurechnungsfähigkeit. Aber da ist es Gufler selbst, der ihm einen Strich durch die Rechnung macht: Er will gar nicht als Geisteskranker gelten. Und als ihm der psychiatrische Sachverständige Dr. Otto Schiller volle Zurechnungsfähigkeit attestiert, nimmt er dies mit Zufriedenheit zur Kenntnis: »Ich danke Ihnen dafür. Ich fühle mich in gehobener Stellung. Ich bin sogar stolz darauf.« (Wieder beginnt jeder Satz mit dem Wort »ich«.)

Dafür gibt sich aber Gufler jede nur erdenkliche Mühe, die Zeugen zu verunsichern. Auch als ihm der Vertreter Richard Wagner gegenübergestellt wird und dieser nach Schilderung seines Martyriums in der Nacht zum 24. Oktober 1957 Gufler einwandfrei als jenen Mann wiedererkennt, der ihn damals immer wieder mit dem Auto zu überfahren versuchte, bleibt der Angeklagte bei den biblischen Petrus-Worten: »Ich kenne den Menschen nicht.« Dafür nennt er plötzlich einen neuen Namen: Franz Chaffler. Das sei jener Mann, von dem er den Schmuck erworben habe, der in seiner Wohnung gefunden und von Wagner einwandfrei als aus seiner Kollektion stammend identifiziert wurde. Ja nicht nur das, er habe sich sogar die Adresse dieses Chaffler aufgeschrieben, aber diesen Zettel habe ihm der Mann wieder aus der Hand gerissen, so daß er sie jetzt nicht mehr wisse. Natürlich bleibt die Suche nach dem ominösen »Chaffler« erfolglos.

»Gufler«, analysiert Erster Staatsanwalt Dr. Josef Korper in seinem Plädoyer, »ist kein Triebverbrecher, der, von einem dunklen Trieb erfaßt, Bluttaten vollbringt, sondern ein in der europäischen Literatur einzigartiger Verbrechertyp, der den Mord als Einnahmequelle betrachtet, zu Erwerbszwecken betreibt und sich nicht scheut, die Bluttaten abermals und abermals zu wiederholen.«

Der Verteidiger hat in diesem Verfahren eine höchst schwierige Position. Dr. Blaschke tut sein Bestes. Er bittet für seinen Mandanten bezüglich der Betrugsfakten um ein mildes Urteil, ansonsten um einen Freispruch, weil ja doch einerseits seine Zurechnungsfähigkeit, anderseits überhaupt seine Täterschaft nicht mit letzter Sicherheit erwiesen sei. »Und unsere Strafprozeßordnung wird von dem Grundsatz beherrscht: in dubio pro reo, also: im Zweifel für den Angeklagten.« Werden die Geschworenen solche Zweifel haben?

Gufler hat das letzte Wort. Die Spannung im Saal ist groß, als er zu sprechen beginnt. Kommt es zu einer Sensation? Wird er im letzten Moment doch ein Geständnis ablegen? Gufler hat seine Verantwortung bereits so oft gewechselt, daß dies durchaus im Bereich des Möglichen zu liegen scheint.

Aber angekündigte Sensationen pflegen meist nicht einzutreten: »Ich bekenne mich der Raube und Morde nicht schuldig«, resümiert Gufler in strammer Haltung wie ein Soldat vor seinem Vorgesetzten. Daraufhin zieht sich das Gericht zur Beratung zurück.

Die Geschworenen machen einen müden Eindruck. Die Verhandlung hat alle Beteiligten aufs äußerste in Anspruch genommen. Aber immerhin: Trotz aller Greuel, die besprochen und zum Teil sehr drastisch demonstriert wurden, haben die Laienrichter durchgehalten. Die vier Ersatzgeschworenen, die der Vorsitzende beigezogen hat, können mit Dank entlassen werden.

Eine Liste mit nicht weniger als fünfzehn Fragen liegt vor den Laienrichtern. Der Vorsitzende will Gufler um keine Chance bringen und trägt in »Eventualfragen« auch dessen Darstellung von den angeblichen anderen Tätern Rechnung. Auch wenn diese Darstellung noch so unglaubwürdig, noch so widerspruchsvoll war.

Das Urteil gegen den »Blaubart von Sankt Pölten« fällt erwartungsgemäß aus: Die Geschworenen sprechen Maximilian Gufler in sämtlichen Anklagepunkten einstimmig schuldig. Er wird zu lebenslangem schwerem Kerker verurteilt, verschärft durch einen Fasttag und ein hartes Lager halbjährlich sowie durch Dunkelhaft an jedem 15. März, 3. Juni, 17. September und 16. Oktober, also an den Jahrestagen jedes von ihm begangenen Mordes.

Als der »Teufel von Sankt Pölten« gefragt wird, was er zu dem Urteil zu sagen hat, erhält der Vorsitzende zunächst keine Antwort. Gufler weint. Nach ein paar Minuten: »Ich nehme das Urteil an.«

Vielleicht hätte er auch ein Todesurteil angenommen. In der Zelle hatte er einmal anläßlich einer psychiatrischen Untersuchung gemeint: »Ich wäre froh, wenn die Todesstrafe eingeführt wäre. Da braucht man nicht zu warten, bis man stirbt. Da geht man hin: Strick um den Hals, und fertig ist es. Auf dieser Welt hat man eh nichts zu verlieren.«

Gufler muß noch fünf Jahre warten, bis es soweit ist: Er stirbt am 9. August 1966 in der Männerstrafanstalt Stein an der Donau an Magenkrebs. Wenn man ihm glaubt, was er in einer an die Generalprokuratur, die Staatsanwaltschaft beim Obersten Gerichtshof, gerichteten Eingabe behauptet, mit der er im Jahre 1963 eine Wiederaufrollung seines Verfahrens erreichen wollte, hat er sich durch den Widerruf seines ursprünglichen Geständnisses um ein gutes Weihnachtsessen in den Jahren seiner Haft gebracht: »Bei der Vernehmung durch die Polizei sagte man mir, wenn ich dieses Protokoll aufrechterhalte, bekomme ich alle Jahre am Heiligen Abend ein Wiener Schnitzel mit Gurkensalat nach Stein geschickt.«

Die Bestie im Menschen

Am 9. Jänner 1960 erstattet Ingenieur Rudolf Moschner bei seinem zuständigen Polizeikommissariat in Wien-Ottakring eine Abgängigkeitsanzeige. Seine neunzehnjährige Tochter Ilse sei letzte Nacht nicht nach Hause gekommen. Sie habe am Vortag um 17 Uhr die elterliche Wohnung verlassen, um ihrer Nebenbeschäftigung nachzugehen: dem Inkasso von Prämien für die bekannte Versicherungsgesellschaft Assicurazioni Generali.

Der besorgte Vater, der laut Polizeiprotokoll »eventuell einen Unfall« befürchtet, gibt eine genaue Beschreibung seiner Tochter: »158 Zentimeter groß, schlanke Statur, dunkelblondes, kurzes Haar, längliche Gesichtsform, gesunde Gesichtsfarbe, blaugraue Augen, schwarze Augenbrauen, schmale Nase, volle Lippen, gute Zähne, gerade Beine und gerade Haltung.« In die Rubriken »Mund«, »Ohren«, »Hände«, »Gang« und »Körperbewegung« wird jeweils das neutral-nichtssagende Wort »normal« eingetragen. Als besonderes Kennzeichen vermerkt das Polizeiprotokoll: »Ausgeprägte Narbe nach Blinddarmoperation.«

Auch die Kleidung, die Ilse Moschner zuletzt getragen hat, ist minuziös beschrieben: »Hellgrauer Mantel, grüne Mütze, graublauer Rock, weiße Bluse, Halbschuhe mit Gummisohle, rosa Unterkleid, schwarze Unterhose, blaue, grobgestrickte Weste.« Ebenso die Gegenstände, die sie bei sich trug: »Grauer Damenschirm und schwarze Nylonzipptasche. Inhalt: Hochschulausweis, Alpenvereinsausweis, Paß und einiges Bargeld.«

Ingenieur Moschner ist nicht gleich zur Polizei gegangen. Er hat zuerst auf eigene Faust Nachforschungen angestellt, bei den Versicherungsnehmern, die seine Tochter besucht hat. Zuletzt kassierte sie am 8. Jänner 1960 zwischen 19.30 Uhr und 19.45 Uhr bei einer Familie im Hause Wien VIII, Florianigasse 20. Dann verliert sich ihre Spur.

Die Polizei nimmt die Abgängigkeitsanzeige entgegen, mißt ihr aber zunächst nicht allzuviel Bedeutung bei. Daß ein junges, hübsches Mädchen über Nacht ausbleibt, ist keine Seltenheit. Auch wenn der Vater erklärt, seine Tochter habe zwar Freundinnen, aber keinen festen Freund, geschweige denn einen Bräutigam: Für die Polizei würde es dennoch nicht ungewöhnlich sein, wenn ein Mann die Ursache ihres plötzlichen Verschwindens wäre.

Die Beamten wissen noch nicht, daß sie mit ihrer Vermutung auf fürchterliche Art recht haben.

Zwei Tage später, am 11. Jänner 1960, um 15.15 Uhr, erhält das Kommissariat Ottakring einen Anruf. Die Altwarenhändlerin Hermine Petris ist am Telefon. Sie hat zwei deutsche Schäferrüden, »Prinz« und »Rex«, die den Lagerplatz der Händlerin bewachen. Und für diese beiden Hunde hat ihr eine gewisse Paula Kropf, die häufig für sie Altwaren sammelt, zwei Fleischstücke gebracht. Aber sie, Hermine Petris, vermutet, daß es sich dabei um Menschenfleisch handeln könne.

Ein paar Minuten später ist die Funkstreife »Norbert« bei dem grausigen Fund. Es ist ein Paket mit zwei Fleischstücken, die einwandfrei als Teil eines Unterschenkels und eines Oberschenkels (mit Kniegelenk) zu erkennen sind. Teile, die — das ist nicht zu bezweifeln — von einem Menschen stammen. Paula Kropf hat sie in einem Koloniakübel im Hof des Hauses Florianigasse 17 gefunden und zu Hermine Petris gebracht. Als die Funkstreife die Leichenteile sicherstellt, sind sie noch immer in dasselbe Papier eingepackt, in das sie im Abfallkübel eingewickelt waren: ein altertümlicher Kunstdruck, eine junge Frau darstellend, die einem Fuhrmann auf dem Kutschbock ein Glas Bier reicht.

Als er den genauen Fundort erfährt, fällt Oberkommissär Dr. Persy vom Kommissariat Ottakring die Abgängigkeitsanzeige ein, die er vor zwei Tagen entgegengenommen hat. Wo hat Ilse Moschner zuletzt kassiert? Im Haus Florianigasse 20. Und wo wurden die beiden Leichenteile gefunden? In den Abfallkübeln beim Haus Florianigasse 17. Die beiden Häuser liegen einander genau gegenüber.

Inzwischen hat das Sicherheitsbüro die Amtshandlung übernommen, und es beginnt eine höchst makabre Tätigkeit. Von Scheinwerfern angestrahlt (es ist inzwischen 17 Uhr und bereits finster geworden), werden auch die anderen Abfallkübeln einer eingehenden Untersuchung unterzogen. Acht Kübeln. In vieren davon findet sich nichts Bedenkliches. Um so mehr aber in den vier anderen.

Das Polizeiprotokoll kleidet die grausigen Fakten in das mitleidlose Gewand der trockenen Amtssprache: »Nach Entleerung des ersten Kübels wurden, in Packpapier verpackt, zwei Füße und ein Teil eines Unterschenkels gefunden sowie blutbeschmutzte und zum Teil verbrannte Stoffreste und verkohlte Knochenteile. Im fünften Kübel fand sich, in einem blauen Frottierstoff und in einem Stück Charmeusestoff, der Kopf einer weiblichen Leiche und frische, zum Teil vom Fleisch ent-

Z. Abg. 8/60 Dr.Pers /B   (Amtsstampiglie)   Wien, am 9.1.1960   19

Ilse M o s c h n e r
abgängig.

Abgängigkeitsanzeige

Herr   Ing. Rudolf M o s c h n e r
Frau

wohnhaft in Wien 16., Lerchenfeldergürtel 23/45 Telephon-Nr.
zeigt an, daß die nachstehend beschriebene Person abgängig ist.

Personaldaten der abgängigen Person

Familienname (auch frühere Namen): M o s c h n e r
Vorname(n): Ilse
Alter: 9.3.1941 (womöglich Geburtstag, -Monat und -Jahr)   Geburtsort: Brünn CSR
Glaubensbekenntnis: r.k.,   Staatsbürgerschaft: Österr.,
Familienstand: ledig   Ständige Wohnadresse: 16., Lerchenfeldergürtel Nr. 23/45
Beruf: Hochschülerin
Arbeitsplatz — Betriebsstätte:

Persons- und Kleiderbeschreibung

Größe	158 cm	Augen	blaugrau	Kinn	spitz
Statur	schlank	Ohren	normal	Hände	normal
Haare	dunkelblond kurz	Nase	schmal, lang	Beine	gerade
Gesichtsform	länglich	Mund	normal	Gang	normal
Gesichtsfarbe	gesund	Lippen	voll	Körperbewegung	normal
Stirn	mittel	Bart	---	Haltung	gerade
Augenbrauen	schwarz	Zähne	gut		

besondere Kennzeichen: Ausgeprägte Narbe nach Blinddarmoperation

Bundespolizeidirektion Wien
Bezirks Polizeikommissariat Ottakring   Wien, am 11.1.1960,
                                                              15.15 Uhr

Aktenvermerk

Hermine P e t r i s , Wien 16., Kreitnergasse 20, teilt fm. mit dass ihr Lumpensammler für ihre Hunde zwei Fleischstücke gebracht hätten, sie vermute, dass es sich dabei um menschliches Fleisch handelt.

Funkstreife entsandt.

                                            Unterschrift unleserlich
                                                   Pol.Koär.

Bundespolizeidirektion Wien
Bezirkspolizeikommissariat Ottakring   Wien, am 11.1.1960,
                                                              15.30 Uhr

Aktenvermerk

Funkstreife Norbert, Pol.Ray.Insp. Kopecky, überbringt ein Paket mit zwei Fleischstücken, aus denen einwandfrei ein Teil eines Unterschenkels und ein Teil eines Oberschenkels mit Kniegelenk eines Menschen zu erkennen ist. Nach Angaben der Altwarensammlerin Paula K r o p f , 19.2.1919 Wien geb., österr.Stbg., rk., gesch., Wien 17., Hn.Hauptstrasse, Hotel Jäger, wh., hat sie den Fund am heutigen Tage um 11.00 Uhr in einem Koloniakübel in Wien 8., Langegasse Nr. unbekannt, welcher sonst nichts enthielt, gemacht. Die Teile waren in einem färbigen Papier eingewickelt.

                                            Unterschrift unleserlich
                                                   Pol.Koär.

Bundespolizeidirektion Wien
Sicherheitsbüro

Zahl: II 591/SB/60   Wien, am 11. Jänner 1960

Betr.: Sicherung von Blutspuren und Gewebsteilen.

B e r i c h t

Im Zuge der Tatbestandsaufnahme wurden diverse Blutspuren und Körpergewebsteile gesichert.

<u>In der Wohnung des Johann R o g a t s c h :</u>

Auf dem Fussboden (Holzbretterboden) befanden sich in der Küche u, zwar unmittelbar vor der Eingangstüre, sowie unterhalb des daneben befindlichen Waschbeckens mehrere Blut-Wischspuren und Bluttropfen, welche bereits fest verkrustet waren. Von diesen wurden mittels Spanabnahme einige gesichert.

<u>In der Waschküche :</u>

wurden Blutspuren und Gewebsteilchen gesichert, welche sich auf der Tischplatte und in den Fugen der Tischbretter befanden. Weiters wurden kleine Gewebsteilchen gesichert, welche an der Wand klebten und bereits eingetrocknet waren. Es handelt sich um jene Wand in der Waschküche, vor welcher der Waschküchentisch steht.

Es wurden weiters Blutspuren gesichert, welche sich am Betonboden des Aufganges befinden, über welchen man rechts im Hausflur zu dem rückwärtigen Eingang des im Hause befindlichen Friseur - und Fleischhauergeschäftes gelangt. Ob diese Blutspuren mit dem Mord an Ilse M a s c h n e r im Zusammenhang gebracht werden können, steht zurzeit noch nicht fest.

Ferner wurde noch ein ganzes Brett von der Tischplatte des Waschküchentisches abgelöst und sichergestellt, da sich auf diesem Brett ausgedehnte Blutspuren befinden.

                                             gez. Franz Blasko
                                                 Kr.Rs.Insp.

blößte Knochenteile. Diese waren in weißem Seidenpapier verpackt. Im siebenten Kübel befanden sich drei etwa handtellergroße Fleischstücke. Im achten Kübel wurde ein grauer Damenschirm gefunden.«

Diesen Schirm erkennt Anna Moschner, die Mutter der Verschwundenen, einwandfrei als Eigentum ihrer Tochter. Ihr auch den gefundenen Kopf zu zeigen, wagen die Kriminalbeamten nicht. Die Frau ist ohnedies am Ende ihrer Kräfte. Es war zuviel für sie.

Sie hat es nie leicht gehabt, die Familie Moschner. Sie kam gegen Kriegsende aus der Tschechoslowakei nach Österreich. Als Flüchtlinge, nur das Notwendigste zum Leben bei sich. Vater, Mutter und zwei Töchter. Eine davon war Ilse, ein stilles, ruhiges Kind. Sie bekommen eine kleine Wohnung in Wien, die Kinder wachsen heran, die ältere Tochter Helga heiratet einen Kameramann des österreichischen Fernsehens. Ilse, die jüngere, maturiert und studiert an der Wiener Universität. Sie will einmal Mittelschullehrerin für Geographie und Turnen werden.

Um sich das Studium zu verdienen, arbeitet sie bei derselben Versicherung wie ihr Vater als Inkassantin; er übergibt ihr einen Teil seines Kundenstocks. Das ermöglicht es ihr, sich mit dem selbstverdienten Taschengeld einige kleine Annehmlichkeiten zu gönnen. »Ich freue mich schon so auf den Schikurs am Arlberg«, sagt sie ein paar Tage vor ihrem Tod zu ihrer besten Freundin.

Franz Schmidt, ebenfalls bei der Assicurazione Generali beschäftigt, übernimmt es, das grausige Beweisstück zu agnoszieren. Es ist der Kopf Ilse Moschners. Nun kann es keinen Zweifel mehr geben: Das Mädchen ist auf barbarische Weise ermordet und zerstückelt worden.

Die Beamten brauchen nicht lange zu suchen, um den Mörder zu verhaften. So grauenhaft der Mord war, so dilettantisch war er ausgeführt. Der Mörder hat kaum etwas unternommen, um die Spuren seiner Tat zu verwischen.

Im Hause Florianigasse 17 gibt es nur eine einzige Kundin, bei der Ilse Moschner zu kassieren hatte: die Hausbesorgerin Paula Böhm. Und Paula Böhm ist nicht in Wien, sie ist am Nachmittag des 8. Jänner zu ihren Großeltern nach Niederösterreich gefahren. In der Wohnung ist nur ihr Lebensgefährte: der Hilfszimmermann Johann Rogatsch, geboren am 6. Dezember 1933 in Straßburg, Bezirk St. Veit an der Glan in Kärnten. Und ihn fordern die Kriminalbeamten auf, sie in den Keller und in die Waschküche des Hauses zu führen, zu welchen Räumen er als derzeitiger Hausbesorger die Schlüssel hat.

Als die Männer der Mordkommission die Waschküche durchsuchen, finden sie auf dem Holztisch Blutspuren, am Steinboden Gewebsteile und in einer kleinen Vertiefung am Boden einen Blutrest. Im Ofen befinden sich Aschenreste und Teile von verbrannten Knochen. Ähnlich grausig ist der Fund im Keller. Unter Obstkisten liegen menschliche Fleischteile und eine blutige Säge. In zehn Zentimeter Tiefe stoßen die Kriminalbeamten im Kellerboden schließlich auf weitere vergrabene Leichenteile. Johann Rogatsch wird sofort verhaftet und in das Sicherheitsbüro überstellt.

Der bestialische Mord erregt in der Öffentlichkeit ungeheures Aufsehen. In den nächsten Tagen beherrscht das unmenschliche Geschehen die Titelseite der Wiener Tageszeitungen. Der »Express« charakterisiert Rogatsch: »Sture Bestie in Menschengestalt«. Die »Kronen-Zeitung« sieht die Sache von der Warte des Opfers: »Eine Welle des Entsetzens ging durch Wien, als sich die Nachricht von dem grausigen Verbrechen in der Florianigasse in der Stadt verbreitete. Mitleid mit dem Mordopfer, einem jungen, blühenden Geschöpf, das unter unsäglichen Qualen sein Leben lassen mußte, erfaßte jedermann.«

Der »Kurier« warnt: »Derzeitige Strafen für Schwerverbrecher zu gering« und kann sich dabei auf eine merkwürdige zeitliche Parallele stützen: »Am Tage des Mordes an Ilse Moschner: Ein dreifacher Mörder begnadigt.« Gemeint war der Fall des Oskar W., der in den Jahren 1945 und 1946, damals noch minderjährig, drei Morde begangen hatte und dafür zu zwanzig Jahren schwerem Kerker verurteilt worden war. Nach Verbüßung von zwei Drittel seiner Strafe wurde er am 8. Jänner wegen guter Führung aus der Männerstrafanstalt Stein bedingt entlassen.

Justizminister Dr. Otto Tschadek hat es nicht leicht, als er am 13. Jänner 1960 in Salzburg über das Thema »Strafrechtsreform in Österreich« spricht. Die Wogen der Empörung gehen hoch, und der Minister hat die öffentliche Meinung zweifellos gegen sich, wenn er jetzt einer Milderung des Strafrechts das Wort redet — so wie er sie hinter sich hätte, wenn gerade ein Justizirrtum aufgedeckt worden wäre.

Er zieht sich nicht ungeschickt aus der Affäre: »Die bestialische Mordtat der letzten Tage zeigt, wie notwendig die in dem Entwurf des neuen Strafgesetzes vorgesehene Differenzierung zwischen einem wirklichen Mord und anderen Arten von Tötung, beispielsweise aus Mitleid, ist. Einen Menschenschlächter mit einem Täter gleichzustellen, der aus Mitleid handelt, wäre angesichts einer solchen Tat besonders unzweckmäßig. Je klarer wirkliche Mörder von anderen Tätern abgegrenzt werden, desto rücksichtsloser wird man sie bekämpfen und desto unnachsichtiger wird man sie bestrafen können.«

Johann Rogatsch tut alles, um das Interesse an dem düsteren Geschehen wachzuhalten. Kaum ein anderer Täter bringt innerhalb kürzester Zeit so viele Varianten seines Verbrechens vor wie er. Es beginnt schon am Tag seiner Verhaftung, dem 11. Jänner.

»Am Freitag, dem 8. Jänner 1960«, gesteht er bei seiner ersten Einvernahme bei der Polizei, »fuhr meine Lebensgefährtin ungefähr um halb fünf Uhr abends mit der Straßenbahn zum Franz-Josefs-Bahnhof, da sie beabsichtigte, ihre Großmutter zu besuchen. Ich begleitete sie von der Florianigasse bis zur Straßenbahnhaltestelle Alser Straße, dort verabschiedete ich mich von ihr und sah mir nun die Auslagen in der Alser Straße an.

Ich ging in einem weiten Bogen nach Hause. Ungefähr gegen sieben Uhr war ich zu Hause. Ich war ungefähr fünfzehn Minuten zu Hause, als es klopfte. Ich öffnete, draußen stand ein Mädchen, das erklärte, es käme von der Versicherung. Ich forderte sie auf, hereinzukommen. Sie fragte, wieso nie jemand zu Hause wäre. Ich gab ihr zur Antwort, daß sie das nichts angehe. Sie sagte darauf ein komisches Wort, vielleicht war es harmlos, mir ging aber das Wort über die Leber, und ich versetzte ihr mit der rechten Handkante einen Schlag ins Genick. Sie stürzte darauf zusammen. Sie gab keinen Laut mehr von sich. Ich hatte nunmehr Angst, als ich sah, was ich angestellt hatte, und dachte mir: Was bleibt mir nun übrig, als sie wegzuräumen?«

Die Schilderung des »Wegräumens«, die Rogatsch nun gibt, ist selbst für die an Grausiges gewöhnten Vernehmungsbeamten Dr. Heger, Dr. Kuso und Inspektor Rothmayer schockierend. Da paaren sich Kaltblütigkeit und Zynismus, makabre Lust am Detail mit völligem Mangel an Reue. Hier ein Auszug:

»Ich steckte ihr einen Knebel in den Mund, und zwar nahm ich dazu einen Abwaschfetzen, der bei der Wasserleitung gelegen war. Nun schleppte ich sie über den Hof in die Waschküche und warf sie auf den dort befindlichen Tisch. Ich riß ihr den Mantel, die Jacke, die Bluse, die Schuhe und Strümpfe vom Körper und begann die Leiche zu zerstückeln.

Ich schnitt die Füße, und zwar jeden Fuß in drei Teile ab. Die Arme zerstückelte ich in zwei Teile, und zwar in Ellbogenhöhe und bei der Schulter. Den Kopf hatte ich zwischendurch abgeschnitten. Als ich mit dem Kopfabschneiden fertig war, zerstückelte ich den Körperrest noch auf zirka vier bis fünf Teile.

Während ich die Zerstückelung vornahm, und zwar zuerst jeweils mit dem Messer und dann mit der Säge, war die Leiche noch mit der Unterwäsche bekleidet. Diese Wäsche zerschnitt ich zugleich mit der Zerstückelung.

Dann machte ich im Waschküchenherd Feuer und verbrannte nun die Kleider, ebenso Arme und Hände und auch den Oberkörper. Den Unterkörper vergrub ich in unserem Keller. Den Kopf, die Füße sowie Unter- und Oberschenkel warf ich in den Koloniakübel in unserem Hof. Ich hatte die Stücke jeweils in braunes Packpapier gewickelt. Ob ich noch etwas anderes dazu verwendete, weiß ich nicht. Es war überhaupt kein Blut zu sehen, weil die Leiche schon kalt war, als ich sie zerstückelte. Zu dem Ganzen hatte ich ungefähr eine Stunde gebraucht.«

»Zu dem Ganzen«: Rogatsch spricht von seiner Tat wie von irgendeiner belanglosen Tätigkeit, wie von einer alltäglichen Arbeit. Er gibt auch zu, daß er sich aus der Zipptasche seines Opfers etwa 360 Schilling aneignete. Diesen Betrag hatte Ilse Moschner, teils an eigenem Geld, teils an einkassierten Prämien, bei sich.

Und was machte er nach der Tat? Auch darüber gibt Rogatsch bereitwillig Auskunft, wie er überhaupt eine geradezu vertraulich-idyllische Note in das Verhör zu bringen versucht (»Diskutier'n ma halt a bißl«, meint er zu den Kriminalbeamten, wenn sie ihm Vorhaltungen machen).

»Als ich mit der Zerstückelung fertig war, habe ich die Waschküche mit einem Schlauch abgespritzt, da doch Blutspuren vorhanden waren. Ich hatte um einundzwanzig Uhr das Licht abgedreht im Stiegenhaus« (um diese Zeit ist Haustorsperre, Anmerkung des Verfassers) »und dann in der Waschküche weiter die Blutspuren weggewaschen.

Anschließend sperrte ich die Säge wieder in mein Kellerabteil, trug das Messer in die Wohnung zurück und legte es wieder in die Lade.

Dann machte ich mir Tee mit Rum. Den Rum hatte ich bereits gekauft, bevor ich mit dem Zerstückeln der Leiche begann. Ich hatte mir auch in einer Konditorei in der Mariahilfer Straße Schnitten gekauft.

Die Asche der verbrannten Kleider, der Arme und des Oberkörpers habe ich dann am nächsten Tag um acht Uhr früh, als ich munter wurde, in den Koloniakübel geworfen. Die Körperteile, die ich nicht verbrannt hatte, habe ich noch, während ich heize, in die Koloniakübel geworfen.«

Am nächsten Tag erzählt Rogatsch etwas ganz anderes, ja, er wartet mit einer echten Sensation auf: Er habe Ilse Moschner nicht umgebracht. Jedenfalls nicht allein. Der eigentliche Täter sei jemand anderer. Aber nicht etwa irgendein großer Unbekannter, auf den sich Verhaftete so gern berufen, sondern ein Mann, von dem er Name und Adresse wisse: der Jockeyaspirant Josef Sch. Diesen Josef Sch. kenne er schon seit langem. »Ein minderwertiger Mensch«, gibt sich Rogatsch entrüstet. »Er zieht Frauen die Ringe vom Finger, nimmt ihnen die Halsketten ab und stiehlt Geld.«

Diesen Mann hat er, so behauptet nun Rogatsch, getroffen, nachdem er seine Lebensgefährtin zur Straßenbahn gebracht hatte. Er hat ihn in die Wohnung mitgenommen, wo sich die beiden Männer Tee kochten.

Und dann läutete es: Ilse Moschner. Und während er mit ihr sprach, habe ihm Josef Sch. zugezwinkert. »Als ich nicht reagiert habe, ist er aufgestanden und hat der Moschner eine heruntergehaut.«

Rogatsch verliebt sich nun geradezu wieder in das grausige Detail. »Dann dürfte er sie am Hals von rückwärts gepackt haben, so wie ein Judogriff. Beide kamen nun zum Sturz, er schlug auf sie ein. Als sie weiterschrie, schlug er ihr ihren Mantel derart über den Kopf, daß Hals und Genick wieder freilagen. Während er ihr nun mit der einen Hand den Mantel als Knebel in den Mund stopfte, ergriff er irgendein Werkzeug und schlug damit mehrere Male auf sie ein. Er kniete dabei über ihr.

Ich kam nun ebenfalls dazu, packte den Mantel, zog dadurch ihren Kopf hoch und schlug ihr mit der rechten Handkante ins Genick. Ich war von der linken Seite gekommen und habe den Mantel mit der linken Hand in die Höhe gezogen.

Durch meinen Schlag war sie noch nicht tot. Josef Sch. schlug jedoch mit einer Eisenwelle so lange auf sie ein, bis sie kein Lebenszeichen mehr von sich gab.

Die Wegschaffung der Leiche hatten wir in der Wohnung beschlossen und die Zerstückelung im Keller gemeinsam durchgeführt. Nach der Haustorsperre trug ich die einzelnen Teile in die Koloniakübel im Hof. Die Asche trug ich dann allein hinauf und warf sie ebenfalls in den Koloniakübel.

Ergänzend möchte ich angeben, daß mich Sch. aufgefordert hatte, der Leiche die Brüste ab- und die Geschlechtsteile herauszuschneiden. Ich tat dies, und er warf diese Teile in das Wasser im Kessel. Warum er mich aufforderte und warum er dann die Teile in das siedende Wasser warf, weiß ich nicht. Ich empfand dabei keine geschlechtliche Erregung, sondern war ein wenig nervös.«

Am nächsten Tag hat die Presse neue Schlagzeilen. Der »Kurier« etwa berichtet von einer »unerwarteten Wendung im Fall Ilse Moschner« unter dem Titel: »Mord wurde zu zweit durchgeführt — Der Komplize heute früh verhaftet.«

Das mit der Verhaftung stimmt, das mit dem Komplizen weniger. Josef Sch., noch am späten Abend des 12. Jänner festgenommen, gibt zwar ohne weiteres zu, Rogatsch zu kennen, bestreitet aber entschieden jeden Zusammenhang mit dem Mord. Ja, er kann sogar Zeugen namhaft machen, in deren Gesellschaft er sich zur Zeit, als Ilse Moschner starb, befunden hat. Und diese Zeugen, zwei Jockeylehrlinge, bestätigen sein Alibi.

Als die Beamten am nächsten Tag, dem 13. Jänner, Rogatsch neuerlich vernehmen, gibt er ohne weiteres zu, daß er den anderen zu Unrecht beschuldigt hat: »Ich habe das Mädl allein umgebracht. Mit Sch. war ich an diesem Tag gar nicht beisammen. Ich habe diese Angaben gestern aus Zorn gemacht. Mir tut heute leid, daß ich ihn in diese Sache hineingezogen habe und daß er bereits in Untersuchungshaft ist.«

Und er erweitert zugleich sein Geständnis: Er hat Ilse Moschner nicht nur einen Handkantenschlag versetzt, sondern sie mit einer Stahlwelle erschlagen. Sieben- oder achtmal hat er damit gegen den Kopf des Mädchens geschlagen. Und dann noch mit einem Messerrücken.

Die Polizei läßt Josef Sch. sofort frei. Zugleich forscht sie nach, ob nicht auch andere unaufgeklärte Kapitalverbrechen auf das Konto des Johann Rogatsch gehen. Da ist etwa der von uns schon dargestellte Fall Ilona Faber, des Mädchens, das am 14. April 1958 am Wiener Schwarzenbergplatz ermordet wurde. In diesem Fall sucht die Polizei nach dem Freispruch des Johann Gassner noch immer nach einem Täter.

Das, was eine Wiener Tageszeitung als »unheimliche Parallele mit dem Fall Faber« bezeichnet, ist allerdings nicht von sehr handfester Natur: »Die Parallelität der Schicksale zweier wohlbehüteter junger Mädchen wird geradezu unheimlich und leitet in den Bereich des Unfaßbaren, wenn man die Porträts Ilona Fabers und Ilse Moschners nebeneinanderstellt. Die Ähnlichkeit ist so frappant, daß man meint, die beiden müßten Schwestern sein. Zu Schwestern wurden sie durch die Martern, die sie erdulden mußten, und durch ihren unfaßbar grausamen Tod.«

Es finden sich auch Zeugen, die gesprächsweise gehört haben wollen, Ilona Faber und Ilse Moschner seien miteinander bekannt gewesen, aber irgend etwas Konkretes ergibt sich bei den Nachforschungen nicht. Als man die Vergangenheit des Johann Rogatsch durchforscht, findet man nicht einmal einen Anhaltspunkt dafür, daß er zur Zeit des Mordes am Schwarzenbergplatz in Wien gewesen sei. Vielmehr stellt sich heraus, daß er damals in Eberstein in Kärnten als landwirtschaftlicher Arbeiter Dienst machte.

Aber ansonsten ergibt die Durchforschung seines bisherigen Lebens allerlei Interessantes. Schon seine Eltern — die sich nicht allzusehr um ihn kümmerten — wurden mit ihm nicht fertig, und bereits im Alter von acht Jahren wurde er der Fürsorgeerziehung überantwortet, weil er in der Schule ständig seine Mitschüler bestahl.

Von 1941 bis 1945 ist er in der Erziehungsanstalt »Antoniushaus« in Marktl am Inn bei Altötting (Bayern). Knapp vor Kriegsende, als sich das allgemeine Chaos ankündigt, wird er zu seinen Eltern zurückgeschickt. Er besucht die Volksschule in Eberstein und bekommt dann in einem landwirtschaftlichen Anwesen Arbeit, die er aber bald wieder aufgibt.

Seine damalige Dienstgeberin stellt ihm ein denkbar schlechtes Zeugnis aus: »Der Johann ist ein äußerst frecher und roher Wildling. Er ist zu allem fähig und wird ein Verbrecher werden, wenn ihm nicht rechtzeitig eine starke Hand entgegengesetzt wird. Er ist vor allem gegen alle Tiere sehr roh und sadistisch veranlagt. Einmal hat er aus Zorn einer trächtigen Kalbin einen Stock in den Geschlechtsteil gestoßen, so daß der Tragsack durchbohrt wurde und das Tier notgeschlachtet werden mußte.

Auch gegen seine Mitmenschen ist er höchst flegelhaft. Die Jugendfürsorgerin bezeichnet er als eine Schlange und seinen Vater als einen Verbrecher. Außerdem ist er sehr arbeitsunwillig. Man muß sich vor ihm ständig fürchten.«

Johann Rogatsch wechselt noch oft seinen Arbeitsplatz. Wo immer er auch ist, alle sind über ihn einer Meinung: Er ist grob und rachsüchtig, unehrlich und verschlagen. Einer seiner Arbeitgeber erklärt: »In ihm muß der Teufel stecken« und erzählt dazu einen Vorfall: Rogatsch bindet einen sechsjährigen Buben mit einem Hosenriemen an einem Zauntor fest. Dann schlägt er das Tor zu. Immer wieder, während der vor Schmerzen brüllende Bub hilflos am Riemen hängt. Und den Bruder dieses seines Opfers zieht er in ein verlassenes Elektrizitätswerk hinein und will ihn dort auf einem Betonsockel annageln. Es gelingt dem Knaben jedoch, rechtzeitig zu flüchten.

Im Jahr 1954 wird Rogatsch wegen eines brutalen Überfalls auf das Mädchen Rosemarie J. zu vier Jahren schwerem Kerker verurteilt. Rosemarie ist zunächst beim selben Dienstgeber wie Rogatsch beschäftigt, verläßt aber Ende Februar 1954 diesen Arbeitsplatz, weil sie in einer anderen Ortschaft einen besseren Posten gefunden hat.

Ahnungslos ersucht sie Rogatsch, ihr beim Transport ihrer Sachen behilflich zu sein. Um fünf Uhr früh machen sich die beiden mit einem Schlitten auf den Weg. Als sie einen Teil der Strecke zurückgelegt haben, stürzt sich Rogatsch (»Ich habe mich schon früher für Rosemarie interessiert, sie hat mich aber immer abgewiesen«) völlig überraschend auf Rosemarie, schlägt mit den Fäusten auf sie ein und droht ihr, sie zu erstechen. Dann kommt es trotz des verzweifelten Widerstands Rosemaries zu einer brutalen Vergewaltigung. Als sie schreit, stopft er ihr Moos in den Mund. Als alles vorbei ist, stößt er noch Drohungen aus: »Wenn du mich anzeigst, werde ich dich umbringen. Wenn ich das richtige Messer da hätte, wärst du ohnedies schon kalt.« Dann wirft er die Sachen des Mädchens vom Schlitten und geht seelenruhig nach Hause.

In der Haft hat er nur ein Gesprächsthema: Perversitäten und Brutalitäten. Einer seiner Zellengenossen gibt darüber wörtlich zu Protokoll: »In der Männerstrafanstalt Karlau war ich nahezu zwei Jahre mit Rogatsch allein in einer Zelle zusammen. Während dieser Zeit machte er mir gegenüber mehrfach die Äußerung, daß er nach seiner Entlassung etwas mit den Weibern machen werde und er mich dringend als Partner brauchen würde. Er gab an, daß er nach seiner Entlassung sogleich entweder ein Auto oder eine Beiwagenmaschine kaufen möchte, damit er seine Frachten (lebende oder tote Frauen) wegbringen könne. Er werde sich eine Höhle in die Erde bauen, Frauen oder Mädchen dort auflauern oder auch bei Dunkelheit auf Straßen stehen, vor Schulen warten und bei solchen Gelegenheiten mit einem gewissen Instrument Mädchen oder Frauen über den Kopf schlagen, sie zuerst geschlechtlich gebrauchen und dann umbringen.«

Und dann gibt er Worte von Johann Rogatsch wieder, die wie eine Ankündigung des Mordes an Ilse Moschner anmuten: »Ich werde die Leichen zerstückeln und sie dann irgendwo eingraben.«

Daß es sich dabei nicht um bloßes Häftlingsgeschwätz und um wirre Zellenphantasien handelt, beweisen auch Gespräche, die Johann Rogatsch wiederholt mit Maximilian H., einem Bekannten seiner Lebensgefährtin, führt.

»Ich könnte meine Mutter bei lebendigem Leib zerstückeln«, sagt er einmal zu seinem entsetzten Zuhörer. Und als dieser ihn fragt, ob er denn so etwas wirklich zu tun imstande sei, hat er eine schockierende Antwort bereit: »Ja, mit lachendem Gesicht.« Dieses Gespräch findet am 6. Jänner 1960 statt, zwei Tage vor dem Mord an Ilse Moschner.

Johann Rogatsch hat stets auch großes Interesse für sensationelle

Kriminalfälle gezeigt. Ein Mordprozeß aus den dreißiger Jahren ist sein Lieblingsthema: der Mordfall Franz Gruber.

Dieser Mann erwürgte am 7. April 1932 seine ehemalige Geliebte Maria Walter, die Schwester seiner späteren Geliebten. Und er machte mit der Leiche das, was Rogatsch mit der toten Ilse Moschner unternahm: Gruber zerstückelte sie in der Waschküche. Den Großteil der Leichenteile verbrannte er im Waschküchenherd, andere Teile spülte er in den Ausguß. Und die Knochenteile verpackte er in Packpapier und warf sie hinter eine Planke.

Von diesem Mordfall erzählt Rogatsch dem Maximilian H. zwei Tage vor dem Mord, erwähnt dabei auch, daß Franz Gruber zu lebenslangem Kerker verurteilt wurde. Aber er zeigt sich in keiner Weise davon beeindruckt: »Mir ist das ganz Wurscht. Ich würde das gescheiter machen. Mich würden sie nicht erwischen.« Seine Lebensgefährtin lenkt das Gespräch von diesem makabren Thema ab.

Sie ist eine gute Frau, seine Lebensgefährtin, und sie hat es mit Rogatsch, weiß Gott, nicht leicht. Er ist auch ihr gegenüber ein reizbarer, brutaler, unberechenbarer Mensch, vor dem sie Angst hat. Er hat sexuell absonderliche Wünsche, läßt sich nicht nur erotische Literatur und Aktfotos schicken, sondern auch einen Bikini, den er aber nicht etwa seiner Lebensgefährtin schenkt, sondern selbst anprobiert.

Seine Neigung zu Extremen bestätigt auch eine seiner früheren Quartiergeberinnen: Einerseits verwendete er für seine Körperpflege Parfums und teure Seifen, anderseits wickelte er seine Exkremente in Papier und warf sie in den Ofen. Auch in seiner Waschschüssel fand sie einmal Menschenkot und Urin.

Eine Frage drängt sich immer mehr auf: Ist dieser Johann Rogatsch überhaupt zurechnungsfähig? Als landesgerichtlicher Untersuchungshäftling ist er teils renitent, teils larmoyant. Als eines Morgens das Signal »Aufstehen« ertönt, bleibt Rogatsch in seinem Bett liegen. Als ihn ein Justizwachebeamter persönlich auffordert, aufzustehen, wird er frech: »Wenn Sie mit mir reden, dann sagen Sie gefälligst ›bitte‹!«

Daraufhin wird er zu sechs Tagen verschärfter Einzelhaft mit Fasten verurteilt. Als er das Verdikt hört, hebt er beschwörend die Hände und bittet mit tränenerstickter Stimme — vergeblich — um Nachsicht. Ist Rogatsch schizophren?

Der Untersuchungsrichter läßt Rogatsch psychiatrieren. Nicht weniger als drei Experten werden damit beauftragt: Professor Dr. Friedrich Stumpfl, Primar Dr. Heinrich Groß und der emeritierte Primar Dr. Alfons Huber. Sie kommen übereinstimmend zu dem Ergebnis: Johann

Rogatsch ist nicht geisteskrank. Es liegt auch keine organische Gehirnkrankheit bei ihm vor.

Professor Stumpfl charakterisiert ihn als eine »geltungssüchtige, pseudologische, psychopathische Persönlichkeit mit gesteigertem Selbstbewußtsein, ausgeprägter Empfindlichkeit und rücksichtsloser Egozentrizität«.

Wie um diese Diagnose zu unterstreichen, verfaßt Rogatsch Eingabe um Eingabe an das Gericht, an die Staatsanwaltschaft. Kein Wort darin von Reue über seine Tat, sondern nur Selbstmitleid und Arroganz. Am 27. Februar etwa bringt er eine »Haftbeschwerde« folgenden Wortlauts ein:

»1. Möchte ich wissen, warum ich in Haft bin.

2. Appelliere ich an die Menschenrechte.

3. Gibt es in Österreich kein Menschenrecht? Nur ein Staatsanwalt-Recht? Da er bewußt Menschen in Haft behält, ohne Grund, mit hunderttausend Ausreden und unzähligen Verdächtigungen, das ist Staatsanwalt-Methode natürlich in Österreich!

4. Weiters habe ich nichts mehr zu berichten, denn bei meinem Prozeß werde ich Euch was anzuschauen geben. Darauf kann sich der Staatsanwalt vorbereiten!

Johann Rogatsch«

Jeder der psychiatrischen Sachverständigen verlangt natürlich von dem Mörder auch eine genaue Schilderung des Tathergangs. Und jedem von ihnen erzählt Rogatsch einen anderen Ablauf. Gegenüber Professor Stumpfl führt er erotische Momente ins Treffen: »Ich habe von dem Mädchen einen Kuß verlangt. Sie nannte mich einen gemeinen Kerl. Ich küßte sie trotzdem, wurde dabei momentan sexuell erregt, und da versetzte sie mir eine heftige Ohrfeige. Da kam ich in Wut, schlug sie mit der Handkante zu Boden und schlug dann mit einer Stahlwelle und einem Messerrücken blindlings auf sie ein, bis sie sich nicht mehr rührte. Dann entschloß ich mich, die Leiche zu zerstückeln.«

Primar Dr. Huber gegenüber hat Rogatsch eine neue Version bereit: Ja, er habe Ilse Moschner mit der Stahlwelle niedergeschlagen. Aber sie sei dadurch nicht tot gewesen. »Sie ist sogar wieder aufgestanden und hat gefragt, ob sie sich waschen könne. Das habe ich ihr gestattet. Sie ist dann zum Waschtisch gegangen und hat sich das blutige Gesicht abgewaschen. Als sie sich im Spiegel betrachtete, ist sie plötzlich mit einem Seufzer zusammengestürzt und leblos liegengeblieben. Da habe ich erkannt, daß sie tot ist. Sie muß an einem Herzschlag gestorben sein, vielleicht aus Schrecken darüber, wie sie ausgesehen hat.«

Diese Version erzählt er auch dem Untersuchungsrichter. Und nochmals bringt er eine andere Person ins Spiel, diesmal allerdings keinen Bekannten, sondern einen Mann, dessen Namen er nicht weiß. Dieser Mann habe die Leiche zerstückelt, nicht er, Johann Rogatsch. »Ich wollte die Polizei anrufen, als Ilse Moschner leblos in der Wohnung lag. Zu diesem Zweck habe ich mich zu einer Telefonzelle begeben. Das Telefon war aber, wie eine Tafel besagte, gestört. Und im Inneren der Zelle sah ich einen schlafenden Mann, der wie ein Vagabund aussah. Ich habe ihn in die Wohnung mitgenommen, und er hat die Leiche zerstückelt. Ich habe ihm dafür Geld gegeben. Ich weiß nicht, wer dieser Mann ist und woher er stammt.«

Nur äußerst selten zeigt dieser Johann Rogatsch menschliche Züge. So etwa, wenn er beim Psychiater auf die Frage, ob er denn nichts bereue, in Weinen ausbricht und sagt: »Meine Lebensgefährtin möchte ich noch einmal sehen.« Oder wenn er, der schon in jungen Jahren viel Herumgestoßene, der mit seinen Eltern nie auf gutem Fuß stand, meint: »Wenn ich Elternliebe genossen hätte, würde ich anders dastehen.« Eine menschliche Bestie. Aber doch ein Mensch ...

Am 22. Juni 1961 eröffnet Vizepräsident Dr. Gustav Bauer, ein hervorragender, inzwischen verstorbener Richter, vor dem Geschworenengericht die Hauptverhandlung gegen Johann Rogatsch. Die Anklageschrift legt ihm Mord an Ilse Moschner und Verleumdung an Johann Sch., den er in einer Vernehmung beschuldigt hatte, das Mädchen ermordet zu haben, zur Last. Was hat Johann Rogatsch zu dieser Anklage zu sagen?

»Ich habe die Anklage gelesen und verstanden. Des Mordes bekenne ich mich nicht schuldig. Der Verleumdung auch nicht.«

Die Zuhörer glauben, ihren Ohren nicht trauen zu können: Rogatsch bekennt sich nicht schuldig? Ist das denkbar? Was wird er weiter sagen?

Aber die Erwartungen des Publikums werden enttäuscht. Der Angeklagte fährt fort: »Ich habe den Entschluß gefaßt, mich gänzlich der Aussage zu entziehen, weil man mir nichts glaubt.« Und zum Vorsitzenden gewandt: »Sie sind voreingenommen, ich kenne das am Reden. Speziell bei Gericht ist man voreingenommen gegen mich.« Dann sagt er — zunächst — überhaupt nichts mehr.

Vizepräsident Bauer, der schon viele große und schwierige Prozesse gemeistert hat, läßt sich in keiner Weise aus der Ruhe bringen. Vielleicht auch deshalb nicht, weil er spürt: Einmal wird dieser Angeklagte reden.

Er beginnt die bisherigen Aussagen des Johann Rogatsch zu verlesen. Seine oft höchst widerspruchsvollen Angaben vor der Polizei, vor dem Untersuchungsrichter. Als er damit fertig ist, fragt er Rogatsch, ob er sich dazu äußern wolle. Rogatsch schweigt, schüttelt dann den Kopf und setzt sich nieder.

Die Verhandlung ist für acht Tage anberaumt. Und am dritten Verhandlungstag, am 26. Juni 1961, beginnt der Angeklagte plötzlich zu sprechen. »Ich will alles komplett erzählen. Ich will zu meinem Recht kommen.«

Und er redet, redet den ganzen Vormittag, von halb neun Uhr bis Mittag. Was er sagt, ist allerdings nichts Neues, er gibt im wesentlichen das noch einmal wieder, was er zuletzt schon beim Untersuchungsrichter erzählt hat.

Daß er das Mädchen küssen wollte, daß sie ihn einen gemeinen Kerl nannte, daß er ihr dann doch einen Kuß gab und sie ihm eine Ohrfeige. Und daß er dann mit dem Eisenstück auf sie einschlug.

Und dann erzählt er wieder die Geschichte, die durch die Gerichtsmediziner längst widerlegt ist: »Ich setzte mich dann wieder hin zum Tisch, und sie stand auf und fragte mich, ob sie sich waschen kann, weil ihr Blut herunterrann. Ich sagte: ›Ja, ja.‹«

Und er weiß auch eine Antwort auf den Vorhalt des Vorsitzenden, der ihm klarmachen will, daß ein mit einer Eisenstange niedergeschlagenes Mädchen doch wohl eher Hilfe rufend aus der Wohnung stürzen als sich in aller Gemütsruhe das Gesicht waschen würde: »Das allerdings sehe ich ein. Sie hätte aber nicht hinausgehen können. Denn sie sieht ja nichts, wenn ihr das Blut über die Augen hinunterrinnt. Sie hat sich gewaschen, und ich rauchte eine Zigarette und schaute ihr dabei zu.«

Also wieder seine frühere Behauptung: Er habe Ilse Moschner zwar verletzt, aber nicht ermordet. Gestorben sei sie nicht auf Grund seines Angriffs, sondern plötzlich, offenbar auf Grund eines Herzschlags.

Aber der Chef der Wiener Gerichtsmedizin, Professor Dr. Leopold Breitenecker, der in diesem Verfahren als Gutachter herangezogen wird, glaubt Rogatsch nicht: »Vom medizinischen Standpunkt aus muß diese Darstellung als unglaubwürdig abgelehnt werden«, nimmt er auf Grund einer ausdrücklichen Frage des Vorsitzenden Stellung.

Der Gerichtsmediziner kann dafür einen absolut sicheren Grund anführen: Ilse Moschner ist völlig ausgeblutet — und zwar nicht erst, als ihre Leiche zerstückelt wurde. Es muß also gegen sie ein Stich geführt worden sein, der die große Halsschlagader getroffen und geöffnet hat.

Und dieser Stich (wahrscheinlich waren es mehrere Stiche) hat letztlich ihren Tod herbeigeführt, nicht die mehrfachen Schläge auf den Kopf.

Die Wahrheit ist also ebenso einfach wie grauenhaft: Ilse Moschner ist bei lebendigem Leib verblutet. Ausgeblutet wie ein Schlachttier.

An den Gesichtern der Geschworenen ist zu erkennen, daß sie von einer Übelkeit nicht weit entfernt sind. Vor allem, als Professor Breitenecker ihnen durch die Projektion von Diapositiven im Gerichtssaal demonstriert, welche Körperteile der Ermordeten gefunden wurden und welche Verletzungsspuren sich daran fanden.

Rogatsch bleibt unbewegt: »Ich kann nur so sagen, wie es war. Die Gerichtsmediziner können sich genauso irren ...«

Aber warum mußte Ilse Moschner eigentlich sterben? War es ein Raubmord? Hatte es Rogatsch auf das Geld, das er bei ihr als Versicherungsinkassantin vermutete, abgesehen? War es ein Lustmord, begangen in perverser, sexueller Gier? Oder ganz einfach eine Tat sinnloser Aggression, weil sich ein Menschenhasser und Sadist über eine ihm ungehörig scheinende Antwort eines Mädchens ärgerte?

Die Psychiater halten einen Lustmord für die wahrscheinlichste Variante, auch wenn sich keine Anhaltspunkte für den sexuellen Mißbrauch seines Opfers durch Rogatsch finden. Das gerichtsmedizinische Institut stellt fest, daß »in dem noch erhaltenen Stumpf der Scheide Samenspuren nicht feststellbar waren, so daß kein Anhaltspunkt dafür vorliegt, daß an Ilse Moschner ein Geschlechtsverkehr durchgeführt worden wäre«.

Aber Rogatsch ist ein Mann von hochgradiger sexueller Erregbarkeit, von starker Neigung zu Gewalttätigkeit, kurz »der Typus eines Sadisten« (Gutachten Professor Stumpfl), bei dem besonders seine »Gemeingefährlichkeit« zu betonen ist.

Primar Dr. Groß sekundiert: »Die aus seiner Vorgeschichte ersichtliche sexuelle Pervertierung mit vor allem sadistischen Zügen ist aus der Psychopathie des Johann Rogatsch zu erklären. Es kann kaum ein Zweifel bestehen, daß eine solche Persönlichkeit zum Lustmord tendieren kann.«

Die Staatsanwaltschaft schließt sich in ihrer Anklageschrift dieser Argumentation an: »Die Erfahrungen der medizinischen Wissenschaft und der modernen Kriminologie zeigen, daß der Sexualmord der in furchtbarer Weise sichtbar gewordene Ausdruck einer über längere Zeit verlaufenden Persönlichkeitsentwicklung ist, die sich schon in vielen Fällen vor dem Mord durch sexuelle Gewalttaten zeigt. Eine solche Entwicklung ist aus dem Vorleben des Angeklagten klar zu erkennen.

Schon das Sittlichkeitsattentat auf Rosemarie J., das sich vor allem hinsichtlich des auslösenden Momentes unter fast den gleichen Umständen abspielte wie später der mörderische Angriff gegen Ilse Moschner, zeigt, daß in Johann Rogatsch ernsthaft der Gedanke an Mord aufstieg, wobei er sich dann allerdings mit massiven Morddrohungen begnügte.

Auch sein späteres Verhalten läßt erkennen, daß ihm in Verbindung mit sexuellen Trieben der Gedanke an Mißhandlung, grausame Folterung, Mord und Zerstückelung weiblicher Personen durchaus vertraut war und sich zu einem festen Wunschbild verdichtete, dessen Verwirklichung er erstrebte und das er durch seine Tat an Ilse Moschner grauenhafte Wirklichkeit werden ließ. Mit diesem Bild stimmt auch überein, daß Johann Rogatsch über seine Tat nicht die geringste Reue zeigte, seinen Pflichten als Hausbesorger sorgfältig nachkam und am Tag nach der Tat sogar ein fröhliches Wesen an den Tag legte.«

Soweit die Staatsanwaltschaft und die psychiatrischen Sachverständigen, deren Gutachten so umfangreich wie kaum in einem anderen Verfahren sind, denn vor den Psychiatern spricht sich Johann Rogatsch, der in der Verhandlung zuerst so schweigsam ist, hemmungslos aus. Hier redet er ununterbrochen.

Dabei macht er höchst signifikante Bemerkungen. So etwa zu Professor Stumpfl, als dieser ihm die Zeugenaussagen vorhält, die sich auf seine sadistischen Gewalttätigkeiten beziehen: »Zeugenaussagen, das sind Phrasen. Die müssen überprüft werden. Die reden überhaupt schon wieder viel zuviel, die Leute, man merkt, daß sie keinen Hitler haben. Der Hitler, das war der richtige Mann, ein Mensch mit einem Kopf, der hat Verständnis gehabt.«

Auch im Verhandlungssaal nennt er jede Aussage, durch die er belastet wird, eine Lüge: »Man versucht, mich ins schlechte Licht zu stellen mit sämtlichen Raffinessen«, kontert er, als die Aussage seiner ersten Dienstgeberin über seine perversen Tierquälereien verlesen wird. Und immer wieder heißt es: »Diese Angaben sind nicht wahr. Das muß ein Irrtum sein.«

Sein Schlußwort: »Ich fühle mich im Sinn der Anklage nicht schuldig. Ich habe auch keinen Totschlag gemacht. Ich habe wohl eine schwere Körperverletzung hervorgerufen, aber ich kann nichts dafür, daß das Mädel zusammengebrochen ist. Ich bitte um ein mildes Urteil.«

Die Beratung der Geschworenen beginnt am siebenten Verhandlungstag, am 30. Juni 1961, um acht Uhr früh. Sie dauert fast vier Stunden. Knapp vor zwölf Uhr verkündet der Obmann das Verdikt:

Johann Rogatsch wird einstimmig des Mordes und der Verleumdung schuldig erkannt.

Die Beratung über die Strafe ist eine reine Formsache. Hier kann es nur eine Möglichkeit geben: lebenslangen schweren Kerker. Rogatsch nimmt den Urteilsspruch ungerührt zur Kenntnis und bittet um drei Tage Bedenkzeit.

Am 3. Juli meldet Dr. Wilhelm Behal, sein Rechtsanwalt, der ihn mit großem Bemühen verteidigt und vor allem in zahlreichen — klugen — Eingaben die Frage nach der ihm problematisch erscheinenden Zurechnungsfähigkeit seines Mandanten aufgeworfen hat, namens des Johann Rogatsch Nichtigkeitsbeschwerde und Berufung gegen das Urteil an. Aber Rogatsch macht Schwierigkeiten: Am 4. Juli läßt er sich dem Gefangenenhausdirektor vorführen und erklärt: »Ich verzichte auf Rechtsmittel. Ich nehme das Urteil an.«

Zwei Tage später hat er wieder umdisponiert. Er läßt sich abermals vorführen und will seinen Rechtsmittelverzicht »stornieren« lassen. Aber das Gericht läßt sich auf diesen Handel nicht ein. Es weist Nichtigkeitsbeschwerde und Berufung des Mädchenmörders zurück, weil er vorher ausdrücklich darauf verzichtet hat.

Johann Rogatsch wird in die Strafanstalt Stein überstellt. Dorthin wird auch eine Abschrift des Urteils geschickt, worin begründet wird, warum hier nur lebenslanger, schwerer Kerker verhängt werden konnte: »Erschwerend«, heißt es darin, »war das Zusammentreffen zweier Verbrechen« (gemeint ist der Mord an Ilse Moschner und die Verleumdung des Josef Sch., Anmerkung des Verfassers), »die besondere Grausamkeit, mit der der Mord begangen wurde, sowie die besondere Grausamkeit bei der Beseitigung der Spuren der Tat. Weiters die Vorstrafen und der Umstand, daß der Angeklagte durch Erdichtung falscher Umstände das Gericht zu hintergehen versuchte. Mit Rücksicht auf die überwiegenden Erschwerungsgründe konnte vom außerordentlichen Milderungsrecht kein Gebrauch gemacht werden.«

Johann Rogatsch wurde also zu lebenslangem schwerem Kerker verurteilt. Aber dauert »lebenslänglich« wirklich immer lebenslang? Können nicht auch »Lebenslängliche« vorzeitig entlassen werden?

Vor einigen Jahren stand in Wien ein damals siebenundzwanzigjähriger Chemiker vor Gericht. Die Staatsanwaltschaft warf dem Mann vor, in der ehelichen Wohnung seine Frau und seine Schwiegermutter ermordet zu haben. Die Verhandlung dauerte drei Tage und endete wie im Fall Rogatsch mit der Verurteilung des Angeklagten zu lebenslangem Kerker. Sein Verteidiger, ein prominenter Wiener Rechtsanwalt, meldete gegen das Urteil Nichtigkeitsbeschwerde an.

Er machte darin einen höchst interessanten Nichtigkeitsgrund geltend: Eine Geschworene, so führte er ins Treffen, habe vom Vorsitzenden eine falsche Rechtsbelehrung erhalten. Der Richter habe ihr nämlich sinngemäß gesagt: »Wenn wir ihm auch lebenslänglich geben, nach siebzehn Jahren ist er ja doch wieder heraußen. Auch ein ›Lebenslänglicher‹ wird nämlich meistens vorzeitig entlassen.« Da habe nun die Geschworene, argumentierte der Verteidiger weiter, offenbar gedacht, sie müsse ja geradezu für lebenslangen schweren Kerker stimmen, während sie ansonsten vielleicht eine zeitlich begrenzte Kerkerstrafe für richtig gehalten hätte.

Es mag dahingestellt bleiben, ob diese Behauptung des Verteidigers sachlich richtig war (der Vorsitzende bestritt entschieden, solche Äußerungen gemacht zu haben). Aber daß die Frage überhaupt erörtert werden konnte, ist charakteristisch für ein weitgehendes Unbehagen in der Bevölkerung. Für ein Unbehagen, das sich etwa so zusammenfassen läßt: Wer garantiert uns, daß ein Rogatsch und ein Bergmann, ein Weinwurm und ein Engleder nicht nach etlichen Jahren wieder bedingt entlassen und damit, wie man zu formulieren pflegt, »auf die Menschheit losgelassen werden?« Wer sorgt dafür, daß »lebenslänglich« auch lebenslänglich bleibt?

Viele, die für die Wiedereinführung der Todesstrafe plädieren, tun es nur in der Angst, man könne nicht ausschließen, daß ein Mörder einmal durch irgendeinen unbegreiflichen Gnadenakt vorzeitig entlassen werde. Da sei es doch besser, durch ein Todesurteil eine solche Gefahr gleich zu verhindern.

Auch wenn man persönlich ein entschiedener Gegner der Todesstrafe ist, darf man diese Bedenken nicht einfach ignorieren. Mag die Furcht auch durch entsprechend sensationell aufgemachte Berichte in den Massenmedien künstlich geschürt und in manchen Boulevardblättern sogar der Eindruck erweckt werden, als seien wir alle präsumptive Opfer von Gewaltverbrechern, als seien wir bis jetzt nur zufällig nicht ermordet oder zumindest niedergeschlagen und beraubt worden. Die Menschen haben, das kann jeder feststellen, der sich die Mühe nimmt, ein wenig herumzuhören, Angst. Angst vor allem deshalb, weil zu viele Täter nicht gefaßt, die gefaßten Verbrecher — einer verbreiteten Volksmeinung nach — zu milde bestraft und außerdem vorzeitig aus der Haft entlassen werden.

Nun, Rogatsch wurde gefaßt, bereits zwei Tage nach der Tat. Er wurde zur strengsten Strafe verurteilt, die unser Strafgesetz kennt: zu lebenslangem schwerem Kerker. Besteht nun die Gefahr, daß er vorzeitig entlassen wird?

In Österreich gibt es ein Gesetz über die bedingte Verurteilung. Es befaßt sich auch mit der »bedingten Entlassung« und bestimmt in seinem Paragraphen zwölf wörtlich: »Hat ein Strafgefangener zwei Drittel der im Urteil bestimmten oder im Gnadenweg festgesetzten zeitlichen Freiheitsstrafe verbüßt und mindestens acht Monate, wenn er aber noch nicht achtzehn Jahre alt ist, mindestens sechs Monate in Strafhaft zugebracht, so kann er zur Probe entlassen werden. Eine bedingte Entlassung ist aber nur dann zulässig, wenn nach der Persönlichkeit des Strafgefangenen, seinem Vorleben, seinen Aussichten auf ein redliches Fortkommen und nach seiner Aufführung während der Anhaltung anzunehmen ist, daß er sich in der Freiheit wohlverhalten werde, und wenn die Vollstreckung des Strafrestes ohne Nachteil für die Rechtsordnung unterbleiben kann.«

Fassen wir zusammen: Ein Häftling kann bedingt entlassen werden, wenn er mindestens zwei Drittel der Strafe verbüßt hat (Beispiel: Wurde er zu zwölf Jahren verurteilt, dann muß er mindestens acht Jahre Strafhaft hinter sich gebracht haben) und Gewähr dafür bietet, daß er sich in Zukunft »ordentlich« verhalten wird. Wann eine solche Gewähr geboten ist, läßt sich allgemein nicht sagen, sondern hängt weitgehend von den Umständen des einzelnen Falles, nicht zuletzt auch vom Vorleben des Strafgefangenen und von seinem Verhalten in der Haft ab. Wobei besondere Unterwürfigkeit und ausgeprägtes Kriechertum im Gefängnis nicht unbedingt Garanten dafür sein müssen, daß sich der Häftling später auch im Leben bewährt.

Für »Lebenslängliche« gibt es nun eine Sonderbestimmung: Sie sollen grundsätzlich überhaupt nicht bedingt entlassen werden. Ausnahme: Wenn sie mindestens zwanzig Jahre ihrer Haft verbüßt haben und »volle Gewähr« dafür geboten ist, daß sie sich in der Freiheit »wohlverhalten« werden.

Diese Bestimmungen sind noch nicht sehr alt, genau gesagt, sie stammen vom 13. Juli 1960. Vorher konnten »Lebenslängliche« schon nach fünfzehn Jahren bedingt entlassen werden, außerdem wurde bis dahin auch die »volle Gewähr« des Wohlverhaltens nicht verlangt.

Da wurde die Öffentlichkeit Ende der fünfziger und Anfang der sechziger Jahre durch eine Serie aufsehenerregender Gewaltverbrechen erschüttert — nicht zuletzt durch den Fall Johann Rogatsch. Dazu kam noch, daß sich genau am selben Tag, als Ilse Moschner ermordet und zerstückelt wurde, die Tore der Strafanstalt Stein für einen dreifachen Mörder öffneten.

Die Regierung brachte daraufhin eine Novelle zum Gesetz über die bedingte Verurteilung im Parlament ein — die Novelle wurde einstimmig angenommen. Die grundsätzliche Tendenz: »Lebenslängliche« sollen nur in Ausnahmefällen, jedenfalls aber frühestens nach zwanzig Jahren Strafhaft entlassen werden.

Diese Bestimmung ist nicht unumstritten. Ein Mensch, der weiß, so wird manchmal argumentiert, daß er zeit seines Lebens aus der Strafanstalt nicht mehr herauskommt, daß er also nichts mehr zu verlieren hat, ist ein höchst gefährlicher Gefängnisinsasse, weil er keine Rücksicht darauf zu nehmen braucht, ob sein Verhalten den Vorschriften entspricht oder nicht.

Er kann praktisch ungestraft — wenn man von einigen Strafverschärfungen, wie Korrektionszelle, zusätzliche Fasttage oder harte Lager, absieht — das Zellenmobiliar zertrümmern, die Justizwachebeamten attackieren, die Arbeit verweigern.

Das Argument hat etwas für sich, aber es überzeugt nicht. Zum ersten wäre es wohl kaum zu verantworten, einen gefährlichen Mörder nur deshalb vorzeitig wieder in Freiheit zu setzen, um den Gefängnisbeamten und der Justizwache Ärger und Schwierigkeiten zu ersparen. Außerdem ist bekannt, daß die Häftlinge im allgemeinen selbst für Ordnung in ihrer Zelle sorgen und mit Außenseitern nicht gerade glimpflich umgehen, deren Eskapaden ihnen schon deshalb unangenehm sind, weil sie auch den anderen Zelleninsassen zum Nachteil gereichen. Diese Art der »internen Bereinigung« erweist sich meist als effektiver und wirksamer als die Maßnahmen der Gefängnisdirektion.

Wenn für die bedingte Entlassung »volle Gewähr« für ein Wohlverhalten in Freiheit verlangt wird, so ist das allerdings zwar eine in der Theorie richtige, in der Praxis jedoch nur schwer erfaßbare Forderung. »Du sprichst ein großes Wort gelassen aus«, möchte man mit Thoas in der Goetheschen »Iphigenie« sagen. Von wem kann man behaupten, daß er mit Sicherheit nie mehr strafbar werden wird? Wer soll das beurteilen, wer wagt es, eine solche Prognose aufzustellen? Der Richter, der den Betreffenden verurteilt hat? Der Leiter der Anstalt, in der ein »Lebenslänglicher« seine Strafe verbüßt? Ein Psychologe, ein Psychoanalytiker oder ein Verhaltensforscher? Fragen über Fragen, Probleme über Probleme.

Von Johann Rogatsch sagte der Psychiater Professor Stumpfl: »Der Angeklagte hat sein eigenes Verhalten bisher immer bejaht und sogar noch zu beschönigen versucht. Echte Gegenstrebungen sind offenbar gar nicht aufgetreten. Eine derartige Verhaltensdisposition beinhaltet eine ungünstige Prognose und eine große Gemeingefährlichkeit.«

Und in einem weiteren Gutachten heißt es: »Rogatsch zeigt auch die für perverse Fehlhaltungen typische Diskrepanz zwischen Phantasie und Realität, die Ruhelosigkeit und Bindungsschwäche. Die Erfahrung zeigt, daß solche Persönlichkeiten mit derartigen Perversionen in der Richtung einer weiteren Ausgestaltung, zum Beispiel in krimineller Hinsicht, besonders gefährdet sind. Es ist dies der Faktor der Progression. Die innere Dynamik einer solchen perversen Entwicklung ist von oft zerstörerischer Kraft.«

Also zweifellos ein Mensch von höchster Gefährlichkeit, ein Mann, der sich nach der Art der von ihm begangenen Tat wie auch nach seinem Charakterbild wohl nicht dazu eignet, vorzeitig entlassen zu werden.

Gewiß, Rogatsch ist, das stellte sich im Laufe des Verfahrens heraus, erblich schwer belastet. Sein Vater war ein mehrfach vorbestrafter Trinker, der, wie Rogatsch nicht unglaubwürdig angab, im Rausch die Familie tyrannisierte. Die Mutter voll von Abneigung gegen den Sohn, ohne jedes Bemühen, ihn zu einem ordentlichen Menschen zu erziehen. Also ein häusliches Milieu von extremer Ungünstigkeit.

Weitere Behauptungen, die Rogatsch aufstellte, ließ man gar nicht überprüfen (weil sie nicht zum eigentlichen Prozeßthema gehörten): Daß sein gesetzlicher Vater gar nicht sein Erzeuger sei, daß ihn seine Mutter irgendwo in Bayern zur Welt gebracht habe, wie er einem vor Jahren zu Hause zufällig gefundenen Notizbuch habe entnehmen können...

Als der Knabenmörder Jürgen Bartsch im ersten Rechtsgang zu lebenslangem Kerker verurteilt wurde, schrieb Gerhard Mauz im deutschen Nachrichtenmagazin »Der Spiegel«: »Nie wieder soll Jürgen Bartsch in die Freiheit gelangen, doch Behandlung sollte ihm zuteil werden. Und lernen können sollte die Wissenschaft an ihm. Dafür lassen jedoch unsere Gesetze keine Tür. Sichernde und zugleich therapierende Verwahrung haben wir nicht. So werden wir denn weiter leiden müssen, an Tätern, die gesund sind nach einem Begriff, der die Behandlung des Verbrechers ausschließt; an einem Begriff von Gesundheit, der den Kampf gegen zukünftige Verbrechen, der die echte Prävention unmöglich macht.«

Diese Forderung mag manchem utopisch klingen, anderen als »reine Humanitätsduselei« erscheinen. Mir scheint sie grundsätzlich gerechtfertigt, ich möchte sie — mutatis mutandis — auch auf Johann Rogatsch anwenden.

Sicherlich, für den, der nur auf Rache sinnt, sind die Begriffe Strafanstalt und Vergeltung inhaltsgleich. Die Verbrecher sollen dort schuften, bis sie zugrunde gehen, ohne Anspruch auf menschenwürdige Behandlung, ohne Recht auf ein Leben, das mehr ist als bloßes Dahinvegetieren.

Auf kaum einem anderen Gebiet gehen die Emotionen so hoch — und so tief. Kaum ein anderer Sektor des gesellschaftlichen Lebens wird vielfach so bewußt aus dem heute fast schon omnipotenten Bestreben nach wissenschaftlicher Erklärung und Erfassung ausgeklammert wie das Strafrecht und vor allem der Strafvollzug. Das Einsperren wird noch immer als Allheilmittel, die Untersuchung des Vorlebens des Angeklagten als »Quatscherei«, die Erforschung seiner Motive durch einen psychiatrischen Sachverständigen für Zeitvergeudung und überflüssige Belastung des Staatsbudgets gehalten. Und wenn sich hinter einem Verurteilten die Tore der Strafanstalt schließen, so hat die breite Öffentlichkeit an ihm, wenn überhaupt, dann nur ein Interesse: Es soll ihm möglichst schlecht gehen, er soll möglichst streng behandelt werden, denn ein »Gefängnis soll kein Sanatorium sein«.

Gewiß, das soll es nicht. Aber unsere Gefängnisse könnten Stätten der wissenschaftlichen Erforschung begangener Verbrechen sein — und damit der Verhinderung künftiger Verbrechen dienen helfen.

Machen wir es uns einmal klar: Ein Verbrechen, vor allem ein Schwerverbrechen wie etwa ein Mord, ist, gesellschaftlich gesehen, ein krankhaftes Geschehen (wobei das Wort »krankhaft«, um Mißverständnisse zu vermeiden, nicht medizinisch gemeint ist). Es gilt, solche Geschehnisse aufzuklären und zu sühnen. In erster Linie aber gilt es, sie zu verhindern.

Wer eine Krankheit heilen, ihre Verbreitung verhindern will, muß zuerst ihre Ursachen kennen. Ein Arzt, der behauptet, er könne Krebskranke heilen, der aber zugleich zugeben muß, er kenne die Ursache dieser Krankheit nicht, kenne ihren Erreger nicht, würde zumindest als Scharlatan verlacht, wenn nicht in ein Irrenhaus gesperrt werden.

Wir wollen das Verbrechen bekämpfen, aber wir bemühen uns kaum, seine — höchst vielfältigen — Ursachen zu erforschen, von Grund auf zu durchforschen. Durch Fachleute aller in Frage kommenden Disziplinen, von Juristen und Psychologen bis zu Ärzten, Kriminologen und Verhaltensforschern.

Und an wem könnten wir das Verbrechen besser studieren als an den Verbrechern, an jenen, die rechtskräftig wegen eines solchen Delikts verurteilt sind? Wo könnten wir es besser tun als in den Strafanstalten und Gefängnissen? Es wäre für die Wissenschaft eine einmalige Chance, die bis jetzt noch nicht oder nur höchst unzureichend genutzt wurde.

Gewiß, Johann Rogatsch mußte wegen des Mordes an Ilse Moschner verurteilt werden. Die Verhängung der gesetzlichen Höchststrafe war absolut gerechtfertigt. Ja noch mehr: Er soll lebenslang in Gewahrsam bleiben. Die Gefahr, daß er, in Freiheit gesetzt, wieder morden würde, ist zu groß.

Er hat demonstriert, welche Bestie im Menschen stecken kann. Aber verpflichtet uns das nicht, zu erforschen, was das eigentlich ist, diese »Bestie im Menschen«? Welche Ursachen und Faktoren sie hat? Lohnt es nicht, zumindest einen solchen Versuch zu wagen? Ist es wirklich bloße »Humanitätsduselei«, wenn die Wissenschaft aufgerufen wird, sich über die Feststellung hinaus, daß einer zum Verbrecher geworden ist, auch mit der Frage nach dem Warum zu befassen?

Und wenn ein Mensch von seinem perversen Triebleben, von seinem Sadismus, wenn er von seiner Psychopathie geheilt werden kann, warum soll man Rogatsch dann nicht heilen, zumindest zu heilen versuchen?

Derzeit scheint diese Forderung utopisch zu sein. Wir haben zu wenig Personal, wird man antworten. Und vor allem: Wir haben überfüllte Gefängnisse. Es ist überhaupt nicht möglich, sich um den einzelnen Häftling in so eingehender Weise zu kümmern.

Gewiß, diese Schwierigkeiten bestehen. Aber sie sind nicht unüberwindlich. Zum ersten: Bei der Justizwache besteht Personalnot. Sie könnte durch bessere, zeitgemäße Bedingungen für diesen schweren und verantwortungsvollen Dienst — nicht zuletzt durch eine bessere Besoldung — weitgehend beseitigt werden. Ein bloßer Appell an den Idealismus nützt in unserer Zeit nichts mehr.

Und was die überfüllten Gefängnisse betrifft: Bei einer im Jahr 1970 vorgenommenen Stichzählung wurde festgestellt, daß das Wiener landesgerichtliche Gefangenenhaus, für 980 Häftlinge eingerichtet, mit fast 1500 Untersuchungs- und Strafgefangenen belegt war. Die Männerstrafanstalt Stein an der Donau beherbergte statt der vorgesehenen Maximalzahl von 960 Strafgefangenen deren fast 1200.

Die Folgen dieser Überfüllung:
● überbelegte Zellen, die die Aufstellung zusätzlicher Betten in einem an sich schon engen Raum bzw. die Anbringung von Stockbetten not-

wendig machen. Dadurch wieder Vermehrung und Intensivierung der Reibereien und Streitigkeiten zwischen den bereits auf Grund ihrer Situation zu Aggressionen neigenden Häftlingen;
● die Unmöglichkeit, alle Strafgefangenen entsprechend zu beschäftigen;
● keine entsprechende Überwachung durch die personalmäßig stark dezimierte und mit ähnlichen Nachwuchssorgen wie Polizei und Gendarmerie kämpfende Justizwache.

Ein Vergleich mag in diesem Zusammenhang interessant sein: In Österreich sind jeweils durchschnittlich etwa 10 000 Menschen in Haft, in den Niederlanden mit der doppelten Bevölkerungszahl nur 3000, also nicht einmal ein Drittel.

Hier täte eine Reform dringend not, und das Justizministerium bemüht sich auch darum: Die Zahl der Gefängnisinsassen muß drastisch reduziert werden. Vor allem dadurch, daß man kurzfristige Freiheitsstrafen (etwa bis zu sechs Monaten) weitgehend durch Geldstrafen ersetzt.

Dazu sagte der damalige Generalprokurator und nunmehrige Präsident des Obersten Gerichtshofes, Dr. Franz Pallin: »Freiheitsstrafen unter sechs Monaten sollen nur als letztes Mittel verhängt werden. Damit hat man in der deutschen Bundesrepublik die besten Erfahrungen gemacht. Eine Umwandlung von kurzfristigen Freiheitsstrafen in Geldstrafen stützt sich auf folgende Erkenntnisse:
● Es ist sozial schädlich, wenn die Täter aus ihrer sozialen Verankerung gerissen werden.
● Eine kurzfristige Freiheitsstrafe ist nicht geeignet, die Persönlichkeit des Täters wirksam zu beeinflussen.
● Die Freiheitsstrafe setzt den Verurteilten krimineller Ansteckung aus (die Gefängnisse als ›Brutstätten des Verbrechens‹).«

Oberlandesgerichtspräsident Dr. Johann Schuster bestätigt dies durchaus: »Von den Strafgefangenen in Wien haben fünfzig bis fünfundfünfzig Prozent nur kurzfristige Freiheitsstrafen zu verbüßen. Das heißt, sie versitzen jenen den Platz, die eine Resozialisierung bitter notwendig haben.«

Auch Professor Dr. Jürgen Baumann, einer der bekanntesten deutschen Strafrechtsexperten, konstatiert: »Oft geht es in der Anstalt zu wie in einem Taubenschlag. Da ist ein ständiges Kommen und Gehen, und eine vernünftige Arbeitstherapie, um nur das zu nennen, ist bei dieser dauernden Fluktuation unmöglich. Die chronische Überbelegung verstärkt die negativen Einflüsse eines jeden Vollzuges und macht die positiven Einwirkungsmöglichkeiten weitgehend illusorisch. Das Anstaltspersonal kann sich den wirklich Resozialisierungsbedürftigen nicht in dem erforderlichen Maße widmen.«

Die Schwierigkeiten ließen sich durch vernünftige Reformen beheben. Es könnte, wenn in den Gefängnissen nur jene bleiben, die wirklich hineingehören, durch ausgewählte und entsprechend besoldete Fachkräfte echte Grundlagenforschung über die Faktoren und Motivationen, über äußere Anlässe und tiefere Ursachen von Verbrechen betrieben werden. Forschungen, die uns nicht zu teuer sein sollten, weil sie letztlich auch etwas entscheidend berühren, woran wir alle interessiert sind: unsere Sicherheit.

Mord in der Wiener Staatsoper

Man hat dem Kind eingeschärft, stets höflich und artig zu sein. Erwachsene, denen es in einem Haus begegnet, zu grüßen, auch wenn es sie nicht kennt.

Das Kind grüßt höflich den fremden Mann, den es auf der Stiege im Operngebäude trifft.

Aber nicht nur das Kind ist höflich, sondern auch der Fremde. Er dankt für den Gruß und erkundigt sich, wohin das Mädchen geht.

Monate später, als der Mann von Kriminalbeamten befragt wird, kann er sich sogar noch an den ungefähren Wortlaut des Gesprächs mit dem Kind erinnern.

»Ich gehe in die Ballettschule«, erklärt die kleine Elevin.

»Da ist es aber gut, daß du mich getroffen hast. Heute ist die Ballettschule nämlich woanders, ich kann dir den Weg zeigen.«

Das Kind geht mit dem fremden, freundlichen Mann mit.

Sie kommen zum Wasch- und Duschraum. Er ist dem Kind vertraut. Hier hat es sich schon oft erfrischt, wenn es nach dem Ballettunterricht verschwitzt war. Sie betreten den Raum.

»Bist du eigentlich schon untersucht worden?« fragt der Mann.

Nein, sie ist noch nicht untersucht worden, sagt sie. Beginnt sich freizumachen. Stellt ihr Handtäschchen ab, zieht den Mantel aus, hängt ihn ordentlich an einen Kleiderhaken. Nun kann sie der »Onkel Doktor« untersuchen.

Aber der ist noch nicht zufrieden: »Du mußt auch noch die Strumpfhose ausziehen, damit ich dich untersuchen kann.«

Auch noch die Strumpfhose? Ein fragender Blick in das Gesicht des »Doktors«.

Das Kind schreit laut auf. Das ist nicht mehr das Gesicht eines harmlosen Mannes. Das Mädchen will zum Ausgang stürzen.

Ein heftiger Faustschlag ins Gesicht streckt es zu Boden. Der Mann würgt das Kind mit beiden Händen. Dann ein Messerstich, und noch einer und wieder einer...

So stirbt am 12. März 1963 gegen fünf Uhr nachmittags die zehnjährige Ballettelevin Dagmar Fuhrich. Von 37 Messerstichen getroffen.

Als Opfer eines Mörders, dem sie zufällig begegnete. Der zuvor durch einen Bühnenarbeiter gestört worden war, als er einem anderen Mädchen nachgeschlichen war. Dieses andere Mädchen konnte nie eruiert werden und erfuhr vermutlich nie, in welcher Gefahr es sich befunden hatte.

Hofrat Dr. Franz Heger vom Wiener Sicherheitsbüro, der die Untersuchungen zur Ermittlung des Täters leitete, faßt die Schwierigkeiten zur Auffindung des Mörders in seinem Bericht zusammen:

»Die Bemühungen zur Einengung des Täterkreises waren anfangs von starkem Optimismus getragen. Als Täter war in erster Linie eine Person anzunehmen, die im Opernhaus Bescheid wußte. Man wußte, daß dies ein sehr umfangreicher Personenkreis war, immerhin aber erfaßbar.

Die weiteren Recherchen brachten aber bald hervor, daß auch hausfremde Personen nicht als Täter ausgeschlossen werden konnten. Die Bühnenausgänge wurden nicht kontrolliert. Eine Passierscheinpflicht war lange vorher aufgehoben worden. Es gab unterirdische Zugänge von staatlichen Gebäuden, von einer Parkanlage her, aber auch von der Kantine aus ließ sich der Tatort leicht erreichen. Dazu kamen noch die Teilnehmer an Gruppenbesichtigungen der Staatsoper, deren Route am Tatort vorbeiführte. Teilnehmer an solchen Besichtigungen hatten sich schon öfters im Damentrakt ›abgesondert‹. Der zu überprüfende Personenkreis wurde langsam unübersehbar.

Die Besucher der Opernaufführung (man gab damals Wagners ›Walküre‹, mit Beginn um 17 Uhr), etwa 2000 an der Zahl, wurden keiner näheren Kontrolle unterzogen. Dies bedeutete aber keinen Fehler, weil zu diesem Zeitpunkt eine Täterbeschreibung noch nicht vorlag. Es hätten also höchstens die Personaldaten dieser Personen festgestellt und ihre Kleidung nach Blutspuren untersucht werden können.

Etwas intensiver widmete man sich dem anwesenden Opernpersonal. Außerdem wurde nach dem Schluß der Vorstellung das gesamte Operngebäude mit Diensthunden durchsucht.

Die nächste Aufgabe war die möglichst lückenlose Überprüfung des
● Personals der Staatsoper, also der Künstler, des Opernballetts, der Statisten, des Orchesters, des technischen und des Verwaltungspersonals, der Friseure, Garderobiere und Feuerwehrleute usw., usw.;
● Personals jener Firmen, die zur Tatzeit oder vorher an den Straßenbauten vor und um die Oper beteiligt waren;
● Personals der am Wiederaufbau der Staatsoper beteiligt gewesenen Firmen (die bombenzerstörte Staatsoper wurde 1955 wieder eröffnet).

Weiter waren notwendig:
- Überprüfung aller als sexuell abwegig registrierten Personen (Sadisten, Schänder, Notzüchter usw.);
- Überprüfung der in Irrenanstalten neu aufgenommenen, entlassenen oder flüchtigen Personen;
- Feststellung aller Neuzugänge und Selbststeller in Strafanstalten;
- Erhebungen in Reinigungsanstalten (wegen der Blutspuren) und Messerschmieden (wegen des Messers, das offenbar als Tatwaffe verwendet wurde, aber nicht gefunden werden konnte);
- Befragung aller Schulkollegen des Opfers, aller Mitglieder der Ballettschule, Erhebungen bei Eltern, Bekannten usw.;
- Überprüfung aller Personen, über die von seiten der Bevölkerung Hinweise eingegangen waren. Das war eine ganz erstaunlich große Zahl.«

Soweit Hofrat Dr. Heger. Wer den chronischen Personalmangel im Wiener Sicherheitsbüro (wie auch sonst fast überall bei Polizei und Gendarmerie) kennt, kann ermessen, welche Arbeit die Beamten in den folgenden Tagen und Wochen zu bewältigen hatten.

Aber zunächst einmal wurde die Bevölkerung der Bundeshauptstadt noch durch etliche andere Überfälle auf Frauen beunruhigt:
- Am 17. Juni 1963 fügt ein unbekannter Mann der Studentin Waltraud Brunner in einem Wochenschaukino in der Wiener Innenstadt (im »OP-Kino« am Graben) mit einem Messer einen Stich in die Nierengegend zu. Der Täter kann unerkannt entkommen.
- Am 30. Juli, also sechs Wochen später, wird in der Augustinerkirche die amerikanische Studentin Virginia Chieffo von einem Mann attackiert, der mehrmals mit einem Messer auf sie einsticht. Wieder entkommt der Täter unerkannt.

Die Polizei steht vor einem Rätsel. Ein Sadist? Ein Wahnsinniger? Ein pathologischer Frauenfeind, der jetzt schon zum zweitenmal innerhalb von zwei Monaten junge Frauen in Wiens City, mitten im Herzen der Großstadt, in einem gutbesuchten Kino und in einer keineswegs menschenleeren Kirche, mit einer Stichwaffe angreift und ebenso plötzlich, wie er aufgetaucht ist, wieder verschwindet?

Es bleibt nicht viel Zeit zur Überlegung. Drei Tage nach dem Überfall in der Augustinerkirche schlägt der Geheimnisvolle wieder zu. Mitten in dem an schönen Sommertagen auch noch spätabends von Erholungsuchenden und Liebespaaren frequentierten Stadtpark wird am 2. August die Verkäuferin Maria Brunner Opfer eines Attentats. Die ahnungslos in der Nähe des Johann-Strauß-Denkmals auf einer Bank sitzende Frau verspürt plötzlich einen Schlag in der Nackengegend. Sie ist so erschrocken, daß sie es nicht wagt, sich umzudrehen.

Was sie zunächst nicht weiß: Es war kein Schlag, der sie getroffen hat, sondern ein Messerstich. Ein Stich, der bis in die Lungengegend drang, so heftig geführt, daß dabei sogar das Messer beschädigt wurde. Als eine andere Parkbesucherin sieht, wie der Mann eben ein zweites Mal zustechen will, schreit diese laut auf, worauf der Attentäter von seinem Opfer abläßt.

Und dann zeigt sich, wie die vielgerühmte menschliche Solidarität im allgemeinen und das »goldene Wienerherz« im besonderen beschaffen ist. Die zahlreichen Leute, darunter auch Männer, die sich in nächster Nähe befinden, betrachten zwar das sich ihnen bietende »Schauspiel« interessiert, denken aber nicht daran, etwas zu unternehmen. Der Attentäter braucht gar nicht zu rennen; langsam verläßt er, ohne von jemandem aufgehalten zu werden, den Stadtpark. Niemand kommt dem Opfer zu Hilfe, niemand verfolgt den Messerstecher, keiner verständigt die Polizei.

Vier Tage später schlägt der Unbekannte wieder zu, wieder im Zentrum von Wien, auf der Tuchlauben.

Als die Pensionistin Emma Laasch am 6. August 1963 eben ihr Wohnhaus betreten hat und ihre Handtasche öffnet, um den Liftschlüssel herauszuholen, verspürt sie einen Stich in der rechten Halsseite, zugleich hält die Hand eines fremden Mannes ihr den Mund zu. »Geld her«, fordert er die zu Tod erschrockene Frau auf und verleiht durch eine Gabel in der Hand seinen Worten Nachdruck.

Aber die Vierundsechzigjährige denkt nicht daran, sich einschüchtern zu lassen. Sie ruft laut um Hilfe. Der Mann, durch die für ihn offenbar unerwarteten Hilferufe verwirrt, ergreift die Flucht. Die Courage der alten Dame reicht sogar noch weiter. Die Frau verfolgt den Räuber, läuft ihm nach und kann noch beobachten, wie er im Nebenhaus verschwindet.

Passanten verständigen einen Wachmann, der das bezeichnete Haus zu durchsuchen beginnt. Im Stiegenhaus kann er schließlich einen sehr aufgeregten, sehr verschwitzten Mann aufgreifen, den er sofort festnimmt.

Ist dieser Mann der Täter? Emma Laasch, mit dem Mann konfrontiert, vermag es nicht mit Sicherheit zu sagen, sie hat den Attentäter zu kurz gesehen. Aber eines weiß sie genau: »Der Mann, der mich überfallen hat, trug einen dunklen Pullover. In dem würde ich ihn sofort wiedererkennen.«

Der Festgenommene trägt keinen Pullover und leugnet, überhaupt einen zu besitzen. Aber der Beamte läßt sich nicht ablenken. Stück für Stück durchsucht er das Haus, in dem der Verdächtige festgenommen wurde. Seine Suche hat Erfolg. An einer anderen Stelle im Stiegenhaus findet er einen schwarzen Pullover. Als der Mann, damit bekleidet, seinem Opfer gegenübergestellt wird, hat die Pensionistin keinen Zweifel mehr: »Das ist er.«

Er, das ist — wie sich herausstellt — der Verkäufer Josef Weinwurm, geboren am 16. September 1930 in Haugsdorf im nördlichen Niederösterreich. Er wird sofort dem Sicherheitsbüro überstellt. Dort erkennen ihn die anderen Opfer der Messerattentate — die Studentin aus dem OP-Kino, die junge Amerikanerin aus der Augustinerkirche, die im Stadtpark überfallene Verkäuferin — einwandfrei als Täter.

Damit nicht genug. Als die Beamten nochmals die Liste der Verdächtigen des Opernmordes überprüfen, stoßen sie auf den Namen Josef Weinwurm. Er ist am 5. März 1963, also acht Tage vor dem Mord an Dagmar Fuhrich, aus dem Arbeitshaus Göllersdorf entlassen worden.

Das hat noch wenig zu bedeuten. Aber es kommt ein wichtiger Hinweis hinzu: Ein Beamter dieses Arbeitshauses erinnert sich, daß Weinwurm bei seiner Entlassung zwei Messer bei sich hatte. Und eines davon entspricht in etwa jener Waffe, mit der Dagmar Fuhrich ermordet wurde. Kann Josef Weinwurm der Opernmörder sein?

Weiteres Belastungsmaterial: etliche Vorstrafen. Ein Teil davon interessiert die Beamten allerdings kaum: verschiedene Einbrüche und kleinere Diebstähle, die nicht unbedingt eine Neigung zu Gewalttätigkeiten oder gar zu einem Blutverbrechen erkennen lassen.

Zwei Fälle aus Weinwurms Vergangenheit lassen aber die Kriminalisten stutzig werden. Als Weinwurm siebzehn Jahre alt war, hatte er in einer Schule ein Mädchen, das die Toilette aufsuchte, verfolgt und die zu Tode Erschrockene — unter Drohung mit einer Pistole — zwingen wollen, sich auszuziehen. Als das Mädchen um Hilfe rief, flüchtete er zwar, konnte aber festgenommen werden.

Mit neunzehn Jahren lief Weinwurm nach einem Streit von zu Hause fort und trieb sich in der Wiener Innenstadt herum. Dabei überfiel er eine Frau, wollte sie berauben und setzte ihr eine Papierschere an die Brust. Auch in diesem Fall flüchtete er, als das Opfer um Hilfe rief. Und wurde im oberen Stock eines Nachbarhauses festgenommen.

Mehr Belastungsmaterial gegen Weinwurm liegt nicht vor. Wobei der zuletzt erwähnte Überfall eher an die Szene mit der Pensionistin Emma

Laasch als an den Mord an Dagmar Fuhrich erinnert. Die Beamten jedoch haben das Gefühl, auf der richtigen Spur zu sein. Wie aber bringt man Weinwurm zu einem Geständnis?

Die Kriminalisten des Wiener Sicherheitsbüros sind erfahrene Routiniers. Sie wissen, wie man aus einem Verdächtigen möglichst viel herausbekommt. Sie sind Menschenkenner und Psychologen von Rang. Sie sind mit der Technik der Fragestellung und der Vorhalte bestens vertraut. Sie wissen, daß es fast nie zweckmäßig ist, einen Verdächtigen sofort mit den wesentlichen Fragen zu konfrontieren. Denn dann zieht er sich in Abwehrstellung zurück, er wird nicht zu »erzählen« beginnen. Diese Taktik ist vor allem dann wichtig, wenn ein Verdacht so schwach, so wenig konkret ist, wie es damals bei Weinwurm bezüglich des Opernmordes war.

Also sprechen die Beamten kein Wort vom Opernmord, stellen keine Frage, machen keinen Vorhalt. Weinwurm wird bloß animiert, über die Tage nach seiner Entlassung aus dem Arbeitshaus Göllersdorf zu reden. Möglichst viel zu reden. Die Beamten sitzen ihm völlig passiv gegenüber. Keiner unterbricht seinen Redefluß, keiner stellt Zwischenfragen, keiner läßt erkennen, worum es in Wirklichkeit geht.

Und Weinwurm redet. Redet stundenlang. Tagelang. Er kommt auch auf den 12. März 1963 zu sprechen — auf jenen Tag, an dem Dagmar Fuhrich ermordet wurde. Mit keiner Geste verraten die Beamten, daß das, was er jetzt sagt, für sie von höchstem Interesse ist. Schließlich bietet Weinwurm gerade für diesen Tag völlig unaufgefordert ein Alibi an. Aus welchem Grund?

Es ist eine gespenstische Szene: Sie sitzen einander gegenüber und reden von jenem zwölften März. Und jeder tut, als ob das irgendein belangloser, beliebiger Tag gewesen wäre, nicht der Tag, an dem ein Verbrechen geschah, das eine ganze Großstadt in Atem hielt.

An diesem zwölften März sei er von Wien nach Salzburg gefahren, erzählt Weinwurm. Und von dort über die Grenze nach Deutschland. Und erst im April sei er aus der Bundesrepublik nach Österreich zurückgekehrt. Kann es ein perfekteres Alibi geben?

Die Kriminalisten beginnen zu rechnen: Wenn Weinwurm am Vormittag oder am Nachmittag nach Salzburg gefahren ist, dann kann er nicht um 17 Uhr in Wien, dann kann er nicht der Mörder der Dagmar Fuhrich gewesen sein. Wenn er aber hingegen mit dem »Wiener Walzer« um 20 Uhr gefahren wäre? Dann könnte er die Tat begangen haben.

Und nun macht Weinwurm seinen entscheidenden Fehler. Er erzählt den Beamten, er habe in Salzburg keinen Grenzübertrittschein mehr erhalten. Das kann aber nur bedeuten, daß er mit dem »Wiener Walzer«, der gegen Mitternacht in Salzburg ankommt, gefahren sein muß, denn bei Ankunft aller anderen Züge wäre die Paßstelle im Salzburger Hauptbahnhof noch offen gewesen.

Erhebungen in dem von ihm genannten Hotel bestätigen es: Weinwurm hatte dort erst nach Mitternacht ein Zimmer genommen. Die Salzburgreise als Alibi war zusammengebrochen.

Nun weiß Weinwurm offenbar, daß sein Spiel verloren ist. Er bittet um »Bedenkzeit« und nach deren Ablauf um ein Gespräch mit einem bestimmten Beamten, der ihn besonders menschlich behandelt hatte.

Und ihm gegenüber gesteht er am 27. August 1963 den Mord an Dagmar Fuhrich in allen Einzelheiten und mit einer geradezu wissenschaftlichen Akribie. Die Beamten haben Mühe, bei der Protokollaufzeichnung dem Redefluß Weinwurms zu folgen. Sein Geständnis beginnt mit den Worten: »Am Freitag, dem 8. März 1963, begann das, was ich später und heute noch als menschliche Tragödie empfand, nämlich meine eigene.«

Kein Wort eines Mitleids mit dem ermordeten Kind. Nur Mitleid mit sich selbst.

Was meinte Weinwurm mit seinem Hinweis auf den 8. März? An diesem Tag ist er im Opergebäude unterwegs, um Gelegenheiten für Diebstähle auszukundschaften. Im Zuge dieser »Besichtigung« kommt er auch zu einer Damentoilette.

»Um 17.50 Uhr kam ich dort an, wo ich später den Mord an Dagmar Fuhrich beging. Dort ist ein langer, dunkler Gang, wo ich Stimmen hörte. Es war dort ein Vorhang und eine Tür, die offenstand. Beim Hineinsehen in einen Raum sah ich mehrere Frauen mit weißen Mänteln sitzen und arbeiten. Als ich denselben Gang wieder zurückging, hörte ich aus dem Raum, wo ich später Dagmar Fuhrich ermordete, Duschgeräusche und Stimmen. Als ich durch das Schlüsselloch spähte, sah ich eine nackte Frau. Ich sah eine Weile zu und bemerkte, daß es eine ältere Frau war. Außerdem vermutete ich aus der Art, wie die Frauen sprachen, daß es sich um Bedienerinnen handelte.«

Vier Tage später ist Weinwurm wieder in der Oper. Vorher hat er in einem Gasthaus Wein getrunken und mit dem Alkohol die letzten Hemmungen weggespült. Nun bricht wieder jenes Gefühl aus, das ihn die ganzen letzten Jahre hindurch verfolgt hat: sein abgrundtiefer Haß gegen Frauen.

»Da ich kein Weintrinker bin, bemerkte ich nach dem Verlassen des Lokals, daß ich etwas couragierter wurde. Gleichzeitig wurde mein Haß immer größer. Dieser Haß richtete sich gegen Frauen.

Ich will dies so erklären: Ich hatte bereits während meiner Pubertätszeit das Gefühl, den Frauen gegenüber nicht so zu sein, wie es normal gewesen wäre. Ich hatte eine gewisse Scheu Frauen gegenüber, und wenn es einmal zu einem Verkehr gekommen war, konnte ich mich nie so richtig verlieren. Ich meine damit, daß ich nie ein so leidenschaftliches Gefühl empfand.«

Dieser Frauenhaß eines Psychopathen kostet Dagmar Fuhrich das Leben. Weinwurm schildert die letzten Minuten seines Opfers in allen Details:

»Als ich sah, daß das Mädchen wegwollte, gab ich ihr einen Schlag mit der rechten Faust ins Gesicht. Sie flog zurück und begann um Hilfe zu schreien. Sie machte das ziemlich laut. Darauf stürzte ich mich wieder auf sie und würgte sie mit beiden Händen. Meine Aktentasche hatte ich vorher auf die Bank geschleudert, wo ihre Handtasche stand. Das Messer hatte ich noch immer geschlossen in der Manteltasche.

Während des Würgens bemerkte ich, wie das Kind blaß wurde und aus der Nase Blut austrat. Ich war dabei in Schweiß geraten, da sie sich ziemlich gewehrt hatte. Noch während ihrer Abwehrbewegungen zog ich das Messer aus der Manteltasche, öffnete es und stach in einem Anfall fürchterlichen Hasses auf sie ein.

Ich habe sehr oft zugestochen, ganz blindlings, ich weiß nicht, wie oft es war. Das Mädchen war dabei zurückgefallen. An was ich mich genau erinnern kann, war, daß ihre Geschlechtsteile bloß lagen. Ich wollte in diesem Moment wieder meinen Haß loswerden und habe weiter auf sie eingestochen. Wohin ich stach, kam mir in diesem Moment nicht mehr zum Bewußtsein.

Da das Mädchen auf dem Rücken lag, stach ich, auf ihm kniend, weiter. Als ich merkte, daß es sich nicht mehr rührte, sprang ich auf, nahm meine Tasche und verließ eilig den Raum. Ich wollte nur weg, lief die Stiege hinunter und beim Bühnentor an der Kärntner Straße hinaus.«

Und er schließt die Schilderung seiner Untaten mit dem lapidaren Satz:

»Wenn man mich aus der Haft entläßt, werde ich es wieder tun. Schuld sind also die, die mich herauslassen.«

Vom 6. bis 10. April 1964 findet vor einem Wiener Geschworenengericht unter dem Vorsitz von Oberlandesgerichtsrat Dr. August

Schachermayr die Hauptverhandlung gegen Josef Weinwurm statt. Zwei Psychiater erstatten Gutachten über seinen Geisteszustand. Sie kommen übereinstimmend zu dem Ergebnis, daß von einer Unzurechnungsfähigkeit bei Josef Weinwurm keine Rede sein kann. Einer faßt es in dem knappen Satz zusammen: »Gestört ist nicht sein Gehirn, sondern sein Charakter.«

Am 10. April 1964 verkündet der Vorsitzende das Urteil: Josef Weinwurm wird zu lebenslangem, schwerem, verschärftem Kerker verurteilt. Daß er sich zunächst Bedenkzeit erbittet, ist nur Formsache. Vierundzwanzig Stunden später gibt er die Erklärung ab, auf Rechtsmittel zu verzichten. Er wird in die Strafanstalt Stein an der Donau überstellt. Eines der verabscheuungswürdigsten Verbrechen der Nachkriegszeit ist gesühnt. Hätte es von vornherein verhindert werden können?

Im Rahmen einer Veranstaltungsreihe einer Wiener Volkshochschule, die dem Thema »Die Ursachen des Verbrechens und der Schutz der Gesellschaft« gewidmet war, stand die Diskussion eines Abends unter dem Motto »Sind Morde vermeidbar?« Eine ebenso wichtige wie heikle Frage. Läßt sie sich überhaupt beantworten?

Im Fall des Josef Weinwurm könnte man die Behauptung aufstellen: Bei richtigem Einsatz aller maßgeblichen Stellen hätte Dagmar Fuhrich vielleicht nicht sterben müssen. Die besondere Abartigkeit und Gefährlichkeit des Täters war schon vor diesem Mord bekannt. Es nahm nur kaum jemand davon die entsprechende Notiz.

Blättern wir im Leben Josef Weinwurms etwas zurück, bis zu dem vorhin schon angedeuteten ersten Konflikt mit dem Gesetz. Es ist im Jahre 1947. Weinwurm arbeitet im Geschäft seiner von Haugsdorf nach Wien übersiedelten Familie als Lehrling. Nicht allzu seriös, denn der junge Mann stiehlt »nebenbei« Lebensmittelmarken. Außerdem macht er Schleichhandelsgeschäfte. Und vor allem ist er im Besitz einer Pistole. Einer Waffe also, die in der Hand des psychisch labilen Siebzehnjährigen zweifellos eine Gefahr bedeutet.

Mit dieser Pistole begeht er auch sein erstes Attentat. Als er eine Mädchenschule aufsucht, in der eine Kartenstelle untergebracht ist (Weinwurm sollte dort Lebensmittelmarken seiner Eltern verrechnen), sieht er ein Mädchen, das eben die Toilette aufsuchen will. Das versetzt Weinwurm in derartige sexuelle Erregung, daß er die Schülerin bis in den Toilettenraum verfolgt und dort mit einer Pistole bedroht, um sie zum Ablegen ihrer Kleidung zu zwingen.

Als das Mädchen um Hilfe ruft, flüchtet Weinwurm, kann aber noch im Schulgebäude angehalten werden. Bei seiner Einvernahme erklärt er, er habe nur etwas »sehen« wollen.

Aber bei Weinwurm handelt es sich in erster Linie nicht um einen Voyeur, der sich mit dem »Sehen« allein begnügt, sondern vor allem um einen gewalttätigen Menschen, wie die Drohung mit der Pistole beweist.

Er wird der Staatsanwaltschaft beim Jugendgerichtshof Wien angezeigt, doch unterläßt man die »erkennungsdienstliche Behandlung«, insbesondere die Eintragung in die entsprechenden polizeilichen Rubriken als Sexualattentäter.

Als Weinwurm die Vorladung zur Gerichtsverhandlung erhält, bekommt er einen derartigen Schock, daß er einen Selbstmordversuch unternimmt: Er verschafft sich wieder eine Pistole und will sich damit erschießen. Es löst sich aber vorzeitig ein Schuß, der ihn in den Unterarm trifft. Auch das ist für den Fachmann eine bereits alarmierende Handlungsweise: Selbstmordversuche deuten das Vorhandensein von Aggressionen an, die sich zwar im konkreten Fall gegen den Betreffenden selbst richten, sich aber beim nächstenmal ohne weiteres gegen einen anderen wenden können.

Weinwurm wird psychiatriert. Der Gerichtspsychiater erklärt in seinem Gutachten, es handle sich »um eine psychopathische Persönlichkeit an der Grenze einer Psychose«. Wörtlich heißt es in dem Gutachten: »Schon aus den Ausdruckserscheinungen, besonders aus der monotonen Rede, erkennt man deutlich Affekt- und Gefühlsstörungen. Scheinbar beziehungslos stehen einerseits abrupt aufbrechende Impulse, die etwas Zwanghaftes an sich haben, wenn sie auch nicht echte Zwangsimpulse sind; gemeint ist vor allem das in Frage stehende Sexualdelikt, aber auch der Selbstmordversuch. Anderseits eine fast überklare Einsicht, eine bis in letzte Einzelheiten klare Erinnerung und Beurteilung, ja Verurteilung der eigenen Taten, was alles nicht imstande ist, solche krassen Handlungen zu verhindern. Man hat den Eindruck eines Doppellebens, einer Spaltung der Persönlichkeit in einen gewalttätig und gesetzlos Handelnden und in einen, der daneben steht und mit psychologischem Scharfsinn das Ganze betrachtet und im übrigen brav und einzelgängerisch ist.

Als Prognose: Es kann eine im großen und ganzen in die Gesellschaft hineinwachsende Persönlichkeit entstehen. Aber auch die Entwicklung einer prozeßhaften Psychose, für die allerdings bis jetzt noch Beweise fehlen.«

Das Ergebnis: Weinwurm wird, da nach dem psychiatrischen Gutachten kein Anhaltspunkt für eine Unzurechnungsfähigkeit zur Tatzeit besteht, zwar wegen Erpressung schuldig gesprochen, aber eine Strafe wird nicht verhängt. Das österreichische Jugendgerichtsgesetz sieht nämlich auch die Möglichkeit eines Schuldspruchs ohne Strafe vor.

Das wäre an sich noch nicht verhängnisvoll gewesen. Verhängnisvoll war etwas anderes: Der Schuldspruch wird, wie man der informativen Darstellung »Der Wiener Opernmord« von Hofrat Dr. Heger, dem damaligen Leiter des Wiener Sicherheitsbüros, entnehmen kann (in: »Kriminalistik«, November 1964), dem Strafregisteramt, der Zentralstelle zur Registrierung gerichtlicher Verurteilungen, nicht bekanntgegeben, Weinwurm ist daher wegen dieser Tat polizeilich nicht vorgemerkt.

Knapp zwei Jahre später erfolgt sein nächstes Attentat: Am 22. Jänner 1949 setzt Weinwurm einer Frau in Raubabsicht eine Papierschere an die Brust. Das Opfer ruft um Hilfe, Weinwurm wird verhaftet und — erneut ohne erkennungsdienstliche Behandlung (!) — der Staatsanwaltschaft zur Anzeige gebracht und dem Landesgericht eingeliefert.

Wieder wird ein Gerichtspsychiater mit Weinwurms Untersuchung betraut. Und dieser kommt zu ganz anderen Schlüssen als sein Kollege im vorangegangenen Verfahren. Er meint, »daß die Umstände in mancher Hinsicht ein anderes Bild von der geistigen Persönlichkeit des Beschuldigten zeigen, als es im ersten Gutachten gezeichnet wurde. Es ist gar kein Zweifel, daß es schwer ist, dieses Material in seiner Reichhaltigkeit und Mannigfaltigkeit unter einen Hut zu bringen, wenn es auch vom praktischen forensisch-psychiatrischen Standpunkt wünschenswert ist und angestrebt werden muß. Der Beschuldigte ist in die Kategorie der Schizophrenen einzuordnen, mit einer komplizierten Symptologie, in welcher da und dort seelische Spaltungsvorgänge eine Rolle spielen. Besser formuliert handelt es sich um eine Psychopathie mit schizoiden Zügen.«

Der Sachverständige widerspricht dem Erstgutachter und nimmt einen geistigen Defektzustand an, welcher sich auf das intellektuelle Gebiet, auf die Gefühlssphäre und die Willenstätigkeit bezieht und seine geistige Tätigkeit in einem solchen Grad beeinträchtigt, daß ein psychiatrischer Strafausschließungsgrund gegeben erscheint. Josef Weinwurm ist laut dem zweiten Gutachten als Geisteskranker zu bezeichnen und, da er sich als gemeingefährlich erwiesen hat, in einer geschlossenen Heilanstalt für Geisteskranke zu internieren.

Niemand macht sich die Mühe, die Widersprüche dieser zwei Gutachten aufzuklären, sei es durch Einholung wechselseitiger Stellungnahmen der beiden Psychiater zu ihren Ausführungen, sei es durch die Beiziehung eines weiteren Experten oder Einholung eines Fakultätsgutachtens.

Es kommt, wie es kommen muß: Weinwurm wird außer Verfolgung gesetzt, das Verfahren gegen ihn wegen Unzurechnungsfähigkeit eingestellt, er selbst am 5. April 1949 in die Heil- und Pflegeanstalt Am Steinhof eingewiesen. Er wird dort etwas länger als ein Jahr angehalten. Am 27. April 1950 entläßt man ihn, da er laut Gerichtsbeschluß »nicht mehr als anstaltsbedürftig anzusehen« ist. Weder seine Einweisung noch seine Entlassung werden der Evidenzstelle der Polizei zur Kenntnis gebracht.

Weinwurms Freiheit dauert knapp drei Jahre. Am 22. Jänner 1953 wird er erneut festgenommen: Nicht weniger als 82 Einschleichdiebstähle können ihm nachgewiesen werden. Die Tatorte sind immer wieder die gleichen: Leseräume und Theatergarderoben, vor allem aber Schulen. Alle im ersten Wiener Bezirk gelegen. Wie die Staatsoper, in der er zehn Jahre später Dagmar Fuhrich ermordet.

Wieder — zum drittenmal — wird Weinwurm psychiatriert. Wieder wird ein Gerichtssachverständiger bestellt, wieder erstattet auch dieser ein ausführliches Gutachten und wieder enthält es im wesentlichen das Gegenteil von dem, was im Vorgutachten geschrieben wurde.

Erinnern wir uns: Vier Jahre zuvor, 1949, war Weinwurm als Geisteskranker, der für seine Taten nicht verantwortlich sei, bezeichnet worden. In diesem dritten Gutachten liest sich die Sache ganz anders. Der Sachverständige von 1953 erklärt, »es liegt kein Anhaltspunkt vor, eine Geisteskrankheit anzunehmen«.

Er führt aus: »Es konnte nichts gefunden werden, was für eine Hirnschädigung oder eine geistige Störung spricht. Es handelt sich bei dem Beschuldigten vielmehr um eine Persönlichkeit, die man am ehesten als charakterologisch unstet bezeichnen kann, wodurch er den stimmungslabilen Psychopathen näherrücken würde, obgleich labile Krisen nicht nachweisbar sind. Es handelt sich bei Weinwurm überhaupt nicht um einen Psychopathen, sondern einfach um einen Kriminellen. Es besteht keine Gemütsarmut im Sinne der ›moral insanity‹, man kann auch nicht davon sprechen, daß es sich um einen willenlosen Psychopathen handelt. Weinwurm hat, wie ein anderer, einen Beruf gewählt, eben den Beruf des Verbrechers. Die Lebensgeschichte des Weinwurm zeigt, daß keineswegs jeder Verbrecher ein Psychopath sein muß und daß sich moralische Einstellungen und andere Lebensentscheidungen nicht mit psychiatrierten Kategorien ausschöpfen lassen. Man muß keineswegs annehmen, daß hier eine Spaltung der Persönlichkeit vorliegt im Sinne eines gesetzlosen und zugleich mit Wahrhaftigkeitssinn, Gerechtigkeitsgefühl und psychologischem Scharfsinn begabten Menschen.

Auch wenn es nicht möglich sein sollte, durch eine strengere Bestrafung, als es eine jahrelange Anhaltung ›Am Steinhof‹ darstellt, diesen jungen Menschen wieder auf die soziale Ebene zurückzubringen — was keineswegs für ausgemacht gehalten werden kann —, so würde das nicht gegen die Richtigkeit der Auffassung sprechen, daß es schwer ist, im späteren Leben zu lassen, woran man sich in jungen Jahren gewöhnt hat. Weinwurm hat sich zu sehr daran gewöhnt, mühelos durch Diebstähle zu Geld zu kommen und davon gut zu leben. Der Beschuldigte ist für seinen ›Beruf‹ zweifellos begabt, und es liegt keine Berechtigung zur Annahme von Affektstörung oder Gefühlsstörung vor.«

Das Gericht folgt wie in den beiden vorangegangenen Verfahren dem psychiatrischen Gutachten, spricht Josef Weinwurm schuldig und verurteilt ihn zu vier Jahren schwerem Kerker, die er allerdings nicht zur Gänze absitzen muß; er wird bereits am 5. Oktober 1955 aus der Männerstrafanstalt Stein bedingt entlassen.

Es wurde über Wert und Unwert von Sachverständigengutachten in Strafverfahren bereits an anderer Stelle in diesem Buch ausführlich gesprochen. Dazu noch eine kurze Bemerkung: Der Richter ist kein Psychiater, und die Laienrichter, mögen sie nun als Schöffen oder als Geschworene fungieren, sind es schon gar nicht. Die Beiziehung psychiatrischer Sachverständiger in Zweifelsfällen erfolgt daher an und für sich zu Recht. Namhafte Experten meinen sogar, daß in gewissen Fällen, vor allem bei Kapitalverbrechen, eine Beiziehung zwingend vorgeschrieben werden sollte. Auch dagegen wäre nichts einzuwenden.

Nur eines darf dabei nicht übersehen werden (wird aber allzuoft übersehen): Nicht der Sachverständige hat den Beschuldigten zu verurteilen oder freizusprechen, sondern der Richter. Diese Aufgabe kann ihm auch der beste Experte nicht abnehmen, der nie mehr ist als ein — wenn auch höchst wichtiger, ja oft unentbehrlicher — Gehilfe des Gerichts. Der Sachverständige mag die Grundlagen zu der Entscheidung liefern, die Entscheidung selbst kann nur der Richter fällen.

Das setzt aber voraus, daß er dem Sachverständigengutachten nicht kritiklos gegenübersteht, daß er sich ihm nicht von vornherein anschließt in der Erwägung, der Sachverständige verstehe von seinem Fach ohnedies mehr als er, der Richter, und daher sei es einerseits Vermessenheit, andererseits Zeitversäumnis und Prozeßverschleppung, wenn er Einwände und Bedenken gegen das Gutachten vorbringe, wenn er nähere Aufklärung verlange, wenn er dem Sachverständigen gar widerspreche.

Diese Gefahr ist besonders dann gegeben, wenn sich der Sachverständige der Fachterminologie und komplizierter Fremdwörter bedient, die kaum jemand von den Mitgliedern des Gerichtshofes versteht. Aber: Fragen gilt in solchen Situationen nicht selten als unfein, könnte mangelnde Bildung und Vertrautheit mit der Materie verraten (obwohl der Richter, wäre er damit restlos vertraut, den Sachverständigen gar nicht bestellen müßte), ja wird manchmal als Querulanz und Obstruktion ausgelegt.

Auch in den früheren Verfahren gegen Weinwurm schloß sich jeder Richter ohne lange Diskussion dem Gutachten des Sachverständigen an, den er bestellt hatte, und das auch dann, wenn dieser das Gegenteil von dem sagte, was der andere Gutachter gemeint hatte, und der dritte Sachverständige wieder keine Gelegenheit vorbeigehen ließ, darauf hinzuweisen, wie unrichtig seiner Ansicht nach das Gutachten des zweiten Sachverständigen sei. So daß, nimmt man jedes Gutachten für bare Münze, Weinwurm in den Jahren 1947 und 1953 absolut zurechnungsfähig, dazwischen aber, im Jahre 1949, ebenso absolut zurechnungsfähig gewesen wäre. Wobei noch dazukommt, daß sich die moderne Psychiatrie zunehmend darüber im klaren ist, daß man sie mit der Frage nach der »Zurechnungsfähigkeit« hoffnungslos überfordert.

Das war im Fall Weinwurm die eine Misere. Die andere hing damit eng zusammen. Niemand machte sich in den früheren Weinwurm-Verfahren Gedanken darüber, daß die Frage nach Zurechnungsfähigkeit oder -unfähigkeit formal zwar entscheidend war (für eine Verurteilung oder Einstellung des Verfahrens), an praktischer Bedeutung aber hinter der Frage hätte zurücktreten müssen: Was soll mit diesem Menschen, mag er nun geisteskrank sein oder nicht, eigentlich geschehen? Denn an der Labilität und an der Gefährlichkeit Weinwurms konnte auf Grund seiner Straftaten wohl kein Zweifel bestehen. Diese Frage stellte sich aber niemand. Der eine Richter sperrte ihn ein, der andere ließ ihn in ein Irrenhaus einweisen. Weder in der Strafanstalt noch »Am Steinhof« vermochte man die tieferen Ursachen von Weinwurms psychopathischem Verhalten aufzudecken, geschweige denn zu beseitigen. Man ließ einen Menschen aus der Anstalt, der von Mal zu

Mal gefährlicher wurde. An ein »Entschärfen der Bombe« dachte niemand. Erst als sie explodierte, wurde man »wach«.

Hofrat Dr. Franz Heger zieht das Resümee: »Ebenso wie im Falle des deutschen Massenmörders Kürten war auch bei Weinwurm der Inhalt der Personenstrafakten unzureichend. Zahlreiche wichtige Mitteilungen, die in den Strafakt gehörten, waren unterlassen worden. Sie hätten insgesamt ein ganz anderes, klareres Bild der Persönlichkeit des Weinwurm entstehen lassen und möglicherweise eine intensive Fahndung nach ihm veranlaßt. An den Fällen Kürten und Weinwurm ist die außerordentliche, ja oft entscheidende Bedeutung lückenlos geführter Personenstrafakten erkennbar. Ihre Vollständigkeit muß mit allen Mitteln angestrebt werden.

Wiederholt ist in jüngeren Jahren auch die erkennungsdienstliche Behandlung unterlassen worden, obgleich den Umständen nach damit gerechnet werden konnte, daß sich Weinwurm auf den Weg des Verbrechens begeben würde. Am 5. April 1949 war Weinwurm auf Grund eines psychiatrischen Gutachtens als geisteskrank in eine Heilanstalt überwiesen worden. Durch Gerichtsbeschluß war die Unterbringung bereits am 27. April 1950 aufgehoben worden. Eine Mitteilung an die Polizei erging auch in diesem Falle nicht. Bei dieser Gelegenheit sei auch auf die Unterschiedlichkeit der zu verschiedenen Zeiten von Gerichtspsychiatern erstatteten drei Gutachten hingewiesen, die stark voneinander abweichen. Sie lassen — wie so oft — die ganze Problematik gerade psychiatrischer Gutachten erkennen.

Die Unterbringung in einem Arbeitshaus wurde nach verhältnismäßig kurzer Zeit wieder aufgehoben, seine Entlassung aus den Strafanstalten ist wiederholt vorzeitig erfolgt, obgleich die Gefährlichkeit des Weinwurm deutlich erkennbar war.«

Diesen durchaus zutreffenden Feststellungen des bekannten Kriminalisten soll noch eine grundsätzliche und allgemeine Erwägung angeschlossen werden. Sicherlich ist es wichtig, Verbrecher zu bestrafen. Noch wichtiger und vor allem noch schwieriger ist es, Verbrechen zunächst einmal aufzuklären. Die wichtigste und schwerste Aufgabe jedoch ist es, Verbrechen zu verhüten. Nicht der bestrafte Mord muß unser oberstes Ziel sein, sondern der verhinderte Mord.

Eine weltfremde Utopie? Nun, auch der bekannte amerikanische Psychiater Karl Menninger stellt in seinem Buch »Strafe — ein Verbrechen?« die Frage: »Warum sollte Sicherheit des öffentlichen Lebens nicht auf ähnlichem Wege erreicht werden wie die Sicherung der geistigpsychischen Gesundheit?

Warum sollte es nicht möglich sein, eine große Anzahl allgemeiner Sicherheitszentren oder Zentren zur Verbrechensverhütung zu schaffen? Es läßt sich eine völlig neue Art von angesehenen und respektierten Polizei-Hilfsstationen denken, die dem Volk nah und vertraut wären und von ihm aufgesucht würden. Sie müßten Karteien, Laboratorien und andere für die öffentliche Sicherheit nötigen Einrichtungen sowie Dienststellen für die Polizei und für Bewährungshelfer enthalten. Ihre Vollmachten zum Schutz, zur Überwachung und zur Aufrechterhaltung des Friedens in einem bestimmten Bezirk müßten genau festgelegt sein.

Solche Zentren hätten sich viel mehr mit der Aufrechterhaltung der Ordnung und der Verbrechensverhütung zu befassen als mit Arrest und Razzien. Die Haltung gegenüber der Bevölkerung und deren Gemeinschaftsleben in Schulen, Kirchen, Parks, am Badestrand, bei Paraden oder Beerdigungen wäre offen und vertrauensvoll. Das Team hätte die Aufgabe, den Bürgern bei Schwierigkeiten aller Art zu Hilfe zu kommen, natürlich auch bei Belästigungen oder Überfällen. Es hätte sich um den, der Unrecht getan hat, ganz besonders aber um die Verhinderung von Unrecht zu kümmern.«

Ein berühmter Fall, der besonders drastisch beweist, wie sich ein Verbrechen hätte verhindern lassen, aber durch Gleichgültigkeit und Desinteresse nicht verhindert wurde, ereignete sich nach dem Zweiten Weltkrieg in Amerika. In den frühen Morgenstunden des 4. Jänner 1948 erschien auf der Polizeiwache von Long Beach ein dreiundvierzigjähriger Mann in zerrissener Kleidung und murmelte etwas, was so klang, als habe er seine Frau umgebracht. Er machte einen verwirrten Eindruck und redete zusammenhangloses Zeug. Man hielt ihn für betrunken und schickte ihn heim, damit er seinen Rausch ausschlafe.

Eine Stunde später erschien der Mann wieder, gemeinsam mit seiner alten Mutter. Wieder versuchte er, die Polizisten davon zu überzeugen, daß er einen Mord begangen habe.

Die Beamten glaubten ihm zwar wieder nicht, aber immerhin sahen sie in dem betreffenden Hotelzimmer nach. Und dort machten sie eine schreckliche Entdeckung: die völlig verstümmelte Leiche einer Frau, der Gattin jenes Mannes, dessen Worten sie keinen Glauben geschenkt hatten. Er hatte seine Frau erwürgt, mit den scharfen Kanten einer zerbrochenen Flasche aufgeschlitzt und mit etwa vierzig Schlägen zerhackt, bis sie nur noch eine blutige Masse war. Mit der Leiche hatte er dann sexuellen Verkehr ausgeführt.

Man forschte in der Vergangenheit des Mannes nach und kam zu einem überraschenden Ergebnis: Er hatte fünf Wochen vor dem Verbrechen freiwillig seine Aufnahme in eine staatliche Heilanstalt beantragt. Er sagte damals etwa: »Ich habe nichts Böses getan, noch nicht. Aber ich fürchte, ich werde es tun. Es kommt wieder auf mich zu.«

Er war sich bewußt, daß bei ihm psychisch etwas nicht stimmte. Ansonsten ein ruhiger und unauffälliger Mensch, überkam ihn etwa alle sieben oder acht Jahre ein gefährliches triebhaftes Verlangen, dem er nicht widerstehen konnte. Zuletzt hatte er vor sieben Jahren versucht, seine Mutter, an der er in abgöttischer Liebe hing, zu erdrosseln.

Das alles gestand er damals den Ärzten der Heilanstalt. Er sagte ihnen auch, daß er schon einmal in psychiatrischer Behandlung gewesen sei und daß er Angst habe. Er spüre, daß die Zeit, in der er wieder schreckliche Dinge tun müßte, näher rücke.

Man nahm ihn zwar in die Heilanstalt auf, aber die überbeschäftigten Ärzte hatten keine Zeit, sich wirklich mit ihm zu befassen, wurden außerdem aus seinen verworrenen Angaben nicht recht klug. Und nach einer Woche entließ man ihn wieder aus der Klinik.

Aber sein Zustand verschlimmerte sich von Tag zu Tag. Er wurde immer verwirrter, immer unruhiger. Seine Mutter und seine Frau brachten ihn zu einem privaten Psychiater, der ihn mit Schocks behandelte. Als dieser erkannte, daß dadurch keine Besserung erfolgte, riet er dem Mann, wieder die Heilanstalt aufzusuchen.

Aber der Mann, der inzwischen alle Einsicht verloren hatte und bereits in einem Zustand des Wahnsinns war, weigerte sich, diesem Rat zu folgen. Am 4. Jänner ermordete er dann seine Frau.

Man stellte ihn vor Gericht, ja man verurteilte ihn sogar, weil man in seinem Fall das Vorhandensein einer echten Geisteskrankheit verneinte. Die Geschworenen entschlossen sich dabei zu einer Mittellösung, die aber wohl nur als die denkbar schlechteste bezeichnet werden kann. Sie sprachen ihn nicht des vorsätzlichen Mordes »ersten Grades als Folge der Bosheit eines verlorenen Herzens« (wie es im kalifornischen Gesetzestext heißt) schuldig, sondern nur des »Mordes zweiten Grades« und verurteilten ihn zu einer zeitlich begrenzten Freiheitsstrafe. Noch dazu zu einer solchen, an deren Ende nach dem bisherigen Lebensrhythmus des Mannes wieder eine neue Serie von Anfällen zu erwarten war.

Hier kann man die Frage »Versagt der Mensch oder die Gesellschaft?«, die Professor Friedrich Hacker seinem gleichnamigen Buch zugrunde gelegt hat, nur dahin beantworten: Hier hat die Gesellschaft versagt. Sie hat einem Mann, der Hilfe gebraucht hätte, der um diese Hilfe gebeten hat, diese Hilfe verweigert. Sie hat abgelehnt, mit ihm das zu machen, was mit manchen anderen gegen ihren Willen geschieht und ohne daß es eigentlich notwendig wäre: ihn in einer staatlichen Nervenheilanstalt zu behandeln. Und auch die Justiz hat sich in und an diesem Fall nicht bewährt: Sie sperrt den — offenbar geisteskranken — Mann zunächst ein. Nach längerer Zeit läßt sie ihn — ungebessert — wieder aus dem Gefängnis heraus. Und überläßt ihn wieder sich selbst, obgleich er ja auf tragischeste Art gezeigt hat, daß er mit sich nicht fertig wird.

Nicht jeder Fall ist so kraß, gewiß. Und vielleicht sieht Ernst Gennat, ehemaliger Kriminaldirektor von Berlin, die Sache gar zu einfach. Aber ganz so unrecht dürfte er nicht haben, wenn er meint: »Kriminalistik ist zu einem großen Teil Kunst der Menschenbehandlung. Wenn jemand einen Mord plant, etwa einen solchen im Familienkreis, so vielfach nur aus dem Grund, weil ihm irgendein anderer Weg, irgendeine andere Möglichkeit nicht gegeben erschien. Sein Gedankengang bewegt sich gewissermaßen im Kreise. Schon eine rein menschliche Aussprache mit dem ›angehenden Mörder‹ wirkt vielfach Wunder: Nur auf sich allein gestellt, hatte er bis dahin keine Möglichkeit, sich jemandem anzuvertrauen. Vielleicht war er entsprechenden Gelegenheiten auch absichtlich aus dem Weg gegangen. Jetzt kann er sich aussprechen. Wie oft ist es schon gelungen, dadurch einen Verbrechensplan zu Fall zu bringen!«

Aber täuschen wir uns nicht: Das ist ein Problem, das nicht nur die Behörden, die Ämter, die Polizei, die Gerichte und die staatlichen Heilanstalten angeht. Sondern uns alle.

Zwei Beispiele aus der jüngeren Wiener Kriminalgeschichte:

Da liefern einander am Stadtrand zwei halbwüchsige Buben ein »Duell« mit Pistolen. Plötzlich liegt der eine tot am Boden. Es war eine echte Waffe, aus der echte Patronen abgeschossen wurden. Als man die Hausparteien befragt, erklären sie übereinstimmend: »Ja, wir haben gewußt, daß der Karli eine Pistole hatte. Wir haben uns auch gewundert, wie er in so jungen Jahren zu einer derartigen Waffe kommt.«

Sie haben sich gewundert, sonst nichts. Sie haben nicht gewarnt, nicht die Behörden verständigt, nichts getan, um das Unglück, das vorauszusehen war, zu verhindern. Vielleicht haben sie sogar darauf gewartet, daß einmal etwas passiert, mit dem Gefühl jener prickelnden Spannung, die Zirkusbesucher beim waghalsigen Trapezakt haben: Vielleicht stürzt er gerade heute einmal ab.

Der zweite Fall, ein Fall, wie er leider immer häufiger vorkommt: »Eltern« martern ihr Kind buchstäblich zu Tode, schlagen, treten und mißhandeln es, bis es sich eines Tages nicht mehr rührt. Das Martyrium dauert nicht Stunden, nicht Tage, nicht Wochen, es dauert Monate. Monate hindurch sind immer wieder die Schmerzensschreie des Kindes im ganzen Haus zu hören. Aber niemand kümmert sich darum. »Wir wollten keine Schererein haben«, sagen manche Hausbewohner, wenn sie später von der Polizei über den Grund ihrer Gleichgültigkeit gefragt werden. Sie sind wenigstens noch die ehrlichen, ehrlicher jedenfalls als jene Hochmütigen, die stolz und vorwurfsvoll erklären: »Mit diesem Gesindel will ich nichts zu tun haben, was die machen, das kümmert mich nicht.«

Kain, wo ist dein Bruder Abel? Bin ich der Hüter meines Bruders ...?

Und hier noch, um die formale Kompliziertheit eines Geschworenenprozesses zu demonstrieren, der Wortlaut des Urteils gegen Josef Weinwurm.

20 Vr 5398/63
Hv 7/64

Im Namen der Republik!

Das Geschworenengericht beim Landesgericht für Strafsachen Wien hat vom 6. April bis 10. April 1964
im Beisein des OLGR. Dr. August Schachermayr als Vorsitzenden,
und der OLGR. Dr. Aschböck und OLGR. Dr. Grieb als Mitglieder des Schwurgerichtshofes,
ferner im Beisein der Geschworenen ...
und der VB. Margareta Schweiger als Schriftführerin,
sowie in Gegenwart des I. Staatsanwaltes Dr. Breycha,
des Angeklagten Josef Weinwurm,
des Verteidigers Dr. Christian Prem,
der Sachverständigen Prof. Dr. L. Breitenecker
                Prim. Dr. Heinrich Groß
                Dr. Rolph K. Jech
über die von der Staatsanwaltschaft Wien gegen
Josef Weinwurm, geb. am 16. 9. 1930 in Haugsdorf,
              österr. Stbg., rk., led., Ver-
              käufer, ohne Unterstand,
erhobene Anklage verhandelt.
Die Geschworenen haben die an sie gerichteten Fragen wie folgt beantwortet:

I./ Hauptfrage:
Ist Josef *Weinwurm* schuldig, er habe in Wien am 12. 3. 1963 gegen Dagmar Fuhrich in der Absicht, sie zu töten, durch Versetzen eines Faustschlages ins Gesicht, Würgen und Versetzen zahlreicher Messerstiche gegen den Kopf, Brust und Unterleib, tückischerweise auf eine solche Art gehandelt, daß daraus der Tod erfolgte?
8 Stimmen »ja«.
II./ Hauptfrage:
Ist Josef *Weinwurm* schuldig, er habe in Wien in der Absicht, nachgenannte Personen zu töten, dadurch, daß er,
a) am 17. 6. 1963 der Waltraud Brunner tückischerweise einen Stich mit einem dolchartigen Messer in die Nierengegend versetzte?
5 Stimmen »ja«, 3 Stimmen »nein«;
b) am 30. 7. 1963 der Virginia Chieffo mehrere Stiche mit einem dolchartigen Messer in den Kopf, die Brust und den Rücken versetzte? *8 Stimmen »ja«;*
c) am 2. 8. 1963 der Maria Brunner tückischerweise einen Stich mit einem dolchartigen Messer gegen den Oberkörper versetzte;
zur wirklichen Ausübung führende Handlungen unternommen, wobei die Vollbringung der Übeltat nur durch Zufall unterblieben ist? *6 Stimmen »ja«, 2 Stimmen »nein«;*
III./ Eventualfrage (für den Fall der Verneinung der Hauptfrage II./ Pkt. a) und b)
Ist Josef *Weinwurm* schuldig, er habe in Wien in der Absicht, die Nachgenannten schwer zu verletzen, dadurch, daß er
a) am 17. 6. 1963 in Wien der Waltraud Brunner tückischerweise einen Stich mit einem dolchartigen Messer in die Nierengegend versetzte;
b) am 30. 7. 1963 in Wien Virginia Chieffo mehrere Stiche mit einem dolchartigen Messer in den Kopf, die Brust und den Rücken versetzte;
zur wirklichen Ausübung führende Handlungen unternommen, wobei ein Werkzeug verwendet wurde und die Tat auf eine solche Art unternommen wurde, womit gemeiniglich Lebensgefahr verbunden ist; die Vollbringung der Übeltat ist nur durch Zufall unterblieben?
entfällt.
IV./ Eventualfrage (für den Fall der Verneinung der Hauptfrage II./, Pkt. c)
Ist Josef *Weinwurm* schuldig, er habe am 2. 8. 1963 in Wien in der Absicht, Maria Brunner schwer zu verletzen, ihr einen Stich mit einem

dolchartigen Messer, sohin mit einem Werkzeug tückischerweise versetzt und die Tat auf eine solche Art unternommen, womit gemeiniglich Lebensgefahr verbunden ist und eine schwere Stichverletzung, die zur Öffnung der Brusthöhle führte, tatsächlich erfolgt ist?

entfällt.

V./ *Zusatzfrage* (für den Fall der Bejahung der Hauptfrage I./, der Hauptfrage II./ oder der Eventualfragen III./ u. IV./):
Hat Josef *Weinwurm* die in Hauptfrage I./, Hauptfrage II./ bzw. in den Eventualfragen III./ und IV./ angeführten Tathandlungen bei abwechselnder Sinnenverrückung zu der Zeit, da die Verrückung andauerte, begangen?

1 Stimme »ja«, 7 Stimmen »nein«;

VI./ *Hauptfrage:*
Ist Josef *Weinwurm* schuldig, er habe in Wien am 6. 8. 1963 Emma Laasch dadurch, daß er ihr den Mund zuhielt und mit einer Gabel gegen ihren Hals stieß und ausrief: »Geld her«, mit tätlicher Beleidigung Gewalt angetan, um sich einer fremden beweglichen Sache, nämlich ihres Geldes zu bemächtigen; der mit gewalttätiger Handanlegung unternommene Raub sei nicht vollbracht worden;

8 Stimmen »ja«;

VII./ *Hauptfrage:*
Ist Josef *Weinwurm* schuldig, er habe in Wien vom April bis August 1963 wiederholt mit einer Person desselben Geschlechtes, nämlich dem Ernst G., durch gegenseitige Handonanie Unzucht wider die Natur betrieben? *8 Stimmen »ja«;*

VIII./ *Hauptfrage:*
Ist Josef *Weinwurm* schuldig, er habe in Wien und München nach zweimaliger Bestrafung wegen Diebstahls, wobei von der Verbüßung der letzten Strafe bis zur Tat nicht mehr als fünf Jahre verstrichen sind, um seines Vorteiles willen fremde bewegliche Sachen in einem 2500,— S übersteigenden Wert aus dem Besitz Nachgenannter ohne Einwilligung eines Verfügungsberechtigten entzogen, und zwar:

a) am 8. 3. 1963 aus dem Besitz des Friedrich Schauhuber eine Geldbörse mit 50,— S Bargeld;

b) am 12. 3. 1963 aus dem Besitz des Jean Russel Shermann einen Herrenwintermantel im Werte von 1750,— S sowie ein Paar Herrenlederhandschuhe und eine Brieftasche mit 6 Travellerschecks auf 120,— US-Dollar;

c) am 12. 3. 1963 aus dem Besitz der Susen Lee Robinson eine Ledergeldbörse mit 350,— S Bargeld;

d) ungefähr Ende März, Anfang April 1963 aus dem Besitz des Kaufhauses Erti in München einen Herrenwintermantel im unbekannten Werte;
e) am 2. 5. 1963 aus dem Besitz des Gholem Reza Baghai Jazdi eine schwarze Lederaktentasche mit verschiedenen Büchern im Gesamtwert von ca. 750,— S;
f) am 2. 5. 1963 aus dem Besitz des Heschmat Nadjafpur einen Trenchcoat in einem Werte von ca. 550,— S;
g) am 17. 5. 1963 aus dem Besitz der Elisabeth Mahrhofer eine Ledergeldtasche im Werte von 100,— S mit 610,— S Bargeld und ein Plastiknecessaire samt Inhalt im Werte von 100,— S;
h) am 6. 6. 1963 aus dem Besitz der Elisabeth Acs eine Handtasche mit ca. 1500,— S Bargeld, eine Damenbrille und verschiedene Kleinigkeiten im Gesamtwert von ca. 1900,— S;
i) am 28. 6. 1963 aus dem Besitz der Ernestine Ganar eine Nylonhandtasche im Werte von ca. 100,— S, Bargeld in der Höhe von 3000,— S, eine silberne Puderdose, einen silbernen Lippenstift, einen Bund Schlüssel sowie eine Füllfeder;
j) am 20. 7. 1973 aus dem Besitz der Maria Franzl eine Lederhandtasche im Werte von ca. 350,— S mit Wohnungs- und Geschäftsschlüssel im Werte von 150,— S, eine Kunstlederbrieftasche im Werte von 20,— S mit 2200,— S Bargeld und eine rote Ledergeldtasche im Werte von 40,— S mit 800,— S Bargeld;
k) am 31. 7. 1963 aus dem Besitz der Pauline Riegler eine rote Lederbrieftasche im Werte von 100,— S mit 1300,— S Bargeld;
er habe sich das Stehlen zur Gewohnheit gemacht.
8 Stimmen »ja«.
Josef *Weinwurm* ist schuldig, er hat in Wien
1. am 12. 3. 1963 gegen Dagmar Fuhrich in der Absicht, sie zu töten, durch Versetzen eines Faustschlages ins Gesicht, Würgen und Versetzen zahlreicher Messerstiche gegen den Kopf, Brust und Unterleib, tückischerweise auf eine solche Art gehandelt, daß daraus deren Tod erfolgte;
2. in der Absicht, die Nachgenannten zu töten, dadurch, daß er
    a) am 17. 6. 1963 der Waltraud Brunner tückischerweise einen Stich mit einem dolchartigen Messer in die Nierengegend versetzte;
    b) am 30. 7. 1963 der Virginia Chieffo mehrere Stiche mit einem dolchartigen Messer in den Kopf, die Brust und den Rücken versetzte;

c) am 2. 8. 1963 der Maria Brunner tückischerweise einen Stich mit einem dolchartigen Messer gegen den Oberkörper versetzte;

zur wirklichen Ausübung führende Handlungen unternommen, wobei die Vollbringung der Übeltat nur durch Zufall unterblieben ist;

3. am 6. 8. 1963 Emma Laasch dadurch, daß er ihr den Mund zuhielt und mit einer Gabel gegen ihren Hals stieß und ausrief: »Geld her« mit tätlicher Beleidigung Gewalt angetan, um sich einer fremden beweglichen Sache, nämlich ihres Geldes zu bemächtigen; der mit gewalttätiger Handanlegung unternommene Raub ist nicht vollbracht worden;

4. in der Zeit vom April bis August 1963 wiederholt mit einer Person desselben Geschlechts, nämlich dem Ernst G. durch gegenseitige Handonanie Unzucht wider die Natur betrieben;

5. nach zweimaliger Bestrafung wegen Diebstahls, wobei von der Verbüßung der letzten Strafe bis zur Tat nicht mehr als fünf Jahre verstrichen sind, um seines Vorteiles willen fremde bewegliche Sachen in einem 2500,— S übersteigenden Wert aus dem Besitz Nachgenannter ohne Einwilligung eines Verfügungsberechtigten entzogen, und zwar

a) am 8. 3. 1963 aus dem Besitz des Friedrich Schauhuber eine Geldbörse mit 50,— S Bargeld;

b) am 12. 3. 1963 aus dem Besitz des Jean Russel Shermann einen Herrenwintermantel im Werte von 1750,— S sowie ein Paar Herrenlederhandschuhe und eine Brieftasche mit 6 Travellerschecks auf 120,— US-Dollar lautend;

c) am 12. 3. 1963 aus dem Besitz der Susen Lee Robinson eine Ledergeldbörse mit 350,— S Bargeld;

d) ungefähr Ende März, Anfang April 1963 aus dem Besitz des Kaufhauses Erti in München einen Herrenmantel im unbekannten Werte;

e) am 2. 5. 1963 aus dem Besitz des Gholem Reza Baghai Jazdi eine schwarze Lederaktentasche mit verschiedenen Büchern im Gesamtwert von ca. 750,— S;

f) am 2. 5. 1963 aus dem Besitz des Heschmat Nadjafpur einen Trenchcoat in einem Wert von ca. 550,— S;

g) am 17. 5. 1963 aus dem Besitz der Elisabeth Mahrhofer eine Ledergeldtasche im Werte von 100,— S mit 610,— S Bargeld und ein Plastiknecessaire samt Inhalt im Wert von 100,— S;

- h) am 6. 6. 1963 aus dem Besitz der Elisabeth Acs eine Handtasche mit ca. 1500,— S Bargeld, eine Damenbrille und verschiedene Kleinigkeiten im Gesamtwert von ca. 1900,— S;
- i) am 28. 6. 1963 aus dem Besitz der Ernestine Ganar eine Nylonhandtasche im Werte von ca. 100,— S, Bargeld in der Höhe von 3000,— S, eine silberne Puderdose, einen silbernen Lippenstift, einen Bund Schlüssel sowie eine Füllfeder;
- j) am 20. 7. 1963 aus dem Besitz der Maria Franzl eine Lederhandtasche im Werte von ca. 350,— S mit Wohnungs- und Geschäftsschlüssel im Werte von 150,— S, eine Kunstlederbrieftasche im Werte von 20,— S mit 2200,— S Bargeld und eine rote Ledergeldtasche im Werte von 40,— S mit 800,— S Bargeld;
- k) am 31. 7. 1963 aus dem Besitz der Pauline Riegler eine rote Lederbrieftasche im Werte von 100,— S mit 1300,— S Bargeld; er hat sich das Stehlen zur Gewohnheit gemacht.

Josef *Weinwurm* hat hiedurch begangen:

zu 1.:/ das Verbrechen des Meuchelmordes nach den §§ 134, 135 Ziffer 1 StG.,

zu 2./a) und c): das Verbrechen des versuchten Meuchelmordes nach den §§ 8, 134, 135 Ziffer 1 StG.,

zu 2./b): das Verbrechen des versuchten gemeinen Mordes nach den §§ 8, 134, 135 Ziffer 4 StG.,

zu 3./: das Verbrechen des Raubes nach den §§ 190, 193 StG.,

zu 4./: das Verbrechen der Unzucht wider die Natur nach § 129 I b StG.,

zu 5./: das Verbrechen des Diebstahls nach den §§ 171, 173, 176 I a, b StG.

und wird hiefür nach § 136 StG., unter Anwendung des § 34 StG. zur Strafe des

lebenslangen schweren Kerkers,

verschärft durch 1 hartes Lager und 1 Fasttag monatlich sowie Dunkelhaft an jedem 12. 3., 17. 6., 30. 7., und 2. 8.

sowie gemäß § 389 StPO. zum Ersatz der Kosten des Strafverfahrens und Strafvollzuges verurteilt.

Für den Fall der Umwandlung der lebenslangen schweren Kerkerstrafe in eine zeitlich begrenzte Freiheitsstrafe wird die Verwahrungs- und Untersuchungshaft vom 6. 8. 1963, 16.50 Uhr bis 10. 4. 1964, 15 Uhr gemäß § 55 a StG. in die Strafe eingerechnet.

Entscheidungsgründe:

Der Schuldspruch des Josef *Weinwurm* wegen Verbrechens des teils vollbrachten, teils versuchten Meuchelmordes, versuchten gemeinen Mordes, Verbrechens des Raubes, Verbrechens der Unzucht wider die Natur und Verbrechens des Rückfalls- und Gewohnheitsdiebstahls gründet sich auf den Wahrspruch der Geschworenen.

Bei der Strafbemessung war

mildernd: das Tatsachengeständnis des Angeklagten, welches allerdings einem reumütigen Geständnis nicht gleichzuhalten ist, da Josef Weinwurm während seiner gesamten Verantwortung zwar den ihm zur Last gelegten Sachverhalt zugegeben hat, jedoch bemüht war, einen Strafausschließungsgrund nach § 2 lit. b StG. vorzutäuschen,

ferner die durch seine psychopathische Veranlagung herabgesetzte Hemmfähigkeit und der Umstand, daß es bei drei Angriffshandlungen nur beim Versuch geblieben ist;

erschwerend waren demgegenüber die zahlreichen Vorstrafen, das Zusammentreffen einer Reihe von Verbrechen, worunter sich fünf Kapitalverbrechen befinden, die Wiederholung der einzelnen strafbaren Handlungen, der besonders schwere Angriff gegen das Kind Dagmar Fuhrich sowie der rasche Rückfall, der auf eine Besserungsfähigkeit des Angeklagten nicht mehr schließen läßt.

Da keine überwiegenden und wesentlichen Milderungsgründe vorliegen, schien eine lebenslange schwere Kerkerstrafe, verschärft durch 1 hartes Lager u. 1 Fasttag mtl. sowie Dunkelhaft an jedem Jahrestag, der in Richtung Mord bzw. Mordversuch gehenden strafbaren Handlungen schuldangemessen.

Die übrigen Entscheidungen gründen sich auf die bezogenen Gesetzesstellen.

Wien, am 10. April 1964

Der Vorsitzende: Die Schriftführerin:

Mörder, die noch Kinder sind

Gegen Ende des Jahres 1965 und in der ersten Jahreshälfte 1966 wurde in Österreich die Öffentlichkeit durch eine Serie grauenhafter Blutverbrechen — begangen von Jugendlichen — aufgeschreckt: zwei dreifache jugendliche Mörder und ein zweifacher jugendlicher Mädchenmörder — und das alles knapp innerhalb eines halben Jahres allein in Wien und seiner nächsten Umgebung. Die Forderung nach drastischem Vorgehen gegenüber jugendlichen Kriminellen wurde noch lauter als üblich erhoben, an den Frühstückstischen vieler Bürgerfamilien wurde bewegte Klage über eine aus allen Fugen geratene, dem Sex und Rauschgift verfallene, für edle und schöne Dinge nicht mehr begeisterungsfähige, der Brutalität und der Befriedigung »niedriger Bedürfnisse« zugewandte Jugend erhoben. Von einer Selbstanklage Erwachsener ist in diesem Zusammenhang nichts bekannt.

Entsprachen die jugendlichen Mörder, über die sich damals die Volksseele so entrüstete, wirklich diesen Standardvorstellungen? Was trieb sie zu ihren gräßlichen Taten?

»Die Nacht des Todes fällt auf mich ... Der Klang des Sterbens durchzittert mein Ohr«: Die Zeile könnte aus der »Todesfuge« des 1970 in Paris durch einen Sprung in die Seine freiwillig aus dem Leben geschiedenen Dichters Paul Celan stammen. In Wirklichkeit stammt sie von dem siebzehnjährigen Mittelschüler Rainer Maria Udo Warchalowsky. Geschrieben wurde sie in einer Zelle des — wie es offiziell heißt — »Gefangenenhauses des Jugendgerichtshofes Wien« in der Rüdengasse im dritten Wiener Gemeindebezirk. Ihr Verfasser ist ein dreifacher Mörder. Wie ist er ein solcher geworden?

Am 20. Dezember 1965, dem vierten Adventsonntag, stürzt Rainer Maria Warchalowsky um 23.30 Uhr schreiend in das Wachzimmer Tanbruckgasse in Wien-Meidling. Was er berichtet, ist auch grauenhaft genug: »Gerade bin ich nach Hause gekommen. Da habe ich die blutüberströmte Leiche meiner Mutter im Vorzimmer gefunden.«

Die beiden Beamten, die den Burschen sofort zu seinem Wohnhaus Darnautgasse 10 begleiten, erwartet aber noch Gräßlicheres: Sie finden zwei Leichen: die der Mutter im Vorzimmer und jene eines Mannes auf einer Couch im Bubenzimmer. Beide Toten sind mit einem scharfen Gegenstand bis zur Unkenntlichkeit verstümmelt. Hinsichtlich der Identität der männlichen Leiche ist man nur auf Vermutungen angewiesen: Die Beamten nehmen an, den Vater, Emil Warchalowsky, vor sich zu haben.

Das vierte Familienmitglied fehlt: Rainers dreiundzwanzigjähriger Bruder Winifred Warchalowsky, Student an der Technischen Hochschule. Da weder Anhaltspunkte für einen von außen gewaltsam in die Wohnung eingedrungenen Täter noch — schon auf Grund der höchst bescheidenen materiellen Verhältnisse der Familie — solche für einen Raubmord bestehen und überdies auch der Wagen des Vaters nicht in der Garage steht, nimmt die Polizei zunächst an, Winifred habe den Doppelmord an den Eltern begangen und sei dann mit dem Auto geflüchtet. Es wird sofort gegen ihn in ganz Österreich die Fahndung eingeleitet.

Erst nach etwa einstündiger Untersuchung der Wohnung entdecken Kriminalbeamte der kurz nach Entdeckung des Verbrechens am Tatort eingetroffenen Mordkommission unter Leitung von Oberpolizeirat Dr. Friedrich Kuso (heute als Nachfolger des verstorbenen Hofrats Dr. Franz Heger Leiter des Wiener Sicherheitsbüros) schwache Blutspuren zur Bauernstube hin. Als sie dieses Zimmer durchsuchen, entdecken sie in der Wäschelade der Sitzbank die dritte Leiche: Es ist die Leiche des Vaters. Der Tote auf der Couch ist der Sohn Winifred.

Im Sicherheitsbüro wird der einzige Überlebende der Familientragödie einvernommen: Rainer Warchalowsky. Natürlich nicht als Verdächtiger oder gar als Beschuldigter, sondern auf höchst schonende Weise — er steht ja noch unter dem Schock des entsetzlichen Geschehens — als Auskunftsperson. Dabei ist es unvermeidlich, daß das Gespräch auch darauf gebracht wird, wie er, Rainer Warchalowsky, diesen Sonntag verbracht hat.

Und Rainer berichtet. Er ist mit einem Freund nach Niederösterreich gefahren, um dort einige Verwandte und Bekannte zu besuchen und ihnen von den Eltern Weihnachtswünsche auszurichten. Gegen 18 Uhr ist er nach Wien zurückgekommen, hat sich umgezogen und ist dann noch mit einem Mädchen tanzen gegangen. Erst nach 23 Uhr ist er nach Hause gekommen und hat dort die schreckliche Entdeckung gemacht.

Völlig unverfänglich wollen die Beamten noch ein paar Details wissen, vor allem hinsichtlich seiner Rückkehr in die Wohnung. Die Fragen greifen Rainers Nerven derart an, daß er plötzlich gereizt herausplatzt: »Glaubt ihr etwa, ich bin der Mörder?«

Bisher haben es die Kriminalbeamten keineswegs geglaubt, aber das merkwürdige Verhalten des Buben macht sie mißtrauisch: Sie nehmen ihn in ein intensives Verhör. Es dauert eine Stunde. Dann gesteht Rainer Warchalowsky den dreifachen Mord.

Was er den Beamten darüber gesagt hat, wie er den Sonntag verbrachte, das hat alles gestimmt: das Rendezvous mit dem Mädchen ebenso wie die von den Eltern an die Verwandten und Freunde in Niederösterreich zu bestellenden Weihnachtswünsche. Nur eines hatte er bis jetzt verschwiegen: daß die Eltern, von denen er diese Wünsche bestellt hatte, zu dieser Zeit bereits tot waren. Von ihm, dem siebzehnjährigen Musterschüler Rainer Warchalowsky, ermordet.

Und er schildert, nun wieder völlig ruhig geworden, den Beamten den Hergang der Tat: Zuerst hat er aus einer Kassette die alte Armeepistole des Vaters genommen (Emil Warchalowsky war im Ersten Weltkrieg Hauptmann bei den Kaiserjägern) und damit seinen im Bett noch schlafenden Bruder erschossen. Winifred war sofort tot.

Als die Mutter, durch den Schuß geweckt, plötzlich in der Tür des Bubenzimmers steht, drückt er ein zweites Mal ab. Paula Warchalowsky stürzt, von einem Schuß aus der 6.35-mm-Pistole getroffen, tot zu Boden. Damit ist die Waffe, nur mit zwei Patronen geladen, leergeschossen.

Rainer Warchalowsky läuft in die Toilette, holt von dort ein Beil und stürzt zur Bauernstube, wo sein Vater zu schlafen pflegt. Als der Siebzigjährige, gleichfalls durch die Schüsse geweckt, vor ihm steht, zertrümmert er ihm mit dem schweren Beil den Schädel. Dann zerschneidet er mit dem Militärbajonett des Vaters die Gesichter aller drei Opfer bis zur Unkenntlichkeit. Die Tatwerkzeuge wirft er später in die Donau.

Als man ihn nach einem Motiv für seine Tat fragt, erklärt Rainer: »Ich habe schon am Morgen dieses Sonntags beim Zähneputzen das Gefühl gehabt, daß ich etwas Unsinniges tun muß.« Mehr sagt er nicht.

Als sechs Tage später, am zweiten Weihnachtsfeiertag, ein Spenglerlehrling am Donauufer in der Nähe des Gasthauses Lindmayer eine vom Strom dort angetriebene Aktentasche findet, die zwei der Tatwerkzeuge, nämlich die Hacke und das Bajonett, enthält und in die der Name »Winifred Warchalowsky« eingestickt ist (die Pistole wurde nie gefunden), ist der Hintergrund für den dreifachen Mord noch immer nicht restlos geklärt. Und auch noch nicht am 30. Dezember, als Emil, Paula und Winifred Warchalowsky auf dem Wiener Zentralfriedhof in einem von der Städtischen Bestattung unentgeltlich beigestellten Grab beigesetzt werden.

Erst bei der Befragung durch die vom Jugendgericht bestellten Psychiater kommt etwas Klarheit in das makabre Geschehen. Der Schleier beginnt sich zu heben. Was sichtbar wird, ist ein Sumpf.

Da ist der Vater: Emil Warchalowsky, 70 Jahre alt, also um 53 Jahre älter als sein jüngerer Sohn Rainer. Er hat jahrelang in einer Art »Doppelehe« gelebt: mit seiner ersten Frau (und den Töchtern aus dieser Ehe) und zugleich — in derselben Wohnung — mit Paula, der Mutter seiner beiden Buben, als Lebensgefährtin. Erst 1954 wurde die erste Ehe geschieden, nachdem die Töchter ihrer Mutter geraten hatten, endlich mit diesem unwürdigen Zustand Schluß zu machen. Ein Jahr später heiratete dann Emil Warchalowsky seine zweite Frau. Was die beiden Buben in den Jahren zuvor zu sehen und zu hören bekamen, läßt sich nur ahnen.

Aber auch nach der zweiten Heirat wird es nicht besser: Emil Warchalowsky, der Typ des Berufsoffiziers, dem es nicht gelingt, im bürgerlichen Leben Fuß zu fassen, versucht seine berufliche Untüchtigkeit und finanzielle Erfolglosigkeit durch zügellose Tyrannei innerhalb der Familie überzukompensieren. Seine zweite Frau — unterwürfig und selbstlos, demütig und bereit, eher zu hungern als dem Mann und den Söhnen etwas verweigern zu müssen — ist das idealste Ausbeutungsobjekt, das er finden konnte.

Von einem ordentlichen Familienleben kann keine Rede sein: Der Vater mißhandelt seine Frau, bedroht sie mit dem Messer und bezichtigt sie vor den halbwüchsigen Buben der Untreue. Zum »Beweis« dafür legt er ihnen Aktfotos ihrer Mutter vor, nachdem er die Frau zuerst dazu gezwungen hat, sich von ihm solcherart fotografieren zu lassen. In Rainer Warchalowsky entsteht ein unbändiger Haß.

Ein paar Monate später, am 9. Mai 1966, als Rainer unter der Anklage des dreifachen Mordes vor dem Wiener Jugendgericht steht, fragt ihn der Vorsitzende, Oberlandesgerichtsrat Dr. Ingo Gutjahr:

»Du sprichst oft von dem Haß gegen deinen Vater. Warum hast du ihn gehaßt?«

Rainer: »Weil er meine Mutter immer so gekränkt hat.«

Vorsitzender: »Seit wann hast du ihn gehaßt?«

Rainer: »Seit einem Streit, den er mit der Mutter vor etwa zweieinhalb Jahren hatte. Ich habe gewußt, daß meine Mutter daran schuldlos war, und als er dann vom Erschießen sprach, war es in einem solchen Ton, daß ich angenommen habe, er meint es ernst.«

Eines kann allerdings Rainer Warchalowsky nicht aufklären: Warum er außer dem verhaßten, brutalen, tyrannischen Vater auch noch seine Mutter, die er liebte und die er ja gegen den Vater zu verteidigen bemüht war, ermordet hat. Und warum den Bruder, mit dem er stets in bestem Einvernehmen lebte.

Bei der Verhandlung spricht ihn der Vorsitzende auch darauf an: »Du willst deinen Vater umbringen, um deine Mutter zu schützen oder zu rächen. Das war die Ausgangsposition. Und dann erschießt du deinen Bruder, dann deine Mutter, die du so liebst, daß du ihretwegen den Vater töten willst. Warum?«

Er erhält auf diese Frage keine Antwort. Rainer Warchalowsky schweigt. Bei anderer Gelegenheit deutet er an: »Ich glaube, ich habe in meinem Bruder damals nicht den Bruder gesehen, sondern einen Menschen, der Zeuge der Tat sein könnte.« Weil der Bruder also in der Wohnung war, in der Rainer seinen Vater ermordete, mußte auch er sterben ...

Psychiater **Dr. Otto Schiller**, Psychologe Dr. Rudolf Quatember und Jugendpsychiater Dr. Hans Asperger sind sich einig: Rainer ist eine überdurchschnittlich intelligente Persönlichkeit (Intelligenzquotient 128), bei der weder eine Psychose noch eine Schizophrenie oder eine sonstige Geisteskrankheit feststellbar ist, sondern nur eine »psychopathische Charakterentartung«. Eine Entartung, die durch die abnormalen Familienverhältnisse wenn schon nicht hervorgerufen, so doch entscheidend gefördert wurde.

So wie seine Mutter zählt Rainer Warchalowsky übrigens seit Jahren zu den eifrigsten Lesern einer ebenso großen wie guten Wiener Bibliothek. Am 16. Dezember 1965, vier Tage vor der Tat, leiht er dort gemeinsam mit seinem älteren Bruder wieder Bücher aus. Winifred, der Technikstudent, ein Fachbuch: »Strömungslehre und Mechanik der festen Körper«, Rainer vorwiegend Belletristik: Platons »Das Gastmahl« und »Von der Tapferkeit«, dann »Die Kabbala« und »Die Iden des März« von Thornton Wilder, Gerhart Hauptmanns »Buch der Leidenschaft«, weiters »Das große Unbehagen«, ein aktuelles politisches Werk des österreichischen Gewerkschafters und Sozialisten Fritz Klenner, und schließlich »Wege der deutschen Literatur«.

Die Bibliothekarin, die nach der Bluttat in polizeilicher Begleitung in die Mordwohnung in der Darnautgasse kommt, um dort die entliehenen Bücher wieder abzuholen, schildert ihre Eindrücke: »So etwas Katastrophales habe ich noch nicht gesehen. Die kleine Zwei-Zimmer-Wohnung war vom Boden bis zur Decke angestopft mit Büchern. In jeder Kredenz, auf jeder Anrichte standen Bücher, stand Geschirr. Es war beängstigend. Ich konnte mir vorstellen, daß es ein Mensch von der überdurchschnittlichen Intelligenz des Rainer unter diesen Umständen nicht ausgehalten hat.«

Er konnte Beengung nicht vertragen, auch wenn es zum Teil selbstgeschaffene Beengung (ein Großteil der Bücher, mit denen die Wohnung angeräumt war, stammte ja von ihm) war. Er hatte, wie es die Psychiater nannten, ein »Bedürfnis nach vollkommener Freiheit«. Bezeichnenderweise war Albert Camus sein Lieblingsautor und dessen Dostojewski-Paraphrase »Die Besessenen« sein Lieblingsdrama. Er nahm den verzweifelten Existenzialismus des französischen Nobelpreisträgers zu wörtlich: In einem »acte gratuit«, in einer »freien«, scheinbar motivlosen Tat rottete er seine Familie aus.

Als am 9. Mai 1966 die Hauptverhandlung gegen Rainer Warchalowsky vor dem Wiener Jugendgerichtshof stattfindet, sind die meisten der geladenen Zeugen unabkömmlich: Seine Klassenkameraden und Professoren, die näheren Aufschluß über seinen Charakter geben sollen, sind eben mit der Ablegung beziehungsweise Abnahme der Matura, des Abiturs, befaßt. Staatsanwalt und Verteidiger verzichten auf deren Einvernahme, obwohl sie vielleicht manch Interessantes über den Menschen Rainer Warchalowsky zu sagen gehabt hätten.

Die Verhandlung dauert nur wenige Stunden und endet mit dem erwarteten einstimmigen Schuldspruch und der Verhängung der für einen Jugendlichen seines Alters zulässigen Höchststrafe über den Angeklagten: 15 Jahre strengen Arrest für Rainer Warchalowsky. Er verzichtet auf Rechtsmittel gegen das Urteil und erklärt, die Strafe sofort anzutreten.

In der Strafhaft legt er ein ebenso ruhiges wie lernwilliges Verhalten an den Tag. Er, der schon in der Freiheit, wie seine Bibliothekarin bekundete, »jedes Buch verlangte, das sein Deutschlehrer auch nur erwähnte«, will auch im Gefängnis in erster Linie an seiner Weiterbildung arbeiten. Mit Erlaubnis der Gefängnisverwaltung läßt er sich die erforderlichen Lehrbücher schicken, und im Dezember 1969 legt er in der Strafanstalt Stein vor Professoren des Realgymnasiums Krems mit ausgezeichnetem Ergebnis die Reifeprüfung ab.

In der Zeit zwischen der Wahnsinnstat des Rainer Warchalowsky und seiner Aburteilung ereignen sich in Wien und Umgebung weitere scheinbar sinnlose Bluttaten Jugendlicher, die Schlagzeilen machen.

Da verschwinden am 25. Februar 1966 in Wien-Fünfhaus zwei Schwestern spurlos: die zwölfjährige Elfriede Krystl und ihre siebenjährige Schwester Karola. Die beiden Mädchen, zwei von insgesamt neun Kindern des bei der Polizeidirektion Wien als Ofenheizer beschäftigten Walter Krystl, verlassen an diesem Freitag gegen 15 Uhr die elterliche Wohnung in der Iheringgasse 31, um in die nahe gelegene Herz-Jesu-Kirche in der Winckelmannstraße zu der in der Fastenzeit allwöchentlich abgehaltenen Kinderkreuzweg-Andacht zu gehen. Sie wissen nicht, daß dieser Gang für sie selbst zu einem Kreuzweg wird...

Als die beiden Mädchen am Abend noch immer nicht zu Hause sind, erstatten die besorgten Eltern die Abgängigkeitsanzeige. Die Suche nach den Kindern wird zuerst nur routinemäßig betrieben. Als aber auch das Wochenende vergeht, ohne daß die beiden gefunden werden, läuft eine Großfahndung an. Und bald erhalten die Beamten einen entscheidenden Hinweis: Ein Mann, der die beiden Mädchen kennt, hat sie am Freitag nachmittag in Begleitung eines Burschen das Haus Mariahilfer Straße 200 betreten gesehen. Ein Haus, in dessen Hof sich ein weiteres kleines, halb verfallenes Haus befindet.

Und in diesem Haus lebt die Familie Mras mit ihren Untermietern. Eine merkwürdige Gesellschaft: Die Ehe von Karl und Helga Mras wurde bereits geschieden, als die beiden Buben, die dieser Verbindung entstammten, erst ein paar Jahre alt waren. Die Frau nahm sich einen Lebensgefährten, der von ihrem geschiedenen Mann beschuldigt wurde, er habe einen der beiden Söhne, den damals elfjährigen Karl Mras junior, zu homosexuellem Tun verführen wollen. Die Erhebungen verliefen zwar im Sand, der Bub wurde aber jedenfalls wegen »sittlichen Notstands« in das Polizeijugendheim gebracht. Später kam er dann noch in eine Erziehungsanstalt.

Nun ist Karl Mras sechzehn Jahre alt und wohnt mit seinem zwölfjährigen Bruder in diesem halb verfallenen Hinterhaus. Zusammen mit einem Ehepaar, drei Handwerkern und zwei Mädchen als Untermietern. Frau Mras hält sich nur selten in Wien auf, meistens betreut sie ein von ihr im niederösterreichischen Ybbs gepachtetes Kaffeehaus.

In diesem Kaffeehaus erhält Helga Mras am 28. Februar 1966 einen Anruf ihres scheinbar verzweifelten älteren Sohnes: »Mutti, Pipi und Spatzi von den Krystls sind verschwunden. Die Polizei hat mich nach den beiden gefragt. Bitte, komm gleich nach Wien. Vielleicht wollen sie mich verhaften.«

Als die Mutter in Wien eintrifft, hat sich die Befürchtung ihres

Sohnes schon bewahrheitet: Er befindet sich unter dem Verdacht des Doppelmordes im Sicherheitsbüro. Noch mehr: Er hat bereits ein Geständnis abgelegt. Ein grauenhaftes Geständnis.

Er hat die beiden Mädchen, die er von Besuchen beim gemeinsamen Zahnarzt kannte, angesprochen, als sie — auf dem Weg zur Kirche — eine Geschäftsauslage bewunderten. Und er hat sie überredet, mit ihm in seine Wohnung zu kommen. In eine Wohnung, von der er wußte, daß keine Zeugen anwesend waren: Der jüngere Bruder war im Internat, die Mutter in Ybbs, die Untermieter befanden sich in der Arbeit.

Es ist zu vermuten, daß Karl Mras die beiden Schwestern schon in der Absicht in die Wohnung lockte, sich dort geschlechtlich an ihnen zu vergehen, denn der Frühreife hatte damals bereits rege sexuelle Interessen und auch intimen Umgang mit zumindest zwei unmündigen Mädchen.

»Pipi« und »Spatzi«, wie Elfriede und Karola von ihren Eltern genannt werden, gehen ahnungslos mit. Sie glauben der Versicherung des Burschen, er werde ihnen ein neues Spiel zeigen.

Was er wirklich mit ihnen tut, erzählt Karl Mras dann vor den Beamten ohne sichtliche Bewegung: »Ich führte Pipi und Spatzi in die Küche. Die beiden hielten einander an den Händen. Da fragte ich die Ältere, ob sie noch Jungfrau sei. Sie sagte darauf: ›Nein.‹ Bei dieser Antwort ergriff mich unbändige Wut. Ich packte einen Fleischschlegel und schlug auf die Größere ein. Als ich sie ein paarmal auf den Kopf getroffen hatte, fiel sie zu Boden.«

Dann fällt er über die siebenjährige, etwas primitive Karola her, die bitterlich zu weinen beginnt, als sie ihre Schwester sterben sieht. Ein paar weitere Hiebe mit dem Fleischschlegel: Um 15 Uhr, als eben in der Kirche die Kinderkreuzweg-Andacht beginnt, ist auch das zweite Mädchen tot.

Die gerichtsmedizinische Obduktion ergab übrigens eindeutig, daß Elfriede geschlechtlich völlig unberührt war. Offenbar hatte das Kind die Frage des Burschen, ob sie noch Jungfrau sei, gar nicht verstanden.

Nun handelt der Doppelmörder überaus kaltblütig: Er entkleidet die beiden Opfer, schleppt sie ins Badezimmer und legt sie in die Badewanne. Die blutigen Kleider wirft er auf einen Haufen zusammen. Als der erste Untermieter von der Arbeit heimkommt und sich die Hände waschen will, versteht Karl es geschickt, ihn vom Bade fernzuhalten. Einen anderen Untermieter fragt er sogar noch um Rat, wie man am besten Blutflecken aus dem Bettzeug wasche.

Als es finster wird, schleppt Karl Mras die Leichen aus dem Haus und steckt sie im Hof in zwei Sammelkanäle, die Kleider in einen dritten. Und er läßt sich eine raffinierte Tarnung einfallen: Auf einen der Kanäle stellt er einen Christbaum, um so den Eindruck zu erwecken, es habe sich dort seit Weihnachten nichts verändert. Und als der zum Wochenende vom Internat nach Hause gekommene jüngere Bruder sich nach der Herkunft von Blutspuren in der Wohnung erkundigt, die Karl Mras nicht restlos beseitigen konnte, hat Karl gleichfalls eine Erklärung zur Hand: »Weißt du, ich hatte Nasenbluten.«

Als die Kriminalbeamten den Burschen vernehmen, legt er sofort ein Geständnis ab. Ein Geständnis, das so grauenhaft ist, daß man zunächst an einen Fall von Pubertätsirrsinn denkt. Aber die Psychiater attestieren dem Doppelmörder zwar »extreme Gefühlskälte«, verneinen jedoch das Vorliegen einer Geisteskrankheit. Karl Mras ist ihren Gutachten zufolge für seine Taten voll verantwortlich.

Von der Mitschuld der Eltern, vom Versagen der Fürsorge, die die Zustände in der Hinterhofwohnung kannte, aber dagegen nichts Wirksames unternahm, von der Gleichgültigkeit der Hausbewohner, die von absonderlichen Neigungen des Karl Mras (er veranstaltete als knapp Sechzehnjähriger wüste Partys, pflegte sich zu schminken und Mädchenkleider anzuziehen) wußten, ist in den Gutachten kaum die Rede. Derlei Schuld ist mit forensischen Maßen nicht meßbar.

Als er am 4. Oktober 1966 vor den Schranken eines Jugendschöffengerichts unter dem Vorsitz von Oberlandesgerichtsrat Dr. Seifert steht, sieht er weiß Gott nicht wie ein Mörder aus: ein kleiner Bub mit einem naiven Gesicht. Ein Mörder, der eigentlich noch ein Kind ist. Und dessen Opfer Kinder waren.

Eine groteske Szene am Rande: Aus pädagogischen Gründen werden jene Mädchen, mit denen Mras noch vor Vollendung ihres 14. Lebensjahres mehr oder minder intimen Umgang hatte (was ihm jetzt neben dem Doppelmord zur Last gelegt wird), nicht als Zeugen vor das Jugendgericht geladen. Wie die Erhebungen der zuständigen Jugendämter ergeben haben, fühlen sie sich als Stars, als Personen von ganz besonderer Bedeutung und Wichtigkeit. Sie protzen in ihrer Umgebung damit, Freundinnen eines Doppelmörders gewesen zu sein.

Der größte Teil der Verhandlung rollt »aus Gründen der Sittlichkeit« unter Ausschluß der Öffentlichkeit ab. Ein paar sensationslüsterne Dauergäste des Gerichtssaales müssen sich enttäuscht auf den Gang zurückziehen und auf die Urteilsverkündung (die immer öffentlich erfolgt) warten.

Das Urteil ist kurz: Karl Mras wird einstimmig schuldig erkannt und zu der für einen Jugendlichen unter sechzehn Jahren zulässigen Höchststrafe von zehn Jahren strengem Arrest verurteilt. Er nimmt das Urteil an.

Zwei Monate nach dem Doppelmord des Karl Mras, fünf Tage ehe im Wiener Jugendgericht der Prozeß gegen Rainer Warchalowsky beginnt, begeht ein Sechzehnjähriger einen dreifachen Mord: Leopold Kielmayer, Lehrling auf der Korneuburger Schiffswerft, ermordet zuerst seine Großmutter, dann seine Mutter und seinen Stiefvater.
Auch hier stoßen die Beamten auf desolate Familienverhältnisse.
Leopold Kielmayer, den seine Mutter Rosa »Burschi« zu nennen pflegt, ist ein uneheliches Kind. Sein Vater Leopold K. muß zwar für ihn Alimente zahlen, ansonsten aber kümmert er sich um sein Kind kaum. Und auch seiner Mutter ist es eher lästig: Sie schiebt die Verantwortung auf ihre einundsechzigjährige Mutter Rosa Kreuzinger ab. Der Bub kommt in die Obsorge seiner mütterlichen Großmutter in Korneuburg. Dort bleibt der Bub auch, als seine Mutter — das erste Mal — heiratet und der Ehemann, der Angestellte Kielmayer, das Kind adoptiert. Die Ehe geht bald in Brüche, und Rosa Kielmayer heiratet ein zweites Mal: einen »Studierten«, wie es ihre Mutter schon immer wollte, den Finanzjuristen Dr. Klemens Brutmann. Der Bub bleibt aber weiterhin bei der Großmutter.
Und wegen dieser Großmutter erstattet am 3. Mai 1966 um elf Uhr vormittags Hedwig Prost, die achtundzwanzigjährige Hausbesorgerin des Hauses Korneuburg, Donaustraße 2, die Abgängigkeitsanzeige. Die alte Frau wurde seit zwei Tagen nicht mehr gesehen. Letztmalig hat am 1. Mai um drei Uhr nachmittags die Nachbarin Theresia Denk die Einundsechzigjährige im Haus getroffen. Seither ist sie verschwunden und ihr sechzehnjähriger Enkel mit ihr.
Polizeibezirksinspektor Johann Petrovic von der Korneuburger Stadtpolizei macht sich gleich mit der besorgten Hauswartin auf den Weg. Aber auch er klopft an der Tür zur Wohnung von Rosa Kreuzinger vergeblich: niemand öffnet.
Zwei Dinge sind auffällig: Das Vorhängeschloß, mit dem die alte Frau ansonsten immer, wenn sie die Wohnung verläßt, die Eingangstür abzusperren pflegt, ist nicht angebracht. Und das rote Moped des Leopold Kielmayer steht bereits seit Sonntag im Hof des Hauses, ohne daß sich sein Besitzer irgendwie darum gekümmert oder damit eine Fahrt unternommen hätte.

Noch vermutet der Polizeibeamte nichts Schlimmes; aber er will der Sache auf den Grund gehen. Man beschließt, durch Beamte des Postens Guntramsdorf bei der Mutter und dem Stiefvater des Buben, die in der sogenannten »Eichkogelsiedlung« eine Mansardenwohnung besitzen, nachzufragen, ob sie etwas über den Verbleib der Rosa Kreuzinger und des Leopold Kielmayer wissen.

Doch auch den Beamten, die dort an die Tür klopfen, wird nicht geöffnet. Als aber einer von ihnen routinemäßig durch den Briefschlitz einen Blick in die Wohnung macht, sieht er vom Fußboden eine starre Hand in die Höhe ragen. Die Hand eines Toten.

Als sie die Tür aufbrechen und in die Wohnung eindringen, finden sie auf dem Küchenboden Dr. Klemens Brutmann tot liegen. Erstochen mit einem Messer, das der Täter nach dem Mord auf den Rücken seines Opfers gelegt hat. Und im Schlafzimmer finden sie eine zweite Leiche: Rosa Brutmann, ebenfalls erstochen. Keine Spur von Leopold Kielmayer. Keine Spur auch vom Wagen des ermordeten Dr. Brutmann: Das Auto, ein roter Opel-Kadett, Kennzeichen N 244.867, ist verschwunden.

In der darauffolgenden Nacht fährt in Prenning, zirka 25 Kilometer nördlich von Graz, um etwa halb ein Uhr ein junger Mann mit seinem Auto in den Straßengraben. Hilfsbereite Ortsbewohner bemühen sich gemeinsam mit dem Lenker, das Fahrzeug wieder flottzumachen. Und sie haben damit Erfolg. Als der Fahrer eben wieder in den Wagen einsteigen will, schlägt im nahen Gehöft der dreiundsechzigjährigen Maria Edelsbacher die Schäferhündin »Lassie« an. Die Besitzerin, aus dem Schlaf gerissen, blickt aus dem Fenster und erkennt im Schein der Straßenlaternen den Burschen, dessen Bild sie am Abend zuvor in einem Fernsehaufruf der Polizei an die Bevölkerung zur Mitfahndung gesehen hat: den dreifachen Mörder Leopold Kielmayer. Sie alarmiert ihren Mann, dieser die Gendarmerie. Kurze Zeit später ist der Sechzehnjährige verhaftet.

Er legt sofort ein Geständnis ab: ohne Umschweife und ohne Bedauern, ohne Beschönigung und ohne Reue. Zuerst verlangt er nach einem guten Essen, verzehrt es mit bestem Appetit und fordert dann die Gendarmen auf: »Spannts ein langes Papier in die Schreibmaschin. I hab viel zum Erzähln!«

Und er hat tatsächlich viel zu erzählen: Am Montag, dem 2. Mai 1966, als ihm am Morgen wie üblich die Großmutter das Frühstück serviert, wird sein schon seit langem bestehender Haß gegen die alte Frau wieder akut. Er haßt sie, weil sie häufig betrunken ist, und er haßt sie, weil sie immer wieder über seinen Stiefvater schimpft. Das tut sie auch an diesem Morgen: Ihre Tochter sei viel zu gut für einen solchen »Lustmolch«, äußert sie sich gehässig dem Buben gegenüber.

Damit hat sie ihr Todesurteil gesprochen. »Wenn du nicht aufhörst, erschlag ich dich«, droht ihr der Bub. Die Großmutter nimmt diese Worte nicht ernst: »Na, dann erschlag mich halt.« Und schimpft weiter. Da schlägt Leopold Kielmayer mit einem zufällig in der Nähe liegenden, 1,09 Kilo schweren Hammer fünfzehnmal auf die alte Frau ein. Und als sie am Boden liegt, schneidet er ihr noch mit einem Wiegemesser den Hals durch. Dann schleppt er die blutüberströmte Leiche ins Schlafzimmer und deckt sie zu.

Noch am selben Tag fährt Leopold Kielmayer, nachdem er geduscht und sich sorgfältig angekleidet hat, mit der Schnellbahn in die Eichkogelsiedlung zu seiner Mutter und seinem Stiefvater. Er überrascht sie mit einer sensationellen Nachricht: Die Großmutter schicke ihn, weil sie erfahren habe, daß der Onkel Franz in Kanada gestorben sei und die Familie Kielmayer zu Erben seines Millionenvermögens eingesetzt habe.

Die beiden glauben die Lüge des Buben: Die Mutter bereitet ein exquisites Abendessen, der Stiefvater holt für die abendliche Party, bei der das erfreuliche Ereignis gebührend gefeiert werden soll, Wein und Whisky. Die lautstarke Feier dauert, wie die über den Lärm erbitterten Nachbarn feststellen müssen, bis in die späte Nacht.

Am nächsten Morgen entdeckt Rosa Brutmann an der Kleidung ihres Sohnes Blutflecken. Als sie ihn über die Herkunft befragt, schweigt er. Da schreit ihn die Frau, offenbar von einer furchtbaren Ahnung gepackt, an: »Hast du die Großmutter umgebracht, du Mörder?«

Es sind ihre letzten Worte. Statt einer Antwort ergreift der Sechzehnjährige ein langes Brotsägemesser und sticht damit zehnmal auf die Mutter ein. Ihre verzweifelte Abwehr nützt der Frau nichts. Als sie tot ist, zerrt Leopold Kielmayer die Mutter ins Schlafzimmer und bedeckt ihre Leiche mit einem Bettüberzug.

Das dritte Opfer ist der Stiefvater. Als dieser das Zimmer betritt, sticht der Rasende etwa fünfundvierzigmal mit dem Messer, mit dem er eben die Mutter ermordet hat, auf ihn ein, bis er tot zusammenbricht. Dann flieht Leopold Kielmayer mit dem roten Opel-Kadett des Ermordeten.

Auch hier ein ähnliches Phänomen wie im Fall des Rainer Warchalowsky: Leopold Kielmayer ermordet nicht nur die ihm wegen ihrer

Trunk- und Streitsucht verhaßte Großmutter, sondern auch die eigene Mutter. Und schließlich auch den Stiefvater, mit dem er in durchaus gutem Einvernehmen lebte und den er noch am Vortag gegen die Beschimpfungen der Großmutter verteidigt hat. Als ihn die Gendarmeriebeamten dazu befragen, meint er lakonisch: »Ich habe die Geschichte einmal angefangen, da habe ich sie auch fertigmachen müssen.« Also ähnlich wie bei Warchalowsky: Es sollte niemand am Leben bleiben, der gegen den Mörder aussagen hätte können.

Wenige Wochen vor der Tat hat er im Fernsehen den Maigret-Thriller »Maigret riskiert seine Stellung« gesehen. Der Inhalt: Ein Mann wird von seiner Frau und seiner Mutter tyrannisiert. Der dadurch in ihm entstehende Haß gegen alles Weibliche macht ihn zum mehrfachen Mörder. War er das Vorbild des Leopold Kielmayer?

Eines steht jedenfalls fest: Ohne die Wahnsinnstat des Sechzehnjährigen beschönigen oder gar entschuldigen zu wollen, können auch hier die tristen Familienverhältnisse nicht außer acht gelassen werden. Als außereheliches Kind einer Frau geboren, die in der Folge zweimal (aber nie den Vater ihres Kindes, der ihr »zu minder« ist) heiratet, die sich um den Buben kaum kümmert, sondern ihn einer häufig betrunkenen und mit den Nachbarn in ständigen Streitigkeiten und Querelen lebenden Großmutter überläßt, hat Leopold Kielmayer weder echte Liebe und Zuneigung noch echte Autorität in seinen entscheidenden Entwicklungsjahren jemals kennengelernt.

Außerdem sind die Erziehungsmethoden seiner Mutter reichlich merkwürdig: Sie findet nichts dabei, dem halbwüchsigen Buben für Aktaufnahmen Modell zu stehen oder ihn zum gemeinsamen Nacktbaden mit einem Freund mitzunehmen. Und sie scheut auch nicht davor zurück, vor den Augen und Ohren des Kindes ihren zweiten Mann, der um sechzehn Jahre älter ist als sie, zu beschimpfen und zu ohrfeigen. »Nestwärme« hat dieser Leopold Kielmayer jedenfalls nie gespürt.

Das österreichische Fernsehen schaltet rasch: Am selben Tag, als mit der Durchführung der Hauptverhandlung vor einem Jugendgeschworenensenat des Kreisgerichtes Korneuburg unter dem Vorsitz von Vizepräsident Dr. Stefan Sipos der letzte Akt der Tragödie in Szene geht, präsentiert um 20.15 Uhr ein rühriges Reporterteam bereits in der zeitkritischen Sendung »Horizonte« einen Bericht über den »Fall Kielmayer«. Sogar die Urteilsverkündung kann schon mit einbezogen werden: Leopold Kielmayer wird am 7. März 1967 zu der für einen

Jugendlichen zwischen sechzehn und achtzehn Jahren vorgesehenen Höchststrafe von 15 Jahren strengem Arrest verurteilt, nachdem auch hier die Geschworenen die Frage auf Unzurechnungsfähigkeit einstimmig verneint haben.

Als ihn der Vorsitzende pflichtgemäß belehrt, daß er gegen das Urteil sowohl Berufung als auch Nichtigkeitsbeschwerde anmelden könne, lehnt Kielmayer ab: »Nein, danke! Ich verzichte.«

Rainer Warchalowsky, Karl Mras, Leopold Kielmayer: innerhalb eines halben Jahres unbegreifliche Mordtaten dreier Jugendlicher, dreier Jugendlicher, denen man, wenn man sie vor Gericht sah, alles andere zutraute als ein Gewaltverbrechen. Kleine, zarte, blasse Buben, die fast noch zu jenen gehörten, von denen der Wiener Journalist Hademar Bankhofer in seinem Buch »Die Mörder mit dem Milchgesicht« schreibt: »Sie gehen zur Schule, spielen fröhlich mit anderen Kindern und lesen Mickymaus-Hefte. Sie schlafen mit dem Teddy oder dem Kasperl im Arm, hören für ihr Leben gerne Märchen und freuen sich allabendlich auf die Sendung für die Kleinen im Fernsehen. Andere wieder sind schon älter. Sie studieren oder gehen in eine Berufsschule. Die Leute nennen sie ›lieb, folgsam und brav‹. Bis dann eines Tages die Katastrophe passiert.

Denn sie sind nicht Kinder und Jugendliche wie alle anderen. Sie sind fähig, Verbrechen zu begehen, Verbrechen, die an Grausamkeit und Gefühlskälte oft sogar jene von erwachsenen Kriminellen in den Schatten stellen. Sie haben schmale, blasse Gesichter. Sogenannte ›Milchgesichter‹. Sie sehen nicht wie Bestien aus. Doch sie handeln so.«

Warchalowsky, Mras und Kielmayer waren immerhin bereits sechzehn beziehungsweise siebzehn Jahre alt. Aber auch noch jüngere greifen zu mörderischen Waffen:

Am 7. September 1966 ersticht der fünfzehnjährige Notensetzerlehrling Karl K. in Wien-Hernals den achtundfünfzigjährigen Pensionisten Adalbert Palka, weil ihm vor dem alten Mann ekelt.

Am 23. Mai 1968 begeht der dreizehnjährige Hauptschüler Rudolf F. aus Judenau in Niederösterreich einen Lustmord an zwei Kindern: den Geschwistern Monika (sieben Jahre) und Harald Brunner (vier Jahre alt).

Am 11. April 1969 ersticht der neunjährige Gottfried Sch. aus Hohenthurn im Gailtal (Kärnten) seine sechsjährige Schwester Margarete aus »reiner Lust am Töten«.

Am 1. April 1970 ersticht der fünfzehnjährige Wilfried W. aus Rankweil (Vorarlberg) seinen dreizehnjährigen Cousin Karl-Heinz Jaeger mit neun Messerstichen, um sich in den Besitz seiner Ersparnisse (200 Schilling) zu setzen.

Am 8. Februar 1971 ermorden der elfjährige Thomas F., Sohn eines Gendarmeriebeamten, und sein zehnjähriger Vetter Wolfgang L. in Parndorf (Burgenland) ihren Onkel, den Pensionisten Andreas Gutdeutsch, weil sie fürchten, er könne verraten, die beiden von zu Hause ausgerissenen Buben gesehen zu haben. Sie schießen zuerst auf den Mann zweimal mit einem Flobertgewehr. Als er bereits hilflos am Boden liegt und um Gnade fleht, sticht Wolfgang L. den Schwerverletzten noch in den Hals, »um ganz sicherzugehen«.

Derartige Verbrechen sind natürlich nicht auf Österreich beschränkt. In Frankreich vergiftete ein fünfzehnjähriger Schüler zwei Prostituierte, die Geliebten seines Vaters. Ein achtjähriger Bub erstach in Italien seine Mutter, weil er die Omelette nicht mit Marmelade essen wollte. »Aus Spaß« erdrosselte in England eine Elfjährige einen drei- und einen vierjährigen Jungen...

Als Ursachen dieser bedrohlichen Entwicklung nennen Jugendpsychologen verschiedene Faktoren:
- schlechte Gesellschaft, negative Umwelteinflüsse, gefährliche Freundschaften mit Asozialen in Schulen und Heimen;
- Vererbungsfaktoren, etwa durch kriminelle oder trunksüchtige Eltern;
- geistige Abnormitäten bei den Jugendlichen selbst, wie etwa angeborene Debilität oder Schwachsinn;
- psychische Pubertätsstörungen, etwa durch Frühreife bedingt, wie im Fall Karl Mras. Auch bei Leopold Kielmayer sprach der Jugendpsychiater von der »Explosion einer Sexualneurose«;
- familiäre Verwahrlosung, nicht zuletzt auch fehlende Mutterliebe, die der amerikanische Verhaltensforscher Harry F. Harlow treffend als »seelischen Vitaminmangel« bezeichnet hat.

Dazu der Psychoanalytiker René Spitz: »Wenn Kindern die seelische Nahrung der Mutter vorenthalten wurde, so bedienen sie sich in heranwachsendem Alter der Gewalt, um sich in der Gesellschaft zu behaupten. Sie beginnen im Unterbewußtsein die ganze Lebensordnung, deren mißratenes Produkt sie sind, zu hassen. Sie fühlen sich um die Nestwärme, um die Liebe betrogen und vergelten dies mit Haß.«

Diese Thesen werden immer wieder in aufsehenerregenden Strafverfahren gegen Jugendliche bestätigt. So etwa im Mordprozeß gegen

Stefan Grimmel und Herbert Zimmer. Verfolgen wir schlagwortartig ihren Lebenslauf:

Stefan Grimmel: geboren 1952. Seinen Vater kennt er nicht, er wächst bei Pflegeeltern in der Steiermark auf, zu denen er auf dem Weg über das Zentralkinderheim gekommen ist. Als er fünfzehn Jahre alt ist, wird die Sehnsucht in ihm übermächtig, seinen leiblichen Vater, dessen Adresse er aus seinem Taufschein festgestellt hat, zu finden. Er läuft den Pflegeeltern davon, findet zwar den leiblichen Vater, bei diesem aber keine Bleibe.

Im Gegenteil: Als der Vater erfährt, daß er bei den Zieheltern ausgerissen ist, bringt er den Sohn auf das nächste Polizeikommissariat. Nächste Station: Durchzugsheim »Werd« in Wien-Leopoldstadt. Erste Diebstähle. 1967: Einweisung in die Erziehungsanstalt Eggenburg. Sein Traum: Er möchte Matrose und Beatsänger werden.

Herbert Zimmer: gleichfalls 1952 geboren, wird bereits wenige Tage nach der Geburt von den Eltern an das Zentralkinderheim abgegeben. Von dort kommt er gleichfalls zu Pflegeeltern und lernt Stefan Grimmel kennen, zu dem er, wie der Psychiater später feststellt, eine »kreaturhafte hündische Zuneigung« entwickelt. Als Zimmer fünfzehn Jahre alt ist, wird er vom Jugendamt nach Wien in das Lehrlingsheim Augarten gebracht. Dort führt er sich schlecht auf, hat in der Berufsschule mangelhafte Lernerfolge, außerdem wird er wegen eines Diebstahls verurteilt. Schließlich kommt auch er in die Erziehungsanstalt »Lindenhof« in Eggenburg, wo man ihn in der Anstaltsgärtnerei beschäftigt.

In Eggenburg brachten Grimmel und Zimmer zwei Mitzöglinge um: den sechzehnjährigen Peter Ihle und den siebzehnjährigen Peter Vojik. Die Bluttat wurde im März 1970 nur durch einen Zufall aufgedeckt: Beim Auspumpen der anstaltseigenen Jauchegrube fand man die verstümmelten Leichen der beiden Ermordeten.

Die Tat selbst war wesentlich früher geschehen: Am 25. November 1969 hatten Grimmel und Zimmer die beiden Mitzöglinge auf dem Dachboden des Schweinestalles mit einer Hacke erschlagen. Ein anderer Bursche aus dem Heim, dessen »Ringo«-Stiefel den beiden ins Auge gestochen hatten, verdankte sein Leben nur einem glücklichen Zufall: die beiden Zöglinge konnten sich über die Aufteilung der erwarteten Beute nicht einigen. Mit einem Stiefel allein ist kaum etwas anzufangen.

Bei Ihle und Vojik war mehr zu holen: Schallplatten, Tonbänder, Stiefel, Anzüge, eine Reisetasche, außerdem Schmuck und Bargeld. Grund genug, die beiden zu ermorden.

Das Urteil der Geschworenen: 15 Jahre strenger Arrest (die gesetzlich zulässige Höchststrafe) für Stefan Grimmel, zwölf Jahre für Herbert Zimmer.

Der Durchschnittsbürger pflegt die Berichte über derartige Prozesse meist mit einem Gefühl angenehmen Gruselns und zugleich moralischer Empörung (»Ungeheuerlich! Die gehören doch gleich aufgehängt! Unter dem Hitler wären die ins KZ gekommen!«) beim Frühstück zu lesen. Und sich darüber zu freuen (»Herr, ich danke dir, daß ich nicht bin wie der Zöllner da«), daß er weder zum Kreis der präsumptiven Täter noch zu jenem der Opfer derartiger Verbrechen gehört. Alles ist letztlich so fern wie in Goethes »Faust«, wenn irgendwo »in der Türkei die Waffen aufeinanderschlagen«.

In Wirklichkeit ist all das Ungeheuerliche keineswegs so weit entfernt, wie des Spießers selbstgefällige Einfalt vermeint: Die Mörder sind unter uns. Mitten unter uns.

Nicht nur jene Mörder, die das Gericht verurteilt. Auch jene, die nie in einen Mordprozeß verwickelt werden. Deren Schuld vielleicht »nur« eine moralische ist.

Wir alle haben uns daran gewöhnt, in und mit der Gewalt zu leben. Nicht nur mit der Gewalt in Form von Kriegen und Rebellionen, von Aufständen und Flugzeugentführungen. Auch in und mit der Gewalttätigkeit des Alltags.

Da ist der untadelige Ehrenmann, der zum Berserker wird, sobald er hinter dem Lenkrad des Autos sitzt. Der Zeitgenosse, der sich brutal seinen Weg durch den Großstadtverkehr bahnt, dessen Gesicht sich freudig erregt verzerrt, wenn nebenan die Bremsen kreischen, wenn ein Fußgeher sein Leben gerade noch durch einen kühnen Sprung retten kann.

Erinnern wir uns: Da gab es im Sommer 1970 auf der österreichischen Westautobahn nahe Altlengbach ein regelrechtes »Duell« zwischen zwei Autolenkern, einem Vertreter aus Wien und einem deutschen Urlauber, seines Zeichens Regierungsamtmann aus Kiel. Einmal überholte der Wiener den Norddeutschen mit seinem PKW, dann wieder umgekehrt. Waghalsige Überholmanöver mit Schneiden der Fahrspur und häufigen Notbremsungen.

Dann bleiben beide Wagen stehen. Türen werden aufgerissen, die beiden Lenker springen wütend heraus. Zuerst Beschimpfungen, dann Tätlichkeiten: eine Ohrfeige, ein Fußtritt. Schließlich eine Bajonettattacke des deutschen Beamten (»Ich bin zwanzig Jahre im Polizeidienst«) gegen seinen Widersacher. Beiderseits Verletzungen. Ein Nervenzusammenbruch, ein Kreislaufkollaps und Schreikrämpfe bei der Frau des deutschen Lenkers. Endlich gelingt es dem Sohn des Kielers, die Streitenden zu trennen.

Ein Einzelfall? Eine bedauerliche, aber in ihrer Art mehr oder minder einmalige Auseinandersetzung? Keinesfalls. Greifen wir aus der einschlägigen internationalen Chronik ein paar andere, zum Teil noch wesentlich krassere Fälle heraus:

Da ohrfeigt ein Münchner Berufskraftfahrer einen VW-Bus-Lenker und bedroht ihn mit dem Wagenheber, um ihm bessere Verkehrssitten beizubringen (seine bajuwarisch-gemütliche Verantwortung vor Gericht: »A saubere Schelln is oft besser wia fünf Mark Verwarnung«).

Oder: Ein Ingenieur und Mercedes-Fahrer verabreicht einer Studentin (Ford-Taunus) wegen unerwarteten Bremsens Handkantenschläge durch das heruntergekurbelte Wagenfenster. Ein Maschinenschlosser aus Wuppertal rennt einem Urlauber aus Berlin das Taschenmesser in die Lunge, nachdem ihm dieser die Lippe blutig aufgeschlagen hat. Motiv: Behinderung infolge Schleuderns auf nasser Fahrbahn.

Ein Fahrer aus Mainz rügt einen Tankwart aus Nürnberg wegen seiner vorschriftswidrigen Fahrweise. Der Beanstandete verletzt seinen Gegner und erschießt dessen Beifahrer. Und ein Mercedes-Lenker aus Mannheim tritt im Kampf um den Parkplatz einen ortsfremden VW-Besitzer so lange mit den Füßen, bis er tot ist.

Ebenfalls tödlich endet ein Autostreit in Köln: Ein Autofahrer stößt einen Fußgänger, der ihn auf seine falsch eingestellten Scheinwerfer hingewiesen hat, zu Boden. Die Folge: Schädelbasisbruch.

Ein Fall aus dem Süden: Der Industrielle Constantino C., Lenker eines Maserati, erschlägt den Mailänder Biologen und Alfa-Romeo-Fahrer Mario M. mit einem Schraubenschlüssel. Grund: unbotmäßiges Überholen.

Die Liste ließe sich beliebig fortsetzen. Auch die Liste der zum Teil recht unbefriedigenden Gerichtsurteile, die bei derartigen Brutalitäten ergehen. Da verurteilte ein westdeutsches Amtsgericht einen Kraftfahrer wegen Nötigung und fahrlässiger Körperverletzung zu einer (im übrigen durchaus milden) Strafe; der Verurteilte hatte im Kampf um einen Parkplatz sein Auto als Waffe verwendet und seinen Kontrahenten am Bein angefahren, um ihn aus einer Parklücke wieder hinauszudrängen. Das Oberlandesgericht Hamm hob dieses Urteil wieder auf.

Das Oberlandesgericht Hamburg wieder meinte in einem ähnlichen Fall, bei dem ein Autofahrer die Kniekehlen eines ihm im Weg stehenden Fußgängers mit der Stoßstange attackierte, verharmlosend: »Der Kraftfahrer konnte nicht wissen, daß der Fußgänger so schwache Nerven hatte.«

»Das Statussymbol Auto dient neuerdings als Waffe«, so charakterisierte der pensionierte deutsche Senatspräsident Dr. Heinrich Jagusch die Situation, »wachsender Parkplatzmangel erzeugt Streit um Parklücken mit Selbsthilfeakten«. Und der österreichische Generalanwalt Dr. Walter Melnitzky forderte: »Viel Geduld, bessere Selbstbeherrschung und mehr Taktgefühl bei der Meisterung von Verkehrsproblemen, vor allem aber größere Rücksicht auf andere Verkehrsteilnehmer, also an sich Selbstverständlichkeiten unter zivilisierten Menschen!«

Um zum eigentlichen Thema zurückzukehren: Meist macht es rücksichtslosen und brutalen Fahrzeuglenkern auch nichts aus, wenn das eigene Kind daneben sitzt und Anschauungsunterricht erhält vom »Daseinskampf« der Bestie Mensch im Dschungel des Alltags.

Diese Kinder müssen dann mit ansehen, wie die Menschen, die ihnen Vorbild und Autorität sein sollen, sich gegenüber anderen Verkehrsteilnehmern nicht nur darauf beschränken, an die Stirn zu tippen oder ähnlich vielsagende Gesten zu machen, wie es in jener Zeit der Fall war, die man gerne verklärend die »gute, alte« nennt, sondern daß sie auch zu Messer und Schlagring greifen, wenn man sie gegen ihren Willen überholt oder wenn der Vordermann nicht rechtzeitig Platz macht, wenn man ihn selbst überholen will.

So ist es im Straßenverkehr. Welches Beispiel geben auf den anderen Sektoren des menschlichen Zusammenlebens, etwa auf beruflichem Gebiet, die Erwachsenen den Kindern und Jugendlichen? Die Kinder sehen, hören und erleben es (wenn die überlasteten Eltern keine Zeit für sie haben) immer wieder, wie die Erwachsenen in dem, was sie »Existenzkampf« nennen, miteinander brutal konkurrieren, daß sie nicht nur die Ellbogen rücksichtslos einsetzen, um vorwärtszukommen, sondern überhaupt alle Mittel, die dazu dienen, den Nebenmann und Mitmenschen, den Arbeitskollegen und Geschäftspartner zu verdrängen und selbst dafür um so besser und schneller an das Ziel zu gelangen.

Sie sehen Tag für Tag, wie gute Manieren unter den »Großen« zur seltenen, vielbestaunten und vielbelächelten Ausnahme werden, wie

Noblesse und Humanität schwinden und an ihre Stelle unverhüllte Aggression, blanker Egoismus, rücksichtsloses Karrierestreben treten. Warum sollen gerade sie, die Heranwachsenden, davor zurückschrecken, zur Durchsetzung ihrer Ziele, zur Erfüllung ihrer Wünsche jene Gewalt nicht anzuwenden, die ihnen ihre erwachsenen »Vorbilder« tagtäglich vorexerzieren?

Gewiß, Kinder- und Jugendkriminalität hat es immer schon gegeben. Doch sie ist — internationale Statistiken beweisen es — noch nie in so starkem Ausmaß angestiegen wie gerade in den letzten Jahren. Das gilt nicht nur für die Bundesrepublik Deutschland und für Österreich (in der Schweiz ist die Entwicklung erfreulicherweise etwas weniger besorgniserregend). Vor allem in den Vereinigten Staaten haben die Gewalttätigkeiten und Blutverbrechen Heranwachsender rapid zugenommen.

Aus einer Studie des amerikanischen Senatsausschusses für Jugendkriminalität geht hervor, daß in den 110 amerikanischen Schulbezirken die Zahl der von Schülern begangenen Morde in den Jahren 1964 bis 1969 um mehr als das Doppelte stieg. In East St. Louis (Illinois) tragen die Lehrer ständig geladene und entsicherte Pistolen bei sich, um sich vor ihren Schülern schützen zu können. Eskalation der Gewalt in »Gottes eigenem Land«, das nicht nur mit der Rassenproblematik und dem Vietnamkrieg nicht fertig wird, sondern auch der steigenden Jugendkriminalität fast hilflos gegenübersteht.

Ein Einfluß soll nicht unerwähnt bleiben, der von nicht zu unterschätzender Bedeutung ist: die suggestive Wirkung der Massenmedien, vor allem des Fernsehens. Hier ein Auszug aus der Vernehmung eines jugendlichen Doppelmörders in der Verhandlung:

Vorsitzender: »Sie haben also immer ferngesehen und sind oft ins Kino gegangen?«

Angeklagter: »Ja.«

Vorsitzender: »Was haben Sie am liebsten im Fernsehen gesehen?«

Angeklagter: »FBI.«

Vorsitzender: »Haben Sie also immer vorher nachgesehen, ob solche Kriminalfilme gespielt werden?«

Angeklagter: »Ja.«

Staatsanwalt: »Und was haben Sie denn gelesen? Wildwest- und Kriminalromane?«

Angeklagter: »Ja.«

Staatsanwalt: »Was ist denn in den Kriminalromanen vorgekommen?«

Angeklagter (in niederösterreichischem Dialekt): »Da hams an derschossen.«

Staatsanwalt: »Und der Täter ist wahrscheinlich nie erwischt worden?«

Angeklagter: »Ja, der hat Handschuh angehabt, wegen der Fingerabdrücke.«

Der Siebzehnjährige, der diese Antworten gibt, steht am 20. und 21. September 1971 beim Kreisgericht Krems an der Donau vor den Jugendgeschworenen. Erwin Murth, Hilfsarbeiter aus Kurzschwarza im Waldviertel, im nordwestlichen Niederösterreich. Er steht unter der Anklage des Doppelmordes: Er hat am Abend des 24. Dezember 1970, also am Weihnachtsabend, die achtundsechzigjährige Ausnehmerin Barbara Marksteiner und deren einundvierzigjährige Tochter Walpurga getötet. Mit insgesamt 21 Messerstichen und einem Schuß aus seinem Flobertgewehr.

Warum hat er diese Wahnsinnstat begangen? Sein Vater, Gastwirt in dem kleinen Ort, hatte mit Mutter und Tochter Marksteiner seit Jahren Auseinandersetzungen. Es ging dabei um eine Leibrente, die Erwins Vater an die Familie Marksteiner für den Verkauf eines Hauses zu zahlen hatte. Und darum, daß die Marksteiner dieses bereits verkaufte Haus nicht fristgerecht räumten. So kam es immer wieder zu Streitigkeiten zwischen den beiden Familien, Streitigkeiten, von denen nicht zuletzt der heranwachsende Sohn, durch Fernsehen und Kriminalromane schon an sich mit einer Philosophie der Brutalität und Verbrechensromantik angereichert, betroffen war.

Psychiater Dr. Otto Schiller in der Verhandlung: »Zweifellos war Maria Marksteiner für Erwin Murth eine Person mit eminentem Stellenwert. An sich lebte er bequem und friedlich, hatte im wesentlichen, was er sich wünschte, aber da war für ihn subjektiv ein Unruheherd. Das störte ihn. Da schaukelten sich in ihm Haß und der Wunsch nach Vergeltung auf.«

Die Eltern Erwins taten von ihrer Warte aus gesehen wahrscheinlich das Richtige. Immer, wenn es mit Barbara Marksteiner zu einem Streit kam, versuchten sie, ihn zu beruhigen. Er soll nicht zurückschimpfen.

Doch gerade das, meinte der Psychiater in der Hauptverhandlung, könnte die Katastrophe verursacht haben: »Es ist tragisch, daß man rückschauend sagen kann, Mikroaggressionen hätten die Tat vielleicht verhindert, wären sie nur freigesetzt worden. Zurückschimpfen, harte Worte, eingeschlagene Fenster, kleine Bosheitsakte hätten die Aggression wahrscheinlich abreagiert.«

Erwin Murth reagierte sich nicht in dieser relativ harmlosen Form ab. Er ließ es sich gefallen, von Barbara Marksteiner »Kaibel« (Kalb) geschimpft und zum »Schleichen« (Verschwinden) aufgefordert zu werden. Im Herbst 1970 faßte er dann den Entschluß zum Mord: »Es wäre besser für die Familie, wenn die nicht mehr da ist.«

Und so schlich sich Erwin Murth am Heiligen Abend 1970 allein und unbemerkt, mit Messer und Gewehr bewaffnet, zum Haus der Familie Marksteiner, stieg über den Zaun und gelangte ins Vorhaus. Die erste, die er traf, war die Tochter der alten Frau, und er stürzte sich auf sie: sieben Messerstiche. Dann ermordete er Barbara Marksteiner.

Makabres Detail am Rande: Durch seine Wahnsinnstat brachte Erwin Murth auch seinen eigenen Vater in Gefahr. Die Gendarmerie, der seine ständigen Streitigkeiten mit Barbara Marksteiner bekannt waren, verhaftete zunächst ihn unter dem Verdacht des Doppelmordes. Er befand sich wochenlang in Untersuchungshaft. Seinem Sohn traute zunächst niemand ein derartiges Verbrechen zu.

Erwin Murth wurde nach zweitägiger Verhandlung zu einer Rahmenstrafe von zehn bis dreizehn Jahren Jugendarrest verurteilt. Mit welcher Höhe innerhalb dieses Rahmens die Strafe wirklich festgesetzt werden wird, hängt nicht zuletzt von dem Einfluß, den die Haft auf ihn nimmt, und von seinem Verhalten in dieser Haft ab.

Jugendliche Mörder: Wenn von ihren Untaten die Rede ist, dann tönt stets in der Öffentlichkeit wie Donnerhall der Ruf nach Rache und Vergeltung. Man meint, mit der Vernichtung des Verbrechers auch das Verbrechen schlechthin, mit der Auslöschung des Mörders auch den Mord als solchen auszulöschen, die Strafe sei das Allheilmittel, jeder Versuch, die kranke Psyche des Täters zu heilen, vergeudete Zeit, medizinisch-psychiatrische Therapie hinausgeworfenes Geld.

Vielleicht der grausigste Fall dieser Art in Mitteleuropa seit dem Zweiten Weltkrieg: der schon einmal zitierte Fall des »Rummelplatzmörders« Jürgen Bartsch, am 6. November 1946 in Essen als uneheliches Kind einer Hausangestellten geboren, von einem Fleischhauerehepaar in Langenberg als Ziehsohn aufgezogen. Bartsch, homosexuell-sadistisch veranlagt, brachte in einem verlassenen Bunkerstollen bei Wuppertal innerhalb von vier Jahren zumindest vier Buben auf grauenhafte Art um: am 31. März 1962 den achtjährigen Klaus Jung aus Essen, am 6. August 1965 den neunjährigen Peter Fuchs aus Gelsenkirchen, am 14. August 1965 den elfjährigen Ulrich Kahlweiß aus Velbert und am 8. Mai 1966 den elfjährigen Manfred Graßmann aus Essen.

Er lockte die Buben unter dem Vorwand, ihnen einen »Schatz« zu zeigen, in diesen Stollen, wo er sie niederschlug, fesselte und beim Schein von Kerzen auf unvorstellbare Art quälte. Der Leiter der Mordkommission: »Soweit wir feststellen konnten, ermordete Jürgen Bartsch seine Opfer erst, nachdem er sie gefoltert hatte. Dann erschlug oder erwürgte er sie. Die Buben müssen jedoch schon vorher halb wahnsinnig geworden sein.«

Sein letztes Opfer wird ihm zum Verhängnis: Der vierzehnjährige Hilfsarbeiter Ernst Peter Frese aus Elberfeld, den Bartsch am 18. Juni 1966 in den Stollen lockt und dort bestialisch quält, kommt mit dem Leben davon, kann sich von seinen Fesseln befreien und Alarm schlagen. Im Zuge einer routinemäßigen Polizeikontrolle wird auch Jürgen Bartsch überprüft und legt nach kurzer Befragung ein volles Geständnis ab.

Nur mit Mühe kann die Polizei den Bubenmörder vor der Lynchjustiz durch die aufgebrachte Bevölkerung retten. Am 15. Dezember 1967 wird er als Triebverbrecher vom Schwurgericht Wuppertal nach Erwachsenenstrafrecht zu lebenslangem Zuchthaus verurteilt.

Die Revision seiner Anwälte hat jedoch Erfolg: Der Bundesgerichtshof hebt das Urteil auf, weil zwar psychiatrische Experten, aber keine Gutachter der Sexualwissenschaft in dem Verfahren herangezogen worden waren. Der nun vorgesehene Sachverständige, der Hamburger Professor Dr. Hans Giese, kann zwar im zweiten Rechtsgang vor dem Schwurgericht Düsseldorf nicht gehört werden, weil er einige Monate zuvor bei einem nicht restlos geklärten Sturz über die südfranzösische Steilküste den Tod gefunden hat. Aber für ihn kommt sein ehemaliger Schüler und nunmehr Professor in Berlin, der Kölner Psychiater Dr. Rasch. Er appelliert an das Gericht, Bartsch in erster Linie mit allen zu Gebote stehenden Mitteln zu behandeln und dadurch seinen ständig eskalierenden Mordtrieb nach Möglichkeit unter Kontrolle zu bringen.

Raschs Prophezeiung: »Ein nicht behandelter Bartsch wird binnen zehn Jahren in völlige Geistesgestörtheit verfallen. Der hochgradig anomale Trieb läßt in seinem Hirn immer furchtbarere Mordphantasien kreisen.«

Bartsch bestätigt, daß in ihm Grauenhaftes vorgeht: Seine Phantasie erfindet — verbunden mit exzessiver Onanie — immer neue Scheußlichkeiten, sadistische Wachträume der Perversion. Einmal zerschneidet er ein Kind, das vorher das eigene Grab schaufeln muß. Dann wieder fängt er zwei Kinder auf einmal ein. Davon muß eines das andere umbringen und wird dann schließlich von ihm selbst, Jürgen Bartsch, ermordet.

Bartsch über sich selbst: »Ich hasse meine Sexualität. Ich möchte sie mit Stumpf und Stiel ausgerottet sehen. Mein Trieb bereitet mir keine Lust, er bereitet mir nur Qualen. Ich bin bereit, alles an mir machen zu lassen, wenn ich nur geheilt werden kann.«

Ob Heilung möglich ist — durch psychotherapeutische Behandlung, durch stereotaktische Gehirnoperation oder äußerstenfalls durch Kastration —, wird sich weisen. Auch die Experten beurteilen die Chancen verschieden.

Aber das zweite Urteil gegen Bartsch basierte, wie Landgerichtsdirektor Dr. Fischer richtig sagte, weder auf falschen Zweckmäßigkeits- und Humanitätserwägungen noch auf einer übersteigerten öffentlichen Forderung nach Rache. Es lautete auf zehn Jahre Jugendstrafe mit anschließender Einweisung in eine Heilanstalt. Erweist sich Jürgen Bartschs perverser Sadismus als irreparabel, so wird er zeit seines Lebens nicht mehr in die menschliche Gesellschaft zurückkehren dürfen. Aber der Versuch der Heilung soll, ja er muß unternommen werden.

Ich meine, daß das Urteil des Düsseldorfer Schwurgerichts gegen den »Rummelplatzmörder« ein Markstein ist: Es geht weder um weinerlich-larmoyante Sentimentalität und gefühlvolle Humanitätsduselei noch um bloße Rache um der Rache willen. Es geht um vernünftige Strafe, und es geht vor allem um Heilung, um Sanierung und um Vorbeugung.

Jugendliche Mörder zu justifizieren ist sicherlich auf kurze Sicht gesehen der einfachste und billigste Weg. Aus ihren Verbrechen, ihrer Motivation und ihren Hintergründen durch wissenschaftliche Forschung zu lernen und die dabei gewonnenen Erkenntnisse zu verwerten und dadurch vielleicht manch neuen Mord zu verhindern, zweifellos der schwierigere und aufwendigere. Aber auf die Dauer wird unsere Gesellschaft nicht umhinkönnen, diesen Weg zu beschreiten, wenn sie es mit der echten Verbrechensprophylaxe ernst meint.

Ein Polizist als Doppelmörder

»Die Justiz, die an diesem Montag über den Expolizisten Ernst Karl urteilen soll«, schreibt eine Wiener Tageszeitung am 16. Dezember 1969, »sitzt nicht zuletzt über sich selbst zu Gericht. Sie kann der Kernfrage, die dieser Prozeß stellt, nicht ausweichen: Verhindert der Paragraph 129 I b des österreichischen Strafgesetzbuches (die Strafbestimmung gegen die Homosexualität) Verbrechen — oder schafft er sie?

Daneben ist es ganz einfach ein ›Sensationsprozeß‹.

Bereits um acht Uhr früh warteten die ersten Zuhörer vor dem Saal 14 des Wiener Landesgerichts, um 8.45 Uhr war der Saal bis zum letzten Platz besetzt. Die Menschen sitzen und warten. Geduldig. Bei gedämpfter Unterhaltung.

Bis zu dem Augenblick, den man im Theater den Einzug der Prominenz nennt: ›Ist des net der Breitenecker?‹ — ›Schauts, da is no a Psychiater!‹ — ›Des ist da Groß, der macht alle Prominenten.‹

Der Schießsachverständige Dr. Denk nimmt ein paar aus Zahnstochern fabrizierte Männchen aus einer Tasche und läßt sie auf einer Bank Doppelmord spielen. Ein drittes Männchen liegt noch in der Schachtel. Es trägt den Namen Karl auf dem Rücken.

Die Fotografen schießen 200 Bilder.

Um 9.03 Uhr kommen die Geschworenen, um 9.04 Uhr kommt der Staatsanwalt, um 9.05 Uhr der Vorsitzende, die beisitzenden Richter und die Schriftführerin.

Auch Prozesse haben ihr Protokoll.

Die Schriftführerin lächelt ein wenig, gickst mit der Stimme und teilt mit: ›Gegenstand der Verhandlung ist die Strafsache gegen Ernst Karl.‹«

Soweit der Bericht des »Kurier«.

Blenden wir zurück: Am 16. April 1968 um 2 Uhr früh wird der Funkwagen 1 der Wiener Polizeidirektion zur Unterstützung eines Sicherheitswachebeamten in die Garage des Kaufhauses »Tivoli« in der Vivenotgasse beordert. Als die Männer dort eintreffen, wird eben ein

Schwerverletzter in den Rettungswagen gehoben: der zweiundzwanzigjährige Hilfsarbeiter Johann Kihsl. Bei einem zweiten Mann kommt jede Hilfe bereits zu spät. Der fünfundzwanzigjährige Kellner Walter Pöttler liegt zusammengekrümmt neben der Schiebetür der Garage. Wie der Gerichtsmediziner später feststellt, ist er von drei Pistolenschüssen getroffen worden, von denen zwei unbedingt tödlich waren: ein Schädelhalssteckschuß und ein Brustdurchschuß.

Johann Kihsl stirbt im Rettungswagen auf der Fahrt ins Krankenhaus. Er weist zwei Schußverletzungen auf, einen Schädelsteckschuß und einen durch den linken Oberarm eingetretenen Durchschuß der linken Brustseite.

Der Mann, der die Schüsse abgegeben hat, erstattet stramm Bericht. Es ist der Polizeiwachmann Ernst Karl vom nahe gelegenen Wachzimmer Hufelandgasse, der in der Zeit von ein bis vier Uhr früh zum Rayonsdienst eingeteilt war. Was er sagt, klingt recht plausibel. Er habe routinemäßig kurz nach ein Uhr seine Runde um den Gebäudekomplex gemacht, in dem sich das Kaufhaus »Tivoli« mit dazugehörender Garage befindet. Bei dem Rundgang sei ihm ein blaulackierter älterer Personenkraftwagen, Marke Borgward Isabella, aufgefallen, in dem drei Männer saßen. Dieser Wagen habe einige Male den Häuserblock umkreist, obwohl genug Parkraum vorhanden gewesen wäre. Kurz darauf habe er den Wagen nochmals gesehen, und zwar diesmal abgestellt an der Ecke Vivenotgasse — Reschgasse in unmittelbarer Nähe des Kaufhauses.

Ein paar Minuten später machte er, berichtete Karl weiter, noch eine Entdeckung: Das Schiebetor der Tivoli-Garage war etwa vierzig Zentimeter weit offen. Durch den Türspalt konnte er in der Garage zwei Männer beobachten, die sich an einem abgestellten Wagen zu schaffen machten. Sie waren beide maskiert, einer von ihnen hielt eine Pistole in der Hand.

Und dann schildert der erfolgreiche Schütze eine höchst dramatische Situation: »Ich trat nunmehr in den Türspalt und rief: ›Halt, Polizei, Pistole weg!‹ Auf Grund dieses Anrufs hob der eine Mann den Arm mit der Pistole in die Höhe, offenbar um die Waffe gegen mich zu richten. Daraufhin feuerte ich mit der Dienstpistole einen Schuß gegen ihn ab.

Der Mann wurde von meinem Schuß getroffen, machte einige Sprünge nach vorne und fiel in die linke neben meinem Standort befindliche Garagenecke. Ich sprang in die Garage, und als der in der Ecke liegende Mann einen Schuß gegen mich abgab, feuerte ich zwei

Schüsse gegen ihn ab, worauf der Mann ganz in sich zusammensackte und ihm die Pistole aus der Hand fiel.

Im gleichen Augenblick ist der zweite Mann von hinten auf mich zu. In der Annahme, daß auch dieser Mann bewaffnet sei oder daß er sich der Pistole seines Komplizen bemächtigen wollte, habe ich auf ihn mehrere Schüsse abgegeben. Der Mann wurde getroffen und blieb gleichfalls liegen. Ich habe insgesamt sieben Schüsse abgegeben, also alle im Magazin befindlichen Patronen verschossen.«

Kurz gesagt, er, Ernst Karl, hat in Notwehr zwei Einbrecher getötet. Zwei offenbar gefährliche Männer, beide maskiert, einer mit einer Pistole bewaffnet. Es war, wie es in der Amtssprache heißt, ein »gerechtfertigter Waffengebrauch«. Und er selbst ein tapferer Mann, prädestiniert für Auszeichnung und baldige Beförderung.

Aber Ernst Karl hat zuviel erzählt. Und das, was er zu Beginn seiner Geschichte über den blauen Borgward berichtet hat, wird ihm zum Verhängnis.

Für diesen Wagen interessieren sich bereits die inzwischen am Tatort eingetroffenen Beamten des Sicherheitsbüros. Sie brauchen nicht lange zu suchen. Das Fahrzeug steht noch genau an der Stelle, die Ernst Karl angegeben hat. Nach telefonischer Anfrage im Verkehrsamt ist in wenigen Minuten der Fahrzeughalter ermittelt. Es ist eine Frau, die Stenotypistin Martha N.

Eine Stunde später: Zwei junge Frauen schlendern, sichtlich nach irgend etwas oder irgend jemanden auf der Suche, betont unauffällig in der Nähe der Tivoli-Garage umher. Zwei Minuten später müssen sie den Beamten Rede stehen. Und sich vor allem legitimieren: Die eine ist die Friseuse Gertrude L., die zweite die Stenotypistin Martha N., die Eigentümerin des verdächtigen Fahrzeugs.

Diese beiden Frauen entscheiden das Schicksal des Polizeiwachmanns Ernst Karl. Jenes Ernst Karl, der sich selbst nie für Frauen interessiert hat.

Zunächst versucht Martha N. es mit einer auf schwachen Beinen stehenden Ausrede. Der Wagen sei ihr knapp eine Stunde zuvor vor einem Kaffeehaus in der Schönbrunner Straße gestohlen worden. Auf die Frage eines Kriminalbeamten, wieso sie das Fahrzeug ausgerechnet hier, bei der Tivoli-Garage suche, weiß sie keine plausible Antwort. Dann rückt sie mit der Wahrheit heraus: Sie hat ihren Wagen zwei Burschen geborgt. Zwei Burschen, von denen sie nur die Vornamen kennt: Walter und Johann. Und nach diesen beiden Burschen und ihrem Wagen sei sie jetzt mit ihrer Freundin auf der Suche.

Martha N. bringt mit ihrer weiteren Aussage die Beamten zunächst nicht viel weiter: Sie hat die beiden, Hans und Walter, erst am Ostersonntag durch ihre Freundin Gertrude L. kennengelernt. Am Abend des Ostermontags waren sie in ein paar Lokalen zusammen, und zum Schluß — im Café »Nessy« — baten die beiden Burschen sie um ihren Wagen. Nur für eine kurze Fahrt, ohne nähere Angabe des Ziels.

Erst die Aussage ihrer Freundin führt die Kriminalisten auf die richtige Spur. Gertrude L., eine neunzehnjährige, nicht unhübsche Friseuse, hat den »Hansi« gut gekannt. Vor etwa zwei Monaten hat sie ihn in der Opernpassage kennengelernt. Ein fescher, wenn auch kein feiner Mann. Ein Herumtreiber, der weder für seine Frau noch für sein Kind sorgt, sondern sich von einer Prostituierten aushalten läßt. Als er mit Gertrude L. (der er verschweigt, daß er verheiratet ist) engeren Kontakt aufnimmt, verspricht er ihr das Blaue vom Himmel. Er werde sich von der Prostituierten trennen, einer geregelten Beschäftigung nachgehen und mit Gertrude ein fixes Verhältnis eingehen. Sogar Verlobungsringe tauschen sie aus.

Und dann, eines Tages, treffen die beiden in einem recht zweifelhaften Lokal einen hochgewachsenen jungen Mann, den ihr Hans Kihsl als seinen Freund vorstellt. Sie erfährt zwar nicht seinen Namen, aber seinen Beruf: Er ist Polizist in Meidling.

Gertrude L. kann es kaum glauben. Denn was Hans ihr über den Mann erzählt, würde bedeuten, daß dieser ein Doppelleben führen muß: Ordnungshüter und zugleich Verbrecher. Hans habe mit dem Polizisten schon »mehrere Hackn gedreht« (also strafbare Handlungen begangen), einen Restaurantinhaber zu erpressen versucht, und jetzt hätten sie wieder einen tollen Coup vor, einen Einbruch in die Tivoli-Garage. Denn dort seien im Kofferraum eines schwarzen Lincoln zwei Geldkassetten mit dem jeweiligen Tagesumsatz des Kaufhauses Tivoli verwahrt.

Beim nächsten Treffen wird Gertrude L. unmittelbar Ohrenzeugin, wie sich die beiden Männer über alle Einzelheiten des geplanten Verbrechens unterhalten. Der angebliche Polizist will sie sogar als Mittäterin gewinnen. Sie soll sich mit einer roten Perücke und großen Brillen verkleiden und einen Wagen, in dessen Kofferraum sich die beiden Männer verstecken, in die Garage lenken. Der Plan scheitert. Kihsl will nicht, daß das Mädchen so stark in die Sache hineingezogen werde.

Und dann, am Ostermontag, kommen nachmittags vier Personen in einem Café in der Favoritenstraße zusammen: Martha N., Gertrude L.,

Hans Kihsl und sein Freund Walter Pöttler, der sich ebenfalls an dem Garageneinbruch beteiligen soll. Sie fahren zum Kaufhaus »Tivoli«, und dort nimmt Walter Pöttler aus einer Mauerecke einen Zettel an sich, den er einige Meter weiter wegwirft. Die beiden Mädchen wissen nicht, daß auf diesem Stück Papier die Tatzeit (»01.05 Uhr«) fixiert ist und daß es von dem sonderbaren Polizisten stammt. Zwanzig Minuten vor dem auf dem Zettel festgehaltenen Zeitpunkt borgen sich Kihsl und Pöttler von Martha N. den Wagen aus. Sie fahren damit zur Tivoli-Garage, um dort mit dem Wachmann zusammenzutreffen, aber nicht in seiner Eigenschaft als Sicherheitsbeamter, sondern als Komplize.

Die Kriminalisten lassen sich nochmals eine genaue Beschreibung des ominösen Polizisten geben: »Zirka fünfundzwanzig Jahre alt, zirka einhundertfünfundachtzig Zentimeter groß, sehr schlank, blondes Haar, spricht ländlichen Dialekt.« Dann wissen sie es, noch ehe die Gegenüberstellung im Sicherheitsbüro die letzten Zweifel beseitigt — es kann sich nur um Ernst Karl handeln. Als Kriminaloberleutnant Wunsch ihm noch während der Tatbestandsaufnahme in der Garage wortlos die Dienstpistole abnimmt, weiß Karl, daß sein Spiel verloren ist. Und als am Nachmittag die Zeitungen den Todesschützen noch als Helden des Tages feiern (»Express«: »Polizist erschießt zwei bewaffnete Einbrecher«), wird der Mann, auf den Pressefotos noch in schmucker Uniform und mit strahlendem Siegerlächeln zu sehen, im Sicherheitsbüro bereits als Beschuldigter vernommen. Unter dem Verdacht des Doppelmordes. Als Beschuldigter, zu dem sein Chef, der damalige Leiter des Wiener Sicherheitsbüros, Hofrat Dr. Franz Heger, der erfolgreichsten wie der menschlichsten einer unter Österreichs Kriminalisten, sagt: »Wenn Sie noch einen Funken für Ihre ehemaligen Kollegen übrig haben, dann legen Sie ein Geständnis ab.« Und dann, ein bißchen leiser, fügt er noch hinzu: »Ich hoffe, daß Sie das letzte Opfer des Paragraphen 129 I b in Österreich sind.«

»Das Gesetz fällt — bleibt die Ächtung«, schrieb das deutsche Nachrichtenmagazin »Der Spiegel«, als am 1. September 1969 die Strafbarkeit von homosexuellen Handlungen zwischen erwachsenen Männern in der deutschen Bundesrepublik aufgehoben wurde. Damals, im Jahre 1967, als die Tragödie des Ernst Karl begann, war das Gesetz noch nicht gefallen, nicht in der Bundesrepublik und schon gar nicht in Österreich (hier wurde erst am 17. August 1971 im Zuge der »kleinen Strafrechtsreform« die Strafbarkeit gleichgeschlechtlicher

Handlungen auf »Unzucht« von Männern mit Burschen unter achtzehn Jahren und auf die gewerbsmäßige Tätigkeit der »Strichjungen« eingeschränkt). In Österreich war damals Homosexualität unter erwachsenen Männern (ebenso die lesbische Liebe unter Frauen) noch mit schwerem Kerker von einem bis zu fünf Jahren bedroht.

Ernst Karl ist ein Homosexueller, ein Homosexueller von Anfang an, seit frühester Jugend. Am 10. August 1945 in Brettl bei Scheibbs (Niederösterreich) geboren, hat er seinen leiblichen Vater nie gekannt. Findige Journalisten spüren den Mann, als der Fall Ernst Karl zur Sensation des Jahres wird, in einer Nervenheilanstalt auf: Er ist ein notorischer Trinker.

Die Erziehung des Buben liegt in den Händen des Stiefvaters. War das für Ernst Karls spätere Entwicklung entscheidend? Peter Michael Lingens, einer der tiefgründigsten unter den Wiener Gerichtssaaljournalisten, glaubt hier Zusammenhänge zu erkennen: »Ernst Karl hat einen Stiefvater. Und er scheint ihn abzulehnen. Er akzeptiert das Bild nicht, das ihm geboten wird. Für ihn hat nur die Mutter Gültigkeit. Die leibliche Mutter, die er liebt. Und so verdrängt das Bild der Frau in ihm das Bild des Mannes, trägt er, im Körper eines Mannes, das Bild einer Frau. So kann — so muß nicht — Homosexualität entstehen.«

Eines steht fest: Die Veranlagung des Ernst Karl manifestiert sich bereits früh. Jedenfalls schon als er als Schulbub in Mädchenkleidern ins Kino geht und sich freut, daß ihn keiner in seiner Verkleidung erkennt. Ist es eine Vorstufe zu seiner »Verkleidung« im Leben, zu der fast schizophrenen Doppelexistenz, die er später führt?

Sein beruflicher Werdegang: Nach Absolvierung der Volks- und Hauptschule erlernt er das Maurerhandwerk, legt die Gesellenprüfung ab und dient dann ab 1. Oktober 1963 freiwillig beim österreichischen Bundesheer.

Während dieser Militärdienstzeit faßt er den entscheidenden Entschluß: Er bewirbt sich um Aufnahme in die Sicherheitswache. Was mag Ernst Karl, den Mann mit der femininen Grundkomponente, gerade zu dem als besonders männlich geltenden Beruf eines Polizeibeamten gedrängt haben?

Peter Michael Lingens hat sich auch hier um eine Deutung bemüht: »Es werden immer Homosexuelle bei Heer und Polizei Eingang finden. Man sieht ihnen ihre Neigung nicht an der Nasenspitze an, und später halten sie sie ängstlich geheim. Vor allem aber: Viele von ihnen drängen sich in einen Beruf, in dem Männer bei Tag und bei Nacht beisammen sind. Das ist nicht rein sexuell zu verstehen: Die Kameradschaft als solche zieht sie an — oft ehe sie wissen, daß dem ihre homosexuelle Veranlagung zugrunde liegt.

Kommt noch hinzu, daß sich nicht wenige Homosexuelle durch außergewöhnliche körperliche Einsatzbereitschaft, Mut und manchmal einen gewissen Sadismus auszeichnen — eine Art Überkompensation ihres weiblichen Leitbildes.«

Ernst Karl ist das, was man gemeinhin einen »guten Polizisten« nennt. Er legt seine Dienstprüfung mit »sehr gutem« Erfolg ab, und auch seine Dienstbeschreibungen lauten ähnlich. Nach zweijährigem Dienst in der Schulabteilung der Wiener Sicherheitswache wird er ab 1. Oktober 1966 als Rayonsposten bei der Sicherheitswachabteilung Meidling, zuletzt im Wachzimmer Hufelandgasse, eingesetzt. Seine Vorgesetzten sind sich einig: Er ist ein »schneidiger« Beamter.

Manchmal allerdings ein zu schneidiger. Es kommt zu Vorfällen, die ebendiesen seinen Vorgesetzten zu denken geben müßten. Da schießt er einmal einem — angeblich flüchtenden — Autolenker nach. Da hat er am 31. Mai 1967 ein Renkontre mit einer Fahrzeuglenkerin, einer angesehenen Lehrerin. Er behauptet, sie habe ihn anläßlich einer Auseinandersetzung in seiner Amtsehre mit Worten beleidigt; sie kann auf blutunterlaufene Druckstellen am linken Oberarm verweisen, die ihr von Ernst Karl durch allzu energisches Anfassen zugefügt wurden.

In erster Instanz werden beide verurteilt, die Lehrerin zu dreihundert Schilling Geldstrafe, der Polizist zu fünf Tagen Arrest. Beide berufen, aber nur Karl hat damit Erfolg. Er wird in zweiter Instanz freigesprochen. Das Urteil gegen die attackierte Lehrerin wird bestätigt. Man glaubt dem damals im Dienst stehenden Polizisten — wie nicht selten — mehr als seiner zivilen »Gegnerin«.

Am 21. November 1967 ereignet sich ein ähnlicher Vorfall. Karl stellt einen Kraftfahrer wegen angeblich unvorschriftsmäßiger Fahrweise zur Rede und verhängt über ihn ein Organmandat in der Höhe von siebzig Schilling. Das ist um genau dreißig Schilling mehr, als der Mann bei sich hat; daher erklärt sich der Beifahrer bereit, den fehlenden Betrag am nächsten Tag auf das Wachzimmer zu bringen. Worauf ihm — wenn man seiner Aussage folgt — Karl zunächst mit Worten (»Misch dich nicht ein, schleich dich«) und dann mit Tätlichkeiten (»Er ergriff mich bei der Hand und schlug mich mit der Faust in das Gesicht«) zu erkennen gibt, daß er eine derartige Einmengung in eine Amtshandlung nicht hinzunehmen geneigt ist. Die Folgen für den Beifahrer — laut polizeiamtsärztlichem Gutachten — sind »Kontusion an der Nasenwurzel, Kontusion der achten Rippe links vorne, seitlich mit deutlichem Druckschmerz und leichter Suffusion und Hautabschürfungen am vierten Finger rechts und am Zeigefinger links«.

Die Staatsanwaltschaft klagt Karl wegen »tätlicher Beleidigung in Ausübung des Dienstes nach § 331 Strafgesetz« an, der Bezirksrichter verurteilt ihn zu einer Geldstrafe von fünfhundert Schilling. Aber auch hier hat Karl Glück. Obwohl Fahrer und Beifahrer den Exzeß übereinstimmend bekunden, wird das Urteil in zweiter Instanz aufgehoben und die Sache zur neuerlichen Verhandlung an das Erstgericht zurückverwiesen. Diese neue Verhandlung findet nie statt.

Ein Monat nach diesem Vorfall, am 23. Dezember 1967, begeht Ernst Karl in seiner Polizeiunterkunft Roßauerkaserne einen Selbstmordversuch. Er nimmt zwanzig bis fünfundzwanzig Tabletten des Schlafmittels Mogadon ein, wird aber gerettet und auf die psychiatrisch-neurologische Universitätsklinik gebracht. Dort bleibt er bis zum 10. Jänner 1968.

Die Gründe, die zu seiner Verzweiflungstat geführt haben, erfährt seine vorgesetzte Dienststelle nicht, obwohl es für sie von ausschlaggebender Bedeutung gewesen wäre. Die Verschwiegenheitspflicht, wie sie das Ärztegesetz statuiert, verschließt den ihn behandelnden Ärzten den Mund. Nur sie wissen, warum der junge, stramme Wachmann plötzlich zu der Überdosis gegriffen hat: weil er homosexuell veranlagt ist und deswegen von einem Kriminellen erpreßt wird. Als er bereits in Haft ist, gibt Karl den Namen seines Peinigers bekannt: Es ist Hans Kihsl.

»Im Oktober 1967«, gibt Ernst Karl am 16. April 1968 gegenüber seinen ehemaligen Kollegen zu Protokoll, »habe ich anläßlich einer Verkehrskontrolle in der Arndtstraße den Johann Kihsl kennengelernt. Er ist damals in dem von mir angehaltenen PKW als Beifahrer gewesen. Im Dezember 1967 habe ich ihn dann in einem Espresso in der Wiener Innenstadt wieder getroffen.

Er hat sich im Lokal zu mir gesetzt und mir vorgehalten, daß ich homosexuell sei. Danach wollte er im Lokal laut werden, und ich wollte Aufsehen vermeiden. Aus diesem Grund verließ ich mit ihm das Lokal, und wir gingen in die Opernpassage. Dort machte er Andeutungen, daß er mich erpressen wolle, und machte auch konkrete Angaben über meine homosexuellen Beziehungen. Aus diesem Grund bekam ich Angst und übergab ihm am nächsten Tag in der Opernpassage einen Betrag von eintausend Schilling als Schweigegeld.

Einige Tage später wollte er mich wieder erpressen und verlangte von mir fünftausend Schilling als Schweigegeld. Da ich über eine derartige Summe nicht verfügte und außerdem noch Schulden hatte, unternahm ich den geschilderten Selbstmordversuch.«

Nun ist der Wachmann Ernst Karl in den Händen des Ganoven Hans Kihsl, ist die nach außen hin untadelige Respektsperson eine Marionette in den Händen eines Kriminellen. Spätestens im Oktober 1967 beginnt das Doppelleben des Ernst Karl. Jenes Ernst Karl, der als Polizist noch immer bürokratisch-moralisierende Meldungen verfaßt. Der einen von ihm rüde beanstandeten Fahrzeuglenker, der in seiner Aufregung etwas lauter spricht, wegen eines »sowohl in der Sprache als auch in der Bewegung der nötigen Ruhe entbehrenden und mit ungewöhnlicher Heftigkeit verbundenen Verhaltens« mimosenhaft tadelt und der, als ein von ihm aus nichtigem Anlaß in den Judogriff Genommener empört »Das ist alles Scheiße« schreit, streng in seiner Meldung festhält: »Durch diese den herrschenden Sitten widersprechende Äußerung wurde der öffentliche Anstand verletzt.«

Anfang April 1968 wird der Erpreßte selbst zum Erpresser. Das Opfer ist ein Mann aus der besten Wiener Gesellschaft, ein gutsituierter Direktor, den Kihsl von seiner gelegentlichen »Tätigkeit« als Strichjunge kennt. Kihsl schickt nun Karl als Boten zum Direktor. Die Botschaft, die er zu überbringen hat, lautet: »Kihsl ist in Haft und braucht Geld für einen Verteidiger.« Kein Wort dieser Behauptung ist wahr, aber der homosexuell veranlagte Mann weiß, wie es gemeint ist. Er gibt Karl zehntausend Schilling zur Weitergabe an Kihsl. Der Direktor kann es sich nicht leisten, wegen »Unzucht wider die Natur« vor Gericht gestellt zu werden. Das wäre sein gesellschaftlicher und sein geschäftlicher Ruin. Also zahlt er, um einer Anklage nach dem berühmt-berüchtigten Paragraphen 129 I b zu entgehen.

Mit diesem Geld mietet Kihsl einen Wagen, kauft sich einen Transistorradioapparat und stattet sich mit Kleidungsstücken aus. Großzügigerweise stellt er seinem »Freund von der Polizei« den Mietwagen für drei Tage zur Verfügung.

Nun erkennt Kihsl in vollem Ausmaß, wie wertvoll und einträglich die Bekanntschaft mit Ernst Karl ist. Mit diesem Mann, in dessen Brust zwei Seelen wohnen, der nicht nur Krimineller, sondern trotz allem noch immer zugleich auch Polizist mit Leib und Seele ist. Ein Polizist, für den es das Schlimmste wäre, die Uniform ausziehen zu müssen. Noch in der Verhandlung, die gegen ihn beim Straflandesgericht im Dezember 1969 stattfindet, beklagt er sich immer wieder darüber, daß man ihn nach der Tat im Sicherheitsbüro geschlagen

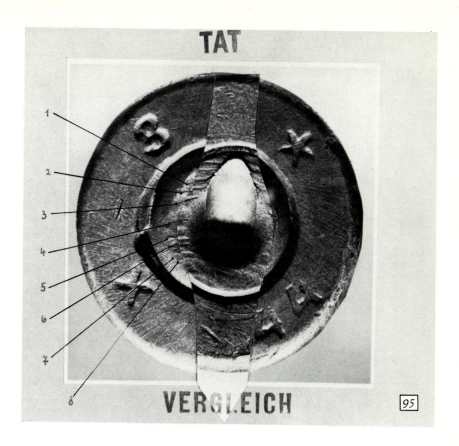

Das Erkennungsamt stellt fest: Die tödliche Patrone wurde aus der beim Täter gefundenen Waffe abgefeuert. Das beweisen die gleichartigen Verfeuerungsmerkmale *(95, 96, 97)*.

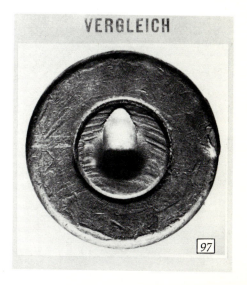

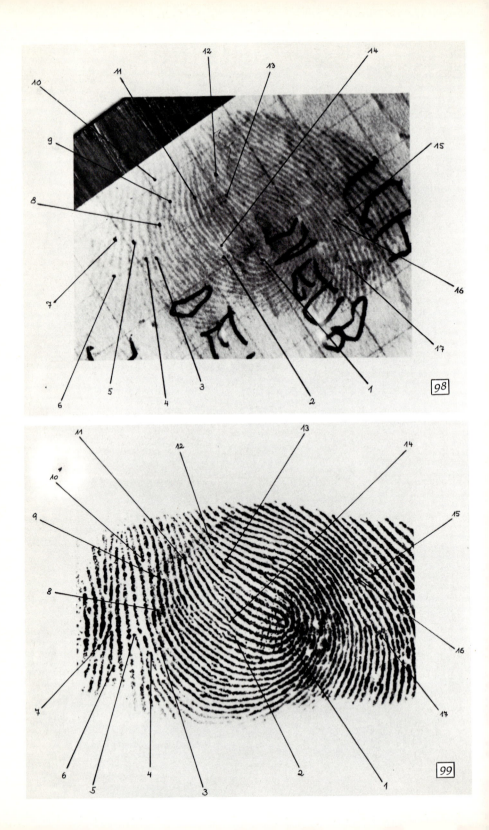

Wichtigster Grundsatz der Daktyloskopie: Es gibt keine zwei Menschen mit völlig gleichen Fingerabdrücken. Bei · mindestens 12 Übereinstimmungen zwischen Tatortspur und Vergleichstest gilt die Urheberschaft des Betreffenden als gesichert *(98, 99)*.

Die Leiche des Ermordeten war mit Haselnußstauden bedeckt. Das Erkennungsamt konnte auf Grund der Einkerbungen feststellen, daß die Stauden mit der beim Täter sichergestellten Hacke abgeschnitten worden waren *(100)*.

Auch die Zugehörigkeit des beim Täter sichergestellten Schlüssels mit dem beim Öffnen der Wohnungstür des Opfers abgebrochenen Bart konnte nachgewiesen werden *(101, 102, 103)*.

Die entsprechenden Gutachten wurden von den Bezirksinspektoren Johann Haas und Josef Frasl erstellt.

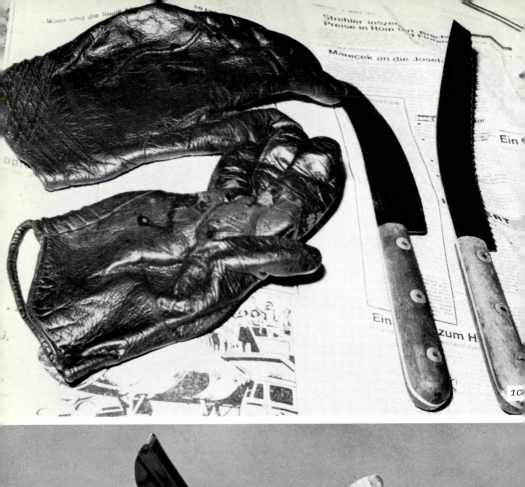

Tatwaffen: ein Arsenal des Grauens. Messer (104), eine Autokühlerfigur (105), Stockflinten (106), Hammer, Bügel- und Hufeisen, ja sogar ein Nudelwalker (107): sie alle wurden verwendet, um Menschen zu töten.

Sprengsätze für Zeitzünder und Höllenmaschinen (108, 109): auch sie dienten schon als Mordwerkzeuge.

Ein Mann machte seinem Leben mit einer selbstgebastelten Miniaturkanone (110) ein Ende, ein anderer beging Selbstmord mittels eines mit Pulver gefüllten und zur Explosion gebrachten Schlüssels (111).

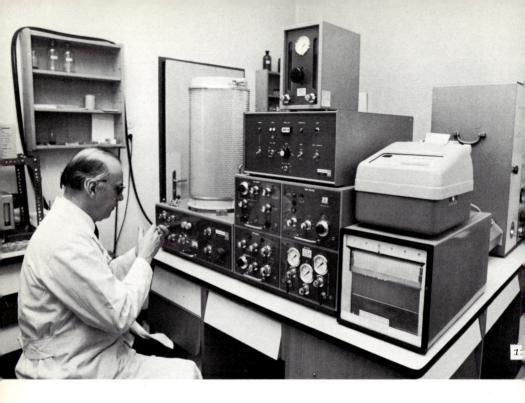

Der Gerichtsmediziner Prof. Machata untersucht Barbiturate im Gaschromatographen (112). Der angeschlossene Schreiber druckt die Werte aus (113).

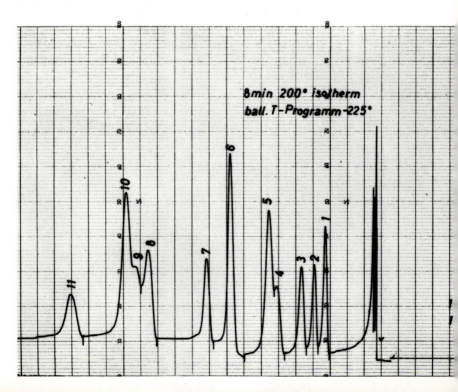

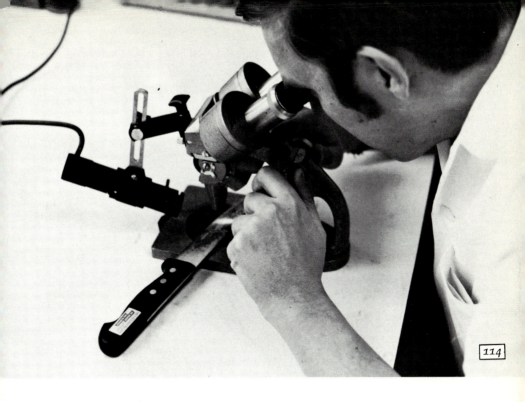

Blutspuren werden mit dem Spektroskop *(114)* festgestellt: Im Grünteil des Spektrums erkennt der Fachmann die für Blut typischen Absorptionsstreifen.

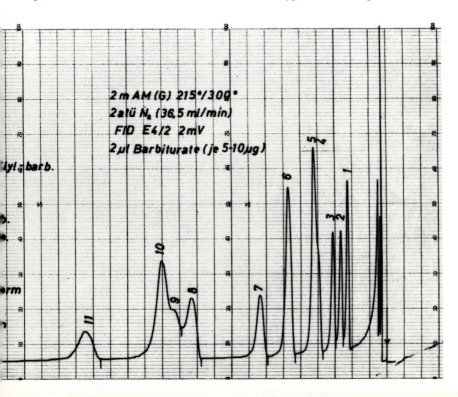

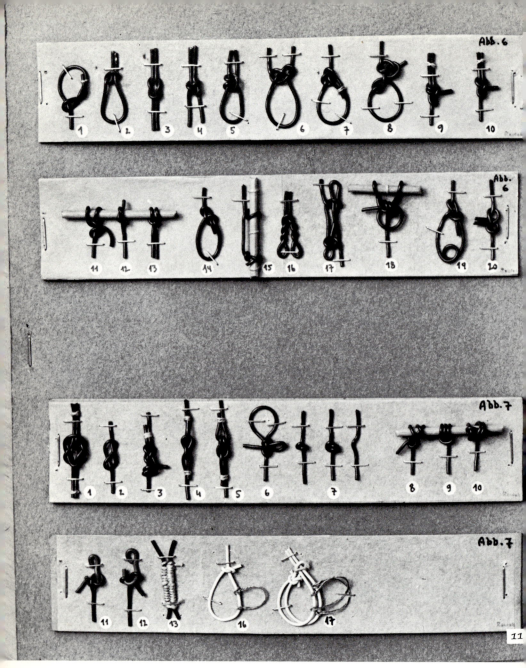

Die Art des (etwa beim Erhängen eines Menschen) angefertigten Knotens (115) läßt manchmal Rückschlüsse auf den Beruf des Täters zu (Fleischer usw.). Die Rekonstruktion einer Fesselung (116). Blaufärbung einer Substanz nach Versetzung mit einer Benzidinlösung (117) bedeutet: Es handelt sich höchstwahrscheinlich um menschliches Blut.

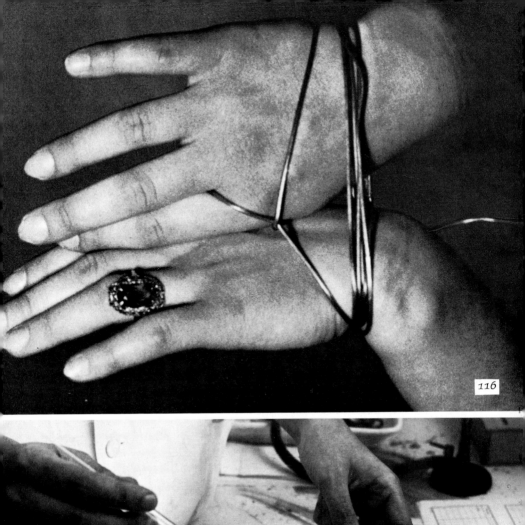

116

117

118

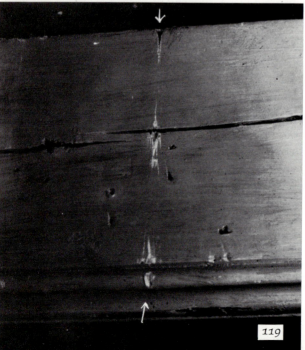

119

An dem um den Balken geschlungenen Strick hing die Leiche eines Mannes. Mord oder Selbstmord? Die kriminologische Untersuchung ergab ein Gewaltverbrechen (118, 119). Der Vergleich von Fußspuren am Tatort mit den Abdrücken von beim Verdächtigen sichergestellten Schuhen (120) führte schon oft zur Überführung des Täters.

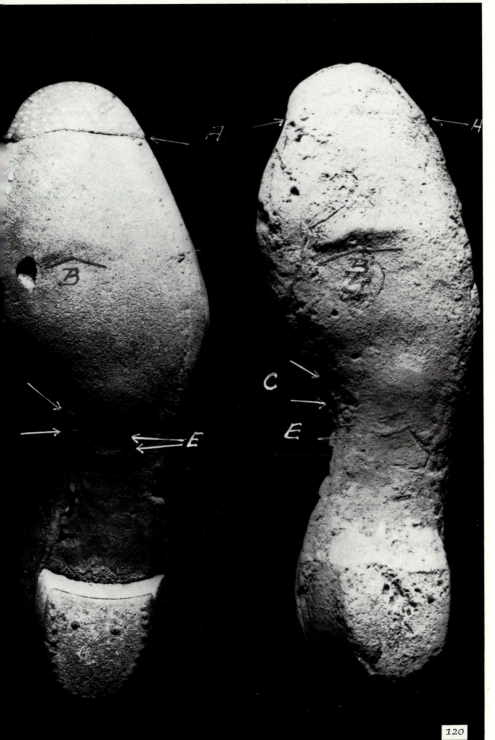

120

Primärer Zweck des Strafvollzugs — hier in der Strafanstalt Stein an der Donau (121, 122): die Resozialisierung des Verurteilten. Dabei spielen nützliche Arbeiten eine bedeutende Rolle. Durch das Guckloch an der Zellentür (»Spion«) kann der Beamte von außen die Zelle überblicken, ohne selbst gesehen zu werden (123). Gefängniszellen: Der Belegstand jeder Abteilung wird täglich genau festgehalten (124). Einem Häftling wird die erlaubte Rauchration zugeteilt (125).

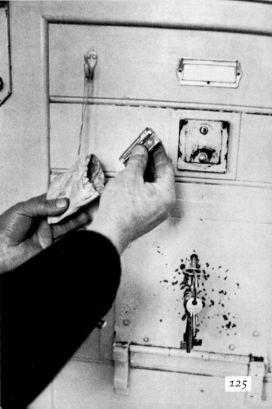

Blick in den Anstaltshof der Strafanstalt Stein: die Häftlinge beim täglichen Vormittagsspaziergang (126). Die den einzelnen Strafgefangenen zur Betreuung zugewiesenen Gartenbeete (127) werden liebevoll betreut.

habe, »obwohl ich noch in Uniform war«! Nicht die — angeblichen — Schläge schmerzten ihn, sondern die »Schändung« der Dienstkleidung.

Kihsl nützt die Situation aus. Er schlägt vor, in ein im Rayon von Karl gelegenes Postamt in Meidling einzubrechen. Er und sein Freund Walter Pöttler würden in das Gebäude eindringen, Karl solle inzwischen vor dem Haus als Aufpasser fungieren. Ein Einbruch unter der schützenden Hand eines Polizeibeamten, kann es etwas Perfekteres geben?

Karl lehnt ab. Er hat einen anderen Plan. Nicht in das Postamt soll eingebrochen werden, sondern in die Garage des Kaufhauses Tivoli, die ebenfalls zu seinem Rayon gehört. Und er erzählt den beiden Kriminellen eine abenteuerliche Geschichte. Die Geldkassette des Kaufhauses sei in der Garage in einem abgestellten alten Wagen, Marke »Lincoln«, über Nacht aufbewahrt. Darin befinde sich viel Geld. Dieser Diebstahl sei einfacher zu bewerkstelligen und wahrscheinlich auch ertragreicher als der Einbruch in das Postamt.

Es läßt sich heute — schon wegen der zahlreichen voneinander abweichenden Darstellungen, die Karl darüber später vorbrachte — nicht mehr mit Sicherheit feststellen, was er mit diesem Plan eigentlich bezweckte. Wollte er, wie er einmal behauptete, nur als »agent provocateur« fungieren, die beiden Komplizen bei der Ausführung der Tat festnehmen und der strafenden Gerechtigkeit übergeben?

Höchst unwahrscheinlich, denn in diesem Fall hätte Karl damit rechnen müssen, daß Kihsl seinerseits alle Verfehlungen des Polizisten, vor allem dessen homosexuellen Kontakte und die Erpressung an dem Direktor aufdecken würde. In diesem Fall hätte Karl jedenfalls die Polizeiuniform ausziehen und mit der Sträflingsmontur vertauschen müssen.

Oder glaubte auch Karl an das Vorhandensein des Geldes in dem alten Lincoln? Wollte er sich allen Ernstes an einem Einbruch beteiligen, um dadurch zu Geld zu kommen? Ebenfalls unwahrscheinlich, denn auch damit hätte er sich nur noch weiter in die Hand Kihsls begeben.

Am wahrscheinlichsten ist doch wohl jene Variante, die die Staatsanwaltschaft ihrer Anklageschrift zugrunde legte: »Der Beschuldigte lockte seine Opfer unter falschen Vorspiegelungen vorsätzlich an den Tatort, um sie dort aus dem Hinterhalt zu erschießen und die Tat als eine in Notwehr erfolgte Tötung ertappter Einbrecher hinstellen zu können.«

Man kann aus verschiedenen Umständen den Schluß ziehen, daß Kihsl dem Ernst Karl — zumindest manchmal — nicht restlos traute. Daß er diesen Mann, der ein doppeltes Spiel trieb, für fähig hielt, ihn — Kihsl — zu verraten, wenn nicht noch Schlimmeres zu tun. Darum verlangte Kihsl im Frühjahr 1968 von seinem Freund in Uniform auch einen besonderen Vertrauensbeweis: Karl solle ihm seine private Pistole geben. Er habe ja dann noch immer seine Dienstpistole. Karl gehorchte und folgte seinem Erpresser eine FN Kaliber 7,65 mm aus.

Und auch vor dem Einbruch in die Tivoli-Garage, den er nach dem ursprünglichen Plan mit Karl allein hätte ausführen sollen, kamen Kihsl Bedenken. Er wollte in der finsteren Garage mit Karl nicht allein sein. Er wollte einen Freund dabeihaben, dem er wirklich vertrauen durfte: Walter Pöttler. Er forderte diesen auf, mitzumachen. Pöttler erklärte sich bereit und sprach damit sein Todesurteil aus.

»Am Samstag, dem 13. April«, gesteht Karl später beim Sicherheitsbüro, »kam es dann zwischen Kihsl, Pöttler und mir um neunzehn Uhr im Opernespresso zu einer Besprechung, bei welcher vereinbart wurde, daß ich während meines Dienstes am Ostermontag um sechzehn Uhr in einem Mauereck bei der Garageneinfahrt Vivenotgasse einen Zettel hinterlegen solle, auf welchem ich meine Eintreffzeit beim Kaufhaus Tivoli vermerken sollte.

Kihsl machte vor Pöttler im Espresso bei dieser Zusammenkunft die Äußerung, daß ich auch gegenüber ihm keine ›krummen Touren‹ machen könne, da er über meine homosexuellen Verbindungen ebenso genau Bescheid weiß. Wenn ich bei der geplanten Geschichte nicht offen mitspiele, werden sie mich ›hamdrahn‹. Nach dieser Äußerung dachte ich mir, daß ich unter Umständen auch Pöttler beseitigen werde.«

Ein gespenstisches Gespräch: Drei höchst ungleiche Männer, die einen Einbruch besprechen und von denen jeder damit rechnen muß, der andere könne ihn verraten und müsse daher zum Schweigen gebracht werden.

Am Ostermontag um 15.45 Uhr ist es soweit: Ernst Karl verläßt unter irgendeinem Vorwand für ein paar Minuten sein Wachzimmer Hufelandgasse, geht zur Garageneinfahrt des »Tivoli« und hinterlegt dort den Zettel mit dem Vermerk: »*01.05 Uhr.*« Die Tatzeit ist fixiert — auf einem Stück Papier, das aus den Beständen des zuständigen Wachzimmers stammt.

Anläßlich seines abendlichen Rayonsdienstes plaudert an diesem Ostermontag der Polizist Ernst Karl mit einem Bekannten, mit dem Aufseher in der Tivoli-Garage, dem Studenten August Jammernegg. Einen unbewachten Augenblick benützt Karl dazu, den Garagenschlüssel an sich zu bringen. Um 22 Uhr rückt er wieder auf das Wachzimmer ein und hält sich dort bis 1 Uhr früh auf. Dann verläßt er seine Dienststelle und begibt sich zum Kaufhaus Tivoli. Als er dort einlangt, sind Kihsl und Pöttler schon in der Garage — auf der Suche nach dem Geld im alten Auto.

»Ich trat zu dem offenen Torspalt«, erinnert sich Karl im Sicherheitsbüro, »und sah Kihsl und Pöttler in der Garage etwa fünfzehn bis zwanzig Meter entfernt auf mich zukommen. Sie dürften meine Schritte gehört haben. Kihsl sagte: ›Bist es du? Was is?‹ Angesichts der beiden auf mich zukommenden Männer hatte ich vorerst nicht mehr die Absicht, auf sie zu schießen. Ich dachte mir nun, daß ich die beiden Männer festnehmen werde, gleichgültig, was sie auch nachträglich gegen mich aussagen würden.

In diesem Zusammenhang möchte ich angeben, daß ich gleich, als ich in den Torspalt trat, meine Dienstpistole entsichert habe. Einerseits wollte ich die Männer erschießen, und ich habe deshalb die Pistole gezogen und entsichert. Anderseits möchte ich aber betonen, daß ich auch Angst vor den Männern hatte, da mir bekannt war, daß Kihsl die von mir ihm überlassene Pistole bei sich trug, und schließlich die beiden herausgefunden haben mußten, daß meine Angaben über das aufbewahrte Geld nicht richtig seien. Schon aus diesem Grund mußten sie auf mich zornig sein.«

Und nun folgt in der unterirdischen Garage eine Szene von höchster Dramatik. »Beim Näherkommen sah ich«, erzählt Karl weiter, »daß Kihsl in der rechten Hand eine Pistole, mit dem Lauf schräg nach unten gerichtet, trug. Als er sich etwa vier bis fünf Meter dem Torspalt genähert hatte, schrie ich ihn zweimal an: ›Pistole weg!‹ Nach dem zweiten Anruf hob Kihsl seinen rechten Arm, und im gleichen Moment gab ich einen Schuß auf ihn ab. Kihsl wurde von meinem Schuß getroffen und machte zwei Sätze oder Sprünge nach vorne und sackte dann in der links neben mir gelegenen Garagenecke zusammen.«

Auf den zusammenbrechenden Kihsl gibt Karl auf kurze Distanz noch zwei Schüsse ab, dann drei weitere auf den unbewaffneten Pöttler. Und als dieser zu Boden sinkt, schießt Karl nochmals auf ihn. Nicht aus der bereits leergeschossenen Dienstpistole, sondern aus der FN Kaliber 7,65 mm, die er seinerzeit Kihsl überlassen hat und die dieser bei sich trug. Als sie Kihsl beim Zusammenbrechen entfallen war, hatte Karl sie aufgehoben und damit den letzten Schuß auf Walter Pöttler abgefeuert.

Und er gibt dafür auch einen einleuchtenden Grund an: Er wollte damit den Anschein erwecken, aus dieser Pistole sei gegen ihn ein

Schuß abgegeben worden, der ihn nur zufällig verfehlt habe. Also eine Untermauerung seiner Notwehrversion.

Als der Garagenwärter August Jammernegg in seiner Unterkunft durch die Schüsse aus dem Schlaf gerissen wird und an den Tatort eilt, findet er dort den Wachmann Ernst Karl vor, der »etwas außer Atem«, aber durchaus »nicht verwirrt« wirkt und ihm auf die Frage, was denn geschehen sei, nur die lapidare Antwort gibt, er habe zwei Einbrecher erschossen. Jammernegg berichtet weiter: »Karl hat vorerst selbst nichts unternommen, und erst auf meine Aufforderung hat er seine Dienststelle von der Garage aus angerufen. In der Zwischenzeit hörte ich, daß jener Bursche, der in der Mauerecke lag, stöhnte. Daraufhin forderte ich Karl auf, daß er auch die Rettung verständigen möge. Er sagte mir, daß diese automatisch verständigt wird.«

Am 17. April 1968 wird Ernst Karl wegen Verdachts des Doppelmordes dem Landesgericht für Strafsachen Wien eingeliefert. Als ihn der Untersuchungsrichter fragt, ob er sich schuldig bekenne, antwortet er darauf: »Nein. Ich behaupte, daß ich in Notwehr, und zwar im Zuge der von mir beabsichtigten Amtshandlung, nämlich Johann Kihsl und Walter Pöttler festzunehmen, gehandelt habe. Warum ich so viele Schüsse abgegeben habe, und zwar auf kürzeste Distanz, kann ich heute nicht mehr erklären.«

Als man ihm seine ganz anders lautenden Aussagen im Sicherheitsbüro vorhält, antwortet er: »Ich bin dort erpreßt worden. Man hat mir gesagt, wenn ich nicht gestehe, werde ich so lange geschlagen, bis ich ›speibe‹. Und einer der Beamten hat mich beschimpft und geohrfeigt.«

Er verbessert damit seine Situation nicht. Im Gegenteil, jetzt legt man ihm auch noch eine Verleumdung zur Last. Karl ist jetzt keine Amtsperson mehr, deren Aussagen Gewicht zukommt. Jetzt ist er selbst Beschuldigter, dessen Wort von vornherein mit Skepsis aufgenommen wird. Der keine Chance hat, gegen die Beteuerungen der Beamten durchzukommen, sie hätten ihn weder geschlagen noch bedroht. Man glaubt dem Expolizisten nicht mehr.

Am 12. September 1969 erhebt die Staatsanwaltschaft gegen den Expolizisten Ernst Karl Anklage wegen doppelten Meuchelmordes, wegen Erpressung und wegen Verleumdung. Wegen Verleumdung nicht nur der Beamten im Sicherheitsbüro, denen er vorwirft, ihn bedroht und geschlagen zu haben, sondern auch wegen Verleumdung eines Herrn G., von dem er behauptet, dieser habe mit ihm homosexuelle Beziehungen unterhalten. Angesichts der Veranlagung Karls eine zunächst keineswegs unglaubwürdige Behauptung. Später aber widerruft Karl sie, und da auch der Mann derartige Beziehungen bestreitet, wird Karl diesbezüglich zwar nicht wegen § 129 I b (Homosexualität), wohl aber nach § 209 Strafgesetz (Verleumdung) angeklagt.

Was ihn übrigens nicht daran hindert, aus der Haft an diesen Herrn G. zu schreiben und ihn ziemlich direkt um finanzielle Unterstützung anzugehen:

»Was das liebe Geld angeht, da bin ich schwer in Verlegenheit. Nun bin ich mir natürlich vollkommen im klaren darüber, daß Sie, Herr G., mir gegenüber in keiner Weise verpflichtet sind. Dennoch wäre ich angenehm berührt, wenn sich irgendwo Menschen finden möchten, die mir in dieser Richtung helfend unter die Arme greifen würden! Wie schon erwähnt – es wäre mir sehr geholfen.

Im voraus ein aufrichtiges ›Danke schön‹ und zum bevorstehenden Osterfest alles Gute – vor allem Gesundheit

Ihr
Ernst Karl«

Überhaupt liebt es Ernst Karl, Briefe und Eingaben zu verfassen, Schriftstücke, die hinter den teils grotesken, teils anmaßenden Zeilen die Tragödie einer gespaltenen Persönlichkeit, eines schizophrenen Bewußtseins ahnen lassen.

»Sie müssen doch selbst zugeben«, schreibt er etwa an den Vorsitzenden noch vor Beginn der Hauptverhandlung, »daß mein Fall schon längst kabarettreif ist. Ich kann mir ganz gut vorstellen, daß die zwei Unterhaltungschefs Karl Farkas und Kuno Knöbl dem Fall Ernst Karl die richtige Note geben würden.«

Vor allem aber schreibt sich Karl, einst mit Leib und Seele »schneidiger« Polizist mit stark autoritär-brutalen Zügen, seinen Haß gegen alle jene von der Seele, die – im Gegensatz zu ihm – noch immer in diesem Korps Dienst machen dürfen:

»Die Borniertheit und die Einfältigkeit und die Frechheit mancher Kriminalisten steigert sich heute immer mehr ins Unerträgliche und übertrifft schon die abstrusesten Erwartungen. Und wenn ich behaupte, daß ich heute nicht mehr wegen Mordverdacht, sondern wegen der Dummheit einiger Kriminalisten hier im Landesgericht logiere, dann dürfte ich fürwahr den Nagel auf den Kopf getroffen haben.«

Und wenn der wegen Doppelmordes in Haft befindliche Ernst Karl in einer seiner Eingaben seine sofortige Enthaftung und Rehabilitierung, vor allem aber seine sofortige Wiedereinstellung in den Polizeidienst verlangt, dann meint er es – so grotesk ein solches Ansinnen auch scheinen mag — irgendwo in seinem Inneren wahrscheinlich ernst. Er hat innerlich den Wandel vom privilegierten und mit obrigkeitlichen Befugnissen ausgestatteten Wachebeamten zum Häftling, der nur zu reden hat, wenn man ihn fragt, noch nicht vollzogen.

Als der Vorsitzende des Geschworenengerichts, Oberlandesgerichtsrat Otto Werner Klär, am 15. Dezember 1969, knapp nach 9 Uhr, die Hauptverhandlung gegen Ernst Karl eröffnet, wissen die Zuhörer im überfüllten Saal 14 des Wiener Straflandesgerichts nicht, daß der Angeklagte das Geständnis, das er seinerzeit vor den Beamten des Sicherheitsbüros ablegte, inzwischen vor dem Untersuchungsrichter bereits stark abgeschwächt, ja praktisch widerrufen hat. Daher geht ein überraschtes Murmeln durch den Saal, als Ernst Karl auf die einleitende Frage des Vorsitzenden antwortet: »Ich bekenne mich in keinem Punkt der Anklage schuldig.«

Natürlich befragt das Gericht den Angeklagten auch zu seiner homosexuellen Neigung, die die dreifache Tragödie letztlich ausgelöst hat: seine eigene und jene seiner beiden Opfer.

»Ich bin homosexuell veranlagt, das ist richtig. Warum sollte ich das abstreiten? Der Mensch ist in dieser Richtung eben mit Komplexen belastet. Ich finde da nichts dabei.«

Und auf die Frage, ob er homosexuelle Beziehungen unterhalten habe: »Wenn ich homosexuell veranlagt bin, muß ich auch solche Beziehungen und Verbindungen unterhalten. Wenn es sich gerade ergab, hatte ich etwas mit einigen Burschen. Ich habe mit mehreren derartige Beziehungen gehabt.«

Wie er seine Partner kennengelernt habe? »Das ist das gleiche, wie wenn eben einer eine Frau kennenlernt. Dafür hatte ich schon einen Blick. Das ist genauso wie bei einem normalen Menschen, nur daß ich eben so veranlagt bin.«

Der Vorsitzende fragt betont korrekt, betont sachlich, ohne jene moralisierenden Wertungen, die Richter nicht selten in ihre Fragen einfließen lassen. Er zeigt, daß er nicht gewillt ist, sich diesen heiklen Prozeß entgleiten zu lassen, er zeigt auch, daß er sich bemüht, einen Zugang zu diesem Angeklagten zu finden. Er findet ihn nicht, letztlich reden sie aneinander vorbei.

Und so hört sich etwa die Darstellung an, die Ernst Karl in der Hauptverhandlung gibt: Er ist erpreßt worden, aber nicht von Hans Kihsl, sondern von einem Mann, den er nicht nennen möchte: »Ich will ihn nicht in die Sache hineinziehen.« Und vor allem: Er hat Kihsl und

Pöttler keineswegs in vorgefaßter Absicht erschossen, sondern in Notwehr, weil er sich von ihnen angegriffen glaubte: »Ich hatte Angst. Ich bin doch kein Menschenjäger.«

Und zum ersten Male spricht er von einem dritten Mann, der — vermutlich mit Kihsl und Pöttler im Bunde — damals beim Garagentor gewesen sei, von einem Mann, der ihm allerdings fremd gewesen sei: »Den dritten kann nur Kihsl und Pöttler hinbestellt haben. Ich weiß nur, daß er da war. Er hat mich verfolgt, sogar bis in die Garage.«

Rechtsanwalt Dr. Emanuel Fritz, der Karl verteidigt, glaubt seinem Mandanten die Angst- und Notwehrsituation nicht: »Ich kann Sie zu einem Geständnis zwar nicht zwingen, aber es wäre vielleicht doch angebracht, die Wahrheit zu sagen.«

Ernst Karl ist empört: »Herr Verteidiger, Ihr Verhalten befremdet mich. Sind Sie der Staatsanwalt oder mein Verteidiger? Ich sage die Wahrheit. Ich habe alles so geschildert, wie es war, und wenn Sie auch aufgepaßt hätten, dann müßten Sie wissen, warum und weshalb.«

Und er zieht aus dem »Verrat« seines Anwalts die Konsequenzen: »Herr Doktor, ich verzichte auf Ihre Verteidigung. Ich kann mich selbst besser verteidigen.«

Am nächsten Tag stellt er dann einen in der österreichischen Justizgeschichte wohl einmaligen Antrag: »Ich bitte, meinen Verteidiger psychiatrieren zu lassen.« Der Vorsitzende geht über das ungewöhnliche Begehren gelassen hinweg, eine formelle Entscheidung über den kuriosen Antrag erfolgt nicht.

Manchmal spricht Karl hölzern, klischeehaft wie ein Kind, das ein Gedicht aufsagt, oder wie ein Polizist, der vor Gericht als Zeuge in Habt-acht-Stellung eine eingelernte Meldung im Amtsdeutsch herunterleiert. (»Es ist mir gestattet, einen flüchtenden Verbrecher auf die Ferse zu schießen.«) Dann wieder wird er lebhaft, schildert anschaulich, spontan. So etwa, wenn er davon spricht, wie Gertrude L. (»Sie hatte eine Abneigung gegen mich«) ihren Freund Kihsl davor warnte, sich mit Karl auf den Garageneinbruch im Tivoli einzulassen: »Sie sagte zu Kihsl: ›Hansi, sei nicht teppert, die werden doch in so ein Auto kein Geld hineingeben.‹«

Wie überhaupt manche Aussagen in diesem Prozeß von erfrischender Naivität sind. So etwa die der Zeugin Martha N., Eigentümerin jenes Borgward, mit dem Kihsl und Pöttler zur Garage fuhren: »Die Gerti L. fragte mich, ob ich den beiden Burschen meinen Wagen leihe, dann hätten sie den Weg schneller erledigt. Ich wollte zuerst nicht, denn ich kenne die beiden ja nicht gut. Dann gab ich ihnen aber doch den

Schlüssel. Sie wollten in einer Viertelstunde wieder zurück sein. Ich sagte zu meiner Freundin: ›Was ist, wenn denen etwas passiert oder wenn sie ein Polizist aufhält?‹ Sie sagte: ›Du brauchst keine Angst haben, die gehen nur einbrechen.‹ Sie sagte mir auch, daß ein Polizist dabei Schmiere steht.«

»Ich bin der Meinung, daß ich mich auf die Gutachten der Sachverständigen verlassen kann«, sagt der Angeklagte am zweiten Verhandlungstag, »nicht aber auf meinen Verteidiger.«
Was haben diese Sachverständigen zu sagen? Die Staatsanwaltschaft hat den Gerichtsmediziner Professor Dr. Leopold Breitenecker, den Psychiater Dr. Heinrich Groß und den Schießsachverständigen Ingenieur Karl Denk, also das, was Gerichtssaalkiebitze eben die »Prominenz« zu nennen pflegen, nominiert, das Gericht hat außerdem noch den Psychologen Dr. Rudolf Quatember beigezogen. Dr. Quatember weist das Gericht auf eine weitere Widersprüchlichkeit im Wesen des schwierigen Angeklagten hin: »Ernst Karl hat in der Hauptverhandlung — ich habe es mir jedesmal notiert — insgesamt siebzehnmal gesagt: ›Ich habe keine Angst, ich bin kein Angsthase‹ und dreiundzwanzigmal ›Ich habe Angst gehabt‹.« Und er leitet daraus ab: »Angst und zugleich Angstverdrängung, aggressives Losgehen aus dieser Angst heraus. Aggressives Losgehen vor allem gegen sich selbst.«
Der Psychologe sagt damit letztlich nichts Neues: Aggression gegen sich selbst (Selbstmord) und gegen andere (Gewaltdelikte) gehen häufig Hand in Hand. Ernst Karl (Dr. Groß: »Er ist ein Mensch von außerordentlichem Ehrgeiz und besonderer Geltungssucht«) ist zweifellos voll von solchen Aggressionen. Nicht zuletzt sein Selbstmordversuch beweist das ebenso wie sein rüdes dienstliches Verhalten gegenüber von ihm beanstandeten Personen.
Aber für eine Geisteskrankheit finden die beiden Sachverständigen keinen Anhaltspunkt: »Die Untersuchung hat keinerlei Anhaltspunkte dafür ergeben, daß der Beschuldigte geistes- oder gemütskrank ist« (Dr. Groß).
Die Frage, ob und wie sich der Begriff der Geistes- und Gemütskrankheit nach den Ergebnissen der modernen Psychiatrie exakt definieren und abgrenzen läßt (Groß: »Der Beschuldigte ist ein Psychopath. Psychopathie ist aber keine gestörte Geisteskrankheit.«), wird in diesem Prozeß ebensowenig gestellt, geschweige denn beantwortet wie jene nach der Problematik des Begriffes der »Zurechnungsunfähigkeit«.
Nach dem Täter wird die Tat analysiert. Die Schüsse auf Kihsl und

Pöttler wurden aus einer Entfernung von 70 bis etwa 150 Zentimeter abgegeben, zuerst die sechs Schüsse aus der Dienstpistole, dann der letzte Schuß (auf den bereits zu Boden gesunkenen Pöttler) aus der FN Kaliber 7,65 mm. Kihsl ist zufolge des Schädelsteckschusses letztlich an Hirnlähmung gestorben, bei Pöttler waren sowohl der Kopfschuß als auch der Brustdurchschuß (infolge umfänglicher Blutungen aus der rechten Lunge in den Brustfellraum) tödlich. Der Angeklagte selbst will sich an Details nicht mehr erinnern können: »Ich habe schon auf Kihsl geschossen, aber wohin ich gezielt und wo ich ihn getroffen habe, kann ich nicht mehr sagen.«

Als man ihn fragt, was er zu den Ergebnissen des Beweisverfahrens zu sagen hat, erwidert Karl: »Ich will weder als schizophren noch als sonst irgendwie geistig gestört angesehen werden. Ich bin es auch nicht, wie ja der Sachverständige richtig angibt. Ich habe lediglich in Notwehr gehandelt.«

Am dritten Verhandlungstag, dem 19. Dezember 1969, verkündet der Vorsitzende, welche Fragen an die Geschworenen gestellt werden. Es sind insgesamt nicht weniger als dreizehn Fragen. Man konnte Karls Behauptung, daß er in Notwehr gehandelt oder zumindest geglaubt habe, er hätte sich in einer solchen Notwehrsituation befunden, nicht einfach übergehen. Eine einzige dieser dreizehn Fragen, wörtlich wiedergegeben, zeigt, wie schwer verständlich der darin enthaltene Gesetzestext für die Laienrichter sein kann.

Die Hauptfrage sieben etwa, den sogenannten Notwehrexzeß betreffend, lautet:

»Ist Ernst Karl schuldig, am 16. April 1968 in Wien aus Bestürzung, Furcht oder Schrecken die Grenzen einer nötigen Verteidigung zur Abwehr eines rechtswidrigen Angriffes auf Leben, Freiheit oder Vermögen von sich oder anderen abzuwehren, überschritten und durch Abgabe von mehreren Schüssen gegen Johann Kihsl Handlungen begangen zu haben, von welchen er schon nach ihren natürlichen, für jedermann leicht erkennbaren Folgen einzusehen vermochte, daß sie eine Gefahr für das Leben, die Gesundheit oder körperliche Sicherheit von Menschen herbeizuführen oder zu vergrößern geeignet seien, und woraus der Tod des Johann Kihsl erfolgte?«

Die dazugehörende Rechtsbelehrung, noch komplizierter und geeignet, die Sache eher zu verwirren als zu klären, vermag den Laienrichtern auch nicht zu helfen. Ein Zyniker meinte dazu einmal: »Bei solchen Fragen muß man sich wundern, daß die Geschworenen immerhin so oft das Richtige treffen.«

Nach dem Plädoyer von Staatsanwalt Dr. Olscher hat Karl einen Wunsch: »Mein Verteidiger soll nicht den Mund aufmachen.« Er hält seinen Schlußvortrag selbst, spricht geschickt, manchmal sogar überzeugend in eigener Sache, beschwört die Geschworenen, doch seiner Notwehrversion Glauben zu schenken, und schließt mit der dramatischen Ankündigung: »Entweder ich verlasse dieses Haus nach dem Urteil als freier Mann, oder ich verlasse es nie wieder.« Er meint damit: Für mich gibt es nur »lebenslänglich« oder Freispruch.

Die Zuhörer sind sich einig: Karls Schlußwort ist inhaltlich und rhetorisch meisterhaft. Besser könnte auch ein routinierter Anwalt nicht sprechen. Aber niemand im Saal glaubt, daß es dem Angeklagten etwas nützt. »Der kriegt lebenslänglich«: Einer der »Stammbesucher« von Mordprozessen spricht damit die Meinung aller aus.

Aber in diesem an Überraschungen reichen Prozeß ergeht auch ein unerwartetes Urteil: »nur« zwanzig Jahre schwerer Kerker, verschärft durch einen Fasttag vierteljährlich sowie Dunkelhaft am Jahrestag der Tat. Die Begründung für die Anwendung des außerordentlichen Milderungsrechts im Urteil (die gesetzlich vorgesehene Strafe wäre lebenslanger Kerker gewesen) weist darauf hin, »daß Karl offensichtlich nur durch die Erpressungen des Kihsl so weit gebracht wurde, diesen zu ermorden«.

Ernst Karl quittiert das Urteil mit den Worten: »Ich nehme die Strafe an. Aber ich verzichte auf eine Gesellschaft, in der so etwas möglich ist.« Einige Tage später hat er »umdisponiert« und meldet Nichtigkeitsbeschwerde und Berufung an: »Natürlich ist mir bekannt, daß durch die Annahme des Urteils nach der Urteilsverkündung das Urteil Rechtskraft erlangt. Anderseits liegt es doch nur an Ihnen als Richter, meine Nichtigkeitsbeschwerde zu akzeptieren. Und bei Ihnen, Herr Oberlandesgerichtsrat, ist ja viel möglich. Wollen Sie daher vielleicht im nachhinein meiner Bitte, das Urteil nicht rechtskräftig werden zu lassen, stattgeben.«

Oberlandesgerichtsrat Klär erfüllt ihm die Bitte nicht. Das unzulässige Rechtsmittel wird bereits in der ersten Instanz verworfen.

Das »Stiefkind der Justiz«, wie Ernst Karl seine Eingaben zu unterschreiben pflegt, hat angeblich auch gute Beziehungen zu Verlagen. Für den »Nichtenthaftungsfall«, wie er es bürokratisch-amtsdeutsch nennt, kündigt er den Abdruck seiner Memoiren in deutschen Illustrierten an. Titel: »Die Wahrheit.« Dem Untersuchungsrichter verspricht er ein Freiexemplar.

Die grotesken Details am Rande können über die grundsätzliche

Tragik des Falles Ernst Karl nicht hinwegtäuschen. Über die Tragik eines Menschen, der, durch Erpressungen wegen seiner homosexuellen Beziehungen an den Rand der Verzweiflung getrieben, sich in dieser Verzweiflung seines Erpressers und dessen Mitwisser auf gräßliche Art entledigt. Er ist, um es mit Hofrat Heger zu sagen, zwar nicht das letzte, aber eines der letzten Opfer des § 129 I b Strafgesetz in Österreich, jenes Paragraphen gegen die »Unzucht wider die Natur«, der mit Wirkung vom 17. August 1971 entscheidend gemildert und auf homosexuelle Beziehungen männlicher Personen über achtzehn Jahren mit Jugendlichen unter achtzehn Jahren und auf die männliche Prostitution eingeschränkt wurde. Als Ernst Karl »Unzucht wider die Natur« trieb, als er erpreßt wurde und als er mordete, war der Paragraph noch in seiner vollen Strenge in Kraft: schwerer Kerker von einem Jahr bis zu fünf Jahren für gleichgeschlechtliche Beziehungen unter Erwachsenen (gleichgültig ob Männer oder Frauen).

Gewiß, auch eine Straflosigkeit der Homosexualität kann solche Erpressungen wahrscheinlich nicht zur Gänze ausschließen. Solange Homosexuelle von der Mehrheit der Bevölkerung, wie es Rudolf Walter Leonhardt in seinem Buch »Wer wirft den ersten Stein — Minoritäten in einer züchtigen Gesellschaft« mit grimmigem Sarkasmus ausdrückt, als »fünfbeinige Widder, zweibeinige Ochsen, Herren ohne Unterleib und Produkte abartiger Launen der Natur« angesehen werden, obwohl nicht zuletzt der amerikanische Biologe und Sexualforscher Alfred Kinsey in seinen »Reports« nachgewiesen hat, daß sich Homosexualität bei den primitiven Völkern ebenso findet wie bei den meisten Säugetierarten, es sich also um keine moderne Dekadenzerscheinung handelt, kann man mit guten Aussichten auf Erfolg auch heute noch jemanden etwa mit der Drohung einschüchtern, ihn dadurch »unmöglich zu machen«, daß man seinen Angehörigen oder seinen Geschäftsfreunden von seiner »Veranlagung« Mitteilung machen werde.

Aber dennoch ist es ein Unterschied, ob ein Verhalten nur nach Meinung eines Großteils der Bevölkerung als »unnatürlich« gilt oder ob es vom Gesetz — zumindest theoretisch — mit drakonischen Strafen geahndet wird. Je strenger die Homosexualität bestraft wird, um so häufiger und um so folgenschwerer sind zweifellos die damit verbundenen Erpressungen und Drohungen.

Blättern wir einmal in der Geschichte der Homosexualität zurück. Prominente aller Zeiten und aller Professionen waren unter den »Schwulen«: Könige (wie Richard »Löwenherz«), Komponisten (wie Peter Iljitsch Tschaikowski), Dichter und Schriftsteller (wie Oscar Wilde oder Jean Genet), bildende Künstler (wie Michelangelo) ebenso wie berühmte Denker (etwa Isaac Newton).

In den ägyptischen Hochkulturen schrieb man ebenso wie im antiken Griechenland Homosexualität den Göttern zu, im fernöstlichen Kulturkreis wurde gleichgeschlechtliche Liebe niemals verachtet oder verfolgt. Im Judentum wurde ursprünglich sogar homosexuelle Tempelprostitution als eine Art Sakralakt gepflegt.

Die erste entschiedene Ablehnung der Liebe zwischen Männern brachte das schon an und für sich leibfeindlich eingestellte Christentum. Der Apostel Paulus forderte für homosexuellen Verkehr gar den Tod.

Diese rigorose Forderung ließ sich zunächst in dem eher liberalen römischen Kaiserreich nicht durchsetzen, so daß es im wesentlichen bei kirchlichen Bußgeldbescheiden und ähnlichen, relativ milden Maßnahmen blieb.

Erst die Erhebung des Christentums zur Staatsreligion brachte eine Wende. Im Jahr 326 verkündete Kaiser Konstantin erstmals ein Gesetz gegen die Homosexualität, und noch im selben Jahrhundert ließ Valentinian gleichgeschlechtliches Tun mit dem Feuertod bestrafen.

Das Mittelalter setzte seine Folter- und Marterwerkzeuge auch gegen homosexuelle Männer und lesbische Frauen ein, die man als verhext und mit dem Teufel im Bunde stehend ansah und denen man die Ursache für »Erdbeben, Hungersnot, Pestilenz, Sarazenen, Überschwemmungen und dicke, gefräßige Feldmäuse«, also die meisten der damals gefürchteten Landplagen, zuschrieb.

Humanismus, Aufklärung und das liberale 19. Jahrhundert dachten diesbezüglich weniger streng. Der berühmte Strafrechtslehrer Anselm von Feuerbach konnte 1813 das Homosexuellenverdikt des Bayrischen Strafgesetzbuches zu Fall bringen, indem er — für seine Zeit revolutionär — darauf hinwies, daß der Staat nicht dazu da sei, jeden Verstoß gegen die Moral mit den Mitteln von Gesetz und Gericht streng zu ahnden.

Mit dem Nationalsozialismus kamen dann wieder Jahre der Verfolgung und des Pogroms gegen die Homosexuellen. So schrieb der SS-Unterführer und Professor für germanische Rechts- und Religionsgeschichte Karl August Eckhardt im »Schwarzen Korps«, der Zeitschrift der Waffen-SS, am 22. Mai 1935: »Widernatürliche Unzucht ist todeswürdig.« Und weiter: »Auch in der Beurteilung der Homosexualität müssen wir zurückkehren zu dem nordischen Leitgedanken der Ausmerzung der Entarteten.«

Am 28. Juni 1935 verkündete Hitler den verschärften Paragraphen

175, sinnigerweise fast auf den Tag genau ein Jahr, nachdem er seinen engsten Kampfgefährten aus der Frühzeit der nationalsozialistischen Bewegung, den homosexuellen SA-Führer Ernst Röhm, hatte ermorden lassen.

Seit dem Ende des Zweiten Weltkriegs hat man fast überall die Strafbestimmungen gegen das »dritte Geschlecht« beseitigt, so 1961 in Ungarn, 1962 in der Tschechoslowakei, 1967 in England (soweit nicht mehr als zwei Personen daran teilnehmen oder die Tat in einer öffentlichen Bedürfnisanstalt geschieht) und in der DDR. Am 1. September 1969 wurden die Strafbestimmungen gegen die Homosexualität unter Erwachsenen in der deutschen Bundesrepublik aufgehoben, am 17. August 1971 schließlich auch in Österreich.

In den meisten europäischen Staaten (so in Belgien, Bulgarien, Dänemark, Frankreich, Griechenland, Italien, den Niederlanden, Norwegen, Polen, Portugal, Rumänien, Schweden, der Schweiz, Spanien und in der Türkei) war »einfache« Homosexualität nie oder jedenfalls nicht mehr in den letzten Jahrzehnten strafbar, desgleichen in den meisten außereuropäischen Ländern von Mexiko bis Ägypten, von Brasilien bis China, von Argentinien bis Japan und von Peru bis Indien.

Die Betonung liegt dabei auf dem Wort »einfache«. Denn daß gleichgeschlechtliche Betätigung unter Strafsanktion stehen soll, wenn sie gewerbsmäßig begangen wird (etwa durch die sogenannten Strichjungen, die eine Art homosexuelle Prostitution betreiben), wenn sie unter Mißbrauch eines Abhängigkeitsverhältnisses (etwa eines Dienstnehmers) geschieht oder wenn dadurch Unmündige verführt werden, darüber ist man sich durchaus einig. Aber das sind ja Schranken, die das Strafgesetz auch der Liebe zum anderen Geschlecht zieht, wo Verführung Jugendlicher oder anvertrauter Personen ebenso mit Strafe bedroht ist wie unbefugte Ausübung der Prostitution (in der Verbotszone, am hellichten Tag oder ohne sanitätspolizeiliche Kontrolle).

Schon lange, ehe sich die Politiker einig waren, waren sich die Wissenschaftler einig über die Sinnlosigkeit, ja Gefährlichkeit der Strafdrohungen gegen Homosexualität unter Erwachsenen. Alle Argumente für eine solche Strafbarkeit, von bevölkerungspolitischen Erwägungen über die angebliche Gefahr der Cliquenbildung bis zu allgemeinen Erwägungen der Sittlichkeit, haben einer ernsten wissenschaftlichen Prüfung nicht standgehalten, ganz gleich, unter welchem seiner zahlreichen Aspekte — dem menschlichen oder dem juristischen, dem psychologischen oder dem soziologischen — man das Problem auch betrachtet.

Gewiß: Über die letzte Ursache gleichgeschlechtlicher Neigungen gehen die Meinungen auch heute noch auseinander. Jene Mediziner und Psychologen, die einer der psychoanalytischen Schulen nahestehen, vertreten die Auffassung, Homosexualität sei primär eine während der frühkindlichen Entwicklungsphase erworbene Eigenschaft, sei es durch eine Entwicklungshemmung, sei es durch eine besondere elterliche Konstellation, etwa einen zu »weichen« Vater und eine zu »kalte« Mutter.

Die Biogenetiker dagegen fassen in ihrer Mehrzahl homosexuelle Veranlagung als angeboren auf. Erziehung, Umwelt und sonstige äußere Faktoren seien nicht die Ursachen, sondern nur auslösende Momente einer solchen Triebentwicklung. Wieder andere vermuten ein Zusammenwirken von Vererbung und Umwelt, etwa nach Goethes Wort: Der Mensch ist die »geprägte Form, die lebend sich entwickelt«.

Solche wissenschaftlichen Auffassungsunterschiede können aber nichts an der Experteneinigkeit ändern, daß die Aufhebung der Strafdrohung gegen »einfache« Homosexualität wichtig und richtig war.

Der berühmte österreichisch-amerikanische Psychiater und Klinikchef Professor Dr. Friedrich Hacker forderte vor dem Inkrafttreten dieser Aufhebung in Österreich von der psychiatrischen Warte aus:

»Die bisherige Praxis der Strafdrohung hat sich zweifellos zur Bekämpfung der Homosexualität als völlig wirkungslos erwiesen. Zahlreiche Untersuchungen beweisen, daß die Strafdrohung gegen Homosexualität ungeeignet ist, eine einmal bestehende Triebrichtung zu ändern oder dauernde Enthaltsamkeit herbeizuführen.

Das ungebührliche und zudem unwirksame Eindringen in das private Reservat der Intimsphäre mit den vorhersehbaren Nebenwirkungen von Sexualschnüffelei, Angebertum und Erpressungsermutigung wird durch keine sozialpolitisch positiven Resultate gerechtfertigt.

Nicht nur ist die heterosexuelle Struktur der Gesellschaft glücklicherweise auch ohne krampfhaften ›Naturschutz‹ (Strafsanktion zur Protektion der Natürlichkeit) genügend gefestigt, auch jedwede Erfahrung in Ländern, welche die Bestrafung für einfache Homosexualität abgeschafft haben, erweist, daß daraus keine sozial schädlichen Auswirkungen zu erwarten sind.

Im Gegenteil, alle jene Vergehen, Verbrechen und tragischen Strafdrohungsfolgen, wie ein Leben unter ständigem Angstdruck, Erpressung, Bedrohung, homosexuelle Gewalttaten aus Rache oder Furcht und Selbstmord, nahmen ab. In allen diesen Fällen wirkt die Strafdrohung statt als Abschreckung als Verbrechensmotiv und zusätzliche Leidensursache, während sie die perverse Triebneigung völlig unbeeinflußt läßt, ja diese nach psychiatrischer Erfahrung vielfach noch verstärkt.«

Und Professor Hacker schließt mit den mahnenden Worten:

»Die aus angeblich moralischen Gründen erfolgende Rechtfertigung der Strafdrohung für einfache Homosexualität bei gegenseitiger Zustimmung, die niemandem schadet und kein Rechtsgut ersichtlich verletzt, ist schlechthin unmoralisch und dient lediglich der Erniedrigung, Verhöhnung und häufig auch der Erpressung von Andersartigen oder, abfällig ausgedrückt, Abartigen.«

Einer der erpreßten »Abartigen« war Ernst Karl. Für ihn kam die Gesetzesreform zu spät.

Was als bitterer Nachgeschmack nach dem Karl-Prozeß zurückblieb, faßte Reinald Hübl im »Kurier« treffend zusammen:

»Wir haben uns zu fragen: Ist alles richtig zugegangen, als der Ernst Karl Polizist wurde und als Polizist Dienst tun durfte?

Ich glaube: eigentlich nein. Jahrelang als Polizeischüler kaserniert, im Schulwachzimmer von erfahrenen Beamten beobachtet, im Dienst schließlich stets kontrolliert, soll es nicht aufgefallen sein, daß man es hier mit einer labilen Persönlichkeit zu tun hat, mit einer innerlich verirrten? Niemand hat reagiert, als der Mann einen Selbstmordversuch beging, niemand hat bemerkt, daß er sich für andere Männer interessierte, niemand hat bemerkt, daß er in eine für seine Verhältnisse irrsinnige Schuldenlast geriet, niemand hat seinen Umgang mit gewissen Leuten in gewissen Lokalen zur Kenntnis genommen?

Das glaube ich nicht. Der Inspektor Karl ist sicher aufgefallen. Wobei Diensteifer nicht ausschließt, daß er dessenungeachtet als labiler Kerl erkannt wird.

Erinnern wir uns: Erst vor ein paar Tagen leistete sich ein Wiener Wachebeamter einen Trunkenheitsexzeß und nach seiner Ausnüchterung aufsässiges Verhalten seinem Offizier gegenüber. Seine Außerdienststellung wurde sofort rückgängig gemacht. Man braucht Polizisten.

So wird es beim Inspektor Karl letztlich auch gewesen sein. Man mußte ihn behalten, weil man Leute braucht.

Da läßt man lieber einen Homosexuellen, einen Erpreßten und Verzweifelten, einen Schuldenmacher in der Uniform einer anständigen Polizei herumlaufen — und mit der Dienstwaffe ein Blutbad anrichten —, ehe man seinen Namen aus der Personalstatistik streicht.

Kein gutes Gefühl für den zu schützenden Staatsbürger, daß der Mangel an Bewerbern die Prinzipien eines ganzen Korps so gelockert hat, daß Funktionsfähigkeit und Ruf der Sicherheitswache an sich schon gefährdet sind.«

Geboren, um Unheil zu stiften?

Am 20. Februar 1968 fährt gegen 14.30 Uhr, aus Richtung Wien kommend, bei der Tankstelle Anton Wieser in Preßbaum, einem kleinen Ort wenige Kilometer westlich der Bundeshauptstadt, ein lichtgraues Auto, Marke Ford Consul, vor. Der Lenker, ein jüngerer Mann, gibt die Anweisung zum Volltanken. Anton Wieser füllt 36,9 Liter Benzin ein, geht dann zum linken vorderen Wagenfenster, um zu kassieren: 125,50 Schilling.

Aber der Fahrer hat noch einen Wunsch: »Überprüfen Sie bitte am linken Hinterrad die Luft. Ich glaube, es ist schon etwas zu wenig drinnen.« Als der Tankwart mit der Überprüfung beginnen will, startet der Fahrer plötzlich den Wagen und fährt weg. In Richtung Wien, von wo er gekommen ist.

Anton Wieser hat es sich, durch einschlägige Erfahrungen gewitzigt, zur Gewohnheit gemacht, sich immer die Nummer des Fahrzeuges zu merken, dessen Lenker eben bei ihm tankt. Auch diesmal hat er sich — mehr unwillkürlich als bewußt — die Autonummer eingeprägt. Als er fünf Minuten später beim Gendarmerieposten Preßbaum die Anzeige gegen den unbekannten Fahrer erstattet, hat er das Kennzeichen noch gut in Erinnerung: W 512.036. Und ohne eigentlich genau sagen zu können, warum, äußert der Tankwart gegenüber den Gendarmen seinen Verdacht: »Der Wagen dürfte vermutlich gestohlen sein.«

Nun folgt Schlag auf Schlag. Die Gendarmerie Preßbaum verständigt sofort den Hauptposten Purkersdorf, dieser wieder per Funk die Wiener Verkehrspolizei. Wenige Minuten später sind alle entsprechenden Einfahrtstraßen nach Wien von der Polizei besetzt.

Um 15.10 Uhr sichtet die Funkstreife »Viktor« auf der Breitenfurter Straße, einem langen und verkehrsstarken Straßenzug im Südwesten Wiens, den Personenkraftwagen W 512.036. Der Mann, der den Wagen lenkt, hat das Gesicht geschwärzt (mit ganz dunklem Make-up, wie sich dann herausstellt, um nicht als Autodieb erkannt zu werden), trägt ein schwarzes Halstuch vor dem Mund und schwarze, riesige Sonnenbrillen. Nach einer kurzen Verfolgungsjagd wird der Wagen in Liesing eingeholt und der Fahrer festgenommen.

Der Polizeibericht vermerkt routinemäßig: »Bei dem Täter handelt es sich um den Elektrikergesellen Franz Chalupsky, am 30. Jänner 1943 in Wien geboren, österreichischer Staatsbürger, ledig, wohnhaft Gablitz, Linzer Straße 101.«

Als man Franz Chalupsky visitiert, findet man bei ihm auch die Wagenpapiere, den Zulassungsschein und die Steuerkarte. Aber die Papiere sind nicht auf den Namen Franz Chalupsky ausgestellt, sondern auf einen Ferdinand Schreiber. Der Festgenommene unternimmt einen Rettungsversuch, von dem er von Anfang an wissen muß, daß er nicht mehr sein kann als eine kurze Verzögerung, eine sinnlose Ausflucht. Ein Freund, behauptet er, habe ihm die Fahrzeugpapiere und die Wagenschlüssel übergeben. Und dieser Freund habe ihn beauftragt, den Wagen zu holen und ihn zu einem Kaffeehaus zu bringen, wo er auf ihn warten werde.

Die Lüge ist geplatzt, kaum daß sie Franz Chalupsky ausgesprochen hat. Denn der Wagen ist bereits kurrendiert, das heißt, er wird polizeilich schon gesucht. Er wurde in der vergangenen Nacht dem Berufschauffeur Ferdinand Schreiber, der ihn vor seinem Wohnhaus in der Vorgartenstraße abgestellt hatte, gestohlen.

Nun legt der Verhaftete ein Geständnis ab, gibt den Autodiebstahl und den Betrug bei der Tankstelle zu. Das Geständnis ist so glatt und vorbehaltlos, daß die Polizei nur vierzehn Zeilen zu seiner Protokollierung benötigt:

»Gestern um zirka halb zwei Uhr nachts nahm ich in Wien unbefugt einen Ford Consul mit Wiener Kennzeichen in Betrieb. Der Wagen stand in der Vorgartenstraße im zweiten Bezirk. Im 14. Bezirk nächtigte ich und fuhr mittags mit dem Wagen auf der Bundesstraße in Richtung Westen. Ich saß allein im Fahrzeug. Vor Preßbaum ging mir das Benzin aus, und da ich kein Geld bei mir hatte, beschloß ich, sonst irgendwie bei einer Tankstelle zu Benzin zu kommen. In Preßbaum sah ich auf der rechten Seite eine ÖROP-Tankstelle. Ich fuhr zur Tankstelle und verlangte vom Tankwart, daß er mir den Tank anfülle. Als der Tank voll war, kam der Tankwart zu mir (ich war nicht ausgestiegen) und fragte, was es sonst noch sein dürfe. Ich sagte ihm, er solle hinten die Luft prüfen, und als er von mir weg war, gab ich Gas und fuhr Richtung Wien davon. Der Tank war leer, und es kann sein, daß die Rechnung 125 Schilling ausmachte.«

Also anscheinend eine Routinesache, eine höchst simple und komplikationslose Amtshandlung, eine von jenen rund 50 000 Strafanzeigen, die Jahr für Jahr an die Staatsanwaltschaft Wien erstattet werden.

Autodiebstahl oder vielleicht auch bloß unbefugter Fahrzeuggebrauch, dazu noch eine Tankstellenprellerei mit 125 Schilling Schaden. Der Akt Franz Chalupsky, eben erst angefallen, kann wieder geschlossen werden. Vielleicht sogar verbunden mit einer Enthaftung des Täters, denn der junge Mann hat erst eine Vorstrafe wegen eines Verkehrsunfalls, und die ist bereits tilgbar.

Aber die erfahrenen Kriminalbeamten spüren mit einer Art von sechstem Sinn, daß hinter dieser Sache mehr steckt. Wesentlich mehr sogar. Und die Polizei behilft sich damit, daß sie Franz Chalupsky zunächst einmal in Verwaltungshaft beläßt. So hat sie ihn als Häftling jederzeit für Vernehmungen zur Verfügung, während bei der Überstellung an das Gericht eine Enthaftung durch Untersuchungsrichter und Staatsanwalt jederzeit möglich ist, ohne daß die Polizei davon erfährt.

Die Begründung für die dreiwöchige Verwaltungsstrafe, die über Franz Chalupsky verhängt wird, ist allerdings ein wenig dürftig. Er hat bei seiner Flucht das ihn verfolgende Einsatzfahrzeug behindert, heißt es, weil er wiederholt den Fahrstreifen gewechselt hat. Außerdem hat er die Ruhe und Ordnung gestört, weil er durch sein Verhalten dazu Anlaß gegeben hat, daß sich Passanten lauthals über ihn entrüsteten...

Franz Chalupsky bekommt drei Wochen Polizeiarrest. Als Strafende ist der 12. März 1968 vorgesehen. Sechs Tage vorher, am 6. März, gesteht Franz Chalupsky einen Mord: Er hat am 4. Dezember 1965 den Taxilenker Ulfried Meixner erschossen.

Blenden wir zurück: Am 5. Dezember 1965 um halb acht Uhr morgens macht der Revierjäger Karl Madlitsch in dem südwestlichen Wiener Vorort Mauer nächst dem sogenannten Pappelteich eine makabre Entdeckung: In einem Hohlweg unweit der Kalksburger Straße steht, völlig abgeschlossen, ein Taxi, Marke Mercedes 220 D, mit der Kennzeichennummer W 41.769. Im Wagen liegt die leblose Gestalt eines Mannes. Als die Beamten der Funkstreife eintreffen, das vordere Schwenkfenster einschlagen und so den Wagen öffnen, finden sie einen Toten: Vor den Vordersitzen des Taxis liegt ein blutverschmierter Mann mit einem Kopfschuß. Das Projektil ist bei der rechten Ohrmuschel in den Schädel eingedrungen und im Bereich der linken Wange wieder ausgetreten.

Auf Grund der Dokumente, die man bei ihm findet, kann der Ermordete an Ort und Stelle identifiziert werden: Es ist der vierundzwanzigjährige Ulfried Meixner. Er hat seinen Wunsch, mehr zu verdienen, mit dem Leben bezahlt. Meixner war an sich beim Bundesamt für Eich- und Vermessungswesen angestellt, hatte aber in seiner Freizeit, hauptsächlich nachts, als Taxichauffeur gearbeitet.

Die Gerichtsmediziner stellen fest, daß Meixner aus kürzester Entfernung erschossen wurde. Der Kopfschuß war auf eine Distanz von rund fünf, höchstens zehn Millimeter abgegeben worden. Aus einer Pistole der Type »P 38«.

Ulfried Meixner ist auch beraubt worden. Es fehlt eine Brieftasche mit etwa zweitausend Schilling, eine schwarze Kunststoffaktentasche, ein Transistorradioapparat, ein Belichtungsmesser, ein Rasierapparat, etliche Farbdias und verschiedene Kleinigkeiten. Und ein Sparbuch von der Zentralsparkasse der Gemeinde Wien, das aber durch ein Losungswort gesichert, daher für den Täter wertlos ist.

Es setzt sofort eine ebenso intensive wie zunächst erfolglose Fahndung nach dem Mörder ein. Die Spuren, die die Polizei zu verfolgen hat, gehen in die Hunderte. Monatelang werden immer und immer wieder Personen vernommen, die auf Grund ihres Vorlebens, auf Grund eines verdächtigen Verhaltens oder auf Grund irgendwelcher Anzeigen dieses Verbrechens verdächtig sind. Und an Anzeigen fehlt es dem Wiener Sicherheitsbüro wahrlich nicht. Es vergeht kaum ein Tag, an dem nicht irgend jemand — meist in Form eines anonymen Schreibens — die Polizei benachrichtigt, seiner Meinung nach käme nur Herr X oder Herr Y als der gesuchte Taxischmörder in Frage. In etlichen Fällen ist der Wunsch, der Polizei bei der Aufklärung zu helfen, maßgebend, in zweifellos mehr Fällen ausschließlich Angeberei, Denunziantentum, persönliche Gehässigkeit und Rachsucht.

Die Polizei geht nach Möglichkeit allen Spuren nach. Alle verlaufen im Sand, das Verfahren gegen unbekannte Täter wird eingestellt. Bei der Bevölkerung gerät die Tat langsam in Vergessenheit.

Nicht aber bei den Kriminalbeamten des Wiener Sicherheitsbüros. Und als in dem Wagen, den Franz Chalupsky am 20. Februar 1968 gestohlen hat, eine Pistole »P 38«, eine schwarze Kunststoffaktentasche und drei Farbdias (die, wie sich später herausstellt, die Braut des Ulfried Meixner darstellen) sichergestellt werden, wissen sie, daß die Spur jetzt »heiß« geworden ist. Sogar brennheiß. Denn als dem Ferdinand Schreiber der Wagen gestohlen wurde, waren diese Gegenstände noch nicht in dem hellen Ford Consul. Also können sie nur von Franz Chalupsky stammen.

In vier langen Vernehmungen gibt Franz Chalupsky vier verschiedene Darstellungen, wie er in den Besitz der Pistole, der Aktentasche und der Dias gekommen ist. Eine ist unglaubwürdiger, widerspruchsvoller, hoffnungsloser als die andere. Die Kriminalbeamten wissen, daß es nur noch eine Frage der Zeit ist, bis Chalupsky gestehen wird. Und bei der vierten Vernehmung, am 6. März, ist er soweit.

Er gibt zu, den tödlichen Schuß gegen Ulfried Meixner abgefeuert zu haben. Aber es sei kein Mord gewesen, beteuert er. Er habe sich zu einem Bekannten nach Breitenfurt bringen lassen und habe gehofft, daß dieser das Taxi werde bezahlen können. Aber dieser Bekannte sei nicht zu Hause gewesen, er selbst habe kein Geld gehabt, und da habe er sich wieder nach Wien zurückbringen lassen. In der Kalksburger Klause habe Meixner angehalten und ihn gefragt, ob er überhaupt bezahlen könne. Dann sei es zu einem Wortwechsel gekommen, er habe in einem unbesonnenen Augenblick die geladene Pistole gezogen, und plötzlich sei der tödliche Schuß gefallen. Er könne selbst nicht einmal sagen, ob er ihn gewollt oder ungewollt abgegeben habe.

Fünf Tage später, am 11. März 1968, bekundet Franz Chalupsky bei einem neuerlichen Verhör die Absicht, »die volle und reine Wahrheit zu sagen«. Und die sieht wie folgt aus:

Er ist damals »pleite«, Anfang Dezember 1965. Er steht in keinem fixen Arbeitsverhältnis, sondern lebt vom »Pfusch«, weil das mehr einbringt. Und Franz Chalupsky, dem es, wie er sagt, im Elternhaus immer »mehr als gut gegangen« und dem »nie etwas abgegangen« ist, braucht viel Geld. Er hat einen Wagen, etliche Freunde und Freundinnen, die er zechfrei zu halten pflegt, und gibt überhaupt, wie er sich ausdrückt, »meistens genau das aus, was er gerade hat«.

An diesem 4. Dezember 1965 hat er nur mehr eines: Schulden. Er hat für eine Frau Pfuscharbeiten zu machen und einen Vorschuß von 10 000 Schilling für die Materialbeschaffung bekommen. Um einen Teil des Geldes kaufte er Material ein, den Rest verwendete er für sich. Nun ist auch dieses Geld weg. Da fällt ihm eine Bekannte ein, die in der Zentralsparkasse der Gemeinde Wien beschäftigt ist. Er will sie in ihrer Wohnung aufsuchen und sie bitten, ihm Geld zu borgen, aber das Mädchen ist nicht zu Hause.

»Da stellte ich«, erinnert sich Franz Chalupsky weiter, »den Wagen nächst der Josefstädter Straße bei einer Kirche ab, nahm die Waffe an mich, schon in der Absicht, auf irgendeine Weise zu Geld zu kommen. Ich hatte noch keine konkrete Vorstellung, was ich machen wollte, und überlegte hin und her. Plötzlich kam mir der Gedanke, ich könne einen Taxifahrer bedrohen und ihm die Losung wegnehmen. Ich kann mich erinnern, dies bereits mehrmals in der Zeitung gelesen zu haben.

Es war bereits Mitternacht, als ich am Gürtel nächst der Stadthalle ging und ein fahrendes Taxi anhielt. Ich dirigierte den Wagen in die Hüttelbergstraße über das Lokal ›Sanfter Heinrich‹ hinaus. Der Wagen hat dann an der von mir bezeichneten Stelle angehalten, und nun hat mich im letzten Moment der Mut verlassen, und ich habe anstandslos den Fahrpreis, es waren so um die fünfundzwanzig Schilling, bezahlt und bin ausgestiegen.

Ich ging nun wieder den ganzen Weg zurück in Richtung Hüttelbergstraße. Als ich langsam durch die Lützowgasse ging, kam ein Taxi in derselben Richtung langsam gefahren. Ich stieg ein, setzte mich im Fond rechts hinter den Fahrer und sagte, er möge nach Breitenfurt fahren. Wir fuhren auch tatsächlich dorthin und hielten beim Haus meines Bekannten.«

(Hier müßte eingefügt werden: »Dieser war nicht zu Hause, darauf ließ ich mich nach Wien zurückfahren.«)

»Ich hatte die Absicht, schon unterwegs eine günstige Gelegenheit ausfindig zu machen, doch zeigte sich keine solche. Mir war bekannt, daß der Maurer-Berg nur in einer Richtung befahren werden durfte, und wenn man nun das Taxi nach Hietzing dirigierte, mußte der Lenker die Strecke durch die Klause nehmen. Diese Gegend ist mir als einsam bekannt.

Auf der Bergkuppe angekommen, habe ich dem Fahrer gesagt, er möge den Wagen anhalten. Als ich dies sagte, hatte ich bereits die Pistole gezogen und in Anschlag gebracht. Bemerken möchte ich, daß ich die Waffe bereits in Wien, bevor ich das erste Taxi aufgenommen habe, durchlud und mit dem Sicherungshebel sicherte.

Ich verlangte vom Fahrer die Brieftasche. Als er sich umdrehte, schlug er mit der Hand nach rückwärts, um mir offenbar die Waffe aus der Hand zu schlagen. Ich habe sie aber so fest gehalten, daß ihm dies nicht gelang. Er hat mich dann an der rechten Hand erfaßt und nach vorne gezogen, mit der linken Hand habe ich mich jedoch zur Wehr gesetzt und irgend etwas im Wagen heruntergerissen oder heruntergeschlagen. Jedenfalls ist es mir gelungen, mich von ihm loszuwinden.

Bei dieser Gelegenheit habe ich die Waffe auch entsichert, und als ich mit dieser an seinem Kopf vorbeifuhr, habe ich absichtlich abgedrückt. Zum Zeitpunkt der Abgabe des Schusses war die Waffe vielleicht einige Zentimeter vom Kopf des Taxilenkers entfernt. Ich war ziemlich sicher, daß der Lenker durch diesen Schuß tot war.

Er ist zur Seite gefallen und hat mit dem Fuß noch das Gaspedal getreten. Ich bin deshalb eingestiegen und mit dem Wagen zum Kleinen Semmering gefahren, da ich meinte, daß es dort ruhiger wäre und ich den Wagen irgendwo unbemerkt abstellen könnte. Ich habe wohl sowohl die Tasche als auch die Dollarvisitentasche an mich genommen, doch sind während dieser Zeit einige Wagen an mir vorbeigefahren. Dies bewog mich, neuerlich zurückzufahren und den Wagen in der Nähe des Tatortes abzustellen. Tatsächlich fand ich dort den kleinen Hohlweg, wo ich mit dem Retourgang hineingefahren bin.«

Der Mord an dem Taxilenker Ulfried Meixner ist geklärt. Nur eines verstehen die Kriminalbeamten nicht, versteht der Untersuchungsrichter nicht, versteht eigentlich niemand, der mit der Strafsache Franz Chalupsky zu tun hat: Warum hat er von der Tat bis zu seiner Verhaftung, also länger als zwei Jahre, die Waffe, aus der er den Schuß abgegeben hat, aufgehoben? Warum hat er die Aktentasche seines Opfers aufbewahrt, warum die drei Farbdias, die die Braut Ulfried Meixners darstellen? Warum hat er sich auf diese Art sozusagen selbst in die Hände der Polizei begeben?

Welch ein Wahnsinn, solche Gegenstände — »brennheiße« Gegenstände —, noch dazu in einem gestohlenen Wagen, zu verstauen, auf den die Polizei doch über kurz oder lang stoßen muß. Ist Franz Chalupsky vielleicht wahnsinnig? Der Psychiater Primar Dr. Heinrich Groß untersucht den Taximörder tagelang, führt mit ihm ausführliche Gespräche, nimmt an ihm die üblichen Tests vor. Die Standard-Wissensfragen beantwortet Chalupsky durchwegs richtig. Er weiß, wie der österreichische Bundespräsident und wie der Präsident der USA heißt, was ein Thermometer ist, wie viele Dekagramm ein Kilogramm und wie viele Wochen ein Jahr hat, wo Brasilien liegt und wo Ägypten, wie die Hauptstadt von Japan heißt, wie viele Einwohner Österreich im allgemeinen und Wien im besonderen hat, er schätzt die Durchschnittsgröße der österreichischen Frau auf »165 Zentimeter« und antwortet auf die Frage »Was macht das Herz?«: »Es pumpt Blut in den Körper.« Er rechnet richtig (»Jemand kauft einen Gebrauchtwagen für zwei Drittel seines Neuwertes, zahlt dafür 40 000 Schilling. Was hat der Wagen neu gekostet?«: »60 000 Schilling«) und meint zur Frage, was der Vatikan sei, korrekt: »Residenz des Papstes, es ist ein eigener Staat.« Auf die Frage nach dem Verfasser des »Faust« nennt er Goethe, und nur »Die fromme Helene« schreibt er Schiller statt Wilhelm Busch zu.

Auch die Frage des psychiatrischen Sachverständigen: »Was machen Sie, wenn Sie auf der Straße einen verschlossenen Briefumschlag mit einer Adresse und einer ungestempelten Marke finden?« macht ihn nicht verlegen: »Ins Postkastl werfen.« Er dokumentiert sogar staatstreu-fiskalische Gesinnung bei der Frage, warum man eigentlich Steuern zahlen müsse: »Der Staat hat ja auch Aufgaben zu leisten, die werden von den Steuern bezahlt.«

Es folgt der Test, durch den die Fähigkeit zu abstraktem Denken geprüft werden soll, das Frage-und-Antwort-Spiel nach dem gemeinsamen Oberbegriff zweier Dinge: »Hund und Löwe? Säugetiere, Vierbeiner«; »Banane und Zitrone? Südfrüchte«; »Radio und Zeitung? Publikationsmittel«; »Wagen und Fahrrad? Transportmittel«; »Ei und Same? Dient zur Fortpflanzung«; »Lob und Tadel? Erziehungsmaßnahmen«. Nur der umfassende Begriff von »Gedicht und Standbild« fällt dem Elektrikergesellen Franz Chalupsky nicht ein. Mit Kunstwerken pflegt er sich weniger zu befassen.

Natürlich bemüht sich auch der Psychiater, die Gründe für das merkwürdige Verhalten des Franz Chalupsky nach der Tat, vor allem für die jahrelange Aufbewahrung der Gegenstände, die ihm schließlich zum Verhängnis werden sollten, zu finden. Chalupskys Antwort ist nicht sehr überzeugend: »Ich möchte nicht sagen, daß es ein Sammeltrieb ist, ich hab mir aber immer gesagt, so etwas kann man vielleicht einmal brauchen.«

Und nun entspinnt sich folgender Dialog:

Dr. Groß: »Sie haben sogar die Pistole bei sich behalten. Sie mußten doch annehmen, daß man das Kaliber feststellt, dann die Marke der Waffe!«

Chalupsky: »Das habe ich alles gewußt...«

Dr. Groß: »Und daß man auch die Tasche vom Taxichauffeur, die Sie mitgenommen haben, erkennen wird. Warum Sie als intelligenter Mensch sich diese Sachen aufgehoben haben, ist mir auch nicht klar.«

Chalupsky: »Ich hab mir gedacht, zu mir wird keiner kommen.«

Dr. Groß: »Haben Sie die Waffe nachher wieder mit sich herumgetragen?«

Chalupsky: »Ja, sie war auch im neuen Auto immer drinnen. Nach der Tat habe ich sie einmal ins Kaffeehaus mitgenommen und jemandem gezeigt, dort hat man sie angeschaut. Jetzt habe ich mir das alles aufgehoben, mir gesagt, das kann man alles brauchen. Eine konkrete Vorstellung, wozu man das brauchen kann, habe ich nicht gehabt.«

Konnte Franz Chalupsky diese Dinge wirklich brauchen, die Pistole, die Aktentasche und die Farbdias? Oder beherrschte ihn, ihm selbst vielleicht gar nicht bewußt, das Verlangen, für die von ihm begangene Tat zu sühnen? Wollte er in seinem Unterbewußtsein die Polizei auf seine Spur bringen?

Diese Frage konnte auch der Psychiater nicht klären. Die Zusammenfassung seines Gutachtens lautet jedenfalls: »Der Beschuldigte Franz Chalupsky ist weder geistes- noch gemütskrank. Es handelt sich bei ihm um einen verstandesmäßig sehr gut befähigten, gemütsarmen Psychopathen.«

Die Hauptverhandlung gegen Franz Chalupsky im »Kleinen Schwurgerichtssaal«, wie der Verhandlungssaal 14 im dritten Stock des Wiener Straflandesgerichts genannt wird, beginnt am 9. Dezember 1969. Fünf Tage vorher hat sich der Tod des Ulfried Meixner zum vierten Male gejährt. Staatsanwalt Dr. Wilhelm Friedrich legt Franz Chalupsky das Verbrechen des Raubmordes, das Verbrechen des Diebstahls und die Übertretung nach dem Waffengesetz zur Last. Den Prozeß leitet Oberlandesgerichtsrat Dr. Anton Rauth, Chalupsky wird von dem jungen, dynamischen Rechtsanwalt Dr. Gunther Gahleitner verteidigt.

Es sind Tage spektakulärer Prozesse und spektakulärer Verbrechen:

Im Landesgericht Feldkirch (Vorarlberg) wird an diesem 9. Dezember 1969 der zwanzigjährige Stickereiaufseher Alexander Bogdan aus Lustenau von den Geschworenen zu vierzehn Jahren schwerem Kerker verurteilt, weil er im Gasthaus »Kellerdiele« in Lustenau die kaufmännische Angestellte Lotte Brocker aus Balgach im schweizerischen Rheintal vergewaltigt und erstochen hat.

In Los Angeles erhebt am selben Tag Staatsanwalt Vincent Bugliosi Anklage gegen Charles Manson und seine Anhängerinnen. Er beschuldigt sie des fünffachen Mordes in der Villa der Polanski-Schauspielergattin Sharon Tate im August 1969 sowie des Doppelmordes an dem Millionärsehepaar Leon und Rosemary La Bianca.

Wenige Tage zuvor sind in Niederösterreich zwei Mordprozesse zu Ende gegangen, die großes Aufsehen erregten:

In Wiener Neustadt schickten die Geschworenen den vierundzwanzigjährigen Spengler Franz Imber aus Sollenau für lebenslänglich hinter Kerkermauern. Der junge Mann hatte, auf ein von ihm verehrtes Mädchen eifersüchtig, dessen Mutter sowie einen Bekannten des Mädchens in einer Art Amoklauf erschossen, einen anderen Bekannten durch einen Schuß ins Rückenmark zu einem für immer an den Rollstuhl gefesselten Krüppel gemacht. Dann tat er dem Mädchen, das von ihm nichts mehr wissen wollte, in einem Wald Gewalt an.

Im Kreisgericht Krems stand der einunddreißigjährige Elektromeister Erwin Niemeck aus Horn wegen einer fast unbegreiflichen Tat vor seinen Richtern. Er hatte im Auto seines Geschäftskonkurrenten Rudolf Kwasniok zwei Sprengstoffladungen (Gelatine-Donarit) angebracht und mit der Zündung des Wagens verbunden. Als Kwasniok in der Garage den Wagen startete, zerriß ihn die Wucht der Explosion. Auch Erwin Niemeck wurde wegen Meuchelmordes zu lebenslangem schwerem Kerker verurteilt.

Aber es geschehen an diesem 9. Dezember 1969 auch in und um Wien neue Verbrechen:

In Dürnkrut im nordöstlichen Niederösterreich wird die fünfundsiebzigjährige Rentnerin Theresia Konecny in ihrem Haus vergewaltigt und erschlagen. Als Täter wird ein fünfunddreißigjähriger polnischer Landarbeiter festgenommen.

Am Abend desselben Tages fallen der vierzigjährige Geschäftsführer Kurt Kirchmeier und der gleichaltrige Angestellte Johann Bischof der Löwa-Markt-Filiale in der Quellenstraße in Wien-Favoriten einem Doppelmord zum Opfer. Die mit Pistolen und Maschinenpistolen bewaffneten Täter rauben 126 000 Schilling und können unerkannt entkommen. Trotz polizeilichen Großeinsatzes und Fahndung in der Zimmermann-Fernsehsendung »Aktenzeichen XY« gelingt es nicht, ihrer habhaft zu werden. Als zu Weihnachten 1969 die Polizei zwei Männer und eine Frau in der Nähe von Wien in einem einsamen Haus verhaftet, muß sie die drei bald wieder freilassen: Sie haben für die Tatzeit ein einwandfreies Alibi.

Dieses Gesetz der Serie krimineller Taten lastet auch auf der Verhandlung gegen Franz Chalupsky, beschwört geradezu die immer wieder zitierte »Generalprävention«, also die Forderung nach abschreckender Wirkung des Strafurteils auf die Allgemeinheit, herauf. Fünf Monate später sagt es der Oberste Gerichtshof in seinem Urteil, womit er die Berufung des Franz Chalupsky verwirft, ausdrücklich: »Neben spezialpräventiven Erwägungen stehen auch solche der Generalprävention der Anwendung des außerordentlichen Milderungsrechts entgegen.«

Vor allem aber lastet auf dem Prozeß ein erst wenige Tage zurückliegender Mord an einem anderen Taxilenker: Am 25. November 1969 wird der junge Alfred Roszkopf in der Nacht wegen eines lächerlich geringen Geldbetrages (er hat seinen Dienst erst kurz zuvor angetreten) in der schlecht beleuchteten Aspanggasse in Wien-Landstraße erschossen. Der Täter, der Präsenzdiener Herbert Settik, begeht am nächsten Tag mit derselben Waffe Selbstmord.

Die Stimmung im überfüllten Gerichtssaal ist eindeutig gegen den Angeklagten Franz Chalupsky. Wenn er eine Äußerung macht, die nicht recht glaubwürdig klingt, beginnen die Zuhörer ironisch zu lachen.

Der Vorsitzende erteilt zwar Rügen, setzt sich aber nicht entsprechend durch. Es herrscht eine nervöse, gespannte, fast hysterische Atmosphäre, wo eiskalte Sachlichkeit allein angebracht wäre. Zwischen dem Vorsitzenden und dem Verteidiger kommt es immer wieder zu Kontroversen, nur der Staatsanwalt ist von bemerkenswerter Ruhe, Objektivität und Sachlichkeit.

Daran, daß Franz Chalupsky dem Ulfried Meixner die tödliche Schußwunde zugefügt hat, besteht kein Zweifel. Das kann und will der Angeklagte auch nicht in Abrede stellen. Es geht nur um das Wie. Und um das Warum.

War es vorbedachter Raubmord, wie die Staatsanwaltschaft in der Anklageschrift vermeint? Oder wollte Chalupsky die Pistole nur als Druckmittel verwenden, um Geld zu bekommen, und hat er die Waffe erst verwendet, als sich der Taxilenker wehrte und auf ihn losging? Oder war es überhaupt nur ein zufällig während eines Handgemenges losgegangener Schuß?

Es gibt zwei Umstände, die für ein Handgemenge sprechen:
● Der Innenrückspiegel des Wagens war abgebrochen.
● Ulfried Meixner wies eine kleine, glattrandige Verletzung am rechten Knie mit schnittartiger Durchtrennung des Hosenbeins auf; wie diese Verletzung entstanden ist, konnte auch durch die Gerichtsmediziner Professor Dr. Leopold Breitenecker und Professor Dr. Wilhelm Holczabek nicht einwandfrei geklärt werden.

Die Staatsanwaltschaft allerdings glaubt nicht an ein solches Handgemenge. Sie kann dafür ihre Gründe anführen:
● Nach den übereinstimmenden Gutachten der Gerichtsmediziner und des Schießsachverständigen Karl Denk wurde der tödliche Schuß in die rechte Ohrmuschel des Ulfried Meixner aus nächster Nähe, nämlich aus einer Entfernung von etwa fünf bis zehn Millimeter abgegeben. Dabei konnte der Waffenexperte im Zuge umfangreicher Schießversuche feststellen, daß dieser tödliche Nahschuß einen gewissen Ruhezustand sowohl von seiten des Opfers als auch von seiten des Täters erfordert haben muß.
● Bei seiner ersten Darstellung des Tathergangs hat Franz Chalupsky nur von einem Wortwechsel, nicht aber von einem Handgemenge gesprochen.

Der abgebrochene Spiegel überzeugt die Anklagebehörde nicht, denn »dieser Spiegel war mit der Fahrzeugkarosserie nicht fest verbunden, sondern nur durch eine in die Feder eingerastete Rolle, und er konnte schon durch eine geringe Krafteinwirkung aus der Verankerung gedrückt werden. Eine derartige Krafteinwirkung kann aber ohne weiteres aufgetreten sein, als der Beschuldigte die Leiche zur Seite schob oder als er vom Fond aus den Motor abzustellen versuchte, wobei er sich jeweils mit Kopf und Oberkörper im Bereiche des Spiegels bewegte.«

Sowohl Staatsanwalt als auch Verteidiger wollen aber volle Klarheit: Die Rekonstruktion der Tat, die im Zuge der Voruntersuchung unter Leitung des Untersuchungsrichters durchgeführt wurde, soll jetzt, im Laufe der Hauptverhandlung wiederholt werden. Mit einem Kriminalbeamten in der Rolle des Opfers. Damit vielleicht doch geklärt werden kann, wie die Verletzung am Knie des Ulfried Meixner entstanden sein könnte. Und welche Krafteinwirkung erforderlich ist, um den Rückblickspiegel abzubrechen.

Das Gericht lehnt — bei einem von Ankläger und Verteidiger übereinstimmend gestellten Antrag eher ungewöhnlich — die Wiederholung der Rekonstruktion ab. Das bedeutet: Man glaubt dem Angeklagten seine Angaben hinsichtlich des angeblichen Handgemenges, in dessen Verlauf er dann den Schuß abgab, offenbar nicht.

Aber einen Teilerfolg kann Dr. Gahleitner doch verbuchen. Er bringt das Gericht dazu, sich die Beichte des Franz Chalupsky anzuhören. Eine Beichte, die er seinem Verteidiger gegenüber einige Tage zuvor »eine Stunde hindurch unter Tränen« abgelegt hat. Eine Beichte, die die Geschichte seines Lebens und die Geschichte seiner Tat ist. Einer Tat, mit der er letztlich nur eines wollte: sich selbst endlich einmal bestätigt zu sehen, endlich einmal »etwas zu leisten«.

Und so liest sich die »Beichte« des Franz Chalupsky im Hauptverhandlungsprotokoll: »Das, was mich immer eigentlich bedrückt hat — und deshalb schäme ich mich auch heute noch, es zuzugeben —, das ist das Bewußtsein, irgendwie nicht fertig zu werden. Es liegt schon lange Zeit zurück, es hat schon in der Schule begonnen.

Ich war nicht von starker Statur, und beim Raufen habe ich immer draufgezahlt. Ich wollte mich wehren und konnte mich nicht durchsetzen. Ich wollte das vor mir selbst nicht eingestehen und habe mir gedacht: Vielleicht setze ich mich beim nächsten Male durch. Aber bei der nächsten Rauferei habe ich wieder draufgezahlt.

In der Schule habe ich mich bemüht zu lernen, obwohl ich gehört habe: ›Du schaffst das nicht.‹ Auch in der Schule konnte ich mich nicht durchsetzen.

Ich habe in der Folge eine Stelle ergriffen. Der Meister, bei dem ich gearbeitet habe, hat sich um das Geschäft nicht gekümmert und hat zu uns Lehrlingen gesagt, daß wir tachinieren. Ich habe den Meister herausgefordert durch Zuspätkommen. Ich konnte mich nirgends durchsetzen. Es ging einfach nicht.

Ich wollte die Matura extern machen, und mir wurde gesagt: ›Das schaffst du nicht.‹ Ich bin mit dem Lehrstoff zurückgeblieben, und es hat wieder nicht funktioniert.

Ich habe mich vor mir selber geschämt, und ich wollte mir selbst die Gewißheit verschaffen, daß ich das, was ich mir vornehme, auch durchsetzen kann. Es war mir aber nicht möglich. Mit meinen Lehrherrn war ich immer auf Kriegsfuß. Der Meister hat gesagt, ich könnte rascher arbeiten, und wenn ich rascher gearbeitet habe, hat der Meister an der Arbeit etwas auszusetzen gehabt, und diese Vorwürfe haben mich mehr getroffen, als der Meister geahnt haben wird.

Es ist so weit gekommen, daß ich mir gedacht habe: Irgend etwas muß doch möglich sein. Tu etwas, um zu beweisen, daß es dir gelingt. Ich war besessen, irgendeine Leistung zu erbringen, um diesen Druck von mir loszuwerden.

Es ist der Moment gekommen, wo ich gesagt habe: ›Jetzt machst etwas.‹ Der Besitz der Waffe hat irgendwie mein Selbstbewußtsein gestärkt, und ich habe deshalb auch die Waffe mit mir herumgetragen. Das Bewußtsein, daß ich die Waffe besitze, hat mir ein Selbstvertrauen gegeben, daß ich nun meine eigene Meinung vertreten und mich durchsetzen kann.

Ich habe den Meister des öfteren provoziert durch Zuspätkommen, und er hat mich nicht entlassen. In der Folge wollte ich mich mit einem Bekannten selbständig machen und eine Firma gründen, aber es hat wieder nicht funktioniert. Ich habe wieder gesehen: ›Du bist das nicht imstande‹, und dann war es soweit, daß ich mir sagte: ›Jetzt geht es nicht mehr.‹

Ich wußte nicht mehr, was ich tun sollte, und der letzte Anstoß war ein finanzieller Engpaß, und ich sagte mir: ›Ich mache etwas, und wenn es etwas Kriminelles ist.‹

Zuerst wollte ich mir das Geld ausborgen, was mir aber nicht gelungen ist, und ich bin hierauf stundenlang herumgeirrt. Ich habe versucht, von dieser Idee Abstand zu nehmen, und habe versucht, auf andere Art das Problem zu lösen.

Ich bin in das Taxi eingestiegen und fuhr in die Hüttelbergstraße. Als der Lenker angehalten hat, habe ich mich nicht getraut, etwas zu machen, und habe den Lenker bezahlt. Ich habe mir nachher gesagt: ›Was bist du für ein Mensch! Es war finster, eine Waffe hast du bei dir, und doch gelingt dir nichts.‹ Ich ging zurück in Richtung Stadt, und mir ist wieder ein Wagen begegnet. Ich bin wieder eingestiegen und fuhr mit dem Wagen nach Breitenfurt zu einem Bekannten.

Und so kam es, daß ich, nachdem der Bekannte nicht zu Hause gewesen war, mir am Rückweg gedacht habe: Jetzt mache ich es, jetzt traue ich mich, jetzt tue ich es. Und dann habe ich es getan.«

Und dann habe ich es getan ... Was Franz Chalupsky eigentlich getan hat, wie der tödliche Schuß gefallen ist, das wird jetzt nicht mehr erörtert. Das Beweisverfahren ist abgeschlossen, die Zeugen und Sachverständigen sind einvernommen, eine wirklich verläßliche Rekonstruktion der Tat, die mehr als vier Jahre zurückliegt, ist nicht gelungen, vielleicht auch nicht hinreichend versucht worden.

Der Verteidiger weiß, daß es nur noch eine Chance für seinen Mandanten gibt, und sie kann nur bei der Frage der Zurechnungsfähigkeit liegen. Er beantragt eine Ergänzung des psychiatrischen Gutachtens, die Beiziehung eines zweiten Gutachters und die Durchführung einer »Chromosomenanalyse« bei Franz Chalupsky, von der später noch eingehend die Rede sein soll. Alle Anträge verfallen der Ablehnung. Die Stellung einer Zusatzfrage an die Geschworenen in Richtung »Unzurechnungsfähigkeit des Angeklagten« wird abgewiesen, »da das gesamte Beweisverfahren hiefür keine Grundlage geliefert hat und insbesondere der psychiatrische Sachverständige klar und deutlich eine Unzurechnungsfähigkeit im Zeitpunkt der Tat ausgeschlossen hat und der Angeklagte auch gar nicht behauptet hat, sinnesverwirrt zu sein.«

Der letzte Ablehnungsgrund ist freilich höchst problematisch: Der Irre, der sich selbst für irr hält, muß erst gefunden werden. Jeder auch nur einigermaßen erfahrene Nervenarzt weiß, daß gerade Menschen mit schweren und schwersten geistigen Störungen sich für durchaus »normal«, was immer man unter diesem Begriff auch verstehen will, halten. Darin liegt ja die Tragik des Paranoikers, daß er sich wirklich verfolgt fühlt und nicht einsieht, daß es sich bei ihm nur um einen Verfolgungswahn handelt. Das Nichtvorhandensein einer Geisteskrankheit also damit zu begründen, der Betreffende fühle sich nicht geisteskrank und habe nie behauptet, er sei sinnesverwirrt, ist unwissenschaftlich und unlogisch.

Staatsanwalt Dr. Friedrich bleibt auch in seinem Schlußwort sachlich und fair. Er weist auf die charakterliche Gefährlichkeit Chalupskys hin und fordert für ihn »lebenslanges Gefängnis oder lebenslange Heilanstalt«.

Das Gericht entschließt sich für lebenslanges Gefängnis: Franz Chalupsky wird einstimmig des Raubmordes, des Diebstahls und der Übertretung nach dem Waffengesetz schuldig erkannt und zu lebenslangem, schwerem Kerker, verschärft durch ein hartes Lager vierteljährlich, verurteilt.

Sein Verteidiger meldet Nichtigkeitsbeschwerde und Berufung an. Aber er hat damit keinen Erfolg. Der Oberste Gerichtshof bestätigt das Urteil.

Die Frage, ob ein Handgemenge zwischen den beiden Männern stattgefunden hat, ist nach Meinung des Höchstgerichtes letztlich belanglos: »Es ist gar nicht von entscheidender Bedeutung, ob der Abgabe des tödlichen Schusses ein Handgemenge vorangegangen ist. Denn selbst dann, wenn vorerst die Absicht des Täters bei dem Raub darauf gerichtet gewesen sein sollte, nur durch Bedrohung mit der Pistole sich in den Besitz der vermögenswerten Gegenstände des Taxifahrers zu setzen, und er erst wegen dessen Widerstandes durch diese Schußabgabe noch weitere Gewalt anwendete, um seine Raubabsicht verwirklichen zu können, würde dies an der Tatbildlichkeit seines Verhaltens als Raubmord nichts ändern.«

Wie die Geschworenen in erster Instanz beim Landesgericht über den Fall Chalupsky dachten, läßt sich allerdings nicht erschließen. Ihre Gründe für die Verurteilung sind nirgends dargelegt. Während etwa ein Schwurgericht in der Bundesrepublik seine Entscheidung, um vor einer Aufhebung in der Revision sicher zu sein, mit einer geradezu akriben Liebe zum Detail zu motivieren verpflichtet ist, lautet die Begründung eines österreichischen Geschworenenurteils (etwa in Sachen Chalupsky) wie folgt: »Der Schuldspruch gründet sich auf den Wahrspruch der Geschworenen.« Dann folgt nur noch die Aufzählung der mildernden und der erschwerenden Umstände (Strafzumessungsgründe).

Die Geschworenen selbst sind zwar verpflichtet, ihren Wahrspruch zu begründen, eine solche Begründung lautet aber etwa: »Auf Grund der Zeugenaussagen gelangten die Geschworenen zu einem Schuldspruch.« Oder sie besteht bloß in dem einen Wort »Beweisverfahren«. Und selbst diese »Begründung« wird fein säuberlich im Beratungsprotokoll verschlossen.

Von einer Geschichte der Tat ist also in einem österreichischen Geschworenenurteil wegen Mordes nicht die Rede (wohl aber im Urteil des Bezirksrichters wegen eines Raufhandels oder einer Ehrenbeleidigung), noch weniger natürlich von der Lebensgeschichte des Täters oder seines Opfers. Insofern bleibt bei einem solchen Urteil alles seltsam wesenlos, gespenstisch abstrakt, als ginge es gar nicht um Menschenschicksale, sondern um ein Glasperlenspiel.

Vielleicht hat Robert Sterk, Gerichtssaalberichterstatter der Wiener »Arbeiter-Zeitung«, am besten den Fall Chalupsky in einem Satz zusammengefaßt: »So tragisch die Geschichte des Ulfried Meixner ist, so tragisch ist auch die seines Mörders.«

Und nun zu dem, was diesen Prozeß über den unmittelbaren Anlaß hinaus so interessant macht: Erstmals wurde hier in der österreichischen Justizgeschichte die Untersuchung eines Angeklagten auf Chromosomenanomalie verlangt.

Worum wäre es bei dieser Untersuchung gegangen, die Verteidiger Dr. Gunther Gahleitner namens seines Mandanten Franz Chalupsky — erfolglos — forderte? Hier muß von der Jurisprudenz ein weiter Sprung in ein anderes Wissensgebiet unternommen werden, nämlich in die Humangenetik und Eugenik.

Seit den grundlegenden Forschungen des Augustinerpaters Gregor Mendel, der erstmals im Jahr 1865 durch Kreuzung verschiedener Erbsensorten die Vererblichkeit gewisser Merkmale und Faktoren nachwies, wissen wir, daß den Erbeigenschaften (auch beim Menschen) bestimmte Einheiten im Erbgut zugrunde liegen, die sogenannten Erbanlagen oder Erbfaktoren, die der dänische Vererbungsforscher Wilhelm Johannsen zum ersten Mal 1909 als »Gene« bezeichnete. Diese Gene sind in bestimmten Teilen des Zellkerns, den sogenannten Chromosomen, lokalisiert und in diesen wie die Perlen einer Kette aufgereiht, wobei ein bestimmtes Gen stets die gleiche Stelle in der Genkette einnimmt. Nach neuester Erkenntnis entspricht das einzelne Gen einem Makromolekül, das im wesentlichen aus Desoxyribonucleinsäure (abgekürzt DNS) besteht.

Diese Chromosomen sind bei allen Lebewesen, bei jeder Pflanze, bei jedem Tier und auch beim Menschen in bestimmter Zahl vorhanden. Jeder Mensch besitzt 46 solcher Chromosomen beziehungsweise 23 Chromosomenpaare, und von jedem Paar stammt der eine Partner vom Vater, der andere von der Mutter.

Bei einem dieser 23 Chromosomenpaare, nämlich bei den sogenannten Geschlechtschromosomen, besteht nun ein Unterschied zwischen Männern und Frauen. Die Frau hat zwei gleiche Geschlechtschromosomen (Formel: XX), der Mann dagegen zwei verschiedene, nämlich ein weibliches (X) und ein männliches (Y) Geschlechtschromosom (Formel: XY).

Das ist der Normalfall. Nun ist aber auch der Fall der sogenannten

Geschlechtschromosomen-Anomalie bekannt, und zwar in dem Sinn, daß ein Mann nicht je ein weibliches und ein männliches Geschlechtschromosom aufweist, sondern ein weibliches Chromosom, aber zwei männliche Chromosomen. Die Formel lautet dann nicht XY, sondern XYY.

Vor einigen Jahren führte die Ärztin Patricia Jacobs an 197 männlichen Patienten des State Hospital Carstairs im schottischen Edinburgh Blutproben-Reihenuntersuchungen durch. Dabei entdeckte sie zwei Dinge:

● Sieben der insgesamt 197 Untersuchten wiesen die geschilderte Chromosomen-Anomalie (ein männliches Geschlechtschromosom zuviel) auf.

● Personen mit einer solchen Anomalie sind besonders aggressiv, wahrscheinlich eben deshalb, weil bei ihnen das männliche Erbelement in unnatürlicher Weise überwiegt.

Ein Fall dieser Art erlangte traurige internationale Berühmtheit: Am 14. Juli 1966 richtete ein Mann in einem Chicagoer Heim für Schwesternschülerinnen ein Blutbad an, dem acht Mädchen zum Opfer fielen. Die Suche nach dem Mörder, den man wegen der völligen Sinn- und Motivlosigkeit der Tat für einen Geisteskranken hielt, blieb lange Zeit erfolglos. Dann wurde durch einen Zufall ein Matrose als Mörder der acht Schülerinnen ausgeforscht und verhaftet: Richard F. Speck. Er gab die grauenhafte Tat ebenso bereitwillig wie hohnlachend zu.

Als man ihn untersuchte, stellte man zweierlei fest: An seinem linken Arm trug er eine Tätowierung: »Born to raise hell«, also sinngemäß: Geboren, um Unheil zu stiften. Und als man ihm aus einer Vene Blut abnahm und dieses in einem Labor untersuchen ließ, konstatierte man die Anomalie der Geschlechtschromosomen: um ein männliches Element zu viel. Formel: XYY.

Im bereits zitierten Bartsch-Prozeß in der Bundesrepublik Deutschland wurde — wie im Fall Franz Chalupsky — vom Verteidiger Chromosomenuntersuchung gefordert, aber vom Gericht ebenfalls nicht bewilligt.

Im Fall Franz Chalupsky war die Begründung des Gerichts, warum die Chromosomenuntersuchung am Angeklagten — ebenso wie die Beiziehung eines zweiten psychiatrischen Sachverständigen — abgelehnt wurde, äußerst knapp: »Die beiden Beweisanträge der Verteidigung werden im Hinblick auf die Ausführungen des Staatsanwalts und des Sachverständigen Dr. Groß, denen sich der Gerichtshof vollinhaltlich anschließt, abgewiesen.«

Nun, der Staatsanwalt hatte sich zum Chromosomenproblem nicht geäußert, wohl aber — höchst objektiv — ausgeführt: »Es wäre an sich durchaus wünschenswert, auch über die Motive und die Persönlichkeit des Angeklagten ein abschließendes Gutachten zu hören, welches der Sachverständige auf Grund der für ihn neuen Version des Angeklagten aber nicht erstatten kann« (gemeint war damit vor allem, daß Franz Chalupsky nun andeutete, es liege bei ihm möglicherweise ein Schädelhirntrauma nach einem Verkehrsunfall, den er 1963 erlitten hatte, vor).

Und was sagte der psychiatrische Sachverständige zur beantragten Chromosomenuntersuchung? »Bezüglich der Chromosomenuntersuchung sei erwähnt, daß es sich dabei um eine Vererbung von Persönlichkeitsmerkmalen handelt. Nun ist es der medizinischen Wissenschaft schon längst bekannt, daß Persönlichkeitseigentümlichkeiten vererbt werden. Ob es sich dabei um eine Veränderung der Chromosomen handelt oder nicht, ist natürgemäß ohne besonderen Belang, weil ja die Erbanlage der zu psychiatrierenden Person, die Wesensmerkmale, mit ins Kalkül der Persönlichkeitsbeurteilung gezogen werden.«

Verteidiger Dr. Gahleitner kontert in seiner Nichtigkeitsbeschwerde: »Die vom Sachverständigen Dr. Groß vertretene Auffassung muß, als das moderne Denken hemmend und mit der modernen Wissenschaft unvereinbar, abgelehnt werden.« Und schloß daran einen dramatischen Appell: »Die Kriminologie, Rechtslehre und Judikatur in Österreich kann und darf es sich nicht leisten, die Augen vor neuen Erkenntnissen innerhalb der Wissenschaft vom Menschen — und zu diesen Wissenschaften gehören unter anderem auch die Humangenetik und Neuroendokrinologie — zu verschließen.«

Der Oberste Gerichtshof geht auf die Argumente der Verteidigung nicht näher ein. »Irgendwelche anlagebedingten Besonderheiten eines Täters«, heißt es in seinem Urteil vom 14. April 1970, »sind nur dann von strafrechtlich erheblicher Bedeutung, wenn als ihre Folge ein Ausnahmezustand im Sinne des § 2 Strafgesetz« (jenem Paragraphen, der sich mit Schuldausschließungsgründen, wie Geisteskrankheit usw., befaßt, Anmerkung des Verfassers) »angenommen werden kann. In dieser Richtung hat das Verfahren irgendwelche Anhaltspunkte nicht erbracht, weshalb sich eine Nachforschung nach den Ursachen eines derartigen — in Wahrheit gar nicht gegebenen — Ausnahmezustandes erübrigt. Dabei wurde vom Schwurgerichtshof mit Recht auf die durchaus schlüssigen und überzeugenden Ausführungen des der Verhandlung beigezogenen Psychiaters Primar Dr. Heinrich Groß hingewiesen.« Das ist alles.

Letztlich ist es ein Streit, der schon seit mehr als hundert Jahren die

Wissenschaft bewegt: Gibt es den psychischen oder physischen Zwang zum Verbrechen? Gibt es den »geborenen Verbrecher«?

Die Geschichte dieses Streites begann eigentlich 1869 in Pavia. In diesem Jahre fand Cesare Lombroso, prominenter Irrenhaus- und Gefängnisarzt und seit zwei Jahren Professor an der Universität, im Schädel des hingerichteten Mörders Vitella eine Vertiefung in der Hinterhauptgrube (die später nach ihm benannte »Lombrososche Grube«). Eine Vertiefung, wie sie der Gelehrte auch an Schädeln bestimmter Tiergattungen und mancher primitiver Volksstämme vorgefunden hatte.

Wenn nun ein Mensch der Gegenwart, so der Schluß Lombrosos, solche Anomalien aufweist, so handle es sich dabei um eine atavistische Rückbildung, die den Betreffenden sozusagen geistig wieder auf die Stufe eines Primitiven oder gar eines wilden Tieres stelle. Die Folge: erhöhte Aggressivität dieses Menschen, der sich in einer ihm geistig fremden Gegenwart nicht zurechtfindet. Und die weitere Folge: erhöhte Neigung zu Morden und anderen Gewaltverbrechen.

Der Gelehrte stellte im Laufe der Jahre eine umfangreiche Liste solcher körperlicher »stigmata« auf, die seiner Meinung nach für den »deliquente nato«, also für den »geborenen Verbrecher« signifikant sind. Sie reichen von einer abnorm großen oder geringen Schädelkapazität und der fliehenden Stirn über den vorspringenden Unterkiefer und die besonders großen Augenbrauenwülste bis zur starken Ausbildung des Jochbeins, zu besonders großen, abstehenden und verbildeten Ohren und überhaupt einer allgemeinen Asymmetrie des Körperbaus.

Aber Lombroso begnügte sich nicht mit derartigen Feststellungen, sondern er zog daraus auch kriminalpolitische Schlußfolgerungen. Gegen den geborenen Verbrecher, meinte er, der unentrinnbar seinem kriminellen Weg verfallen sei, sei nicht sittliche Sühne und infamierende Strafe am Platz, weil ihn ja kein vorwerfbares Verschulden treffe. Wohl aber müsse die Gesellschaft sich gegen ihn schützen, sei es durch lebenslange Verwahrung, sei es im schlimmsten Fall durch Tötung als »Selektionsmaßnahme«.

Lombrosos Thesen, ganz im Geist des von den neuen Erkenntnissen der Biologie und der Evolutionslehre Charles Darwins berauschten 19. Jahrhunderts aufgestellt, erregten ungeheures Aufsehen, fanden zunächst viel Zustimmung, dann aber, mit dem Aufkommen der Psychologie und Psychoanalyse sowie der Milieutheorie des Naturalismus, zusehends eher Ablehnung. Man suchte das Wesen des Menschen und die Ursachen seines Verhaltens nun in seiner Seele und in seiner

Umgebung, in seiner Erziehung und in seinem Unterbewußtsein zu ergründen. Für abstehende Ohren, Gruben im Hinterkopf und ähnliche somatische Charakteristika war da kein Platz. Und als Lombroso 1909 in Turin starb, würdigte man sein Buch »Genie und Irrsinn« zwar als originelles Werk, aber seine Theorien nahm eigentlich kaum ein Wissenschaftler noch ernst.

Nun lassen sich die Erkenntnisse der modernen Genetik nicht mit den Behauptungen Lombrosos vergleichen. Aber eines ist ihnen gemeinsam: In beiden Fällen handelt es sich um körperliche Faktoren, von denen ausgegangen wird und aus denen kriminologische Folgerungen gezogen werden. Lombroso wollte in atavistischen somatischen Rückbildungen die Ursachen für gesteigerte Aggressivität und erhöhte Verbrechensneigung sehen, moderne Genetiker konstatieren erhöhte Aggressivität bei Menschen mit Anomalie der männlichen Geschlechtschromosomen.

Besorgt fragte die amerikanische Biologin Mary Telfer: »Ist die Gesellschaft berechtigt, ein Todesurteil zu verhängen, wenn der Täter eine Chromosomenanomalie aufweist?« (In einem Teil der amerikanischen Bundesstaaten ist, wie schon erwähnt, die Todesstrafe noch in Kraft.)

Oder noch drastischer gefragt: Kann man einen Menschen für seine Taten (oder Untaten) verantwortlich machen, wenn sie ihre Ursachen in einer angeborenen beziehungsweise ererbten Anomalie haben, die ihm selbst unbekannt ist, da sie sich ja in den kleinsten Bausteinen seines Körpers, im Plasma seiner Zellen, befindet?

»Es sind erschreckende Perspektiven, die sich uns da eröffnen«, meinte vor kurzem ein prominenter amerikanischer Kriminologe. Rechtswissenschaft und Medizin stehen vor einer Vielzahl ungelöster Fragen. Fragen, denen mit dem derzeitigen Stand unserer Gesetzgebung und Rechtssprechung einfach nicht beizukommen ist.

Denn was würde geschehen, wenn in einem Mordprozeß in Österreich (für die Bundesrepublik Deutschland gilt das gleiche) tatsächlich eine solche Chromosomenanalyse durchgeführt würde und ein positives Ergebnis (also das Bestehen einer Chromosomenanomalie) zeitigte? Welche Konsequenzen wären daraus zu ziehen?

Könnte dieser Angeklagte verurteilt werden? Nirgends in unserem Strafgesetz ist dieser Fall erwähnt. Nirgends ist festgelegt, daß eine solche Anomalie als Schuldausschließungsgrund zu gelten hätte oder daß sie keinen solchen Grund darstellt. Hier betritt man völliges Neuland.

Wenn man einen solchen Menschen aber, obwohl er einen Mord begangen hat, nicht verurteilen könnte, wohin dann mit ihm? In eine Heilanstalt für Geisteskranke? Aber ist er denn geisteskrank? Kann eine Chromosomenanomalie einer Geisteskrankheit, wie etwa einer Schizophrenie, gleichgesetzt werden?

In dem neuen österreichischen Strafgesetzentwurf ist erfreulicherweise die Schaffung einer »Sicherungsanstalt für geistig abnorme Rechtsbrecher« vorgesehen, einer Institution, die dringend benötigt wird. Aber die Einweisung eines Täters in eine solche Anstalt setzt eben auch, wie schon der Name sagt, eine »geistige Abnormität« voraus. Ist der Chromosomenanomale wirklich »geistig abnorm«?

Die Wissenschaft steht auch auf diesem Gebiet vor einer Fülle ungelöster Rätsel. Welche Lösung immer man für das Problem der Chromosomenanomalie vorschlägt, wenn sie sich am Fall eines bestimmten, wegen eines Gewaltverbrechens vor den Schranken des Gerichts stehenden Menschen manifestiert, jede dieser Lösungen kann nur eine höchst problematische sein. Aber das soll, das darf kein Hindernis sein, um eine Lösung dieser Probleme zu ringen. Auch wenn wir dadurch vielleicht aus unserer Beschaulichkeit gerissen werden. Und aus unserer Selbstgerechtigkeit.

War auch Franz Chalupsky geboren — um Unheil zu stiften?

Den Freund verscharrt

Die Rechnung, die der Baggerunternehmer Friedrich Feichtinger aus Zwölfaxing dem Gericht präsentiert, lautet auf 36 710 Schilling. 108,50 Arbeitsstunden wurden mit den beiden Caterpillars vom Typ 955 H erbracht, die Stunde zu 300 Schilling, macht insgesamt 32 550 Schilling. Dazu kommen noch die Fahrerüberstunden und die Kosten für Auf- und Abladen der Bagger mittels Tieflader: Es summiert sich. Das Wiener Straflandesgericht nimmt an der Rechnung keinen Anstoß und überweist die geforderte Summe. Die Arbeit war mühevoll, und sie hat sechs Tage und Nächte gedauert, wobei meist zwei Maschinen im Einsatz waren. Schließlich hat man, auf dem städtischen Müllabladeplatz in Mannswörth bei Schwechat, ein paar Kilometer südöstlich von Wien, das gefunden, wonach man suchte: einen zerschlissenen Jutesack mit makabrem Inhalt — der Leiche des Sonderschullehrers Stefan Philipp.

Als die Leiche am 18. März 1970 um 14.05 Uhr gefunden wird, befindet sich der Mörder bereits seit mehr als einer Woche in Haft, genau seit 10. März, 22 Uhr. Der Mörder: Stefan Frauenschill, Sohn ebenso gebildeter wie hochachtbarer Eltern, zweiundzwanzig Jahre alt, Chemiestudent an der Wiener Technischen Hochschule. Ein Freund des Ermordeten seit gemeinsamen Knabenjahren in der Mittelschule.

Die Zeitungen haben ihre Sensation. Die »Leiche am Müllablagerungsplatz« macht Schlagzeilen. Vor allem aber machen die Journalisten den Justizbehörden Vorwürfe, dem Gericht und der Staatsanwaltschaft. Die Anklagebehörde steht einmal selbst unter Anklage: »Justiz trifft Mitschuld am Zeugenmord« verkündet der »Express« in Balkenlettern und darunter: »Stefan Philipp könnte noch am Leben sein.«

Und meint damit: Er könnte noch am Leben sein, wenn man Stefan Frauenschill nicht vorzeitig enthaftet hätte. Gewiß, die Pressestelle des Wiener Straflandesgerichts bemüht sich, in einer Aussendung nachzuweisen, daß man ihn zu Recht auf freien Fuß gesetzt habe. Aber das Unbehagen in der Bevölkerung besteht weiter. Besteht es zu Recht?

Die Tragödie des Stefan Philipp beginnt am 19. Oktober 1969, als ihm sein Freund Frauenschill anvertraut, er habe »einen Weltdreh gefunden«. Frauenschill ist tatsächlich im Besitz eines etwas kompliziert anmutenden, aber zunächst durchaus erfolgreichen Systems, Banken ärmer und sich selbst reicher zu machen, ohne Gewalt, ohne Waffen, ohne Aufsehen. Dabei ist ihm — durchaus ungewollt — die Braut Philipps behilflich, die, selbst eine Bankangestellte, ihn über örtliche und technische Details unterrichtet, so etwa über die banktechnischen Vorgänge bei der Abhebung von Spareinlagen.

Mit Hilfe von Nachschlüsseln gelangt Frauenschill nachts in die Räume der Döblinger Zweigstelle der Volksbank Neubau. Zwei Dinge interessieren ihn: Sparbücher und Kontokästen.

Er eignet sich einige neue, noch unausgefüllte Sparbuchformulare an, außerdem ein paar alte, schon abgelegte als Muster. Von etlichen Konten, die einen höheren Einlagenstand aufweisen, jedoch schon seit längerer Zeit keine Kontenbewegung (Einlagen oder Abbuchungen) zu verzeichnen haben, schreibt er die erforderlichen Daten ab: Kontonummer, Einlagenhöhe, Losungswort.

Zu Hause füllt er dann die gestohlenen Sparbuchformulare entsprechend aus, setzt dort, wo keine Sperre durch ein Losungswort (Klausel) vorhanden ist, mittels Setzkasten-Gummistempels das Wort »Überbringer« an der dafür vorgesehenen Stelle ein und braucht, nachdem er sich bei einem Friseur eine langhaarige schwarze Perücke ausgeliehen und damit sein Aussehen verändert hat, am nächsten Tag nur von den solcherart manipulierten Sparbüchern Abhebungen in der gewünschten Höhe zu tätigen. Er tut es in sieben Fällen. Ertrag: mehr als 400 000 Schilling.

Die Perücke wird ihm schließlich zum Verhängnis. Einem aufmerksamen Bankkassier war aufgefallen, daß der betrügerische Abheber offenbar Fremdhaar am Kopf trug. Bei Nachforschungen im Perückenhaus Schiff stoßen die Kriminalbeamten auf die Spur des Stefan Frauenschill, der sich beim Ausleihen unvorsichtigerweise mit seinem eigenen Führerschein ausgewiesen hat und daher namentlich in den Büchern der Firma aufscheint. Am Abend des 24. Oktober 1969 wird er in der Nähe des elterlichen Wohnhauses festgenommen. Als man Frauenschills Wohnräume durchsucht, findet man einen Revolver, eine Pistole, einen Stockdegen und ein Bajonett.

Stefan Frauenschill bleibt nicht lange in Haft. Nach der Haftprüfungssitzung vom 26. November 1969 wird er durch einen Beschluß des Wiener Straflandesgerichts wieder auf freien Fuß gesetzt. Dies trotz einer Äußerung, die er laut Aussage des Stefan Philipp — der von seinen raffinierten Betrügereien Kenntnis hatte — zu diesem machte: »Einen Verräter würde ich umlegen und die Leiche einzementiert in die Donau versenken.«

Man glaubt Philipp diese angebliche Äußerung Frauenschills nicht so recht. Man vermutet darin vielmehr den Versuch einer Rechtfertigung für das eigene Verhalten Philipps, daß er damit nur motivieren will, warum er trotz Kenntnis von den Verfehlungen seines Freundes gegen diesen keine Anzeige erstattet hat. Die Staatsanwaltschaft klagt Frauenschill wegen Betruges und zugleich auch Philipp wegen »Verbrechens des Vorschubes zu Verbrechen durch boshafte Unterlassung der Verhinderung nach § 212 Strafgesetz« an, weil er die Betrügereien des Stefan Frauenschill »zu hindern aus Bosheit unterlassen hat, da er es doch leicht und ohne sich, seine Angehörigen oder diejenigen Personen, die unter seinem gesetzlichen Schutze stehen, einer Gefahr auszusetzen, hätte verhindern können«. Daß er es nicht gefahrlos hätte verhindern können, beweisen die nachfolgenden Ereignisse.

Bald nach der Entlassung Frauenschills ruft Philipp seinen Rechtsanwalt Dr. Franz Clemens Obendorfer an: »Herr Doktor, der Frauenschill ist auf freiem Fuß, und ich habe Angst.« Der Anwalt hat keine Möglichkeit, etwas Konkretes zu unternehmen: »Rufen Sie mich immer an, wenn er auftaucht, damit ich weiß, wo Sie sind.«

Am Abend des 9. März 1970 erhält Dr. Obendorfer einen Anruf von Philipps verängstigter Braut: »Mein Verlobter hat mich heute nicht abgeholt, obwohl wir verabredet waren. Hoffentlich ist ihm nichts zugestoßen.« Der Anwalt bemüht sich, das Mädchen zu beruhigen, aber es ist ihm nicht recht wohl dabei.

Die Hauptverhandlung gegen Frauenschill und Philipp ist für den 13. März 1970 anberaumt. Sie findet nicht statt. Denn inzwischen geschieht der Mord.

»Stefan Frauenschill machte in der Pubertät eine Persönlichkeitsumwandlung durch. Aus dem in geordneten Familienverhältnissen aufgewachsenen Buben wurde ein extrem gefühlskalter und kontaktunfähiger Mann.

Er wurde zunehmend von einem Hang zum Perfektionismus beherrscht, von einem irregeleiteten Gerechtigkeitsempfinden, dessen Maßstäbe aus der Welt des Verbrechertums entliehen sind. Am meisten imponierte ihm das Ganovenprinzip, daß alle Verräter die fürchterliche Rache der Komplizen treffen solle.« So heißt es im psychiatrischen Gutachten Dr. Rolph Jechs über Frauenschill.

In Philipp erblickt Frauenschill einen solchen Verräter, einen Verräter, der nun keine Mitschuld auf sich nehmen, sondern die ganze Verantwortung auf seinen Freund abwälzen will: »Er wollte sich auf meine Kosten absetzen.« Da beschließt er »aus Zorn und Haß«, Philipp zu ermorden. Geplant ist das perfekte Verbrechen. Wenn Stefan Philipp unmittelbar vor der Hauptverhandlung verschwindet, wird man annehmen, er habe sich eben auch hier »abgesetzt«. Wenn man nach jemandem sucht, dann nach dem flüchtigen, nicht nach dem toten Stefan Philipp.

Am 9. März 1970 um 10.45 Uhr mietet Stefan Frauenschill bei der Autoverleihfirma Hertz in Wien einen Personenkraftwagen Ford Cortina mit dem Kennzeichen W 557.338 für drei Tage gegen Erlag einer Kaution. Im Kofferraum deponiert er einige Gegenstände, darunter eine Flasche des Bleichmittels Wasserstoffsuperoxyd.

Um zwei Uhr nachmittags sucht er seinen Freund Stefan Philipp auf, und zwar mit der Motivierung, daß er sich mit ihm in Ruhe über die bevorstehende Verhandlung unterhalten möchte. Um vier Uhr verlassen die beiden im Mietwagen der Firma Hertz die Bundeshauptstadt. Fahrziel: Burgenland.

Die Fahrt geht über Eisenstadt und Oggau und dann wieder auf der sogenannten »Panzerstraße« zurück in Richtung Bruck an der Leitha. Philipp lenkt den Wagen. Er weiß nicht, daß sein Freund in der Manteltasche einen mit acht Patronen geladenen Trommelrevolver »Arminius«, Kaliber 22, bei sich trägt.

Als sie zu einem großen, auffallenden Baum unmittelbar neben der Straße kommen, beschließt Frauenschill, seinen Plan zu realisieren.

»Ich erzählte dem Philipp, daß ich Wasserstoffsuperoxyd habe, das sehr stark ätzend und bleichend wirke und das sich im Kofferraum befinde. Philipp meinte, bei dem breiten, verdorrten Baum könne das Mittel ausprobiert werden. Er ging zum Kofferraum, um ihn zu öffnen, ich zog mir Gummihandschuhe an, um mich nicht zu verätzen, falls Tropfen des Wasserstoffsuperoxyds auf meine Hände kämen.

Als Philipp neben mir stand, griff ich plötzlich in die linke Manteltasche, in der ich die Pistole hatte, und schoß auf Philipp, den ich in den Hinterkopf traf. Die Waffe war am Kopf nicht angesetzt, aber sie war auch nicht weit entfernt. Die Entfernung wird etwa fünfundzwanzig bis dreißig Zentimeter betragen haben.«

Dann fährt Frauenschill, nachdem er die Leiche seines Opfers in den Straßengraben gestoßen hat, nach Wien zurück, beschafft sich hier einen Jutesack und fährt damit wieder an den Tatort, den er sich an Hand des auffallenden Baumes eingeprägt hat. Er entkleidet die Leiche, stülpt den Jutesack darüber und fährt — mit dem Toten im Kofferraum — zu der Müllablagerungsstätte Mannswörth bei Schwechat, wo er die Leiche einige Meter tief hinabstößt.

Und nun passiert dem Mörder ein Mißgeschick: Er ist mit dem Wagen zu weit in den Müll hineingefahren und bleibt darin stecken. Alle Versuche, aus dem sehr feuchten Unrat wieder herauszukommen, scheitern. Die Wagenräder drehen sich durch.

Frauenschill wird auch mit dieser Situation leidlich fertig. Er schraubt die Kennzeichentafeln von dem Auto ab und wirft sie auf dem Weg nach Mannswörth, den er nun zu Fuß antreten muß, weg. Die Kleidungsstücke und den Tascheninhalt seines Opfers sowie die Tatwaffe wirft er in die in nächster Nähe vorbeifließende Donau.

Am nächsten Tag um 6.30 Uhr früh entdecken Arbeiter den Wagen ohne Kennzeichentafeln auf der Müllablagerungsstätte und verständigen das Polizeikommissariat Schwechat. Drei Stunden später erscheint Frauenschill auf dem Wachzimmer Wien-Mauer und erstattet die Anzeige, der Mietwagen sei ihm auf der Westautobahn gestohlen worden. Die rasch und richtig kombinierenden Kriminalbeamten klären innerhalb weniger Stunden den spektakulären Kriminalfall auf: Noch am Abend des 10. März 1970 wird Stefan Frauenschill — zum zweiten Mal — verhaftet. Diesmal nicht unter dem Verdacht des Betruges, sondern wegen Meuchelmordes, weil er, wie es die Staatsanwaltschaft später in ihrer Anklageschrift formuliert, »Stefan Philipp tückischerweise tötete, als er gegen ihn von hinten unvermittelt und auf kurze Entfernung einen Genickschuß abgab, ohne daß Philipp etwas zur Abwehr unternehmen oder sich sonst dem Angriff entziehen konnte«.

Aber Frauenschill denkt nicht daran, sich mit seinem Schicksal abzufinden. Er unternimmt in der Untersuchungshaft zwei Fluchtversuche.

Dem ersten, am 31. Juli 1970 unternommen, läßt sich Originalität nicht absprechen: Gegen zwölf Uhr mittags bittet ein stattlicher junger Mann, mit blauem Rollkragenpullover und eleganter grauer Hose bekleidet, unter einem Arm eine Schreibmaschine, unter dem anderen eine Flügelmappe, den Justizwachebeamten, ihn aus dem Einzeltrakt des landesgerichtlichen Gefangenenhauses ins Freie zu lassen. Da der Beamte ihn nicht kennt, erkundigt er sich nach seinem Namen und seiner Funktion. Der junge Mann ist um eine Antwort nicht verlegen: »Ich bin Rechtspraktikant und habe soeben mit meinem Richter Einvernahmen im Vernehmungszimmer des Einzeltrakts durchgeführt. Der Herr Rat ist schon vorausgegangen.«

Der Posten ist mißtrauisch und verlangt einen Ausweis. Worauf der Mann sich, ohne ein Wort zu sagen, umdreht und in den Einzeltrakt zurückgeht.

Dort stellt Frauenschill, als Schreiber in der Gefängnisabteilung III E eingeteilt und daher mit größerer Bewegungsfreiheit ausgestattet, die Schreibmaschine, die er sich aus dem Vernehmungszimmer angeeignet hat, wieder zurück, steckt blitzschnell den Aktenumschlag in die Klosettanlage und den blauen Rollkragenpullover in einen Kübel mit eingeweichter Wäsche. Er weiß, daß sein Fluchtversuch gescheitert ist, und möchte nun zumindest die zu seiner Person führenden Spuren verwischen. Vergeblich. Als er dem Justizwachebeamten gegenübergestellt wird, erkennt dieser in ihm einwandfrei den Mann, der sich aus dem Einzeltrakt hinausschwindeln wollte.

Ein Monat später versucht er es mit Gewalt. Nach einem Brausebad sondert er sich von den anderen Häftlingen etwas ab und wird von dem provisorischen Justizwachebeamten Prassl zum »Aufschließen« aufgefordert. Seine Reaktion hierauf laut Aussage Prassls: »Er hob plötzlich seine linke Hand und versetzte mir einen Schlag auf die linke Halsseite. Gleichzeitig versuchte er mir mit beiden Händen meine Pistole wegzunehmen, die ich an meinem Leibriemen in der Pistolentasche bei mir getragen habe. Ich habe aber die Pistolentasche mit beiden Händen festgehalten, und dem Angreifer war es nicht möglich, diese an sich zu nehmen. In diesem Moment ist mir Justizwachmann Wilhelm Brunner zu Hilfe gekommen, und mit seiner Unterstützung war es mir dann auch möglich, den gewalttätigen Gefangenen zu Boden zu ringen und dort festzuhalten.«

Wilhelm Brunner als Zeuge: »Während der ganzen Zeit hat Frauenschill mit Händen und Füßen herumgeschlagen und immer wieder versucht, sich loszureißen und die Pistole in seine Hand zu bekommen. Ich hatte das Gefühl, daß der Gefangene in letzter Verzweiflung gegen uns gekämpft hat, so, als würde er seinen Versuch freizukommen als seine allerletzte Chance ansehen. Er hat uns dann auch zu verstehen gegeben, daß nun alles aus und vorbei sei.«

Einmal versucht es Frauenschill noch, aber diesmal wird der Versuch bereits im Keim erstickt. Als man ihn am 1. Oktober 1970 vor der Vorführung in die Sprechzelle anläßlich der Angehörigen-Besuchsstunde durchsucht, findet man bei ihm ein dreizehn Zentimeter langes selbstverfertigtes Stichmesser, das aus zwei zusammengeschraubten Eisenteilen zusammengesetzt und mit einer scharf geschliffenen Spitze versehen ist. Hiezu die Gefangenenhausdirektion: »Es steht außer

Zweifel, daß Frauenschill mit Hilfe dieses Messers einen neuerlichen Ausbruchsversuch unternehmen wollte und daß er diese Waffe dabei bedenkenlos zum Einsatz gebracht hätte.« Worauf Frauenschill mit einem Besuchsverbot belegt wird.

Die Hauptverhandlung gegen Frauenschill findet am 2. und 3. März 1971 vor einem Geschworenensenat unter dem Vorsitz von Oberlandesgerichtsrat Dr. Herbert Burianek statt, die Anklage wird vom Ersten Staatsanwalt Dr. Wilhelm Kohout vertreten. Stefan Frauenschill, der auf die Frage nach seinem Lieblingsprogramm in Kino und Fernsehen Eduard Zimmermanns »Aktenzeichen XY« und den französischen Thriller-Krimi »Rififi« nennt, gibt sich im wesentlichen geständig und bedauert weniger das Schicksal seines Opfers als seine »ungeschickte« Handlungsweise, vor allem von dem Moment an, als der Mietwagen im Morast des Müllablagerungsplatzes steckenblieb: »Von diesem Zeitpunkt an verlor ich die Fähigkeit, logisch zu denken. Ich beging nur Fehler. Meine einzige Chance wäre gewesen, schnurstracks im Ausland unterzutauchen.«

Die Geschworenen ahnden den Meuchelmord und die Bankbetrügereien mit der Höchststrafe: lebenslanger schwerer Kerker, verschärft durch ein hartes Lager und einen Fasttag vierteljährlich. Geständnis und psychopathische Veranlagung können die Fülle der Erschwerungsgründe nicht wettmachen.

Stefan Frauenschill befindet sich in der Strafanstalt, Stefan Philipp ist tot. Könnte er, um nochmals auf die eingangs gestellte Frage zurückzukommen, noch am Leben sein, wenn Staatsanwaltschaft und Gericht richtig reagiert hätten? Trifft die Justiz, wie das Wiener Boulevardblatt meinte, »eine Mitschuld am Zeugenmord«?

Wenn man die Gesetze der Kausalität uneingeschränkt gelten läßt (etwa in dem Sinn: A hat B ermordet. Seine Mutter hat A zur Welt gebracht. Hätte sie ihn nicht geboren, dann hätte er B nicht ermorden können. Daher ist die Mutter des A schuld am Tode des B), muß diese Frage ohne Zweifel mit ja beantwortet werden. Denn hätte man Frauenschill vor der Verhandlung nicht enthaftet, dann hätte er, da er sich im Gefängnis befand, Stefan Philipp — zumindest vor der Verhandlung — nicht töten können. Höchstens nach der Strafverbüßung.

Aber hatte die Justiz damals ein Recht, ein moralisches wie ein gesetzliches Recht, Frauenschill die Freiheit zu verweigern? Er war unbescholten, stammte aus bester Familie, hatte sich zur Wiedergutmachung des durch seine Betrügereien entstandenen Schadens bereit erklärt, besaß eine Wohnung und hatte einen Studienplatz an der Technischen Hochschule.

Gewiß, da war die Äußerung, er werde »einen Verräter einzementieren und in die Donau versenken«. Aber Philipp selbst, dem gegenüber er angeblich diese Worte geäußert hatte, bezeichnete Frauenschill als das, was er — zumindest auch — wohl war: als Fabulierer und Phantasten. Bot diese »Drohung« eines wegen Gewalttätigkeiten bis dahin in keiner Weise in Erscheinung getretenen jungen Menschen, bot diese Äußerung, die eher dem Vokabular eines Schundheftes und Wildwestromans als dem realen Leben entnommen schien, wirklich eine geeignete Handhabe dafür, ihn auf vorläufig unbegrenzte Zeit — denn damals, als Frauenschill enthaftet wurde, war von einer Anklageerhebung oder gar von einem Verhandlungstermin noch keine Rede — im Untersuchungsgefängnis zu belassen?

Nachträglich besehen, war die Maßnahme der Staatsanwaltschaft und des Landesgerichts — zumindest objektiv — falsch, zum Zeitpunkt, als sie getroffen wurde, war sie — zumindest subjektiv — richtig.

In Haft behalten oder auf freien Fuß setzen — im Volksmund vereinfachend, aber zutreffend einsperren oder auslassen genannt —, das ist eines der zentralen Probleme, eine der Kernfragen des ganzen Sicherheits- und Justizapparates, vor das sich der Gendarmeriebeamte in der kleinen Ortschaft am Land ebenso gestellt sieht wie der Untersuchungsrichter in der Großstadt, der Wachebeamte auf seinem Revier oder Kommissariat genauso wie der Staatsanwalt. Ein Problem, von dessen richtiger oder falscher Lösung für alle Beteiligten — und das können im Einzelfall nicht wenige sein — eminent viel abhängen kann: Freiheit und Leben.

In zwei Fällen aus dem Wiener Gerichtsbetrieb offenbart sich die ganze Problematik oder, wenn man will, das ganze Dilemma. Ein Dilemma, das fast zu der resignierenden Feststellung verleiten könnte: Wie man es macht, man macht es falsch.

Fall eins: Da erscheint, sehr erregt und mit einem blauen Auge, die Gelegenheitsarbeiterin Maria Sch. und erstattet (wie sich übrigens später herausstellt, auf Anraten einer Freundin) eine Anzeige gegen ihren Lebensgefährten Kurt H. Er habe sie vier Tage in seiner Wohnung gefangengehalten, ihr gedroht, sie zu erschießen, und sie überdies durch Schläge und Fußtritte verletzt.

Die Anzeige setzt den Apparat von Polizei und Justiz in Bewegung. Kurt H. wird verhaftet, die Staatsanwaltschaft erhebt gegen ihn Anklage wegen Einschränkung der persönlichen Freiheit und gefährlicher Drohung, wegen Körperverletzung und wegen Verstoßes gegen das Waffengesetz.

Die Berge kreißten, und eine Maus ward geboren. Genau ein Monat später findet beim Straflandesgericht die Verhandlung gegen Kurt H. statt. Das Urteil: Freispruch von der Anklage wegen Freiheitsberaubung und Drohung. Bezüglich der anderen Delikte, bloßer Übertretungen minderer Art: ein Monat Arrest, durch die Untersuchungshaft bereits verbüßt. (Ob es bloß ein Zufall ist, daß die Höhe der Strafe genau der Dauer der verbüßten Haft entspricht?)

Was war geschehen? Bei der Verhandlung hatte sich herausgestellt, daß die Sache mit dem »Verschlossenhalten« in der Wohnung — so nennt es der Paragraph — gar nicht so arg war, daß die Frau ruhig hätte weggehen können, wenn sie es gewollt hätte, und daß sich die beiden zwar geschlagen, aber kurz darauf schon wieder versöhnt hatten. Immerhin, Kurt H. verbrachte deswegen einen ganzen Monat im Gefängnis...

Fall zwei: Am 5. Juli 1971 verläßt Erika Obritzhauser, zweiunddreißig Jahre alt, Sekretärin an der österreichischen Gesandtschaft in Prag, die eheliche Wohnung in der Schrotzbergstraße in Wien-Leopoldstadt. Die Frau ist entschlossen, sich scheiden zu lassen, scheiden zu lassen von dem Mann, den sie erst vor zwei Monaten geheiratet hat: Walter Obritzhauser, einundvierzig Jahre alt, angeblicher »Opernsänger«. In Wirklichkeit ein Gewalttäter, der erst vor kurzem nach zweijähriger Kerkerstrafe aus der Haftanstalt Stein entlassen worden war.

Und dieser Mann, der sie in den zwei Monaten ihrer Ehe brutal mißhandelt und von dessen Vorleben sie nur durch einen Zufall erfahren hatte, hat ein Pfand in Händen: den Wagen seiner Frau, den sie zur Rückfahrt an ihre Dienststelle nach Prag benötigt.

Als sie ihn am 6. Juli, dem Tag nach ihrem Auszug aus der gemeinsamen Wohnung, von der Wohnung ihrer Schwester aus anruft und von ihm die Rückstellung des Fahrzeuges verlangt, ist er einverstanden: »Du kannst die Sachen haben, wenn du herkommst.« Und Erika Obritzhauser kommt.

Um 9.50 Uhr ruft sie dann aus der ehelichen Wohnung ihre Schwester an, kann ihr aber nur sagen: »Ich bin verletzt.« Die Schwester alarmiert sofort über den Polizeinotruf die Funkstreife: »Der Mann ist ein Schwerverbrecher. Wenn Sie ihn nicht sofort verhaften, bringt er meine Schwester um.«

Die Polizei unternimmt zunächst gar nichts. Erst nach längerem Hin und Her wird eine Funkstreife in die Schrotzbergstraße entsandt. Die Tür ist verschlossen. Läuten bleibt ergebnislos, an der Wohnungstür hängt ein Zettel: »Kommen um 21 Uhr wieder.« Die Polizeibeamten verlassen daraufhin das Haus.

Als sie sich einige Zeit später, dem fortwährenden Drängen des Bruders der jungen Frau folgend, entschließen, die Tür aufzubrechen, ist es bereits zu spät: Erika Obritzhauser liegt mit durchschnittener Kehle und siebenundzwanzig Messerstichen im Körper tot am Boden. Ihr Mann und Mörder ist geflüchtet. Wenig später stellt er sich der Polizei.

Josef Jäger resümiert im Wiener »Kurier«: »Ein junges Menschenleben wurde ausgelöscht, weil sich die Polizeimaschinerie als zu träge erwies.« Hätte man Walter Obritzhauser rechtzeitig verhaftet, seine Frau wäre noch am Leben.

Hätte man... Polizei- und Gendarmeriebeamten kann man weder prophetische noch hellseherische Fähigkeiten zumuten. Was sie brauchen und was sie nicht immer haben: menschliches Einfühlungsvermögen, psychologisches Verständnis, einen Blick dafür, was ernst zu nehmen ist und was nicht. Jenes »Fingerspitzengefühl«, das man letztlich nicht erlernen kann.

Nur dieses »Fingerspitzengefühl« kann — wenn überhaupt etwas — in einer Situation helfen, vor die sich Sicherheits- und Kriminalbeamte immer wieder gestellt sehen, einer Situation, die rasches Handeln verlangt.

Da kommt in der Nacht eine verängstigte, zu Tode erschrockene, höchst unzureichend bekleidete und deutliche Spuren von Mißhandlungen zeigende Frau aufs Revier, zum Gendarmerieposten, auf das Kommissariat. An der Hand führt sie ein Kind. Ein Kind, das noch gar nicht erfaßt hat, warum es von der Mutter aus dem Schlaf gerissen, notdürftig angezogen und aus der Wohnung gebracht wurde.

Die Frau weiß den Grund der überstürzten Flucht. Wieder einmal ist ihr Mann betrunken nach Hause gekommen, wieder einmal hat er Frau und Kind bedroht und geschlagen. Sie hält es zu Hause nicht mehr aus. Sie fürchtet, daß er einmal die Drohungen wahr machen wird, die er im Rausch ausstößt. Und sie erstattet deshalb gegen ihn die Anzeige wegen Körperverletzung und gefährlicher Drohung. Sie bittet mit erhobenen Händen, daß man etwas tun soll. Ihr helfen. Den Mann verhaften, ehe noch größeres Unheil geschieht. Ihm einmal drastisch zeigen, daß es so nicht weitergeht.

Eine Situation, wie sie immer häufiger vorkommt. Immer häufiger vor allem mit der ständig steigenden Zahl der Alkoholiker und ihrer Trunkenheitsexzesse in unserer zweifelhaften Wohlstandsgesellschaft. Welche Möglichkeiten haben die Beamten, um ihrer Herr zu werden?

Die erste Möglichkeit: Der Mann wird verhaftet und wegen Verdachts der gefährlichen Drohung und der Körperverletzung dem Gericht eingeliefert. Das setzt fast unweigerlich einen Mechanismus in Gang: Am nächsten, spätestens aber am übernächsten Tag erscheint die Frau (meist wieder unter Mitnahme des Kindes) beim zuständigen Untersuchungsrichter oder Staatsanwalt und hat nur einen Wunsch: Ihr Mann soll möglichst bald enthaftet werden.

Woher kommt diese plötzliche Sinnesumkehr? Nun, die Frau erkennt bald, daß sie zwar mit ihrem Mann nicht gut leben kann, aber ohne ihn noch weniger. Und das oft im wahrsten, im materiellen Sinn des Wortes: Wovon soll sie mit dem Kind (oder mit den Kindern) leben, wenn sich ihr Ernährer im Gefängnis befindet? Und wird die Ehe nicht ganz zerbrechen, wenn der Mann — noch dazu durch ihre »Schuld« — in Haft ist, vielleicht seinen Posten verliert, eine längere Strafe bekommt?

Schließlich liebt sie ihn ja trotz allem noch, vielleicht auch er sie und ganz sicher das Kind. Und im nüchternen Zustand ist ihr Mann ja der beste Mensch, der zärtlichste Gatte, der fürsorglichste Familienvater. Nein, sie will nicht, daß er im Gefängnis bleibt. Eben hat sie ihn besucht und von ihm das Versprechen erhalten, nie wieder zu trinken, die Flasche kein einziges Mal mehr anzurühren.

Oft kann, wenn der Behördenmechanismus einmal in Gang gesetzt ist, dieser Wunsch der Frau gar nicht erfüllt werden. Bei einschlägigen Vorstrafen etwa muß man den Mann wohl wegen Wiederholungsgefahr in Untersuchungshaft belassen. Das gleiche gilt, wenn er die Drohungen, er werde seine Frau doch noch einmal umbringen, etwa bei Eintreffen der Polizeibeamten in der Wohnung, nochmals geäußert hat. In solchen Fällen bleibt der Mann trotz Fürbitte seiner Frau meist bis zur Verhandlung in Haft. Die Folge davon ist nicht selten der Verlust des Arbeitsplatzes, ein Verlust, der in erster Linie die schuldlosen Familienmitglieder trifft.

Die zweite Möglichkeit: Der Mann wird nicht verhaftet, vielleicht gerade deshalb nicht verhaftet, weil die Beamten eben wissen, was der Verhaftung meist folgt: Widerruf und Fürbitte durch die Frau. Wozu dann den Mann überhaupt erst in Haft nehmen? So arg wird es wohl nicht sein. Und wenn der Mann erst wieder nüchtern geworden ist, können Frau und Kind nach Hause zurück, ohne Böses befürchten zu müssen.

Das mag sehr vernünftig, sehr menschlich gedacht sein, aber wer kann die Folgen ermessen? Was dann, wenn der Mann mit seinen Drohungen vielleicht wirklich Ernst macht und seine ganze Familie ausrottet? Wird man dann nicht sagen: Wozu ist denn die Polizei da, wenn sie den Bürger nicht mehr schützen kann? Muß erst jemand umgebracht werden, ehe ein Gewalttäter in Haft genommen wird? Kann der Staat seine Bürger und Steuerzahler nicht mehr wirksam schützen? Reichen denn Drohungen und Tätlichkeiten nicht aus, um jemanden hinter Schloß und Riegel zu bringen?

Nach dem Gesetz ist die Sache höchst einfach: In Untersuchungshaft (kurz: U-Haft) genommen wird, wer eines strafbaren Verhaltens dringend verdächtig ist und wenn einer der in der Strafprozeßordnung angeführten Haftgründe vorliegt. Das sind in Österreich:
● Fluchtgefahr,
● Verdunklungsgefahr beziehungsweise Verabredungsgefahr,
● Wiederholungs- oder Ausführungsgefahr.

Die deutsche Strafprozeßordnung kennt die gleichen Haftgründe, Wiederholungsgefahr kann als Haftgrund allerdings nur bei Sittlichkeitsverbrechen herangezogen werden.

Seit 1. Januar 1972, dem Inkrafttreten des sogenannten zweiten Teiles des Strafrechtsänderungsgesetzes, geht in Österreich die Tendenz mehr als bisher in die Richtung, jemanden nur dann in Untersuchungshaft zu nehmen, wenn es unumgänglich erforderlich ist — und dann nicht unnötig lang: »Sämtliche am Strafverfahren beteiligten Behörden sind verpflichtet, darauf hinzuwirken, daß die Haft so kurz wie möglich dauert« (§ 193 der österreichischen Strafprozeßordnung).

Daher soll grundsätzlich eine Untersuchungshaft nicht länger als sechs Monate dauern, es sei denn bei »besonderer Schwierigkeit oder besonderem Umfang der Untersuchung« (dann bis zu einem Jahr) oder bei den mit über zehnjähriger Kerkerstrafe bedrohten Delikten wie etwa Mord, Raub oder Brandstiftung (dann U-Haft bis zu zwei Jahren). Auch darf die Untersuchungshaft nicht verhängt oder aufrechterhalten werden, wenn »die Haftzwecke durch Anwendung gelinderer Mittel erreicht werden können«. Dazu gehört etwa die vorübergehende Abnahme des Reisepasses oder der Fahrzeugpapiere, dazu gehört das Gelöbnis, weder zu flüchten noch »die Untersuchung zu vereiteln«, ebenso die Weisung, »jeden Wechsel des Aufenthaltsortes anzuzeigen oder sich in bestimmten Zeitabständen bei Gericht oder einer anderen Stelle zu melden«, und schließlich die von manchen als kapitalistische Ungerechtigkeit verschrieene »Kautionsleistung«. Hiezu schreibt die »Arbeiter-Zeitung«: »Einen Millionenbetrüger trifft es sicher nicht allzu hart, wenn er von den von ihm im großen Stil ergaunerten Millionen einige Hunderttausende (manchmal nicht einmal so viel) herausrücken muß, um gegen eine solche Sicherheitsleistung dann auf freien Fuß gesetzt zu werden.

Der kleine Gauner dagegen hat die geringen Beträge, die er sich betrügerisch erworben hat, wahrscheinlich für seinen Lebensunterhalt und den seiner Familie schon längst aufgebraucht und ist daher finanziell nicht in der Lage, jene Kaution zu erlegen, die das Gericht von ihm zur Abwendung des Haftgrundes der Fluchtgefahr verlangt.«

Im ganzen gesehen geht die — nicht nur österreichische, sondern internationale — Tendenz eher in Richtung einer Einschränkung der Untersuchungshaft. Dr. Hermann Roeder, Universitätsprofessor in Graz, erklärt dazu: »Es geschieht meist mehr Unheil, wenn man einen Unschuldigen einsperrt, als wenn man einen Schuldigen mit der Untersuchungshaft verschont. Der plötzliche, nicht selten unerwartete Verlust der Freiheit bedeutet aber auch für den Schuldigen ein größeres Übel als die Verurteilung zu einer — selbst längeren — Freiheitsstrafe. Denn mit dieser mußte er rechnen, auf diese konnte er sich vorbereiten, vor allem aber: er kann ihr Ende absehen. Es darf daher in allen Fällen auf Untersuchungshaft als das den Beschuldigten am härtesten treffende Zwangsmittel nur dann gegriffen werden, wenn ihr Zweck, die Durchführung des gerichtlichen Strafverfahrens zu sichern, durch gelindere Mittel nicht zu erreichen ist.«

Roeder hat zweifellos recht: Jemanden in Haft zu nehmen und in Haft zu behalten, kann für den Betreffenden unabsehbare und katastrophale Folgen haben, kann ihn in seinem Fortkommen und in seiner Ehre, in seiner Existenz und in seinem beruflichen und privaten Ansehen nicht nur schädigen, sondern unter Umständen sogar vernichten.

Gewiß, alle diese Folgen kann auch die Strafhaft haben. Aber ihr liegt — abgesehen von ihrer begrenzten Dauer — immerhin ein rechtskräftiges gerichtliches Urteil zugrunde, durch das die Schuld des Betreffenden — zumindest nach sogenanntem menschlichen Ermessen (Ermessen hier in doppeltem Sinn des Wortes verstanden) — festgestellt ist. Natürlich ist auch die Strafhaft kein Allheilmittel, im Gegenteil, die geringe Wirksamkeit traditioneller Strafvollzugssysteme ist offensichtlich. Aber eine taugliche Alternative zur Freiheitsstrafe hat man noch nicht gefunden. Die Zukunft kann wohl nur in ihrer Umgestaltung und Sinnerfüllung durch geeignete (etwa psychotherapeutische) Maßnahmen weitab von der heute noch üblichen Schablonisierung liegen.

Bei der Untersuchungshaft hingegen fehlt die urteilsmäßige Basis. Die Schuld des Untersuchungshäftlings ist noch nicht erwiesen, im Gegenteil, nach den Normen der Menschenrechtskonvention muß er — bis zur Urteilsrechtskraft — als schuldlos angesehen werden. Und in nicht wenigen Fällen ist er es auch, oder es läßt sich seine Schuld zumindest nicht mit Sicherheit erweisen. Mag er auch unter Umständen — keineswegs immer — einen Anspruch auf Haftentschädigung haben, wenn das gegen ihn geführte Verfahren schließlich mit Einstellung oder Freispruch endet. Menschliche Freiheit — vor allem, wenn sie unter den entwürdigenden Umständen einer Haft beschnitten wird — ist mit Geld nicht aufzuwiegen. Noch dazu mit Geld, das staatlicherseits meist ebenso zögernd wie unzureichend als Haftentschädigung ausbezahlt wird.

Wobei es Auslagen gibt, die in Österreich auch dem Freigesprochenen keinesfalls (und in der Bundesrepublik Deutschland nur bei »erwiesener Unschuld«, also nicht bei bloßem Freispruch im Zweifel mangels an Beweisen) ersetzt werden, so etwa die — oft gar nicht unbeträchtlichen — Kosten für den Verteidiger, dessen der Angeklagte sich zur Wahrung seiner Rechte bedient hat. Dazu meint Bezirksrichter DDr. Werner Jakusch in der Österreichischen Juristenzeitung: »Es muß vom unbefangenen Beobachter geradezu als Zynismus gewertet werden: Der Freigesprochene oder sonst außer Verfolgung Gesetzte soll froh sein, so glimpflich davongekommen zu sein.«

Gewiß, es gibt Fälle, in denen die Verhängung der Untersuchungshaft das einzige sinnvolle Mittel ist, zu dem man greifen kann, will man nicht den staatlichen Strafanspruch und das Erfordernis der öffentlichen Sicherheit ad absurdum führen. Beim Serieneinbrecher, der, kaum aus der Strafanstalt entlassen, seine Tätigkeit sofort wiederaufnimmt, wird die Wiederholungsgefahr so evident und der Anspruch der Öffentlichkeit auf Schutz vor den eigentumsgefährdenden Taten dieses Mannes so vordringlich sein, daß an der Berechtigung seiner neuerlichen Inhaftierung nicht zu zweifeln ist.

Aber das ist nicht die Regel. Die Gefängnisse sind — in Österreich wie in der Bundesrepublik — überfüllt, und das zum Teil mit Menschen, die nicht darinnen sein müßten. Haft soll stets nur das äußerste Mittel sein.

In den USA machte man im Jahre 1970 ein interessantes Experiment:

Dreiundzwanzig Strafrichter, die an einem Fortbildungskurs für Juristen an der Universität von Nevada teilnahmen, erklärten sich bereit, das Gefängniswesen einmal aus der Sicht der Häftlinge zu erleben. Hier einige Eindrücke prominenter Teilnehmer:

Schockiert über eine allgegenwärtige Homosexualität und die Schreie von Gefangenen, die die ganze Nacht über tobten, erklärte Richter E. Newton Vickers aus Kansas, er sei sich wie ein Tier in einem Käfig vorgekommen.

Oberrichter Robert Bryan aus Washington hatte die Nacht in Einzelhaft verbracht. Das laute Geräusch der alle sieben Minuten automatisch einsetzenden Toilettenspülung und die ordinären Flüche der Gefangenen ließen ihn kein Auge zutun. Bryan: »Außer zum Schutz der Gesellschaft, der in manchen Fällen notwendig ist, gibt es keinen vernünftigen Grund dafür, Menschen untätig einzusperren.«

Und Karl Menninger, einer der prominentesten amerikanischen Psychiater und wiederholt in Sensationsprozessen als Gutachter herangezogen, urteilt in seinem Buch »Strafe — ein Verbrechen?«: »Ein Ort, an dem müßige, frustrierte, ungepflegte, verängstigte, verbitterte Menschen in eine physische und psychische Intimität gedrängt und der Lust und Laune anderer ausgeliefert sind, ist eine erstklassige Brutstätte für Übel und Gewalttätigkeit. Und man bedenke bitte, daß sie nicht einmal etwas Böses getan haben müssen!«

Überdies steht eines fest: Selbst wenn jemand in Untersuchungs- und anschließend vielleicht auch gleich in Strafhaft genommen wird, bietet das keine Gewähr dafür, daß nach dem Haftende die von ihm ausgehende Gefährlichkeit geringer ist als vorher. Im Gegenteil, die Ausnahmesituation des Eingesperrtseins mit all seinen zwangsweisen Nebenwirkungen auf psychischem wie auf familiärem, auf gesellschaftlichem wie auf sexuellem Gebiet steigert nicht selten noch die Abartigkeit, die psychopathische oder neurotische Disposition. Und oft auch den Haß.

Der deutsche Bundestagsabgeordnete Adolf Arndt hat das ebenso wahre wie resignierende Wort gesprochen: »Es gibt Grenzen, an denen der um das Recht bemühte Mensch ohnmächtig wird: Das ist die Grenze hin zu den unheimlichen Abgründen der menschlichen Natur.«

Diese Ohnmacht erwies sich schon in vielen, in allzu vielen Fällen. Etwa — um nur einen herauszugreifen — im Fall des Heinrich und der Katharina Son.

Sie war seine zweite Frau. Genauer gesagt, seine zweite Ehefrau. Denn Lebensgefährtinnen hatte er schon mehrere gehabt, ehe er, immerhin bereits siebenundvierzig Jahre alt, zum zweitenmal das schloß, was man so gemeinhin den »Bund fürs Leben« zu nennen pflegt. Seine erste Ehe hatte dieser Bezeichnung nicht entsprochen. Sie war nach achtzehnjähriger Dauer und trotz dreier Kinder, die ihr entsprangen, in Brüche gegangen. Wie das Kreisgericht Sankt Pölten in seinem Scheidungsurteil festhielt: aus dem alleinigen Verschulden des Fleischhauers Heinrich Son.

Dann heiratet dieser Son zum zweitenmal, heiratet die Kellnerin Katharina, die einige Jahre jünger ist als er, kauft sich mit ihr gemeinsam eine Wohnung und richtet diese Wohnung ein. Anfangs geht das gemeinsame Leben ganz gut, aber die Zwistigkeiten werden immer häufiger, die Spannungen immer größer, die Streitigkeiten immer enervierender.

Es geht dabei fast immer um das gleiche, um die Eifersucht des Heinrich Son. Wo und wann immer er seine Frau mit einem Mann auch nur im Gespräch sieht, vermutet er schon Untreue und Ehebruch. Was für seine Frau eine harmlose Plauderei mit Bekannten ist (und sie hat auf Grund ihrer früheren Tätigkeit als Kellnerin viele Bekannte), wird für ihn Anlaß zum Mißtrauen, zur Eifersucht.

So quälen sich die beiden durch ihre Ehe, die längst zur Hölle geworden ist. Zur Hölle nicht zuletzt dadurch, daß Heinrich Son mit Schimpfworten, aber auch mit Tätlichkeiten nicht gerade sparsam umgeht, daß er seiner Frau mit Brutalität das auszutreiben versucht, was er als verbotenen Umgang mit anderen Männern empfindet.

Eines Tages hat die Frau genug von dieser Ehe; sie will wieder frei sein. Frei von einem Mann, der ihr wieder einmal angekündigt hat, er werde sie »verschandeln«, daß niemand sie mehr anschaue. Sie bringt die Scheidungsklage ein und erstattet zugleich wegen der Drohung Anzeige bei der Polizei.

Die Polizei zögert nicht lange. Sie kennt Heinrich Son als Gewalttäter, der schon wiederholt mit dem Gesetz in Konflikt geraten ist. Sie nimmt ihn fest, liefert ihn dem Wiener Landesgericht ein, das ihm die Rechnung für seine Verschandelungsandrohung präsentiert: sechs Monate schwerer Kerker.

Aber wie schon ein altes Sprichwort sagt: Nach dem Sitzen kommt das Herauslassen. Auch Heinrich Son kann man nicht ewig »sitzen« lassen. Am 12. August 1962 wird er aus der Strafhaft entlassen.

Sein erster Weg führt ihn zu seiner Frau. Er will sie umstimmen. Sie soll die Scheidungsklage zurückziehen, sie soll wieder mit ihm zusammen leben. Aber sie will nicht. Die Abneigung gegen ihren Mann ist in ihr übermächtig geworden. Und die Angst vor ihm. Sie lehnt weitere Kontakte mit ihm ab. Und unterzeichnet damit ihr Todesurteil.

Heinrich Son unternimmt in diesen Tagen alles, um herauszubekommen, wann, wo, mit wem und wie oft seine Frau ihn betrogen hat. Selbstquälerisch, selbstzerstörerisch. Er ist äußerst skeptisch, wenn jemand ihm versichert, seine Frau stehe doch im Ruf, nicht nur häuslich und sparsam, sondern auch anständig und treu zu sein.

Die Wahrheit will Heinrich Son nicht hören. Sie paßt nicht in das Konzept, das sich sein krankes Hirn zusammengestellt hat, paßt nicht in das Bild der »verworfenen Schlampe«, das er sich von seiner Frau gemacht hat und das ihm seine paranoide Phantasie Tag für Tag vorgaukelt.

Ein Kaffeehaus nach dem anderen, ein Gasthaus nach dem anderen sucht er auf, alles Lokale, von denen er annimmt, seine Frau habe dort verkehrt, während er in Strafhaft saß. Er sucht Zeugen für Vorfälle, die es nie gegeben hat, will Beweise für einen Ehebruch, der nie stattgefunden hat. Zu seinem Schwager spricht er die prophetischen Worte: »In ein paar Tagen wirst du von mir etwas hören.«

Dann geht alles sehr schnell. Heinrich Son betritt das Haus, in dem seine Frau wohnt. Für die äußere Eingangstür hat er einen Schlüssel, die Wohnungstür bricht er mit einer Holzhacke auf.

Mit derselben Hacke, mit der er ein paar Minuten später Katharina Son, die schlaftrunken eben aus ihrem Bett steigen will, den Schädel zerschmettert.

Was sonst noch in diesem Schlafzimmer geschieht, zwischen diesen beiden Menschen, die einander zum Verhängnis wurden, das weiß niemand mit Sicherheit. Auch die Staatsanwaltschaft deutet es in ihrer Anklage nur an:

»Es ist ungewiß, ob der Beschuldigte an der Sterbenden oder sogar bereits Toten sexuelle Handlungen vorgenommen hat. Samenspuren, die auf dem Hemd und der Unterhose des Heinrich Son gefunden werden konnten, sowie der Umstand, daß die Unterhose der Frau ausgezogen zwischen ihren Beinen gefunden wurde, deuten darauf hin.«

Ein Psychologe, über diesen Fall befragt, erklärt: »Es war eine Haßliebe, die er für sie empfunden hat. Er wollte sie besitzen und zerstören zugleich.«

Die Sätze, die Heinrich Son unmittelbar nach dem Mord an seiner Frau auf einen Zettel schreibt, weisen in diese Richtung: »Ich wollte es nicht, aber das furchtbare Unrecht konnte ich nicht ertragen. Ich hatte ihr vorher nichts zuleide getan, weil ich sie mit allen Fasern liebte. Sie hat mir alles zerstört, auch mein Leben. Dafür mußte sie ihres geben. Heinrich.«

Die Liebe und der Tod sind oft eng beisammen: Wir wissen es zumindest seit den Forschungen Sigmund Freuds. Und Arthur Schnitzler hat es uns in seinen Bühnenstücken mit dem klinischen, durchdringenden Blick des Arztes, der er zugleich war, sinnfällig demonstriert.

Zwei Tage später wird Heinrich Son verhaftet, von der Staatsanwaltschaft wegen Gattenmordes angeklagt, von einem Geschworenengericht am 12. März 1964 zu lebenslangem schwerem Kerker verurteilt. Es ist der Schlußpunkt unter ein verpfuschtes Leben, unter das Leben eines Mannes, der in seinem unglücklichen Wahn das Leben des einzigen Menschen auslöschte, den er vielleicht wirklich geliebt hat.

Die unheimlichen Abgründe der menschlichen Natur, sie waren in Heinrich Son. Sie waren auch in Stefan Frauenschill. Abgründe, von denen wir kaum etwas ahnen, geschweige denn wirklich wissen. Dieses Abgründige in Frauenschill hat Stefan Philipp, dem er seit vielen Jahren in echter Freundschaft zugetan war, getötet. Frauenschill sühnt dafür mit lebenslanger Haft. Die Justiz, die so oft — und so oft mit Recht — gescholtene, trifft, meine ich sagen zu dürfen, am tragischen und sinnlosen Sterben des Stefan Philipp keine Schuld.

Brauchen wir Geschworene?

»Zu was brauch' ma des, Travnicek?« lautet einer der berühmten Aussprüche des Ex-Kabarettisten Helmut Qualtinger. Man kann die Frage, ein wenig variiert, auch im Zusammenhang mit berühmten Strafprozessen immer wieder hören: Wozu brauchen wir eigentlich Schöffen? Wozu brauchen wir Geschworene? Könnten das die Berufsrichter, die die Gesetze doch lange genug studiert haben, nicht besser und einfacher selbst erledigen? Schließlich zieht auch der Chirurg keinen Schneider und keine Buchhalterin bei, wenn er eine Blinddarmoperation vornimmt. Und auch der erfahrene Installateur würde sich entschieden weigern, bei der Reparatur einer schadhaften Wasserleitung mit einem Bankbeamten oder einer Volksschullehrerin zusammenzuarbeiten.

Wozu also brauchen die Berufsrichter noch Laienbeisitzer? Gut, beim Arbeitsgericht sollen Vertreter der Unternehmer und der Beschäftigten beigezogen werden und beim Handelsgericht Beisitzer aus dem Gewerbe. Das sind aber Fachleute, Experten, die von der betreffenden Materie etwas verstehen und dem Richter, der zwar ein erfahrener Jurist ist, aber nicht unbedingt über einschlägige Sachkenntnis der betreffenden sozialen oder kommerziellen Materie verfügt, manchmal recht nützlich an die Hand gehen können.

Aber beim Strafgericht: Sind da die Schöffen und Geschworenen, mögen sie auch noch so guten Willens sein, nicht restlos überfordert? Was soll die biedere Hausfrau von dem Prozeß gegen den gefinkelten Gemeinschuldner verstehen, bei dem sie Schöffin ist? Und was der einfache Landwirt als Geschworener von den rechtlichen und faktischen Schwierigkeiten eines komplizierten Indizienprozesses wegen Mordes?

Wer eine Institution verstehen will, muß zunächst ihre historische Entwicklung verfolgen. Entgegen der weitverbreiteten Ansicht, Geschworene und Schöffen seien Schöpfungen der modernen Demokratien, ist die Idee der Beteiligung des Volkes an der Rechtsprechung historisch nichts Neues.

Im germanischen Thing hatten die um die Gerichtsstätte herumstehenden Volksangehörigen, der »Umstand«, judizielle Gewalt. Und im Heiligen Römischen Reich urteilten von der fränkischen Zeit bis ins 16. Jahrhundert Schöffen unter richterlichem Vorsitz.

Erst im Zeitalter des Absolutismus wurde der Berufsrichter ausschließlich Gerichtsherr, der seine Macht im Namen und in Vertretung des Monarchen ausübte.

Im Gefolge der Französischen Revolution brachte dann der Beginn des 19. Jahrhunderts, bedingt durch das Mißtrauen des Volkes gegen vom Herrscher ernannte, besoldete und abhängige Berufsrichter, die Einführung der Geschworenengerichtsbarkeit in der Form, daß die Geschworenenbank — meistens zwölf Personen — über die Schuldfrage, der Schwurgerichtshof — drei Berufsrichter — dagegen über die Strafe zu entscheiden hatte. Dieses System setzte sich in der Folge in sämtlichen Staaten Kontinentaleuropas mit Ausnahme von den Niederlanden und Schweden durch.

Heute besteht dieses Geschworenengericht alten Stils nur noch in Belgien, in Norwegen, in einigen Kantonen der Schweiz und — in Österreich. Die anderen Staaten gingen auf Grund negativer Erfahrungen nach und nach davon ab, als erstes Deutschland im Jahre 1924 mit der Reform von Justizminister Emminger. Die Gründe hiefür waren zweifacher Natur:

● einerseits erschütterten zahlreiche Fehlurteile die Autorität des reinen Laiengerichts,

● anderseits wurde zunehmend gefordert, ein Richterspruch, der den ganzen Menschen betreffe, müsse auch in eine Hand gelegt und dürfe nicht zwei getrennten Körperschaften (Schwurgerichtshof und Geschworenenbank) anvertraut werden.

So wurden die aus Berufs- und Laienrichtern kombinierten erweiterten Schöffengerichte geboren, die nur in schweren Kriminalsachen aus historischen Gründen den Namen »Schwurgericht« beibehielten und die meist aus drei Berufsrichtern und sechs Laien bestehen, welche gemeinsam beraten und entscheiden. Derartige »erweiterte Schöffengerichte« judizieren heute — in etwas variierenden Besetzungen — in der deutschen Bundesrepublik ebenso wie in Italien (»Corte d'assise« mit zwei Berufs- und sechs Laienrichtern) oder Frankreich (»Cour d'assises« aus drei Berufsrichtern und neun Laien, wobei zu einer für den Angeklagten ungünstigen Entscheidung eine Zweidrittelmehrheit erforderlich ist), während Spanien und Portugal jede Laienbeteiligung, in welcher Form immer, aus dem Gerichtssaal verbannt haben.

Bleiben an kontinentaleuropäischen Staaten — außer Österreich, dessen Situation noch ausführlich zu erörtern sein wird — noch Belgien, Norwegen und die Schweizer Kantone Freiburg, Genf, Thurgau und Zürich (formell auch noch die »Bundesgeschworenen« in Lausanne), wo sich das alte Geschworenensystem erhalten hat, allerdings zum Teil mit Unterschieden gegenüber der österreichischen Regelung. So entscheiden etwa in Belgien die — zwölf — Geschworenen nur über die Tatfragen, nicht auch über — drei Berufsrichtern vorbehaltenen — Rechtsprobleme. Haben sie die Schuldfrage verneint, so ist der Spruch unanfechtbar und sofort rechtskräftig.

Die »klassischen« Länder der Geschworengerichtsbarkeit sind England und die Vereinigten Staaten, deren Rechtswesen allerdings von jenem der kontinentaleuropäischen Staaten grundverschieden ist. Ist bei uns jeder Strafprozeß (sieht man einmal von Privatanklagedelikten, wie etwa Ehrenbeleidigungen und Familiendiebstählen, ab) ein amtswegiges Verfahren, dessen Herr der Richter beziehungsweise der Gerichtshof ist, so geht in Großbritannien und noch stärker in den Vereinigten Staaten das Verfahren in Kriminalsachen nach jenen »Spielregeln« vor sich, die bei uns für den Zivilprozeß gelten, nämlich als reiner Parteienprozeß.

Der Ausdruck »Spielregeln« ist dabei durchaus wörtlich zu verstehen: Parteien des Verfahrens sind der Staatsanwalt auf der einen Seite und der Angeklagte mit seinem Verteidiger auf der anderen. Sie sind es, die — meist mit Hilfe der Polizei beziehungsweise findiger Privatdetektive — die erforderlichen Belastungs- und Entlastungszeugen aufzutreiben und dem Gericht zu präsentieren haben. Sie sind es, die auch alle anderen Beweismittel dem Richter und der »Jury« (also der Geschworenenbank) vorführen, ob es sich nun um Urkunden, um Sachverständigengutachten oder um was sonst immer handelt. Der Richter selbst ist eher in die Rolle eines Schiedsrichters gedrängt, der die Einhaltung der Spielregeln zu überwachen, also etwa dafür zu sorgen hat, daß im Gerichtssaal keine Beleidigungen fallen und keine unzulässigen Fragen gestellt werden.

Wie kompliziert und formalistisch ein solcher Prozeß vor sich geht, hat etwa der Prozeß gegen Charles Manson und seine Mitangeklagten gezeigt, die sich wegen mehrfachen Mordes in der Villa des Filmregisseurs Roman Polanski vor einem Geschworenengericht in Los Angeles zu verantworten hatten. Die Verhandlung dauerte allein in erster Instanz vom Juni 1970 bis April 1971, also nicht weniger als zehn Monate. Nicht unverständlich, wenn man weiß, wie sehr sich schon die Auswahl der Geschworenen in die Länge ziehen kann, gegen die sowohl dem Staatsanwalt wie auch dem Verteidiger ein Ablehnungsrecht zusteht, von dem nicht selten exzessiv, ja mutwillig Gebrauch gemacht wird. So wird nach der Eröffnung der Verhandlung oft wochenlang bloß an der Zusammensetzung der Geschworenenbank »gebastelt«, was jede rationelle Prozeßführung über den Haufen wirft. Wenn man noch dazu bedenkt, daß der Kompetenzbereich der Geschworenengerichte in den USA ein äußerst ausgedehnter ist, ja daß sie sogar in Zivilsachen zu entscheiden haben, kann man die Klagen verstehen, die diesbezüglich wegen des allein durch die versäumte Arbeitszeit der Laienrichter vergeudeten Volksvermögens immer häufiger und lauter werden.

Diese Überlastung der amerikanischen Geschworenengerichte treibt die seltsamsten Blüten. Nach der ständig steigenden Kriminalität in den USA und der erwähnten weitgesteckten Kompetenz der Laienrichter müßte man nämlich theoretisch fast jeden Amerikaner zum Geschworenen machen.

Nun kann ein Angeklagter dem Geschworenengericht entkommen, indem er gleich vor dem Einzelrichter ein Geständnis ablegt, allerdings nicht wegen des Delikts, dessentwegen man angeklagt ist, sondern wegen einer wesentlich harmloseren strafbaren Handlung. Worauf ein munteres »Blindekuhspiel« beginnt und alle so tun, als wären sie von der Richtigkeit des Geständnisses überzeugt, und auch die Staatsanwaltschaft verlangt nur die Bestrafung wegen dieses Delikts, sozusagen als Honorar für das »Geständnis«. Damit erspart sich der Beschuldigte eine höhere Strafe und der Staat die Beiziehung von Geschworenen.

So pflegten sich im Staat Michigan bis zum Jahre 1964 Einbrecher, die des Nachts auf frischer Tat ertappt worden waren, nur des Einbruchs bei Tag schuldig zu bekennen. Der Grund: Bis dahin war die Strafe für Einbruch zur Nachtzeit in Michigan dreimal so hoch als für Einbruch am hellen Tag.

Oder: In einer Kleinstadt in Wisconsin wurde ein Schnellfahrer erwischt. Er legte ein Geständnis ab, aber nicht etwa bezüglich überhöhter Geschwindigkeit (das hätte ihm seinen Führerschein gekostet), sondern er gab über Anraten seines Anwalts nur zu, eine Einbahnstraße in falscher Richtung durchfahren zu haben. Deswegen wurde er auch verurteilt, obwohl es in der ganzen Stadt keine einzige Einbahn gab.

Alles dies sind Fälle des sogenannten Geständnishandels.

Zweifellos: Die Schwächen des angelsächsischen Systems überwiegen seine Vorteile. Und daß sich auch dort das Geschworenengericht in einer Krise befindet, belegt nicht zuletzt ein Ausspruch des offiziellen Sprechers des britischen Lordrichters bei einem Besuch österreichischer Juristen in London im Jahre 1963: »Das Geschworenengericht arbeitet nicht gut. Es kommt immer öfter vor, daß die Geschworenen bei großen Prozessen intellektuell versagen.«

Gilt das auch in Österreich? Betrachten wir zunächst einmal kurz die historische Entwicklung. Mit dem Übergang von der absoluten zur konstitutionellen Monarchie im Jahre 1867 wurden auch die Geschworenengerichte grundsätzlich eingeführt. Sie bestanden — mit gewissen Korrekturen ihrer Arbeitsweise — bis zum Jahre 1934 und wurden dann durch das Strafrechtsänderungsgesetz vom 19. Juni 1934, der Tendenz der ständisch-autoritären Regierung Dollfuß folgend, durch das »große Schöffengericht« (je drei Berufs- und drei Laienrichter) ersetzt.

Nach der Wiedererrichtung Österreichs 1945 blieben diese sogenannten Schwurgerichte zunächst bestehen, und erst mit Wirkung vom 1. Jänner 1951 wurden die Geschworenengerichte — allerdings in einer gegenüber der ersten Republik teilweise stark modifizierten Form — wieder eingeführt (Geschwornengerichtsgesetz 1950). Die Zahl der Geschworenen, die bis zum Jahre 1933 zwölf betragen hatte und dann (bis zur endgültigen Abschaffung 1934) auf sechs herabgesetzt worden war, wurde nun mit acht festgesetzt. Diese Form der Geschworenengerichte hat sich bis heute im wesentlichen unverändert erhalten. Ihre Basis ist — abgesehen von dem zitierten Gesetz — der Artikel 91 der österreichischen Bundesverfassung, der folgenden Wortlaut hat:

»(1) Das Volk hat an der Rechtsprechung mitzuwirken.

(2) Bei den mit schweren Strafen bedrohten Verbrechen, die das Gesetz zu bezeichnen hat, sowie bei allen politischen Verbrechen und Vergehen entscheiden Geschworne über die Schuld des Angeklagten.

(3) Im Strafverfahren wegen anderer strafbarer Handlungen nehmen Schöffen an der Rechtsprechung teil, wenn die zu verhängende Strafe ein vom Gesetz zu bestimmendes Maß überschreitet.«

Konkret gesprochen heißt das: Alle Delikte, die mit einer mindestens zehnjährigen Kerkerstrafe bedroht sind (vor allem Mord, Raub und Brandlegung), kommen vor die Geschworenen. Ebenso — und zwar unabhängig von der Strafhöhe — alle politischen Delikte wie etwa Hochverrat, Aufstand, Aufreizung zu Feindseligkeiten oder Herabwürdigung staatlicher Symbole.

Die Schöffengerichte wieder entscheiden über alle Taten, die mit einer mehr als fünf-, aber nicht mehr als zehnjährigen Strafe bedroht sind (zum Beispiel Diebstähle, Betrügereien und Veruntreuungen mit einem Schadensbetrag von mehr als 25 000 Schilling), aber auch über alle anderen Verbrechen und Vergehen, bei denen sich die Staatsanwaltschaft — sei es nach ausdrücklicher gesetzlicher Vorschrift, sei es nach ihrem eigenen Ermessen — nicht mit einem Strafantrag begnügt (über den ein Einzelrichter entscheiden würde), sondern eine förmliche Anklage einbringt.

Bei Abtreibung der Leibesfrucht etwa und der Beihilfe dazu ist das schöffengerichtliche Verfahren vom Gesetz ebenso vorgeschrieben wie beim Mißbrauch der Amtsgewalt oder der Amtsveruntreuung. Im übrigen wird von der Staatsanwaltschaft immer dann Anklage vor dem Schöffengericht erhoben, wenn der Sachverhalt kompliziert, die Beweislage also schwierig ist.

Wie sind nun das Geschworenen- und das Schöffengericht zusammengesetzt? Der Schöffensenat besteht aus zwei Berufsrichtern (dem Vorsitzenden und dem Beisitzer) und zwei Schöffen als Laienrichtern. Die Schöffen und die Berufsrichter beraten gemeinsam über die Schuld des Angeklagten und über die zu verhängende Strafe und stimmen auch gemeinsam ab.

Ganz anders das Geschworenengericht: Es setzt sich aus drei Berufsrichtern (dem sogenannten »Schwurgerichtshof«) und acht Geschworenen (der sogenannten »Geschworenenbank«) zusammen. Über die Frage der Schuld, ob also der Angeklagte zu verurteilen oder freizusprechen ist, entscheiden die Laienrichter (Geschworenen) allein, und zwar mit einfacher Stimmenmehrheit. Bei vier zu vier gilt die für den Angeklagten günstigere Meinung. Hält also die Hälfte der Laienrichter den Angeklagten für schuldig und die andere Hälfte für unschuldig (so etwa im Falle des unter der Anklage des Mordes an Ilona Faber gestandenen Johann Gassner), dann muß er freigesprochen werden.

Über die Strafhöhe (im Falle eines Schuldspruchs) entscheiden dann Berufs- und Laienrichter gemeinsam.

Das war nicht immer so. In der ersten Republik, die ja auch schon Geschworene kannte, war für die Straffrage ausschließlich der Schwurgerichtshof zuständig, also die Berufsrichter. Das bewährte sich aber nicht. Denn die Geschworenen, in der Mehrzahl der Fälle milder gesinnt als ihre beamteten Kollegen, schätzten es nicht sehr, daß man ihnen keinerlei Einfluß auf die Strafhöhe einräumte. So kam es dazu, daß sie selbst bei ganz eindeutigem Schuldbeweis lieber auf Freispruch erkannten als auf Verurteilung, weil sie meinten, die Berufsrichter würden über den Betreffenden eine ihrem Empfinden nach zu hohe Strafe verhängen, ohne die Milderungsgründe entsprechend zu würdigen.

So kam es zu grotesken Urteilen: Ein Mann beispielsweise, der seine ihn schikanierende Frau mit einer Hacke erschlagen hatte, wurde trotz seines Geständnisses freigesprochen. Offenbar fürchteten die Geschworenen, die Berufsrichter würden den Mann im Falle eines Schuldspruchs lebenslänglich hinter Kerkermauern schicken, und das wollten sie unter Berücksichtigung der menschlichen Aspekte des Falles verhindern. Daher entschieden sie gleich auf Freispruch.

Nach der heutigen Rechtslage sind allerdings die Berufsrichter gegen offenkundige Fehlentscheidungen der Geschworenen nicht ganz wehrlos: Sind sie einstimmig der Meinung, daß die Geschworenen bei ihrer Entscheidung »geirrt« haben, daß also ihr Wahrspruch falsch ist, so können sie diesen »aussetzen«, also sozusagen für ungültig erklären. Die Folge: Das Urteil gilt als nicht gefällt, der Akt wandert zum Obersten Gerichtshof, der ihn einem anderen Geschworenengericht zuweist. Worauf die Verhandlung dort von vorne beginnt.

Drei junge Wiener Universitätsdozenten beziehungsweise -assistenten, Dr. Manfred Burgstaller, Dr. Konrad Schima und Dr. Franz Csaszar, veröffentlichten vor einiger Zeit eine interessante Untersuchung zu diesem Problem: »Die Aussetzung der Entscheidung im Verfahren vor den Geschworenengerichten« (Springer Verlag, Wien — New York). Darin nahmen sie alle rechtskräftig entschiedenen Geschworenengerichtsverfahren der Jahre 1951 (damals trat das neue Geschworenengerichtsgesetz in Kraft) bis 1965 unter die kritische Lupe, insgesamt 2234 an der Zahl.

Fünfzig dieser Wahrsprüche fanden vor den Augen der Berufsrichter keine Gnade, sie wurden »ausgesetzt«. Davon — und das ist die eigentliche Überraschung der Analyse — achtundvierzigmal zum Nachteil und nur zweimal zum Vorteil des Angeklagten. In fast allen Fällen waren also — genau wie in der ersten Republik — die Leute aus dem Volke dem Angeklagten günstiger gesinnt als die Berufsrichter.

Einige Gründe dafür: Die Geschworenen lassen sich leichter von außerjuristischen (»metarechtlichen«) Erwägungen leiten. Das heißt, sie neigen zum Freispruch, wenn ihnen der Täter als sympathisch oder bemitleidenswert, das Opfer hingegen als brutal (tyrannischer Vater) oder sonst verabscheuungswürdig erscheint.

Bei Freisprüchen in »Kriegsverbrecherprozessen« spielen nicht selten neben der langen, seit den Taten verstrichenen Zeit und der Fülle von politischen und militärischen Untaten, die seither in aller Welt verübt wurden, nicht selten auch Abneigungen gegen den Kreis der Opfer (Juden, Russen, Polen usw.) eine Rolle, bei Raubprozessen (wenn auch unbewußt) nicht selten Momente sozialpsychologischer Wertung. Einer Prostituierten das Handtäschchen zu rauben, wird etwa vielfach eher als »Kavaliersdelikt« angesehen, gewissermaßen als eine Art Berufsrisiko der Beraubten.

Aber auch zum Nachteil des oder der Angeklagten werden nicht selten außerjuristische, moralisierende Momente herangezogen. So bejahten etwa im Prozeß gegen eine sechsundzwanzigjährige Maschinstickerin die Geschworenen die Hauptfrage auf Kindesmord, weil sie der Angeklagten das nicht glaubten, womit sie sich von allem Anfang an unwiderlegt verantwortet hatte: einen Ohnmachtsanfall während des Geburtsaktes. Wobei wahrscheinlich nicht zuletzt die mit der Tat kaum im Zusammenhang stehende Tatsache ausschlaggebend war, daß die Frau schon vier uneheliche Schwangerschaften hinter sich hatte und vom Vater ihres vierten Kindes, einem Italiener, nur den Vornamen kannte. Die Berufsrichter setzten den Wahrspruch aus, der zweite Rechtsgang endete mit einem Freispruch vom Kindesmord.

Diese Untersuchung reicht nur bis zum Jahr 1965, doch seither haben sich neuerlich gleichartige Fälle ereignet. Im Jahre 1966 etwa wurden die Brüder Wilhelm und Johann M. von den Geschworenen in Salzburg für nicht schuldig erkannt, die ihnen angelasteten Judenmassaker in Stanislau in den Jahren 1941 und 1942 begangen zu haben. Die Entscheidung wurde ausgesetzt. In Wien wurden dann die beiden von den Geschworenen fast in allen Anklagepunkten schuldig erkannt und zu acht beziehungsweise zwölf Jahren schwerem Kerker verurteilt.

Geschworener zu sein ist nicht nur ein verantwortungsvolles, sondern auch ein höchst schwieriges Amt. Denn die Geschworenen sehen sich in komplizierten Prozessen mitunter einem verwirrenden Schema von Fragen gegenübergestellt, die sie beantworten müssen. Da lautet etwa in einem Mordprozeß die Hauptfrage (stark vereinfacht wiedergegeben): Ist N. schuldig, den X. ermordet zu haben?

Jetzt kommen aber die vielen Eventual- und Zusatzfragen, zu denen die Ergebnisse des Beweisverfahrens zwingen, das oft keine ganz eindeutigen Ergebnisse gebracht hat: War es vielleicht kein Mord, sondern nur Totschlag? Oder gar nur fahrlässige Tötung in Notwehrüberschreitung?

Und weiter: Befand sich der Täter im Zeitpunkt der Tat vielleicht in einem Zustand der Sinnesverwirrung oder der Volltrunkenheit?

Oder hat er überhaupt in einer echten Notwehrsituation gehandelt, so daß er gar nicht verurteilt werden kann, sondern freigesprochen werden muß?

In Wirklichkeit sind die Fragen, die der Vorsitzende den Geschworenen zur Beantwortung vorlegt, viel länger und viel komplizierter, und Sache der Laienrichter ist es nicht nur, darauf mit »Ja« oder »Nein« zu antworten, sondern sie müssen ihre Entscheidung auch noch begründen. Wobei diese Begründung allerdings mitunter recht kursorisch ist und nur etwa aus den Schlagworten »Geständnis« oder »durch Zeugenaussagen erwiesen« besteht. Nach dem Gesetz reicht das aus.

Darin liegt zugleich auch die große und von seinen Kritikern hervorgehobene Schwäche des Geschworenengerichts: Wer meint, daß das Urteil in einem Mordprozeß besonders umfangreich, besonders sorgfältig ausgearbeitet sein müsse, der irrt gewaltig.

Jeder Bezirksrichter, der in irgendeinem Dutzendprozeß jemanden wegen eines kleinen Verkehrsunfalls, einer Wirtshausrauferei oder eines Ladendiebstahls verurteilt, muß dieses Urteil genau begründen. Er muß dartun, warum er nicht dem leugnenden Angeklagten, sondern dem Belastungszeugen glaubt, was vom rechtlichen Standpunkt aus zur Tat zu sagen ist und dergleichen mehr. Tut er das nicht, dann setzt er sich der Gefahr aus, daß sein Urteil vom Berufungsgericht aufgehoben wird.

Keineswegs so verhält sich die Sache beim Geschworenengericht, das über die schwersten Verbrechen zu entscheiden hat, die es überhaupt gibt. Die ganzen Urteilsgründe bestehen, sieht man einmal von der Aufzählung der Milderungs- und Erschwerungsgründe ab, nur aus einem einzigen kurzen Satz: Das Urteil gründet sich auf den Wahrspruch der Geschworenen. Mehr steht nicht drinnen. Und wenn nicht irgendein Formalfehler unterlaufen ist, kann ein solches Urteil kaum mit Aussicht auf Erfolg bekämpft werden. Denn die Beweiswürdigung der Geschworenen ist inappellabel, das heißt endgültig, durch Berufung nicht anfechtbar; die Begründung für ihren Wahrspruch, ob sie nun auf schuldig oder auf nicht schuldig erkannt haben, ist dadurch praktisch unüberprüfbar. Nur der Schwurgerichtshof hat, wie schon gesagt, die Möglichkeit, den Wahrspruch auszusetzen, wenn er einstimmig der Meinung ist, daß die Geschworenen »geirrt« haben.

Aber zurück zur einleitenden Frage: Haben die Geschworenen heute noch Sinn und Berechtigung? Denn daß eine solche Einrichtung gesetzlich und sogar verfassungsmäßig verankert ist, sagt noch nichts über ihren Wert oder Unwert aus.

Hier gehen die Meinungen begreiflicherweise beträchtlich auseinander, wobei die kritischen Stimmen fast in der Überzahl sind. So etwa Österreichs höchster staatsanwaltlicher Beamter, Generalprokurator beim Obersten Gerichtshof, Dr. Viktor Liebscher: »Die Meinung, daß eine Geschworenenbank die schwierige Aufgabe der Rechtsfindung lösen kann, kommt der Anbetung eines Mythos gleich, an den in Wirklichkeit niemand mehr glaubt.«

Aber auch ein Vertreter der »Gegenseite«, der bekannte Wiener Rechtsanwalt Dr. Ernst Jahoda, sekundiert ihm dabei voll Ironie: »Niemand würde sich von acht Laien, die sich vorbehaltlos zur Republik Österreich bekennen und deren Verständigkeit, Ehrenhaftigkeit und Charakterfestigkeit außer Zweifel steht, auch nur einen Zahn ziehen, geschweige denn den Blinddarm oder die Gallenblase operieren lassen. Selbst die Installation einer Badewanne oder die Verlegung einer elektrischen Leitung würde kein vollsinniger Mensch von acht Laien, denen bei allem Patriotismus die nötigen Kenntnisse und Erfahrungen fehlen, durchführen lassen. Soll in der Rechtspflege Wissen und Erfahrung keine Rolle spielen? Zum Justizmord genügt es freilich, daß die Vorstrafen des Geschworenen getilgt und seine Entmündigung aufgehoben wurden und daß die Bezirksverwaltungsbehörde keinen Grund gefunden hat, an seinem vorbehaltlosen Bekenntnis zur Republik Österreich zu zweifeln.

Es bildet eine unverdiente Herabwürdigung der Justiz, wenn man Laien zu einem Amte beruft, das wohl das schwierigste und verantwortungsvollste aller Ämter im Staate ist, weil seine Träger dazu berufen sind, über die höchsten Güter der Menschheit, nämlich Leben, Freiheit und Ehre, vom Vermögen ganz zu schweigen, zu entscheiden.«

Auch vom Eid, den jeder Geschworene vor der ersten Verhandlung zu leisten hat, hält Jahoda nicht viel. Dieser Eid geht dahin, »die Beweise, die gegen und für den Angeklagten werden vorgebracht werden, mit der gewissenhaftesten Aufmerksamkeit zu prüfen und nichts unerwogen zu lassen, was zum Vorteil oder zum Nachteil des Angeklagten gereichen kann«. Weiters »der Stimme der Zu- oder Abneigung, der Furcht oder der Schadenfreude kein Gehör zu geben, sondern sich mit Unparteilichkeit und Festigkeit nur nach den für und wider den Angeklagten vorgeführten Beweismitteln und Ihrer darauf gegründeten Überzeugung so zu entscheiden, wie Sie es vor Gott und Ihrem Gewissen verantworten können.« Und schließlich »das Gesetz, dem Sie Geltung verschaffen sollen, treu zu beobachten«.

Dazu Jahoda: »Wer das Gesetz, dem er Geltung verschaffen soll, gar nicht kennt, kann es auch nicht beobachten. Die kurze Rechtsbelehrung durch den Vorsitzenden vermag ein langjähriges Studium der Rechtswissenschaft und Kriminologie nicht zu ersetzen.

Unparteilichkeit aber und die Fähigkeit, der Stimme der Zu- oder Abneigung, der Furcht oder Schadenfreude kein Gehör zu schenken, können durch einen Eid weder erworben noch ersetzt werden. Es bedarf hiezu vielmehr besonderer charakterlicher Anlagen und deren Ausbildung in langer beruflicher Übung. Ebenso wie der gute Vorsatz oder ein abgelegter Eid nicht ausreichen würden, um über ein Seil zu tanzen, ohne sich nach dieser oder jener Seite zu neigen und das Gleichgewicht zu verlieren, ebensowenig kann Unparteilichkeit auf dem Wege der Beeidigung erworben werden.«

Noch sarkastischer urteilt der Schriftsteller Herbert Eisenreich:

»Im Schwurgericht urteilen — noch dazu ohne Begründung! — über jemandes Schuld oder Unschuld ausschließlich Leute, die ihr geistiges Dasein doch vorwiegend mittels ihrer Affekte bestreiten; man höre nur, was und wie in der Tramway, an der Bassena, im Wirtshaus geredet wird über den jeweils jüngsten Kriminalfall! Kurzum: Mit der Laiengerichtsbarkeit wird der Richtertisch umfunktioniert zum Stammtisch.«

Und Eisenreich stellt eine harte Frage: »Warum also diese — die Rechtsstaatlichkeit gefährdende — Farce? In der Demokratie mit all ihren Kontrollinstanzen kann doch kein Richter mehr ungestraft wagen, gegen Gesetz und Recht ein Urteil zu fällen, nur weil sein Brot- und Auftraggeber es ihm so diktiert hat. Und vor ›Klassenjustiz‹ müßte in der pluralistischen Gesellschaft praktisch jeder sich fürchten, weil da auch die Justiz nicht mehr elitär, sondern pluralistisch ist.

Der Richter mag irren; er ist nur ein Mensch, und deswegen gibt es die Instanzen (mit Ausnahme allerdings der wichtigsten: einer zweiten Tatsacheninstanz). Bei freiheitlich-demokratischen Rechtsverhältnissen wird der Richter schon deshalb ohne das ihm mißtrauende und zur Korrektur seiner Rechtsgelehrsamkeit institutionalisierte ›gesunde Volksempfinden‹, dieses Requisit aller totalitären Folterkammern, der Pflicht zur Wahrheitsfindung genügen, weil selbst bei etwa mangelndem Berufsethos doch sein Berufsehrgeiz — er will ja avancieren! — ihn bestrebt sein lassen wird, möglichst unanfechtbare — und das sind: dem Gesetz gemäße — Urteile zu fällen.«

Dagegen meint etwa der prominente deutsche Strafrechtslehrer Henkel: »Das Volk muß die Verbrechensbekämpfung in der Strafrechtspflege als eigene Lebensäußerung erleben. Das ist aber nur dann möglich, wenn ehrenamtliche Richter aus dem Volk an ihr teilnehmen, nicht aber, wenn das Volk lediglich zusieht, wie eine Gruppe beamteter Richter ihre Aufgabe berufsmäßig erfüllt. Ein sachliches und verständnisvolles Zusammenwirken von Berufsrichtern und ehrenamtlichen Richtern sichert am besten eine vom Volk verstandene und vom Vertrauen des Volkes getragene Strafrechtspflege.«

Die Worte »sachliches und verständnisvolles Zusammenwirken« kann man nur unterstreichen. Wer derartiges will, muß zwar die Idee der Laienbeteiligung im Strafprozeß grundsätzlich bejahen, zugleich aber wohl für eine Gesetzesreform in Österreich eintreten. Denn eben an diesem »sachlichen und verständnisvollen Zusammenwirken« fehlt es ja meist bei unseren Geschworenengerichten, wo Berufsrichter und Laienrichter einander meist höchst fremd gegenüberstehen. Es spricht allen Erwägungen der Rechtsfindung wie auch der Rationalität Hohn, wenn der Vorsitzende eine komplizierte schriftliche Rechtsbelehrung ausarbeiten muß, die einerseits juristisch hochqualifiziert (sonst bezeichnet sie der Oberste Gerichtshof als unzureichend), anderseits aber auch für einen Laien verständlich (sonst verstehen sie ja die Geschworenen nicht) sein soll, den Geschworenen dieses Elaborat mitgibt und diese, nun allein gelassen, mit den komplizierten Beweisergebnissen ebenso zu Rand kommen sollen wie mit dem sie sozusagen begleitenden schriftlichen Kommentar der Berufsrichter. Hier sind die Laienrichter tatsächlich oft hoffnungslos überfordert. Nicht selten der einzige Ausweg: Sie beschließen, auch die Berufsrichter (was an und für sich nicht vorgesehen, aber zulässig ist) an ihrer Beratung (bei der Abstimmung dürfen sie auf keinen Fall dabeisein) teilnehmen zu lassen.

Eine Reform des Geschworenenverfahrens wird also, das geben auch seine Befürworter zu, auf lange Sicht wohl unvermeidlich sein. Freilich wäre es aber anderseits wohl falsch, sozusagen das Kind mit dem Bade auszugießen und aus der Tatsache, daß Fehlurteile von Berufsrichtern vorkommen, die Abschaffung der Laienbeteiligung als ganzes zu fordern. Schließlich hat es auch schon Urteile von Berufsrichtern gegeben, die von der übergeordneten Instanz wegen sachlicher und rechtlicher Mängel ebenso harter wie berechtigter Kritik ausgesetzt waren. Oder wie es eine Wiener Tageszeitung ausdrückte: »Geschworene und Schöffen können irren — aber das können Berufsrichter auch.«

Das Argument, daß man schließlich auch nicht Hausfrauen und Elektriker, Schuhmacher und Schneider zu Operationen im Krankenhaus heranziehe, weil sie davon nichts verstehen, so daß demnach auch keine Notwendigkeit bestehe, sie an Gerichtsverhandlungen teilnehmen zu lassen, ist wohl etwas vordergründig. Denn es gibt zwar im Menschen kein »natürliches medizinisches Gefühl«, wohl aber nach überwiegender Anschauung so etwas wie ein natürliches Rechtsgefühl.

»Rechtsgefühl und Rechtsbewußtsein lebt in jedem und läßt Recht und Unrecht oft sicherer erkennen als den Juristen«, urteilt Birkmeyer. Und Ullmann hielt es schon in seinem 1882 erschienenen Lehrbuch des österreichischen Strafprozeßrechts für eine »psychologische Tatsache, daß Richter von Beruf, je länger sie ihr Amt verwalten, ein allgemeines Vorurteil gegen alle Angeklagten schöpfen, womit keineswegs ein Tadel gegen den Richterstand ausgesprochen, sondern nur einer immer wieder zu beobachtenden Erfahrungstatsache Ausdruck gegeben werden soll«.

Und Schober betonte in einer berühmt gewordenen Debatte, die im Rahmen der Österreichischen kriminalistischen Vereinigung in Wien am 16. Jänner 1911 stattfand, der Jurist sei »vermöge der Art der Wissenschaft, die er treibt, etwas zum Formalen und Abstrakten geneigt. Durch die Beteiligung der Laien werden wir in manchen Fällen zu einer lebendigeren und natürlicheren Auffassung gelangen«.

So pflegt etwa der Jurist im allgemeinen und der Richter im besonderen auf seine präzisen und logischen Fragen von den solcherart Vernommenen auch präzise und logische Antworten zu erwarten. Erhält er sie nicht, so versucht er es üblicherweise mit — gleichfalls logischen und präzisen — Ergänzungsfragen und Vorhaltungen. Das gilt für den Ablauf ebenso wie für das Motiv der Tat. Ein Angeklagter, der — vielleicht durchaus wahrheitsgemäß — angibt, er habe sich im Zeitpunkt der Tat überhaupt nichts, nichts Bestimmtes oder jedenfalls nicht das gedacht, was er sich nach Ansicht des Richters gedacht haben müsse, erscheint von vornherein suspekt, weil er eben keine »vernünftige Aufklärung« geben kann.

Soziologen haben bereits wiederholt kritisch darauf hingewiesen, daß hier der Richter seine eigenen Maßstäbe von Logik und Vernunft auch auf den nach seiner Herkunft und seinem Milieu, seiner Weltanschauung und seiner sozialen Position von ihm völlig verschiedenen Angeklagten anwendet und dadurch von schiefen, wenn nicht geradezu falschen Voraussetzungen bei dessen Beurteilung ausgeht, indem er seine eigenen Vorstellungen und Anschauungen zur Basis seiner Fragestellung und Vorhaltungen macht.

Die ganze Komplexität der menschlichen Seele, ihre Ambivalenz, die den Menschen nicht selten ein und dasselbe Ereignis zugleich fürchten und erhoffen, ein und denselben anderen Menschen zugleich hassen und lieben, sich zu jemandem zugleich hingezogen und von ihm abgestoßen fühlen läßt, alle diese Irrungen und Wirrungen, diese Unordnungen und Unvollkommenheiten unserer Psyche, die aber doch einfach zur Realität gehören, werden von dem nur an der kühlen Abstraktion der Paragraphen geschulten Berufsrichter, für den es nur eine — nämlich seine — Logik, immer nur ein Tatmotiv und eine absolute Wahrheit gibt, als lästige und den Gang der Verhandlung hemmende Störenfriede beiseite geschoben, während, wie Lohsing-Serini in ihrem ausgezeichneten Lehrbuch des österreichischen Strafprozeßrechts mit Recht betonen, »der Laie entschieden vorurteilsfreier an die Sache herantritt, seine Beziehungen zur Bevölkerung und ihrem Rechtsbewußtsein völlig ungetrübt sind und er ein schärferes Auge für die Individualität des Angeklagten und das soziale Milieu seiner Herkunft hat als der Berufsrichter«.

Zwei Geschworenenprozesse aus den letzten Jahren sollen dies erläutern: der (Wiener) Mordprozeß gegen Gertrude B. und der (Salzburger) Mordprozeß gegen Aloisia G.

Gertrude B., geboren 1926, hatte trotz Wirtschaftskrise und Arbeitslosigkeit eine schöne Jugendzeit gehabt. Nicht einmal vom Zweiten Weltkrieg spürte die Familie allzuviel. Wer wie der Vater von Gertrude B. eine Garage, einen Autohandel und eine Tankstelle besitzt und dazu auch noch fleißig und geschäftstüchtig ist, kann seiner Familie auch in Notzeiten den Lebensunterhalt verschaffen.

Herr B. kann es, und Frau und Tochter helfen in seinem Betrieb tüchtig mit. Es ist die gutbürgerliche Wiener Familie, wie sie im Buch steht.

Die Tochter ist schon fast dreißig, als sie erstmalig eine Lebensgemeinschaft mit einem Mann eingeht, den sie dann heiratet, als sich Nachwuchs ankündigt.

Im Jahre 1957, ihrem Hochzeitsjahr, kommt der Sohn zur Welt, kann aber die — bereits brüchig gewordene — Ehe nicht mehr retten. Ein Jahr später stehen die beiden vor dem Scheidungsrichter.

Gertrude B. ist wieder frei, macht einige Männerbekanntschaften. Kein Wunder: Sie sieht nicht nur gut aus, sondern verfügt auch, kommerziell in die Fußstapfen des Vaters getreten, über beachtliche Vermögenswerte: Bargeld, Liegenschaften, einen gutgehenden Garagenbetrieb.

Und immer wieder zieht es sie zu jüngeren Männern hin, wobei der Altersunterschied in einem Fall sogar vierzehn Jahre beträgt. Und auch der Mann, der ihr zum Schicksal werden soll (und sie ihm), ist neun Jahre jünger als sie: der amerikanische Medizinstudent John B.

Mit diesem Mann freundet sie sich an, und aus der Freundschaft wird Liebe. Zumindest von ihrer Seite. Denn er ist zwar ein tadelloser Liebhaber, aber ein weniger tadelloser Mensch. Er nützt Gertrude B., die ihm rettungslos verfallen ist, ohne Skrupel aus.

Er verlangt von ihr Geld, immer mehr Geld, um seine kostspieligen Vergnügungen finanzieren zu können. Und sie gibt es ihm, Beträge, die im Laufe von drei Jahren in die Hunderttausende gehen.

Sein Dank: Er behandelt die ihm hündisch ergebene Frau wie seine Sklavin, spart weder mit gröbsten Beschimpfungen noch mit Schlägen. Einmal muß sie mit gebrochenem Bein zwei Monate ins Krankenhaus. Er aber kümmert sich nicht um sie, die täglich auf ihren Geliebten wartet.

Am 20. März 1968 demütigt er Gertrude B. wieder einmal, wie schon so oft zuvor: Sie muß ihm Geld geben, damit er mit anderen ausgehen kann, zum Vergnügen, zum Heurigen. Sie selbst darf nicht mitgehen, sie muß brav zu Hause auf ihn warten.

Gertrude B., allein in der Wohnung gelassen, in der sie doch immer nur zusammen mit John sein möchte, verzweifelt an allem: Sie hat genug, sie will Schluß machen. Sie hat eine Pistole, mit der sie nervös zu hantieren beginnt.

Das einzige, was die technisch unbegabte und nervlich zerrüttete Frau erzielt: Es löst sich während dieses Hantierens ein Schuß aus der Waffe und dringt in die Wand ein.

Der Knall bringt Gertrude B. wieder zur Besinnung, so wie einen, der sich selbstmörderisch von der Brücke stürzt, das kalte Wasser des Flusses vielleicht ernüchtert. Sie macht, statt sich zu erschießen, etwas lächerlich Triviales. Sie vergipst das Loch in der Wand, das durch den Einschlag entstanden ist.

Während sie sich die Hände reinigt, kommt ihr Geliebter nach Hause, überheblich und zynisch, lieblos und verletzend wie immer: »Du kannst dir mich nicht mehr leisten«, grinst er höhnisch, »ich heirate eine reiche Frau.«

Gertrude B. hält sich die Ohren zu, sie will das nicht hören. Er gehört doch ihr, trotz allem, warum sagt er solche Dinge? Sie geht auf ihn zu, will zärtlich zu ihm sein, ihm über das Haar streicheln.

Aber John hat genug von ihrer Liebe, genug von Gertrude B., genug von allem, was mit ihr zu tun hat. Er wendet sich brüsk ab, die Zärtlichkeiten der Frau erreichen ihn nicht.

Was nun geschieht, dauert nur Sekunden: Sie zieht die Pistole aus der Manteltasche, richtet sie gegen ihn und drückt ab. Ein ungläubiger, staunender Blick, ein schmerzliches Zusammenzucken, dann will der Angeschossene fliehen. Hinaus aus der Wohnung, in das Stiegenhaus, zum Ausgang. Er erreicht ihn nicht mehr: Gertrude B. verschießt das ganze Magazin, John kann sich noch bis zur Einfahrt schleppen, dort bricht er, mehrfach tödlich getroffen, zusammen. Als ihn der Krankenwagen in die Unfallstation bringt, lebt er nicht mehr.

Gertrude B. wird in Haft genommen, angeklagt, vor Gericht gestellt. Man baut ihr goldene Brücken: Was sie eigentlich wollte mit den Schüssen, fragt man sie immer wieder. Ob sie John habe töten wollen oder ihm nur einen Denkzettel geben?

Sie weiß es selbst nicht. Gefühle lassen sich nicht juristisch analysieren, schon gar nicht Gefühle einer zutiefst liebenden und zutiefst enttäuschten Frau. »Ich kann selber nicht sagen, was ich wollte«, sagt sie bei der Polizei. »Ich war vollkommen leer. Ich wollte einerseits ihn zurückhalten und anderseits Schluß machen.«

Der Staatsanwalt klagt Gertrude B. wegen Mordes an. Und er kann auch Gründe für diese schwere Anklage ins Treffen führen: Warum hat Gertrude B., wenn sie den Mann nicht töten wollte, so oft auf ihn geschossen? Warum das ganze Magazin leergefeuert? Bei einem einzigen Schuß könnte Handeln im Affekt — und damit bloßer Totschlag — noch glaubhaft sein. Aber bei sechs Schüssen?

Gertrude B. kann auch in der Verhandlung nichts zur Klärung des Sachverhalts und vor allem nichts zu jener des Tatmotivs beitragen. Manchmal weint sie, dann sieht sie wieder teilnahmslos vor sich hin.

Die Geschworenen stehen vor einer schweren Aufgabe. Sollen sie wirklich, wie es der Staatsanwalt gefordert hat, diese vom Leben zerbrochene Frau, deren Lebensweg in den letzten Jahren ein einziges, wenn auch vielleicht selbstverschuldetes Martyrium war, die Liebe und Glück suchte und statt dessen Gemeinheit und Niedertracht fand, als Mörderin hinter Kerkermauern schicken?

Sie tun es nicht: Sie sprechen Gertrude B. nur des Totschlags schuldig und verurteilen sie zu einer schweren Kerkerstrafe von drei Jahren. Einer Strafe, die übrigens auch das Oberlandesgericht, an das die Staatsanwaltschaft dann noch zu berufen für nötig erachtet, für eine angemessene Sühne hält.

Ein Wahrspruch, der wohl nicht nur menschlich, sondern auch juristisch korrekt ist: Zur Begehung des Mordes wird — wie bei jedem Verbrechen überhaupt — vom Gesetz Vorsatz erfordert. Das bedeutet bei Mord: Tötungsabsicht. Ist diese Absicht nicht erwiesen, so kann nach dem fundamentalen Grundsatz des »in dubio pro reo« (im Zweifel ist zugunsten des Angeklagten zu entscheiden) ein solcher Mord nicht als erwiesen angenommen werden, sondern nur Totschlag oder fahrlässige Tötung. Ob aber Gertrude B. diesen John, den sie wohl noch mehr liebte, als sie ihn zuletzt — in ihrer Verzweiflung — haßte, wirklich mit Vorbedacht töten wollte, daran konnten — oder mußten — sogar die Geschworenen Zweifel haben. Und sie zogen aus diesen Zweifeln die richtigen Konsequenzen. Ohne ein Prophet sein zu wollen: Berufsrichter hätten wohl kaum so entschieden.

Nun zum zweiten Fall, zu Aloisia G.:

Als sie am 9. März 1970 vor den Salzburger Geschworenen unter Mordanklage steht, bescheinigt ihr der psychiatrische Sachverständige Primar Dr. Ernst Hesse: »Aloisia G. muß sich während der Tat und schon Stunden zuvor in einem starken psychischen Spannungszustand befunden haben, der auch von einer schwersten Verstimmung mit Depression begleitet war.« Er spricht auch von einem »unsicheren, ängstlich-infantilen Gehaben« der Angeklagten und von »Zeichen einer Entwicklungshemmung an der Persönlichkeit«. Im übrigen kommt der Psychiater aber zu dem Ergebnis, es liege zwar eine »weitgehend verminderte«, aber keineswegs eine aufgehobene Zurechnungsfähigkeit vor.

Strafrechtlich gesehen ist Aloisia G. also verantwortlich oder, volkstümlich gesagt, »normal«. Jedenfalls so »normal«, wie es eben eine Einundzwanzigjährige sein kann,

● deren Mutter erblich schizophren belastet und entmündigt ist, in den letzten dreizehn Jahren fünfmal in der Landesnervenklinik behandelt wurde und die im Zuge eines Anfalls das eigene landwirtschaftliche Anwesen in Brand steckte;

● deren Onkel sich — unheilbar geisteskrank — in einer geschlossenen Anstalt befindet;

● die — laut psychiatrischem Gutachten — »ohne Nestwärme« in einer »völligen seelischen Isolierung« aufgewachsen ist und deren Lebensweg ständig durch die geistige Erkrankung der Mutter beeinflußt und gekennzeichnet wurde;

● die schon vor zwei Jahren Selbstmordabsichten äußerte, wie ihr Vater als Zeuge vor Gericht bekundete.

So »normal« also ist Aloisia G. Und in einer solchen Verfassung lernt das Mädchen mit achtzehn Jahren einen Burschen aus ihrem Heimatort Pfarrwerfen näher kennen. Bei ihm vermeint sie das zu finden, was ihr im Elternhaus versagt geblieben ist: Geborgenheit, Wärme und — Glück. Am 21. Juli 1969 bringt sie einen gesunden Buben zur Welt.

Doch schon während der Schwangerschaft, so erzählt sie, habe sie das Gefühl gehabt, ihrem Freund sei »das alles nicht recht«. Und wieder stellen sich Schwermut und Depressionen ein. Vollends, als zu den Beschimpfungen durch die Mutter nun auch noch die Beschimpfungen durch den Freund, der sich keineswegs als Stütze für das Mädchen erweist, kommen.

Was schließlich am 27. Oktober 1969 geschieht, kann das zarte, blasse Mädchen bei Gericht nur unbeholfen, stockend und immer wieder durch Weinkrämpfe unterbrochen, hervorbringen: »Am Abend hat die Mutter wieder einmal zu mir gesagt, daß ich eine blöde Kuh bin.« Und da entsteht im verwirrten Kopf der von Kindestagen an stets nur Gescholtenen und Gedemütigten der Entschluß, »ins Wasser zu gehen«. Sie will es nicht allein tun, sondern auch das Kind in den Tod mitnehmen: »Weil es der Bub ja später einmal auch nicht besser hat.«

Um etwa 22 Uhr wickelt sie das schlafende Baby in eine Decke und geht damit zum Köck-Steg, der in Pfarrwerfen über die Salzach führt: »Ich habe überlegt, ob ich nicht noch einmal nach Hause gehen soll. Doch dann sind mir wieder die ganzen tristen Verhältnisse eingefallen. Da habe ich den schlafenden Buben aus der Decke genommen und ins Wasser geworfen.«

Sekunden später – und damit Sekunden zu spät – bereut sie schon, was sie getan hat, und beginnt zu schreien: »Aber es hat mich niemand gehört.«

Eine Stunde geht sie auf dem Steg hin und her: sinnlos und verzweifelt. Dann springt sie selbst vom rechten Ufer aus in den Fluß. Aber sie bleibt – eine gute Schwimmerin – an der Wasseroberfläche, wird ans Ufer getrieben und hält sich an einem Stein fest. Primar Dr. Hesse: »Gerade im Wasser werden Selbstmörder auch bei höchster psychischer Spannung durch die plötzliche Unterkühlung auf Sicherung und Bestand des eigenen Lebens ausgerichtet.«

Als sie sich viereinhalb Monate später wegen Mordes an ihrem Kind Manfred vor den Geschworenen verantworten muß, droht ihr nach dem Gesetz lebenslanger schwerer Kerker. Aber die Laienrichter, sieben Männer und eine Frau, bejahen zwar einstimmig die Hauptfrage bezüglich der Tat selbst, können sich jedoch hinsichtlich auf Vorliegen von Sinnesverwirrung zur Tatzeit gerichteten Zusatzfrage nicht einigen: vier der Geschworenen stimmen – dem psychiatrischen Gutachten folgend – für Zurechnungsfähigkeit, vier dagegen. Das bedeutet (bei Stimmengleichheit gilt die für den Angeklagten günstigere Meinung): Freispruch für Aloisia G. Verteidiger Dr. Walter Dillersberger hat mit seiner Argumentation (»Das Persönlichkeitsbild der Angeklagten weicht weit von der Norm ab. Vor allem sind auch die Parallelen zum Verhalten der geisteskranken Mutter auffallend: Die Mutter hat ihr Eigentum vernichtet, indem sie die eigene Landwirtschaft in Brand gesteckt hat. Die Tochter hat ihr eigenes Kind, obwohl sie es so sehr liebte, getötet«) Erfolg gehabt.

Erster Staatsanwalt Dr. Josef Zarl meldet zwar Nichtigkeitsbeschwerde gegen den Freispruch an, zieht dieses Rechtsmittel aber bereits am nächsten Tag zurück. Aloisia G. wird enthaftet und erhält durch Vermittlung ihres Verteidigers einen Arbeitsplatz in Salzburg. Sie muß nicht mehr zurück in das Elternhaus, in dem sie »ein sehr bedauernswertes Leben« (so der Staatsanwalt in seinem Plädoyer) führte.

Herbert Godler kommentiert den Fall in den »Salzburger Nachrichten«: »Den, der die Anklageschrift kennt und der dem Prozeß beiwohnte, mag der letzte Schritt des Staatsanwalts in diesem Verfahren nicht überraschen; er durfte ihn vielmehr erwarten. Weil es nicht Formaljuristen waren, die dem Verfahren ihren Stempel aufdrückten, sondern Rechtswahrer, denen offensichtlich die Vermenschlichung des Rechts mehr als nur ein Slogan ist.«

Ich meine, daß — ebenso wie im Fall der Gertrude B. — das Urteil auch im Fall der Aloisia G. nicht nur menschlich, sondern auch juristisch durchaus in Ordnung geht. Denn wie heißt es doch wörtlich im § 258 unserer Strafprozeßordnung? »Das Gericht hat die Beweismittel auf ihre Glaubwürdigkeit und Beweiskraft sowohl einzeln als auch in ihrem inneren Zusammenhange sorgfältig und gewissenhaft zu prüfen. Über die Frage, ob eine Tatsache als erwiesen anzunehmen sei, entscheiden die Richter nicht nach gesetzlichen Beweisregeln, sondern nur nach ihrer freien, aus der gewissenhaften Prüfung aller für und wider vorgebrachten Beweismittel gewonnenen Überzeugung.«

Nach diesem in allen modernen Rechtsordnungen selbstverständlichen Grundsatz der »freien richterlichen Beweiswürdigung« — der natürlich auch für Geschworene gilt, da ja auch sie Richter im Sinne des Gesetzes sind — besteht also keine sklavische Bindung des Gerichts an irgendein Beweismittel, ob es nun eine Zeugenaussage, ein Sachverständigengutachten oder was immer ist. Wenn der Sachverständige X. also die Angeklagte Y. für zurechnungsfähig erklärt, so sind die Geschworenen durchaus nicht verpflichtet, ihm hierin zu folgen und gleichfalls Zurechnungs- und damit Schuldfähigkeit anzunehmen. Von diesem Recht machten die Salzburger Geschworenen Gebrauch; keineswegs willkürlich, sondern auf Grund wichtiger Umstände, die tatsächlich gegen eine solche »Normalität« der Angeklagten und für das Bestehen einer schuldausschließenden geistigen Störung (jedenfalls im Zeitpunkt der Tat) sprachen, von der schizophrenen Mutter über den geisteskranken Onkel bis zu der vom Psychiater selbst attestierten »völligen seelischen Isolierung« des Mädchens.

Ein Urteil, das den Geschworenen wahrlich nicht zur Unehre gereicht.

Urteilen unsere Geschworenen zu milde? Als man im Feber 1970 in der Presse lesen konnte, Geschworene hätten einen Mörder nur zu fünf Jahren Kerker verurteilt, konnte man tatsächlich zu einer derartigen Meinung kommen. Allerdings nur, wenn man die näheren Umstände dieses Mordfalles nicht kannte, des Mordfalles Alois V.

Am Morgen des 23. Januar 1969 machen einige Arbeiter einer Straßenbaufirma in der Nähe der Alten Donau im Osten von Wien eine grausige Entdeckung. Neben einem am Promenadenweg unversperrt abgestellten Personenwagen »Puch 500« mit Grazer Kennzeichen entdecken sie die regungslose Gestalt eines etwa fünfzigjährigen Mannes, von je einer Pistolenkugel im Schädelbereich und an der linken Brustseite getroffen. Neben ihm liegt eine leergeschossene Pistole. Im Inneren des Wagens, vom Beifahrersitz nach links gesunken, die Leiche einer Frau, ebenfalls von zwei Schüssen getroffen.

Wenige Minuten später sind Rettung und Polizei am Tatort. Der Rettungsarzt kann bei der Frau nur noch den bereits eingetretenen Tod feststellen, der Mann wird in schwerstverletztem Zustand in ein Krankenhaus gebracht. Personalpapiere, die er bei sich trägt, ermöglichen die einwandfreie Feststellung seiner Identität. Es ist der zweiundfünfzigjährige Elektrotechniker Alois V. aus Graz. Bei der Toten handelt es sich um die sechsundvierzigjährige Hausfrau Lieselotte Sch. aus Wien. Die Tat selbst: eine menschliche Tragödie, geboren aus verzweifelter Liebe und hoffnungsloser Leidenschaft eines alternden Mannes.

Während eines Kuraufenthaltes in Bad Deutsch-Altenburg im Frühjahr 1968 lernt Alois V., seit 28 Jahren kinder- und leidenschaftslos verheiratet, die um sechs Jahre jüngere, mit einem gutsituierten Mann (ebenfalls kinderlos) verheiratete Lieselotte Sch. kennen und lieben. Sie sind ein höchst ungleiches Paar: sie lebenslustig, fröhlich und kontaktfreudig, er schwermütig, verschlossen, introvertiert, innerlich einsam. Er bedeutet ihr durch seine für sie ungewohnte Art nur eine willkommene Abwechslung unter den ansonsten eher oberflächlichen Kurgästen. Sie bedeutet ihm alles.

Nachdem der Kuraufenthalt zu Ende ist, fährt Alois V. immer wieder von Graz nach Wien, um sich mit Lieselotte Sch. zu treffen. Und immer mehr wird er von dem Wahngedanken erfüllt, die Frau müsse ganz sein eigen werden, eigen nicht im Sinne eines flüchtigen Verhältnisses, sondern im Sinne eines Bundes für das Leben. Wenn nicht anders, dann für ein jenseitiges Leben.

Denn um sich scheiden zu lassen und Lieselotte Sch. (die damit wohl auch nie einverstanden gewesen wäre) zu einer Scheidung von ihrem Mann zu bewegen, dazu ist der kleine, unscheinbare Mann zu schwach. Er sieht nur einen Ausweg: den gemeinsamen Tod.

»Ohne Dich hat das Leben für mich keinen Sinn«, schreibt er ihr am 3. Dezember 1968 und deutet in diesem Brief auch an, daß sie ihn bisher schon mehrmals von der Verwirklichung seines Planes abhalten mußte: »Du hast mich schon dreimal vor einem Schritt bewahrt, der mich in ein Land der Seelen geführt hätte.«

Am 22. Dezember 1968 schreibt er: »Wenn es tatsächlich ein Land der Seelen gibt, dann werden wir beide dort bestimmt unsterblich glücklich sein auf ewig. Ich werde Dich nie allein zurücklassen.« Und zehn Tage später: »Du hast mir so oft das Leben wiedergegeben, aber ich sehe immer nur einen Ausweg für uns beide. Gott wird mir bestimmt verzeihen. Somit verspreche ich es Dir heilig und treu: Wenn ich den Weg gehen werde, dann nehme ich Dich mit, Lieselotte. Ich habe Dich viel zu lieb, um Dich allein zurückzulassen, ich könnte das vor Gott nie verantworten.«

Wie die Frau auf diese Schreiben reagierte, wissen wir nicht: Ihre Briefe hat Alois V. vernichtet, und er selbst kann sich zufolge seiner eigenen Hirnverletzungen nicht mehr erinnern. Aus einem Brief, den er am 4. Januar an die angebetete Frau richtete, geht jedenfalls hervor, daß sie bei einem Telefongespräch mit ihm, der ihr offenbar schon ebenso lästig wie unheimlich zu werden beginnt, geringes Interesse bekundet hat, worauf er ihr zuerst mit seinem Selbstmord droht — sie werde ihn »am Freitag früh vor ihrem Fenster als erste finden« —, dann aber wieder die Idee eines gemeinsamen Selbstmordes entwickelt: »Ich gehe einfach zu Dir und nehme Dich mit. So werden wir beide glücklich, zufrieden und eng umschlungen sein. Das ist mein allerletzter Wunsch.« Elf Tage später kauft er in Graz eine Pistole Marke Duo, Kaliber 6,35 mm, samt Munition.

Den 22. Januar verbringen Lieselotte Sch. und Alois V., ganz im Sinn ihrer verschiedenartigen Persönlichkeitsstrukturen, zunächst auf sehr verschiedene Weise. Sie macht am Vormittag Einkäufe in der Umgebung ihres Wohnhauses, kauft bei einem Friseur am Kagraner Platz eine Perücke um 1350 Schilling, die sie gegen Erlag einer Angabe auch gleich mitnehmen kann, und fährt anschließend in ein Geschäft in der Mariahilfer Straße, wo sie Wäsche einkauft und weitere bestellt und — gegen Abholung in der folgenden Woche — bereitlegen läßt. Eine Freundin erinnert sich: »Lieselotte war an diesem Tag in besonders guter und heiterer Stimmung.«

Alois V. verläßt um 6.15 Uhr seine Wohnung in Graz und sagt seiner Frau, er müsse in einer Direktoren-Villa an der Kärntner Grenze Installationsarbeiten vornehmen. In Wirklichkeit fährt er mit seinem Wagen nach Wien. Sein makabres Gepäck: eine geladene Pistole, ein Gummischlauch und fünf Packungen des Schlafmittels Dormopan.

Wann sich die beiden in Wien treffen und wie sie die letzten gemeinsamen Stunden verbringen, ist unbekannt. Das Ende der Tragödie läßt sich auf Grund der Expertengutachten mit Wahrscheinlichkeit folgendermaßen rekonstruieren: Als sie mit dem Wagen in die Nähe der zu dieser Jahreszeit eher einsamen Alten Donau kommen, verläßt Alois V., vermutlich unter dem Vorwand, einen Defekt am Auto beheben zu müssen, das Fahrzeug, bringt den Gummischlauch am Auspuff an und führt ihn durch ein vorgebohrtes Loch in das Wageninnere.

Als er wieder am Lenkersitz Platz genommen hat, startet er den Wagen, so daß die Abgase in das Fahrzeuginnere einzudringen beginnen. Etwa zur gleichen Zeit gibt er aus der Pistole je einen Schuß gegen seine Beifahrerin und gegen sich selbst ab. Beide werden in die linke Brustseite getroffen.

Später feuert er noch drei weitere Schüsse ab. Der erste trifft Lieselotte Sch. von links in den Hals und bleibt in der rechten oberen Rückenpartie stecken, der zweite trifft ihn selbst von unten in den Mundhöhlenboden und dringt in das Gehirn ein, und der dritte rettet schließlich dem Alois V. das Leben: Er zertrümmert das linke Seitenfenster, wodurch die Abgase ins Freie dringen können. Bei Lieselotte Sch. ist es allerdings bereits zu spät. Bei ihr ist — den Vermutungen der Gerichtsmediziner zufolge knapp vor Mitternacht — die tödliche Kohlenoxydvergiftung bereits eingetreten.

Alois V. kommt mit dem Leben davon, mit einem Leben, das er selbst nicht mehr gewollt hat. Mit einem qualvollen Leben. Durch den Schädelschuß, den er sich selbst zugefügt hat, ist er — von allen anderen Folgen abgesehen — halbseitig gelähmt. Als am 10. Feber 1970 die Verhandlung gegen ihn stattfindet, muß er von Justizwachebeamten in den Saal getragen werden.

Die Geschworenen verurteilen ihn zwar im Sinne der Anklage wegen Mordes und verneinen — mit der denkbar knappen Mehrheit von fünf zu drei Stimmen — auch die Frage auf »abwechselnde Sinnenverrückung«, aber sie urteilen menschlich: fünf Jahre schwerer Kerker, eine im Hinblick auf das vom Gesetz angedrohte »Lebenslang« sehr milde Strafe.

Allerdings braucht Alois V. auch diese Strafe, soweit er sie nicht schon in Untersuchungshaft abgesessen hat, nicht zu verbüßen: Er ist laut Gutachten des leitenden Anstaltsarztes des Wiener landesgerichtlichen Gefangenenhauses »strafvollzugsuntauglich«.

Anhang

Mordparagraphen – international

Aus dem österreichischen Strafgesetz

Mord

§ 134. Wer gegen einen Menschen, in der Absicht, ihn zu töten, auf eine solche Art handelt, daß daraus dessen oder eines anderen Menschen Tod erfolgte, macht sich des Verbrechens des Mordes schuldig; wenn auch dieser Erfolg nur vermöge der persönlichen Beschaffenheit des Verletzten, oder bloß vermöge der zufälligen Umstände, unter welchen die Handlung verübt wurde, oder nur vermöge der zufällig hinzugekommenen Zwischenursachen eingetreten ist, insoferne diese letzteren durch die Handlung selbst veranlaßt wurden.

§ 135. Arten des Mordes sind:
1. Meuchelmord, welcher durch Gift oder sonst tückischer Weise geschieht.
2. Raubmord, welcher in der Absicht, eine fremde bewegliche Sache mit Gewalttätigkeiten gegen die Person an sich zu bringen, begangen wird.
3. Der bestellte Mord, wozu jemand gedungen oder auf eine andere Art von einem Dritten bewogen worden ist.
4. Der gemeine Mord, der zu keiner der angeführten schweren Gattungen gehört.

Strafe des vollbrachten Mordes:

a) für den Täter, Besteller und die unmittelbar Mitwirkenden;

§ 136. Ist der Mord vollbracht worden, so soll sowohl der unmittelbare Mörder als auch jeder, der ihn etwa dazu bestellt oder unmittelbar bei der Vollziehung des Mordes selbst Hand angelegt oder auf eine tätige Weise mitgewirkt hat, mit lebenslangem schwerem Kerker bestraft werden.

b) für die entfernten Mitschuldigen oder Teilnehmer

§ 137. Diejenigen, welche, ohne unmittelbar bei der Vollziehung des Mordes selbst Hand anzulegen und auf eine tätige Weise mitzuwirken, auf eine andere, in dem § 5 enthaltene, entferntere Art zur Tat beigetragen haben, sollen bei einem gemeinen Morde mit schwerem Kerker von fünf bis zu zehn Jahren; wenn aber die Mordtat an Verwandten der aufsteigenden oder absteigenden Linie, an dem Ehegenossen eines der Mitwirkenden, da ihnen diese Verhältnisse bekannt waren, oder wenn ein Meuchelmord, Raubmord oder bestellter Mord verübt worden, zwischen zehn und zwanzig Jahren bestraft werden.

Strafe des Versuches

§ 138. Der unternommene, aber nicht vollbrachte gemeine Mord ist an dem Täter und den unmittelbaren Mitschuldigen (§ 136) mit schwerem Kerker von fünf bis zehn Jahren, an den entfernten Mitschuldigen und Teilnehmern (§ 137) aber von einem bis zu fünf Jahren zu bestrafen. Ist aber ein Raubmord, Meuchelmord, bestellter Mord oder ein Mord an den in dem vorigen Paragraphe erwähnten Angehörigen versucht worden, so ist die Strafe des schweren Kerkers gegen den Täter und die unmittelbaren Mitschuldigen zwischen zehn und zwanzig Jahren, und bei besonders erschwerenden Umständen auf lebenslang; gegen die entfernten Mitschuldigen und Teilnehmer aber zwischen fünf und zehn Jahren auszumessen.

Strafe des Kindesmordes

§ 139. Gegen eine Mutter, die ihr Kind bei der Geburt tötet, oder durch absichtliche Unterlassung des bei der Geburt nötigen Beistandes umkommen läßt, ist, wenn der Mord an einem ehelichen Kinde geschehen, lebenslanger schwerer Kerker zu verhängen. War das Kind unehelich, so hat im Falle der Tötung zehn- bis zwanzigjährige, wenn aber das Kind durch Unterlassung des nötigen Beistandes umkam, fünf- bis zehnjährige schwere Kerkerstrafe statt.

Tötung auf Verlangen

§ 139 a. Wer einen anderen auf sein ausdrückliches und ernstliches Verlangen tötet, macht sich des Verbrechens der Tötung auf Verlangen schuldig und wird mit schwerem Kerker von fünf bis zu zehn Jahren bestraft.

Mitwirkung am Selbstmord

§ 139 b. Wer einen anderen verleitet, sich selbst zu töten, oder einem anderen zum Selbstmord Hilfe leistet, ist des Verbrechens der Mitwirkung am Selbstmord schuldig und mit schwerem Kerker von einem bis zu fünf Jahren, bei besonders erschwerenden Umständen aber mit schwerem Kerker zwischen fünf und zehn Jahren zu bestrafen.

Totschlag

§ 140. Wird die Handlung, wodurch ein Mensch um das Leben kommt (§ 134), zwar nicht in der Absicht, ihn zu töten, aber doch in anderer feindseliger Absicht ausgeübt, so ist das Verbrechen ein Totschlag.

Strafe des räuberischen Totschlages
§ 141. Wenn bei der Unternehmung eines Raubes ein Mensch auf eine so gewaltsame Art behandelt worden, daß daraus dessen Tod erfolgt ist (§ 134), soll der Totschlag an allen denjenigen, welche zur Tötung mitgewirkt haben, mit lebenslangem schwerem Kerker bestraft werden.

Strafe des gemeinen Totschlages
§ 142. In anderen Fällen soll der Totschlag mit schwerem Kerker von fünf bis zehn Jahren; wenn aber der Täter mit dem Entleibten in naher Verwandtschaft, oder gegen ihn sonst in besonderer Verpflichtung gestanden wäre, von zehn bis zwanzig Jahren bestraft werden.

Tötung bei einer Schlägerei oder bei einer gegen eine oder mehrere Personen unternommenen Mißhandlung
§ 143. Wenn bei einer zwischen mehreren Leuten entstandenen Schlägerei, oder bei einer gegen eine oder mehrere Personen unternommenen Mißhandlung jemand getötet wurde, so ist jeder, der ihm eine tödliche Verletzung zugefügt hat, des Totschlages schuldig. Ist aber der Tod nur durch alle Verletzungen oder Mißhandlungen zusammen verursacht worden, oder läßt sich nicht bestimmen, wer die tödliche Verletzung zugefügt habe, so ist zwar keiner des Totschlages, wohl aber sind alle, welche an den Getöteten Hand angelegt haben, des Verbrechens der schweren körperlichen Beschädigung (§ 152) schuldig, und zu schwerem Kerker von einem bis zu fünf Jahren zu verurteilen.

Aus dem deutschen Strafgesetzbuch

§ 211 Mord
(1) Der Mörder wird mit lebenslanger Freiheitsstrafe bestraft.
(2) Mörder ist, wer
aus Mordlust, zur Befriedigung des Geschlechtstriebs, aus Habgier oder sonst aus niedrigen Beweggründen
heimtückisch oder grausam oder mit gemeingefährlichen Mitteln
oder um eine andere Straftat zu ermöglichen oder zu verdecken,
einen Menschen tötet.

§ 212 Totschlag
(1) Wer einen Menschen vorsätzlich tötet, ohne Mörder zu sein, wird als Totschläger mit Freiheitsstrafe nicht unter fünf Jahren bestraft.
(2) In besonders schweren Fällen ist auf lebenslange Freiheitsstrafe zu erkennen.

§ 213 *Mildernde Umstände*
   War der Totschläger ohne eigene Schuld durch eine ihm oder einem Angehörigen zugefügte Mißhandlung oder schwere Beleidigung von dem Getöteten zum Zorne gereizt und hiedurch auf der Stelle zur Tat hingerissen worden, oder sind andere mildernde Umstände vorhanden, so tritt Freiheitsstrafe von sechs Monaten bis zu fünf Jahren ein.

§ 216 *Tötung auf Verlangen*
(1) Ist jemand durch das ausdrückliche und ernstliche Verlangen des Getöteten zur Tötung bestimmt worden, so ist auf Freiheitsstrafe von sechs Monaten bis zu fünf Jahren zu erkennen.
(2) Der Versuch ist strafbar.

§ 217 *Kindestötung*
(1) Eine Mutter, welche ihr uneheliches Kind in oder gleich nach der Geburt vorsätzlich tötet, wird mit Freiheitsstrafe nicht unter drei Jahren bestraft.
(2) Sind mildernde Umstände vorhanden, so ist die Strafe Freiheitsstrafe von sechs Monaten bis zu fünf Jahren.

Aus dem schweizerischen Strafgesetzbuch

Art. 111 *Vorsätzliche Tötung*
   Wer vorsätzlich einen Menschen tötet, ohne daß eine der besonderen Voraussetzungen der nachfolgenden Artikel zutrifft, wird mit Zuchthaus nicht unter fünf Jahren bestraft.

Art. 112 *Mord*
   Hat der Täter unter Umständen oder mit einer Überlegung getötet, die seine besonders verwerfliche Gesinnung oder seine Gefährlichkeit offenbaren, so wird er mit lebenslangem Zuchthaus bestraft.

Art. 113 *Totschlag*
   Tötet der Täter in einer nach den Umständen entschuldbaren heftigen Gemütsbewegung, so wird er mit Zuchthaus bis zu zehn Jahren oder mit Gefängnis von einem bis zu fünf Jahren bestraft.

Art. 114 *Tötung auf Verlangen*
   Wer einen Menschen auf sein ernstliches und dringendes Verlangen tötet, wird mit Gefängnis bestraft.

Art. 115 *Verleitung und Beihilfe zum Selbstmord*
   Wer aus selbstsüchtigen Beweggründen jemanden zum Selbstmord verleitet oder ihm dazu Hilfe leistet, wird, wenn der Selbstmord ausge-

führt oder versucht wurde, mit Zuchthaus bis zu fünf Jahren oder mit Gefängnis bestraft.
Art. 116 Kindestötung
Tötet eine Mutter vorsätzlich ihr Kind während der Geburt oder solange sie unter dem Einfluß des Geburtsvorganges steht, so wird sie mit Zuchthaus bis zu drei Jahren oder mit Gefängnis nicht unter sechs Monaten bestraft.
Art. 117 Fahrlässige Tötung
Wer fahrlässig den Tod eines Menschen verursacht, wird mit Gefängnis oder mit Buße bestraft.

»Drei Breitengrade näher zum Pol stellen die ganze Rechtswissenschaft auf den Kopf, ein Längengrad entscheidet über Wahrheit; nach wenigen Jahren der Gültigkeit ändern sich grundlegende Gesetze; das Recht hat seine Epochen, der Eintritt des Saturns in den Löwen kennzeichnet die Entstehung dieses oder jenes Verbrechens. Spaßhafte Gerechtigkeit, die ein Fluß begrenzt. Diesseits der Pyrenäen Wahrheit, jenseits Irrtum«: Ganz so unrecht kann man Blaise Pascal, der diese bitteren Worte über Gesetzgebung und Gerichtsbarkeit gesprochen hat, nicht geben.

Man braucht gar nicht daran zu denken, daß etwa jene Homosexualität unter Erwachsenen, die seit 17. August 1971 in Österreich straffrei ist, noch am Vortag unter der Sanktion ein- bis fünfjährigen schweren Kerkers stand, daß nicht nur die Richter verschiedener Staaten für ein und dasselbe Delikt ganz verschiedene Strafen verhängen, sondern nicht selten auch die Richter ein und desselben Gerichts. Man braucht nur diese Übersicht über die »Blutparagraphen« im österreichischen, deutschen und schweizerischen Recht, also in drei Ländern desselben Sprach- und Kulturkreises betrachten, um die eklatanten Differenzen zu erkennen — und das auf einem Gebiet, auf dem man noch am ehesten Rechtseinheit und -einheitlichkeit erwarten würde, auf dem Gebiet von Kapitalverbrechen wie Mord und Totschlag. Also auf einem Gebiet, das von weltanschaulichen und politischen Erwägungen weitgehend unbelastet ist.

Schon die ganz verschiedene Art und Länge der Definitionen fällt auf: Den kurzen, wenn auch zum Teil eher nichtssagenden (was sind »niedrige Beweggründe«? Was ist eine »besonders verwerfliche Gesinnung«?) Begriffsbestimmungen in der Bundesrepublik Deutschland beziehungsweise in der Schweiz stehen höchst akribe, umständliche Erläuterungen in dem — allerdings noch aus der Jahre 1852 stammenden —

österreichischen Strafgesetz (man beachte etwa den »Bandwurm« des Paragraphen 134, der noch dazu in einem Mordprozeß in vollem Wortlaut in die Fragen beziehungsweise in die Rechtsbelehrung für die unglücklichen Geschworenen aufgenommen wird) gegenüber.

Wer einen Menschen vorsätzlich tötet, ist nach österreichischem Recht grundsätzlich Mörder und nur unter besonderen Voraussetzungen (wenn er den Tod des Opfers gar nicht wollte) Totschläger. Dagegen ist er nach deutschem und schweizerischem Recht grundsätzlich Totschläger und nur unter besonderen Voraussetzungen (niedrige Beweggründe, besonders verwerfliche Gesinnung usw.) Mörder.

Oder die komplizierte Kasuistik des österreichischen Gesetzes hinsichtlich der Strafdrohungen beim Mord, je nachdem, ob es sich um den unmittelbaren Mörder, um den Besteller (Anstifter) oder um einen entfernteren Mitwirkenden, ob es sich um einen »gemeinen« (was hier nicht besonders verwerflich, sondern »allgemein«, also durch keinen besonderen Umstand erschwert, bedeutet) oder um einen besonders qualifizierten Mord (Verwandten-, Raub- oder Meuchelmord) handelt, ob es beim bloßen Versuch geblieben ist usw. Und das gleiche beim Totschlag, den das österreichische Gesetz in vier langen Paragraphen regelt, das schweizerische dagegen nur in einem einzigen kurzgefaßten.

Auffallend ist auch die ganz verschiedene Regelung bei der Kindestötung (in Österreich »Kindesmord« genannt): Nach deutschem Recht (das diesen Sondertatbestand nur bei unehelichen Kindern kennt, Tötung des ehelichen Kindes bei oder unmittelbar nach der Geburt ist »normaler« Totschlag) ist dieses Delikt mit Freiheitsstrafe (in der Bundesrepublik Deutschland gibt es nur noch einheitliche Freiheitsstrafe, nicht mehr Gefängnis oder Zuchthaus) nicht unter drei Jahren, bei mildernden Umständen von sechs Monaten bis zu fünf Jahren bedroht. Im Vergleich dazu (und auch im Vergleich zu den Bestimmungen in der Schweiz: Zuchthaus bis zu drei Jahren oder Gefängnis nicht unter drei Monaten) nehmen sich die österreichischen Strafdrohungen wahrlich drakonisch aus (und nötigen das Gericht meist zur Anwendung des außerordentlichen Milderungsrechts mit teils recht gewundenen Begründungen): bei Tötung eines ehelichen Kindes lebenslanger schwerer Kerker, bei Tötung eines unehelichen Kindes schwerer Kerker von zehn bis zu zwanzig Jahren. Und sogar bei bloßer Unterlassung des nötigen Beistandes fünf bis zehn Jahre schwerer Kerker. Man sieht: das gleiche Delikt, aber völlig verschiedene Strafen.

Obduktion anno 1855

Aus der (heute noch immer gültigen) Verordnung der Ministerien des Innern und der Justiz vom 28. Jänner 1855, RGBl. Nr. 26, womit die Vorschrift für die Vornahme der gerichtlichen Totenbeschau erlassen wird.

Von der gerichtlichen Totenbeschau überhaupt

§ 1. Die gerichtliche Totenbeschau ist, weil von ihr sehr häufig Ehre, Freiheit, Eigentum und Leben der einer strafbaren Handlung beschuldigten Person und die Sicherheit der Gerechtigkeitspflege abhängen, von der größten Wichtigkeit, daher es auch die unerläßliche Pflicht der zur Vornahme derselben berufenen Sachverständigen ist, hierbei mit der gewissenhaftesten Genauigkeit vorzugehen.

§ 2. Die gerichtliche Totenbeschau, d. i. die Leichenschau und Leichenöffnung, ist vor der Beerdigung eines Verstorbenen bei jedem unnatürlichen Todesfalle vorzunehmen, wenn nicht schon aus den Umständen mit Gewißheit erhellt, daß derselbe durch keine strafbare Handlung, sondern durch Zufall oder Selbstentleibung herbeigeführt wurde.

Ist die Leiche bereits beerdigt, so muß sie zu diesem Behufe unter den für die Gesundheit der an der gerichtlichen Totenbeschau teilnehmenden Personen erforderlichen Vorsichten (§ 86 der Strafprozeßordnung) ausgegraben werden, vorausgesetzt, daß nach den Umständen noch ein erhebliches Ergebnis davon erwartet werden kann.

§ 3. Unter der oben angeführten Voraussetzung ist daher die Vornahme der gerichtlichen Totenbeschau insbesondere in folgenden Fällen notwendig:

1. Wenn jemand kürzere oder längere Zeit nach einer vorauserlittenen äußeren Gewalttätigkeit, als z. B. durch Stoßen, Hauen, Schlagen usw. mit stumpfen, scharfen, schneidenden, stechenden oder durch Gebrauch von Schußwerkzeugen oder durch Fallen von einer beträchtlichen Höhe u. dgl. gestorben ist.

2. Wenn jemand nach dem Genusse einer Speise, eines Getränkes, einer Arznei oder auch nur auf den äußerlichen Gebrauch von Salben, Bädern, Waschwässern, Haarpuder u. dgl. unter plötzlich darauf erfolgten, der Vermutung einer Vergiftung Raum gebenden Zufällen gestorben ist.

3. Bei allen tot gefundenen Personen, welche schon äußerlich solche Merkmale an sich haben, oder unter solchen Umständen tot gefunden worden, daß daraus wahrscheinlich wird, daß sie keines natürlichen Todes gestorben sind.

4. Bei wo immer aufgefundenen einzelnen menschlichen Körperteilen.

5. Bei allen tot gefundenen neugeborenen Kindern, und solchen toten Kindern, bei welchen die Vermutung nicht unbegründet ist, daß eine gewaltsame Fruchtabtreibung oder eine gewaltsam tötende Handlung stattgefunden habe.

6. Wenn der Tod nach der Behandlung durch Quacksalber und Afterärzte erfolgte.

7. Wenn der Verdacht einer vorhergegangenen fehlerhaften ärztlichen, wund- oder geburtsärztlichen Behandlung hervorkommt.

8. Bei allen Todesfällen, welche aus Handlungen oder Unterlassungen hervorgehen, von denen der Handelnde schon nach ihren natürlichen, für jedermann leicht erkennbaren Folgen, oder vermöge besonders bekanntgemachten Vorschriften, oder nach seinem Stande, Amte, Berufe, Gewerbe, seiner Beschäftigung oder überhaupt nach seinen besonderen Verhältnissen einzusehen vermag, daß sie eine Gefahr für das Leben, die Gesundheit oder körperliche Sicherheit von Menschen herbeizuführen oder zu vergrößern geeignet seien.

Solche Fälle sind insbesondere, wenn der Tod aus einem der nachstehenden Verschulden eingetreten ist:

a) durch unterlassene Verwahrung geladener Schußwaffen;
b) durch unvorsichtiges Unterhalten von brennenden Kohlen in verschlossenen Räumen;
c) durch Unvorsichtigkeit bei Schwefelräucherungen und Anwendung von Narkotisierungs(Anästhesierungs)mitteln;
d) durch Außerachtlassung der besonderen Vorschriften über Erzeugung, Aufbewahrung, Verschleiß, Transport und Gebrauch von Feuerwerkskörpern, Knallpräparaten, Zündhütchen, Reib- und Zündhölzchen und allen durch Reibung leicht entzündbaren Stoffen, Schießpulver und explodierenden Stoffen (Schießbaumwolle);
e) durch Nichtbeobachtung der bei dem Betriebe von Bergwerken,

Fabriken, Gewerben und anderen Unternehmungen vorgeschriebenen Vorsichten;
f) durch Unterlassung der Aufstellung der vorgeschriebenen Warnungszeichen;
g) durch den Einsturz eines Gebäudes oder Gerüstes;
h) durch unterlassene oder schlechte Verwahrung eines schädlichen oder bösartigen Tieres;
i) durch den Genuß eines ungesunden, absichtlich verfälschten oder in gesundheitsschädlichen Geschirren bereiteten oder aufbewahrten Nahrungsmittels oder Getränkes;
k) durch Mißhandlung bei der häuslichen Zucht;
l) durch Unterlassung der schuldigen Aufsicht bei Kindern oder solchen Personen, die gegen Gefahren sich selbst zu schützen unvermögend sind;
m) durch unvorsichtiges oder schnelles Reiten oder Fahren;
n) durch das Herabfallen von Gegenständen aus Wohnungen, Fenstern, Erkern u. dgl., oder durch Unterlassung der Befestigung dahin gestellter oder gehängter Gegenstände.

Dasselbe gilt von solchen Fällen, wo Menschen aus den bisher angeführten Ursachen einen Nachteil an ihrer Gesundheit erlitten haben, und in einiger, bald kürzerer, bald längerer Zeit darauf sterben; ferner, wenn rücksichtlich eines Verstorbenen Gründe bestehen, zu vermuten, daß jene Personen, denen aus natürlicher oder übernommener Pflicht die Pflege des krank Gewesenen oblag, es ihm während seiner Krankheit an dem notwendigen ärztlichen Beistande, wo solcher zu verschaffen war, gänzlich haben mangeln lassen, endlich bei allen angeblich selbst Entleibten, wenn durch die vorhergegangenen polizeilichen Erhebungen und durch die vorgenommene äußere Beschau der Leiche nicht mit Sicherheit festgestellt werden kann, daß der Tod durch Selbstentleibung erfolgte.

Innere Untersuchung der Leiche (Leichenöffnung)

§ 96. Nach Beendigung der inneren Untersuchung ist es zweckmäßig, sich über den Befund im allgemeinen auszusprechen, und jene Gegenstände, über welche man ein Urteil abzugeben imstande ist, anzudeuten, um einerseits noch mit Benützung der Leiche dem Richter gewünschte Aufklärungen erteilen, oder noch weiters von ihm gestellte Fragen berücksichtigen, anderseits aber auch mit dem zweiten Arzte über die Art und Weise des abzugebenden Gutachtens sich einigen zu können. Worauf das Sektionsprotokoll vorgelesen und vorschriftsmäßig geschlossen wird.

§ 97. Es ist sodann Sache des Obduzenten, das Zusammenheften der Leiche vorzunehmen, wobei alle aus ihren Höhlen herausgenommenen Teile in diese hineingelegt, die abgesägte Schädeldecke und der Brustknochen, sowie die getrennten Muskeln in ihre Lage gebracht werden, und die darüber gezogene Haut durch die Kürschnernaht vereinigt wird. Hiezu hat man zweischneidige, mehr gerade Nadeln und einen hinlänglich langen, starken, doppelgelegten und gut gewichsten Faden zu verwenden. Mit dem Vernähen wird an einem Ende des Schnittes angefangen, die Nadeln von innen nach außen abwechselnd auf beiden Seiten durch die äußere Haut gestochen, und die Hautränder mäßig stark zusammengezogen. Es ist zweckmäßig, zuerst die Längsschnitte und sodann die Querschnitte zu vernähen.

Auf den Spuren des Verbrechens

Aus einem kriminologischen Gutachten im Verfahren gegen eine Frau, die zu lebenslangem schweren Kerker verurteilt wurde, weil sie ihre Schwiegermutter in einem Backofen verbrannt hatte.

Befund

I. Die Verbrennung einer Leiche in einem Backofen im allgemeinen.

Bei Beantwortung der gestellten Frage ist davon auszugehen, daß die Gefertigten über keine eigenen Erfahrungen in der Verbrennung von Leichen in Backöfen verfügen. Auch die Literaturangaben sind in dieser Hinsicht spärlich.

Im Archiv für Kriminologie Band 110, Seite 98 ist ein Fall beschrieben, den das gerichtsmedizinische Institut der Universität in München im Jahre 1935 bearbeitet hat. Nach dieser Mitteilung hatten die Täter, eine Frau und ein Mann, eine männliche Leiche in einem Backofen verbrannt. Nach dem ersten Anheizen seien nach Angabe der Angeklagten nur die unteren Extremitäten und der Rumpf verbrannt. Nach einem nochmaligen Anheizen sei es aber gelungen, die Leiche vollständig zu verbrennen. Die Aschenreste wurden auf den Misthaufen geworfen und später auf einem Acker verstreut. Die im gegenständlichen Backofen durchgeführten Heizversuche zeigten, daß schon nach zweistündiger Beheizung Temperaturen zwischen 850–1050 Grad erzielt werden konnten, die zur Veraschung der Knochen und teilweise auch zu der von Zähnen ausreichen.

In Beantwortung der ihnen gestellten Frage glauben daher die Gefertigten von den Erfahrungen ausgehen zu sollen, die sie selbst bei der Verbrennung von Leichen im allgemeinen sammeln konnten. Anschließend soll untersucht werden, welche Abweichungen von den im allgemeinen beobachteten Erscheinungen unter den besonderen Verhältnissen einer Verbrennung im Backofen zu erwarten sind.

Die allgemeinen Erfahrungen über die Verbrennung von Leichen stützten sich vor allem auf solche Fälle, in denen die Leiche in einem

Schadensfeuer verbrannte. Hier zeigt sich, daß es zu weitgehenden Zerstörungen der Leiche vor allem dort kommt, wo in der unmittelbaren Umgebung der Leiche größere Mengen brennbaren Stoffes gelagert waren. Dies ist etwa dann der Fall, wenn die Leiche in einer Scheune, einer Baracke oder einem Holzhaus verbrannte. Auch flüssige Brennstoffe, insbesondere Mineralöle, können während ihres Abbrandes weitgehende Zerstörungen einer ihnen ausgesetzten Leiche hervorrufen.

Die Verbrennungssituation ist in diesen Fällen dadurch gekennzeichnet, daß der menschliche Körper weder auf einem Rost noch auf einer besonders angewärmten Unterlage liegt und daher nicht von allen Seiten der im Brand entwickelten Hitze ausgesetzt wird.

Unter diesen Umständen ergibt sich vor allem dort eine Zerstörung des menschlichen Körpers, wo er von den heißen Brandgasen umspült ist oder wo eine sehr intensive Wärmestrahlung die Körperoberfläche trifft.

Zu einer Umspülung des Körpers durch die Brandgase kommt es in erster Linie an den Extremitäten, in zweiter Linie gelegentlich auch am Kopf. Dort hingegen, wo der Körper in großer Fläche aufliegt, kommt es, abgesehen von den seltenen Fällen des Sturzes auf eine heiße oder glühende Fläche, nur zu reduzierten Brandeinwirkungen. Die Verbrennung des Rumpfes schreitet daher im gewöhnlichen Schadensfeuer nur langsam fort. Der Rumpf ist unter diesen Umständen nur einseitig der Hitze ausgesetzt und verbrennt nicht nur deshalb langsamer, sondern auch, weil er besonders flüssigkeitsreiche Organe enthält, deren Einäscherung eine erhöhte Wärmezufuhr erfordert.

Aus einem Vortrag des Wiener Gerichtsmediziners Dozent Dr. Josef Herbich, den er turnusmäßig vor Gendarmeriebeamten hält.

Biologische Spuren wie Blut, Sperma, Speichel, Urin, Haare sind dem gerichtsmedizinischen Institut zur Untersuchung zu überbringen.

Diese biologischen Spuren, insbesondere Blutspuren, gehören zu den wichtigsten Beweismitteln.

Das Aufbringen blutverdächtiger Spuren erfordert eine besondere fachmännische Erfahrung.

Sie finden sich am Tatort an Werkzeugen, an Kleidern u. dgl. mehr.

Deshalb sind in geschlossenen Räumen die Fußböden und ihre

Fugen, Türen, insbesondere Klinken, Fenster, Schalter, Wasserleitungshähne, Waschbecken (Unterseite), Möbel (Unterflächen, Griffe und Schlüssel), genauestens zu untersuchen.

Im Freien kommen Gräser, Sträucher, Pfähle und insbesondere der Erdboden als Spurenträger in Betracht.

An Werkzeugen sind alle beweglichen Teile, Vertiefungen, Kanten, Rillen, Einlässe für andere Materialien und sonstige »versteckte« Stellen zu besichtigen.

An Kleidern finden Knöpfe, Knopflöcher, Tascheneingänge, Schlitze, Stulpen, Taschenfutter, Ärmelfutter besondere Beachtung.

Die Spurensicherung muß mit größter Sorgfalt vorgenommen werden. Noch flüssige Spuren sind in reine trockene Glasröhrchen aufzunehmen.

Eingetrocknete Spuren sollen grundsätzlich mit einem Spurenträger gesichert werden, entweder mit ihrer Unterlage (Holz, Papier, Stoff, Mauerstück usw.) oder durch Abnahme mit einem Tixoband. Notfalls können Spuren auch mit angefeuchtetem Filterpapier (Löschpapier, Papiertaschentücher) oder mit angefeuchteten reinen Stofffleckchen aufgenommen werden.

In Fällen, in denen dies nicht möglich ist oder besondere Schwierigkeiten bereitet, ist unbedingt ein Sachverständiger beizuziehen.

Alle Spuren sind besonders empfindlich gegen Feuchtigkeit (Nebel, Tau, Schnee, Regen). Spuren im Freien sind deshalb sofort zu sichern oder entsprechend zu schützen.

Sind infolge gründlicher Reinigung des Tatortes oder durch Witterungseinflüsse im Freien Blutspuren mit dem freien Auge nicht mehr zu sehen, so können — durch die Fähigkeiten des Blutfarbstoffes, mit bestimmten Chemikalien im Dunkeln aufzuleuchten — durch Anwendung des Sprühverfahrens oft noch wichtige Hinweise bezüglich Lage, Anordnung der Spuren am Tatort beziehungsweise dieser selbst ermittelt werden.

Bei der Untersuchung einer solchen, mit ihrer Unterlage gesicherten, auf Blut verdächtigen Spur muß zuerst der Beweis erbracht werden, daß es sich wirklich um Blut und nicht um Rost, Farbflecke, Fliegenkot usw. handelt.

Dieser Nachweis wird mittels der Benzidinprobe und der mikrospektroskopischen Untersuchung geführt.

Dazu werden minimalste Partikelchen des Untersuchungsmaterials mit Benzidinlösung zusammengebracht. Blauverfärbung bedeutet mit 99prozentiger Sicherheit das Vorliegen von Blut.

Der absolute Beweis wird nach entsprechender Vorbehandlung eines kleinsten Teilchens des Untersuchungsmaterials mit Reagenzien durch die Untersuchung mit dem Spektroskop, das die für Blut typischen Absorptionsstreifen im Grünteil des Spektrums erkennen läßt, erbracht.

Die Unterscheidung zwischen menschlichem und tierischem Blut erfolgt dadurch, daß Laugflüssigkeit des Untersuchungsmaterials mit spezifischen, gegen eine bestimmte Tierart bzw. gegen den Menschen gerichteten Anti-Seren überschichtet wird.

Das Auftreten einer deutlich erkennbaren, scharf begrenzten weißlichen Trübungsscheibe an der Berührungsstelle der Laugflüssigkeit mit dem entsprechenden Anti-Serum, z. B. dem Anti-Mensch-Serum, beweist, daß es sich bei der untersuchten Blutspur um menschliches Blut handelt.

Die Blutgruppenzugehörigkeit kann nach der Methode von Lattes durch den Nachweis der auch in eingetrockneten Blutspuren noch vorhandenen Serumeigenschaften bestimmt werden.

Je einer kleinen Scholle des Untersuchungsmaterials werden bekannte Lösungen von Testblutkörperchen der Gruppe A und der Gruppe B zugesetzt. Die Reaktion wird mikroskopisch abgelesen.

Bei einer positiven Reaktion werden die zugesetzten Blutkörperchen zusammengeballt, während sie bei einer negativen in Lösung bleiben.

Eine andere Methode zur Feststellung der Blutgruppenzugehörigkeit durch Nachweis der Blutkörpercheneigenschaften ist der Abbindungsversuch.

Dabei werden mit je einem bekannten Testserum Anti-A bzw. Anti-B gleiche Mengen des Untersuchungsmaterials durch 18 Stunden zur Reaktion gebracht.

Ein Stärkeverlust des Anti-A-Serums spricht dafür, daß die Serumblutspur zur Blutgruppe A gehört; bei Vorliegen der Blutgruppe B kommt es zum Stärkeabfall des Anti-B-Serums.

Bei Vorliegen der Blutgruppe AB kommt es zur Schwächung beider Anti-Seren, während sie bei Vorliegen der Blutgruppe o unverändert bleiben.

Weitere Methoden zum Blutgruppennachweis in Spuren besitzen wir in der Mischzellagglutination und im sogenannten Absprengungsversuch.

In ähnlicher Weise wie die Blutgruppen können bei guten Versuchsbedingungen auch Blutfaktoren, z. B. M-N und der Rhesusfaktor bestimmt werden.

Personenregister

(Die *kursiv* gesetzten Zahlen sind die Nummern der Bilder)

Arndt, Adolf   55, *339*
Arthold, Johann   10 ff.; *3*
Asperger, Dr. Hans   244

Baier, Margarete   36
Bartsch, Jürgen   210, 261
Bauer, Dr. Gustav   202
Baumann, Dr. Jürgen   213
Beccaria, Cesare   106
Behal, Dr. Wilhelm   206
Bergmann, Johann   89—113; *29—32*
Bertini, Konstantin   20 ff.
Binder, Dr. Hans   29
Blaschke, Dr. Hans   184, 185
Boltz, Dr. Werner   60, 74
Breitenecker, Dr. Leopold   9, 74, 203, 296, 314; *53*
Brunner, Maria   217
Brunner, Waltraud   217
Brunner-Löbl, Gertrude   36
Brutmann, Dr. Klemens   249
Brutmann, Rosa   250
Burgstaller, Dr. Manfred   349
Burianek, Dr. Herbert   331

Cernstein, Dr. Otto   181
Chalupsky, Franz   304—324; *88*
Csaszar, Dr. Franz   349

Darwin, Charles   322
Denk, Ing. Karl   264, 296
Dillersberger, Dr. Walter   360

Ebm, Ernst   88
Eckhardt, Adrienne   9—32; *4, 5*
Eichmann, Adolf   181
Emsenhuber, Juliane   94, 102; *27*
Engleder, Alfred   33—58; *11, 13, 15—19*

Faber, Ilona   60 ff., 105, 197; *20, 22*
Feichtinger, Herta   36
Fluch, Margarete Bernhardine   33 ff.

Frauenschill, Stefan   325—342; *94*
Friedrich, Dr. Wilhelm   312, 317
Fritz, Dr. Emanuel   295
Fuhrich, Dagmar   215 ff.
Fürst, Dr. Alfred   10

Gahleitner, Dr. Gunther   312, 315, 319
Gassner, Johann   59—88
Gennat, Ernst   232
Giese, Prof. Dr. Hans   262
Gleissner, Dr. Alfred   85
Graßberger, Dr. Roland   74
Grimmel, Stefan   255; *72—74*
Groß, Dr. Heinrich   200, 296, 310, 311
Gufler, Max   114—186; *37*
Gutjahr, Dr. Ingo   243

Hacker, Dr. Friedrich   7, 231, 302
Heger, Dr. Franz   18, 51, 194, 216, 241, 268; *8*
Hentig, Hans von   111
Herbich, Dr. Josef   380
Hesse, Dr. Ernst   359
Hetzel, Hans   52
Himmler, Heinrich   178
Hirsch, Dr. Karl   102
Holczabek, Dr. Wilhelm   99, 314
Hörmann, Dr. Otto   9, 73
Huber, Dr. Alfons   200

Ihle, Peter   255

Jagusch, Dr. Heinrich   55, 258
Jahoda, Dr. Ernst   352
Jaromin, Walter   88
Jech, Dr. Rolph   327
Junn, Herta   117, 182

Kamleitner, Josefine   124, 127; *34*
Karl, Ernst   264—303; *75, 77, 79, 80*
Kielmayer, Leopold   249—253
Kielmayer, Rosa   249
Kihsl, Johann   265 ff.

383

Kindlinger, Margarete 184; 42
Kindlinger, Mathias 183; 42, 43
Kinsey, Alfred 299
Kiesslich, Sieglinde 89
Klär, Karl 100, 103
Klär, Otto Werner 294
Kohout, Dr. Wilhelm 331
Kollmann, Josefine 92, 102
Korper, Dr. Josef 185
Kovaricek, Karl 180
Kranawetter, Elfriede 42
Krystl, Elfriede 246 ff.; 67
Krystl, Karola 246 ff.; 67
Kubick, Dr. Otto 102
Kuso, Dr. Friedrich 194, 241

Laasch, Emma 218; 55
Leonhardt, Rudolf Walter 299
Lettenbauer, Johann 52
Liebscher, Dr. Viktor 352
Lindebner, Auguste 121
Lingens, Peter Michael 269
Lombroso, Cesare 322
Luksch, Hans 88

Machata, Dr. Gottfried 99; 112
Macher, Dr. Walter 80
Manson, Charles 109, 312, 345
Marksteiner, Barbara 260
Meixner, Ulfried 306 ff.
Menninger, Karl 229, 339
Meystrzik, Emilie 124
Moschner, Ilse 187 ff.; 45
Mras, Karl 246—249; 69
Murth, Erwin 260

Nahs, Juliane 124, 127
Naumann, Dr. Rudolf 9
Neumann, Gustav Adolf 48

Oberndorfer, Dr. Franz Clemens 327
Olscher, Dr. Werner 297; 78

Peter, Karl 39
Peters, Karl 55
Petrik, Dr. Leopold 84
Petris, Hermine 188
Philipp, Stefan 325 ff.; 93
Ponsold, Dr. Albert 53
Pöttler, Walter 265 ff.; 76
Prokop, Dr. Otto 53, 54

Pullez, Dr. Günther 119, 179

Quatember, Dr. Rudolf 244, 296

Rauth, Dr. Anton 312
Robas, Maria 114, 124, 177; 35
Roeder, Dr. Hermann 337
Rogatsch, Johann 187—214; 48, 49
Rohrbach, Maria 52
Rolleder, Dr. Anton 178, 181
Rothmayer, Rudolf 50, 77, 194

Schachermayr, Dr. August 222, 223; 58
Schiller, Dr. Otto 178, 184, 244, 260
Schima, Dr. Konrad 349
Schopf, Dr. Ernst 119
Schwarzacher, Dr. Walter 9, 60; 9
Seidl, Dr. Walter 30
Sipos, Dr. Stefan 252
Son, Heinrich 339 ff.
Son, Katharina 339 ff.
Speck, Richard F. 320
Spitz, René 254
Stern, Dr. Michael 9, 68, 184; 10
Stransky, Dr. Erwin 9, 57, 74
Strotzka, Dr. Hans 30
Stumpfl, Dr. Friedrich 92, 103, 200

Tate, Sharon 312
Telfer, Mary 323
Topf, Rudolf 99, 102
Tschadek, Dr. Otto 47, 193

Vojik, Peter 255

Wagner, Richard 116 ff., 184
Warchalowsky, Emil 241 ff.
Warchalowsky, Rainer Maria 240—245; 60—66
Warchalowsky, Winifred 241 ff.
Weilguny, Josefine 126
Weinwurm, Josef 215—239; 57
Wiesinger, Dr. Franz 74, 77
Wölkart, Dr. Norbert 48

Zarl, Dr. Josef 361
Ziethen, Albert 52
Zimmer, Herbert 255
Zinner, Dr. Hermann 74
Zöchling, Dr. Viktor 31